OBRA COMPLETA

JUAN DEL VALLE Y CAVIEDES

OBRA COMPLETA

Edición, prólogo, notas y cronología

DANIEL R. REEDY

BIBLIOTECA AYACUCHO

© de esta edición
BIBLIOTECA AYACUCHO
Apartado Postal 14413
Caracas - Venezuela - 1010
Derechos reservados
conforme a la ley
Depósito legal: lf 84-1955
ISBN 84-660-0125-5 (tela)
ISBN 84-660-0125-6 (rústica)

Impreso en España
Diseño / Juan Fresán
Printed in Spain

PRÓLOGO

JUAN DEL VALLE Y CAVIEDES ocupa una posición de prestigio al lado de otros poetas importantes de la literatura latinoamericana del siglo XVII. En el Perú habría que señalar a Juan de Espinosa Medrano, El Lunarejo (¿1639?-1688), autor del famoso *Apologético en favor de don Luis de Góngora* (1662) y al erudito científico-poeta, Pedro de Peralta Barnuevo (1663-1743), conocido por su poema épico *Lima fundada* (1732). En el virreinato de Nueva Granada son notables las contribuciones poéticas de Hernando Domínguez Camargo (1606-1659) y en el virreinato de Nueva España se destacan dos de los más renombrados escritores del siglo: la Décima Musa, sor Juana Inés de la Cruz (1651-1695), célebre autora de poesías, dramas y prosa, y el enciclopédico Carlos de Sigüenza y Góngora (1645-1695). Tampoco debemos olvidar al luso-brasileño Gregório de Matos Guerra (1633-1696), cuya abundante obra poética acusa mucha semejanza con las de Caviedes. Casi todos ellos representan la corriente culterana del barroco a la manera de Góngora, pero la obra de Matos y de Caviedes se relaciona más con la vena conceptista de Francisco de Quevedo.

Caviedes es el representante más destacado de varios poetas satíricos que se asocian con la Ciudad de los Reyes durante la Colonia. A finales del siglo XVI Mateo Rosas de Oquendo (¿1559-1612?) sirve de instructivo precursor de Caviedes. Y las obras satíricas de fray Francisco del Castillo, el Ciego de la Merced (1714-1770) y de Esteban de Terralla y Landa (¿?), ambos del siglo posterior, meritan por sí solas la atención de la crítica. Pero es principalmente en el temperamento criollo y en el espíritu de rebeldía de Caviedes donde creemos encontrar las raíces de una literatura nacional, manifiestas en su descarada visión de la sociedad virreinal y en su actitud de independencia intelectual.

I

SEMBLANZA DEL POETA

El mito

Por más de dos siglos existió el mito de Caviedes en las letras peruanas en cuanto se refiere a las circunstancias de su vida. Desde fines del siglo XVIII, casi cien años después de desaparecido el poeta, cuando fue redescubierto en las páginas del *Mercurio Peruano,* y luego a través de los ensayos de Juan María Gutiérrez y Ricardo Palma en el siglo XIX y hasta mediados del siglo XX, quedó el poeta envuelto en un manto de oscuridad y equivocaciones debido a la escasez de datos fidedignos sobre su vida y personalidad. Gracias a las investigaciones de don Guillermo Lohmann Villena quien publicó dos importantes documentos sobre el poeta en 1937 (nos referimos a la partida sacramental de su matrimonio y a su testamento) se han corregido algunas equivocaciones y el mito que envolvía al poeta ha ido desvaneciéndose.

Tal vez a consecuencia de sus invectivas contra distinguidos conciudadanos suyos de la Lima virreinal, sólo alcanzaron a publicarse tres de los poemas de Caviedes mientras vivía: en 1687, 1689 y 1694.[1] Pasó luego un siglo hasta 1791-1792, cuando la Sociedad Académica de Amantes de Lima editó cuatro poemas de Caviedes en el *Mercurio Peruano,* encabezando el primero con un ensayo intitulado «Rasgos inéditos de los escritores peruanos» que ofrece ligeras noticias sobre el poeta y su obra:

> Las [poesías] de nuestro célebre Caviedes agradarán a cuantos las leyeren. Acaso no se han escrito invectivas más graciosas contra los Médicos, que las que se contienen en la colección inédita que intituló *Diente del Parnaso.* Sus Romances y Epigramas merecen colocarse al lado de los más chistosos Satíricos. Si la Sociedad tuviera completa la historia de su vida, que por algunos hechos que ha conservado la tradición, se conjetura haber sido tan salada como sus producciones, la antepondría a la publicación de éstas: pero no teniendo todavía los materiales necesarios para escribirla, ha pensado adelantar algunos de sus rasgos, para sacarlos del triste rincón en que encontró el manuscrito.[2]

En una nota añadida a la publicación de otro poema en el *Mercurio Peruano,* los editores mencionan que muchos patriotas mantienen en su poder manuscritos de Caviedes, en cuyos poemas figuran nombres de personas muy conocidas en aquellos tiempos. Por esto, «La Sociedad... ha querido suprimirlos, pareciéndole que de este modo evitará las quejas, que aún en el día

---

1. Véase «Noticia Bibliográfica: Impresiones».
2. *Mercurio Peruano,* I (28 abril 1791), 313.

pudieran suscitarse en vista de aquellas sátiras personales; no obstante ser dirigidas a sujetos que ya no existen, y escritas en la remota antigüedad de más de un siglo.» [3] Aún después de cien años, la mordacidad de Caviedes seguía tan viva y efectiva como siempre.

Si bien el mito de Caviedes germinó en la tradición popular y en las páginas del *Mercurio Peruano,* se sustentó aún más en los ensayos de Gutiérrez y Palma. En 1852 el crítico-historiador argentino Gutiérrez publicó en *El Comercio* de Lima un artículo sobre la obra de Caviedes que añadía nuevos matices a la vida novelesca del poeta. Aunque el autor declara no saber nada de la vida del vate peruano, nos dibuja la siguiente semblanza: «fue dado a los placeres, a la holganza truhanesca, al mismo tiempo que fervoroso devoto, como sucedía en los antiguos tiempos de España, en que las manchas se lavaban con agua bendita, y las conciencias se tranquilizaban con la distraída absolución de un fraile. Sin embargo, y a pesar de las liviandades de la pluma de Caviedes, le tenemos por un hombre honrado y le haríamos nuestro amigo si viviese...».[4] Por lo visto, Gutiérrez le inventa una vida de truhán-devoto en base a la índole distinta de la obra poética de Caviedes.

Dos décadas más tarde, Ricardo Palma agregó nuevas dimensiones al rumbo biográfico abierto por su amigo Gutiérrez, al publicar unos datos sobre la vida de Caviedes en su «Prólogo muy preciso» a la edición preparada por Manuel de Odriozola del *Diente del Parnaso* (*Documentos literarios del Perú,* V). Según Palma, en 1859 tuvo la fortuna de que llegara a su poder un manuscrito de los versos de Caviedes (¿sería a través de Gutiérrez?) en cuya primera página encontró una noticia biográfica sobre el poeta. A base de dicha fuente el tradicionista trazó su esbozo de la vida del satírico:

> Según ésta [noticia biográfica], Caviedes fue hijo de un acaudalado comerciante español y hasta la edad de veinte años lo mantuvo su padre a su lado, empleándolo en ocupaciones mercantiles. A esa edad envióle a España, pero a los tres años de residencia en la Metrópoli regresó el joven a Lima, obligándolo a ello el fallecimiento del autor de sus días.
>
> A los veinticuatro años de edad se encontró Caviedes poseedor de una fortuna y echóse a triunfar y darse vida de calavera, con gran detrimento de la herencia y no poco de la salud. Hasta entonces no se le había ocurrido nunca escribir verso, y fue en 1681 cuando vino a darse cuenta de que en su cerebro ardía el fuego de la inspiración.
>
> Convaleciente de una gravísima enfermedad, fruto de sus excesos, resolvió reformar su conducta. Casóse y con los restos de su fortuna puso lo que en esos tiempos se llamaba un cajón de Ribera, especie de arca de Noé donde se vendían al menudeo mil baratijas.

3. *Mercurio Peruano,* V (5 julio 1792), 155, nota 1.
4. José María Gutiérrez, «Don Juan Caviedes», reproducido en *Escritores coloniales americanos,* ed. Gregorio Weinberg (Buenos Aires, 1957), pág. 262.

Pocos años después quedó viudo y *el poeta de la Ribera,* apodo con que era generalmente conocido, por consolar sus penas, se dio al abuso de las bebidas alcohólicas que remataron con él en 1692, antes de cumplir los cuarenta años como él mismo lo presentía en una de sus composiciones.[5]

En el mismo prólogo Palma lamenta que el manuscrito con la hoja biográfica le fuera robado en 1859. A nuestro juicio es muy dudoso que haya existido tal noticia biográfica, o si existió, debió ser invención de algún dueño anterior del manuscrito. Los datos biográficos de Palma son, casi por entero, una ficción, sobre todo la parte tocante al nacimiento del poeta en Lima, su viaje a España y regreso a la Ciudad de los Reyes. Por haber manejado los textos de Caviedes, Palma sabía que el poeta se había enfermado hacia 1681, pero es pura conjetura que su enfermedad fuera «fruto de sus excesos» y de su ajetreada vida. ¿Sería posible que el tradicionista peruano, excelente inventor de ficciones, también fabricara una biografía apócrifa con el propósito de prolongar la edición de Odriozola? Lo que se le pegó a Caviedes durante mucho tiempo fue el apodo de Poeta de la Ribera con que lo había bautizado Palma en 1873.

Muchos detalles del prólogo de Palma se volvieron a repetir a través de los años: en la *Antología de poetas hispanoamericanos* (1894) de Menéndez Pelayo, en la edición de *Flor de Academias y Diente del Parnaso* (1899) del mismo Palma, en *Los poetas de la colonia* (1921) de Luis Alberto Sánchez como así también en los escritos de varios otros. La semblanza de la figura mítica de Caviedes sobrepasó fronteras espacio-temporales. El escritor contemporáneo Frank Yerby, americano residente en España, incluyó al «Poeta de la Ribera» en su novela histórica *El halcón de oro (The Golden Hawk)* publicada en 1950. Caviedes aparece en esta obra como personaje de bajo relieve en una escena tabernaria de Lima. La caracterización del poeta procede de los comentarios tanto de Palma como de Sánchez. Yerby lo describe en la novela con una cara llena de cicatrices por los efectos de una enfermedad venérea y de cuerpo esmirriado, aunque la chusma tabernaria lo celebra por sus invectivas contra médicos y por la belleza de su lírica romántica.

La desmitificación

El proceso de rectificación y desmitificación se inicia en 1937 cuando el doctor Lohmann Villena descubre en los archivos de Lima la partida de matrimonio de Caviedes fechada en 1671 y su testamento dictado en 1683.[6] En ambos documentos el mismo Caviedes indica su lugar de origen y otros

5. Ricardo Palma, «Prólogo muy preciso», en *Documentos literarios del Perú,* ed. Manuel de Odriozola (Lima, 1873), V, 5-6.
6. Guillermo Lohmann Villena, «Dos documentos inéditos sobre don Juan del Valle y Caviedes», *Revista Histórica,* IX (1937), 277-283.

particulares sobre su familia, pero no revela la fecha de su nacimiento. En
el testamento declara ser «natural de la villa de Porcuna [Jaén], en el Andalucía Reinos de España, hijo legítimo del doctor don Pedro del Valle y
Caviedes y de doña María de Caviedes mis padres difuntos...». Poco después Lohmann Villena buscó sin éxito los documentos bautismales del poeta
y la partida de matrimonio de sus padres en la iglesia de Nuestra Señora
de la Asunción de Porcuna.[7] La publicación del testamento y de la partida de
matrimonio marca el inicio de una revaluación de los datos biográficos de
Caviedes, pero quedan por esclarecer otras facetas de su vida: fecha de nacimiento, motivos de su viaje al Nuevo Mundo, fecha del viaje, *modus viven-
di,* etc. No poseemos información definitiva, pero sí podemos postular algunas
soluciones basadas en conjeturas.

Los críticos de Caviedes han sugerido, sin mayor fundamento, distintas
fechas de nacimiento que van desde la década de 1630 hasta 1655. Nos
parece, sin embargo, que la fecha más razonable se halla entre 1645 y 1648.
Para dar más autenticidad a nuestra suposición sobre la fecha de nacimiento
de Caviedes, tenemos que acudir a datos biográficos esparcidos a través de
su obra o en otras fuentes secundarias. En su romance de carácter autobio-
gráfico («Carta... a la monja de México...»), desconocido hasta 1944,[8] y
dirigido a sor Juana Inés de la Cruz, el poeta esclarece, en alguna medida, las
circunstancias de su viaje al virreinato del Perú:

> De España, pasé al Perú
> tan pequeño, que la infancia,
> no sabiendo de mis musas,
> ignoraba mi desgracia.
> Héme criado entre peñas
> de minas, para mí avaras,
> mas ¿cuándo no se complican
> venas de ingenio y de plata?
> Con este divertimiento
> no aprendí ciencia estudiada,
> ni a las puertas de la lengua
> latina llegué a llamarla.
> Y así doy frutos silvestres
> de árbol de inculta montaña,
> que la ciencia del cultivo
> no aprendió en lengua la azada.

(255: 69-84)[9]

7. Guillermo Lohmann Villena, «Un poeta virreinal del Perú: Juan del Valle y Caviedes», *Revista de Indias,* 33-34 (1948), 777-778, nota 5.

8. Guillermo Lohmann Villena, «Una poesía autobiográfica de Caviedes inédita», *Boletín Bibliográfico de la Universidad Nacional Mayor de San Marcos,* XIV (junio 1944),
100-102.

9. Con la primera cifra indicamos el número del poema en nuestra edición; la segunda
corresponde a los números de los versos.

Aquí Caviedes revela que llegó al Nuevo Mundo en «la infancia» cuando aún no había comenzado a escribir poesía («no sabiendo de mis musas»), y que no cursó estudios en aulas escolares sino que aprendió de la vida misma («no aprendí ciencia estudiada»). También creemos encontrar en estos versos ciertas ideas claves para esclarecer el misterio de las razones que motivaron su viaje al Nuevo Mundo, ya fuera solo, o con sus padres o acompañando a algún pariente suyo.

En su testamento Caviedes hace declaraciones sobre una sortija que había empeñado y que pertenecía a una prima suya, doña Tomasa Berjón de Caviedes. Por lo declarado, se revela que el poeta tenía parientes en Lima. Es casi seguro que su prima doña Tomasa era hija de don Tomás Berjón de Caviedes, ilustre español que arribó al Perú hacia 1655, posiblemente en el séquito del nuevo virrey don Luis Enríquez de Guzmán, conde de Alba de Liste, que fue virrey en México (1651-53) antes de pasar al mismo puesto en Lima, adonde llegó en 1655. ¿Estuvo Berjón de Caviedes en compañía de Alba de Liste en México? Es posible que hubiera estado allí; sin embargo, las Memorias del gobierno del Conde en México se perdieron en un incendio y no existen fuentes que puedan comprobar esta suposición. Sabemos, sí, que, por Acto Real, Berjón de Caviedes fue nombrado Oidor en México en 1681.[10] Pero nunca llegó a ocupar el puesto en México porque los ataques de los piratas en la costa del Pacífico le impidieron viajar y, finalmente, don Tomás Berjón de Caviedes murió en Lima el 1 de febrero de 1683.[11]

Es posible que Caviedes viajara al Nuevo Mundo en compañía de su tío. Más razonable todavía es la suposición de que el joven llegara a Lima durante los últimos años del decenio de los cincuenta cuando su tío ya ocupaba el puesto de Fiscal de la Audiencia de Lima (1657).[12] Poco después de esta fecha, don Tomás fue nombrado Alcalde del Crimen en Huancavelica, centro minero de azogue («cuándo no se complican / venas de ingenio y de plata»), y en el año 1660 lo nombraron Gobernador de la Villa y de las minas de Huancavelica, puesto que ocupó hasta julio de 1664 cuando lo suspendieron a causa de acusaciones relacionadas con un desfalco.[13] Es muy probable que Caviedes se hubiera encontrado, junto a su tío, en Huancavelica durante aquellos años («héme criado entre peñas de minas»), y el mismo Lohmann Villena nos asegura haber visto «diversos documentos... en el

10. *Los virreyes españoles en América durante el gobierno de la Casa de Austria*, ed. Lewis Hanke (Madrid, 1979) [BAE, 284], pág. 288, núm. 31.

11. Josephe y Francisco de Mugaburu, *Diario de Lima (1640-1694)*, ed. H. H. Urteaga y C. A. Romero (Lima, 1918), II, 139.

12. Lohmann Villena, «Dos documentos inéditos...», pág. 281, nota 1.

13. Guillermo Lohmann Villena, *Las minas de Huancavelica en los siglos XVI y XVII* (Sevilla, 1949), págs. 451 y 359-364.

Archivo Nacional del Perú [en que] constan las actividades de Caviedes en el campo de la minería durante el sexto decenio...».[14] Estamos seguros que Caviedes se encontraba en Lima a principios de 1671 cuando contrajo matrimonio. También es muy posible que hubiera vuelto a Lima unos dos o tres años antes con su tío cuando éste fue nombrado Oidor de la Audiencia de Lima, después que el Consejo de Indias revocó su suspensión y ordenó que le restituyeran a su plaza y honores anejos.[15]

Don Tomás no sólo fue Oidor de la Audiencia, sino que también ejerció la interinidad después de la muerte del virrey conde Lemos (1672-74). Su influencia en el gobierno virreinal perduró durante la época del virrey conde de Castellar, que lo nombró miembro de la Junta de la Real Universidad de San Marcos en 1676 cuando Berjón de Caviedes era Presidente de la Audiencia.[16] En 1680 al nombrarlo el Rey Oidor de la Audiencia de México, don Tomás Berjón era el más antiguo de los oidores de la Audiencia de Lima y, por lo visto, uno de los más queridos, según el testimonio de Josephe de Mugaburu en su *Diario de Lima*.[17] Don Tomás falleció unos meses antes de que Caviedes dictara su testamento donde menciona a su prima doña Tomasa Berjón de Caviedes.

Claro que éstas son suposiciones acerca de las circunstancias del viaje y llegada de Caviedes al Perú, pero sabemos con seguridad que se encontraba en Lima para la fecha de su matrimonio, el 15 de marzo de 1671. Por lo dicho arriba y sabiendo la fecha de su boda, nos parece posible conjeturar que el poeta haya nacido alrededor de 1645 a 1648; así, tendría de diez a trece años cuando llegó de España al Perú y comenzó a trabajar en las minas de la sierra, y aproximadamente de 23 a 26 años cuando se casó en 1671.

Su matrimonio con doña Beatriz de Godoy Ponce de León, pupila de la Recolección de Doncellas de la Caridad, tuvo lugar en la catedral de Lima, lo cual es otro indicio, a nuestro parecer, de que por sus vínculos familiares Caviedes gozaba de cierta posición en la sociedad limeña aunque no poseyera abundante fortuna. Vale señalar que su matrimonio con una hija de la familia Godoy Ponce de León, lo vinculaba con ilustres familias del Perú y de España: la casa Godoy era muy conocida en Córdoba y se había vinculado en época anterior con la familia del Campo establecida en Moquegua.[18] Para 1683, cuando Caviedes dictó su testamento, él y doña Beatriz contaban con cinco herederos: Antonio, Pedro, Juan, María Josefa y Alonso del Valle y Caviedes. Debió ser muy feliz la unión y muy sentida la muerte de su

14. Lohmann Villena, «Un poeta virreinal...», pág. 778.
15. Lohmann Villena, *Las minas de Huancavelica,* pág. 364.
16. Luis Antonio Eguiguren, *Diccionario histórico cronológico de la Real y Pontificia Universidad de San Marcos y sus colegios* (Lima, 1940), I, 900.
17. Mendiburu, *Diario,* II, págs. 106 y 139.
18. Eguiguren, *Diccionario histórico cronológico,* págs. 838 y 859-60.

mujer cuya desaparición lamenta en su romance, escrito en fecha desconocida, «En la muerte de la mujer del autor»: «¡Ay de mí! Solo quedo, / mas no, si me acompaño / con penas, que son siempre / compañía de desdichados» (256: 1-4). No sabemos si Caviedes siguió trabajando en las minas andinas durante el decenio de los ochenta o si se dedicó a asuntos mercantiles en Lima, como han sugerido sus biógrafos. El hecho de que estuviera casado y con cinco hijos nacidos entre 1671 y 1683 nos hace pensar que se hubiera retirado de la vida de minero y de que se ganara el sustento en Lima de otra manera.

Cuando Caviedes redacta su testamento ante un notario el 26 de marzo de 1683, dice que se encuentra enfermo «de la enfermedad que Dios nuestro Señor ha servido darme...». Aunque sabemos que no murió en esa ocasión, sí es posible que se encontrara tan grave que se viera motivado a escribir muchas de sus más acerbas invectivas contra los médicos de Lima. En varias composiciones escritas posteriomente, Caviedes alude a su enfermedad. En la «Dedicatoria» (7) de sus obras habla de su «penosa enfermedad» y explica en el romance «Habiendo enfermado el autor de tercianas...», que sólo se libró de los ignorantes médicos, despreciando los remedios que le recetaban:

Sangrar me mandaste y
yo me purgué esa mañana;
no vomitar me ordenaste
y yo lancé las entrañas.
Mandásteme ayudas frías,
y yo me anudé las bragas
sin huir de este remedio
por no volverle las ancas.
....
A tus recetas, en fin,
yo les volví la casaca,
y haciéndolo al revés todo,
hice ciencia tu ignorancia.

(29: 85-92, 97-100)

Abundan en sus sátiras contra los médicos de Lima alusiones a su enfermedad, el maltrato de los médicos y cómo logró curarse a pesar de ellos.

Los descalabros económicos de Caviedes también se revelan en su testamento en comentarios alusivos a deudas y otros duros sinsabores: a un tal Joseph de Oquendo le debe un aderezo de espada y daga dorado; adeuda doce pesos a un mercachifle llamado Pedro; pide dar un sombrero blanco de castor a otro deudor, Juan de Ribera; a su prima, doña Tomasa Berjón de Caviedes, le ruega que le perdone el haber empeñado una sortija suya en mayor cantidad; y desiste de una querella contra otro mercader. Por tanta mención de deudas, de préstamos, de querellas, etc., parece que después de su matrimonio con doña Beatriz, Caviedes se dedicó al comercio o a tareas semejantes aunque sin mayor éxito. Fue tan extremada su pobreza que dispuso en su testamento que su «cuerpo sea amortajado con el hábito de nuestro padre San Francisco y enterrado en la santa iglesia de esta Ciudad en la bóveda questá para los pobres de solegnidad por serlo yo y si muriere en el Hospital de San Andrés de esta ciudad mi cuerpo sea enterrado en el calvario de dicho hospital y suplico a los dichos curas me entierren de limosna y que mis albaceas la pidan para que me digan algunas misas por mi alma y la forma de mi entierro dejo a los dichos albaceas para que lo hagan conforme a mi mucha pobreza».

A pesar de no contar con otros documentos oficiales sobre las actividades de Caviedes durante los años ochenta y noventa, algunos datos revelan las poesías sobre temas contemporáneos, indicando por lo menos la época de su composición y dando amplio testimonio de la actividad creativa del satírico entre los años 1680 y 1696. El primer poema cuya época de composición puede fecharse con alguna seguridad, es el romance sobre el nombramiento de Vargas Machuca como médico de la Santa Inquisición (40). Natural de Lima, el doctor Francisco Vargas Machuca era presbítero y médico del arzobispo Melchor Liñán y Cisneros, que lo nombró Médico de la Santa Inquisición hacia 1680 cuando el arzobispo ejercía de virrey interno (1678-1681). De la misma época es el «Juicio de un cometa...» (263) que describe sin duda el cometa que apareció en Lima a principios del mes de enero de 1681.

Dos poemas compuestos hacia 1684 celebran la construcción del nuevo Hospital de San Bartolomé y la erección de una muralla alrededor de la Ciudad de los Reyes. La «Jácara» (Óigame, Bartolomé, 264) está dirigida al mismo hospital cuyo nuevo edificio fue terminado en 1684. A instancia del virrey duque de la Palata, se comenzó la construcción de una muralla alrededor de la ciudad en 1684, la cual fue terminada en 1687. Hacia 1684, cuando el virrey tomó la decisión de mandar construir la muralla, con aprobación real, Caviedes escribió un chistoso «Memorial» (21) al duque, aconsejándole que en vez de gastar tanto en una muralla, sería más ventajoso equipar otra armada contra los piratas, y mandar a bordo a todos los médicos, barberos, cirujanos, boticarios y curanderos de Lima, con la seguridad de que cada uno de ellos sería capaz de deshacerse de tres o cuatro enemigos por día (21: 21-24). Hay otra alusión a la muralla en las décimas «Al doctor Yáñez porque no visitó un enfermo» en las que Caviedes se queja de que el dicho doctor no quiso curar a una persona que vivía fuera de las murallas por temor a ataques de los piratas (14: 31-40). El apelativo de «el Charpe de los doctores», con que Caviedes bautizó a Yáñez, se refiere al famoso pirata Bartholomew Sharpe que merodeaba por las costas de Chile y el Perú hacia 1680.

Tanto le impresionó a Caviedes el cometa del año 81 como el terremoto que asoló la Ciudad de Lima y sus alrededores el 20 de octubre de 1687. Caviedes capta este fenómeno de la naturaleza en un largo romance («Al terremoto de Lima el día 20 de octubre de 1687», 261) y en su soneto sobre el mismo tema («Al terremoto que asoló esta ciudad», 262). La entrada a Lima del nuevo virrey conde de la Monclova, dos años más tarde (15 de agosto de 1689), fue recibida con el acostumbrado festejo para tales ocasiones, aunque todavía se hallaba la ciudad en ruinas. Para un certamen que tuvo lugar en la Real Universidad de San Marcos celebrando la ocasión, Caviedes compuso unas «Quintillas» (88) en forma de diálogo picaresco entre dos pordioseros, el Portugués y Bachán, los cuales comentan penurias de toda índole que han padecido los limeños a causa del terremoto.

En otro romance el mismo Caviedes aparece como personaje —Juez Pesquisidor de los errores médicos—; poema en cuyo título Caviedes da la fecha de 9 de marzo de 1690, cuando tuvo que juzgar al médico Juan de Reyna que quiso matar al doctor Martín de los Reyes. El doctor Reyna era practicante de medicina, habiéndose graduado de bachiller en Medicina por la Universidad de San Marcos en el año de 1688; [19] y el doctor Martín de los Reyes y Rocha era catedrático de Código y Decreto en San Marcos (1687). [20] Caviedes le rinde a don Martín los honores merecidos por tan alto funcionario del virreinato, diciendo que «Enfermó el gran don Martín / de los Reyes, porque el tiempo / le admirase como a humano / y no cual su fama, eterno» (39: 10-13). En el mismo año de 1690, Caviedes escribió un soneto al doctor Francisco Bermejo y Roldán, catedrático de Prima de Medicina, a quien nombraron rector de la Real Universidad de San Marcos el 30 de junio de 1690. [21] Y de más o menos la misma época es el soneto de Caviedes sobre la muerte del virrey duque de la Palata ocurrido el 13 de abril de 1691 en Portobelo (Panamá), durante su viaje de regreso a España (259: 9-10).

Dos poemas sobre el doctor Francisco Bermejo y Roldán dan testimonio de que el vate había proseguido sus actividades creativas desde 1694 hasta 1696. Al ser nombrado Bermejo y Roldán presidente del Real Protomedicato en 1692, Caviedes lo castiga con el romance «Los efectos del Protomedicato de Bermejo escripto por el alma de Quevedo» (44): y un soneto [Créditos de Avicena, gran Bermejo, 117] se publicó en las páginas prelimi-

19. Juan B. Lastres, *Historia de la medicina peruana*, V: *La medicina en el virreinato* (Lima, 1951), II, 304.

20. Luis Antonio Eguiguren, *Diccionario histórico del claustro de la Universidad de San Marcos 1576-1800* (Lima, 1912), págs. 33 y 36.

21. Luis Antonio Eguiguren, *La Universidad Nacional Mayor de San Marcos* (Lima, 1950), pág. 275.

nares de un libro por el renombrado médico en 1694: *Discurso de la enfermedad del sarampión experimentado en la Ciudad de los Reyes del Perú.*[22]
Los últimos poemas de Caviedes cuyos textos dan indicio de la época de su composición, son los tres sonetos (265, 266, 267) dedicados al muelle que hizo construir en el Callao el virrey conde de la Monclova. Se empezó la construcción del muelle a mediados de 1693 y se terminó el 26 de mayo de 1696.[23] El soneto «Al muelle acabado» (266) nos asegura que Caviedes vivía aún en 1696 o a principios de 1697, pero éste es el último poema cuyo contenido nos da indicio de la época de composición.

A partir de 1697, hay un silencio total en los versos de Caviedes en cuanto a asuntos contemporáneos se refiere, notable contraste con los 15 años anteriores. Debido a este silencio y teniendo en cuenta la afirmación de Lohmann Villena de que el nombre de Caviedes no figura en el censo de habitantes de Lima en 1700,[24] pensamos que el poeta falleció entre 1697 y 1699. Por aquellos años hay una sola mención a Caviedes en una comunicación de don Jerónimo Monforte y Vera, contertuliano de la Academia del marqués Castell-dos-Rius, la cual se encuentra en los archivos de la Biblioteca Nacional de París. En dicha comunicación Monforte revela «el desastrado fin... del moderno e infeliz Caviedes, que divirtiendo a tantos con su mordacidad, a nadie compadecía con su locura, saliendo desnudo por los campos a publicarla...».[25] Si esto le ocurrió a Caviedes durante sus últimos años, en verdad fue un fin trágico para quien había divertido y hecho reír a sus coetáneos durante más de dos décadas. Pero en los versos del poeta, encontramos un consejo apropiado para semejante desgracia: «no hay cosa que... alivie / como un récipe de risa» (9: 119-120).

II

INTRODUCCIÓN CRÍTICA

La obra de Caviedes —que consta de más de 265 composiciones poéticas y tres piezas dramáticas— recorrió una trayectoria azarosa antes de llegar a nosotros, salvándose del olvido gracias a los esfuerzos de asiduos coleccionistas y otros aficionados a sus versos. Llama la atención que después de casi tres siglos no se haya publicado aún la obra completa del poeta pero, en

22. Hermilio Valdizán, *Apuntes para la bibliografía médica peruana* (Lima, 1928), págs. 38-39.
23. Rubén Vargas Ugarte, *Historia general del Perú. Virreinato (1689-1776)* (Lima, 1966), IV, págs. 26-27 y lámina III.
24. Lohmann Villena, «Un poeta virreinal...», pág. 788, nota 13.
25. Ibid., pág. 780.

gran parte, esto se debe a que las fuentes manuscritas estaban dispersas en colecciones particulares y en bibliotecas de tres continentes. Durante los últimos dos siglos la obra de Caviedes suele citarse con el título de *Diente del Parnaso,* inscripción que aparece en la carátula de tres de los manuscritos (véase Noticia Bibliográfica, MSS C, D, E). Pero el frontiscipio de aquéllos también reza *Guerra física, proezas medicales, hazañas de la ignorancia,* epígrafe este último a que se refiere el mismo autor en su poema «Presentóse esta petición ante el señor don Juan de Caviedes...»:

> Yo, que supe esta maldad,
> saqué luego aquel cuaderno,
> *Hazañas de la Ignorancia,*
> y le dije, «¡Cata el verso!»

(39: 58-61)

¿Fueron los editores los que bautizaron la producción satírica de Caviedes con el nombre de *Diente del Parnaso* como afirma la investigadora María Leticia Cáceres? [26] Creemos que no. A nuestro juicio, el doble título se debe a que las poesías de Caviedes circularon en diferentes momentos en distintas tradiciones manuscritas. Los tres manuscritos que rezan *Diente del Parnaso que trata diversas materias, contra Médicos, de Amores, a lo Divino, Pinturas y Retratos* pertenecen a un solo grupo, y son los únicos códices que citan el año 1689 como la época durante la cual Caviedes escribía en Lima. No encontramos suficientes pruebas para rechazar el nombre de *Diente del Parnaso* como título no adoptado por Caviedes para su obra satírica, pero señalamos a la vez como legítimo el otro título de *Guerra física, proezas medicales, hazañas de la ignorancia.*

La obra poética de Caviedes puede clasificarse en cuatro grupos según criterios de propósito central, temática y estilo. El primero de estos grupos está formado por los poemas que tradicionalmente asociamos con el *Diente del Parnaso,* es decir, poemas en que resalta la nota satírica, jocosa y burlesca, dirigida contra todos los sectores de la sociedad limeña de fines del siglo XVII. Otro grupo lo constituyen las poesías religiosas y filosófico-morales y el tercero consta de las poesías de tema amoroso. Por último, se tendrían las poesías ocasionales sobre diversos temas de actualidad de la época.

Predomina en casi toda la obra caviedesca una actitud lírica que la anima y refresca con vitalidad y viveza, tanto en las invectivas como en lamentos amorosos, plegarias religiosas o elegías. En cuanto a la versificación, Caviedes no experimentó en demasía, sino que más bien prefirió estrofas y metros tradicionales: el romance, la seguidilla, coplas de pie quebrado, la décima

---

26. María Leticia Cáceres, «Estudio preliminar» en *El manuscrito de Ayacucho* (Lima, 1972), pág. 4.

espinela, el soneto, la quintilla, la cuarteta y la redondilla; el octosílabo y el endecasílabo son los metros más frecuentes en sus escritos.

Poemas satírico-burlescos

NON MINUS MILITANT DOCTORES MEDICI,
MORBOS PROFLIGANDO, QUAN MILITES FORTES.

(Pronunciado en la toma de grado de Doctor en Medicina,
Real Universidad de San Marcos.)

En el grupo de poemas satíricos y jocoso-burlescos, salta a la vista la dura crítica a los médicos; también se lanzan dardos hacia abogados, poetas, pintores, clérigos, mulatos, indios, borrachos y personas de físico deforme, burlándose asimismo de hipócritas, beatas, dueñas y «doncellas». Existe una larga tradición en las letras hispánicas, europeas y clásicas anteriores a Caviedes, de ataques contra los practicantes de la profesión médica. Abundan los ejemplos en los versos y la prosa de Quevedo. Importa también recordar la popularidad del tema entre los poetas clásicos latinos como Marcial (*Epigramas*) y Juvenal (*Sátiras*), cuya influencia en Quevedo fue notable. Caviedes no ignoraba esa larga tradición y en su «Romance jocoserio...» (43), cita a muchos de sus antecesores: Séneca, Sócrates, Diógenes, Aristóteles, Demócrito, San Agustín, Marcial, Juvenal, a los españoles Quevedo, Calderón, Luis Vélez, Moreto y a unos cincuenta más. A Caviedes el tema no le interesa por estar de moda sino que más bien parece elegirlo por motivos personales. Caviedes se ve obligado a denunciar los errores médicos para advertir a un público desprevenido sobre la nefaria influencia de los «loros de Avicena» que hablan por medio de aforismos médicos. Dice a propósito de este deber que «Libre de ellos [los médicos], reconozco / que de justicia no toca / ser más puntual coronista / de sus criminales obras» (7: 121-124).

Los asuntos elegidos por Caviedes para llevar a cabo sus invectivas contra los médicos son a veces realistas, otras hiperbólicos, ridículos, distorsionados y/o chocantes. A través de su obra de índole satírica, el humorismo es el factor que une los polos antípodas de esa visión. El lirismo del poeta se manifiesta en el predominio de su «yo», sea en conversación con algún médico o en monólogo dirigido contra su contrario. Tales poemas se convierten en declaraciones de guerra contra adversarios con quienes Caviedes entabla batallas feroces con el fin de herir al enemigo en su parte más vulnerable. Para ganar la guerra, Caviedes se vale de ironías, sarcasmos, antítesis, hipérboles, equívocos, retruécanos, ingeniosas metáforas y comparaciones, así como de un vocabulario mayormente vulgar, coloquial. Pero a pesar de lo serio de sus ataques, debemos subrayar nuevamente que hay pocos poemas en los que el autor no combine su mortífero arsenal con un humorismo tan franco que el resultado es siempre como Marcial y Quevedo, quienes satirizan a ambos, a los médicos y a la profesión médica, en términos genéricos o de forma anónima, Caviedes los condena como grupo profesional y como individuos. En nuestra «Lista de Nombres y Personas Históricos y Contemporáneos» se incluyen datos sobre los médicos citados por Caviedes los cuales fueron personas reales con quienes Caviedes trataba a diario en la Lima virreinal. Unos, por ser cirujanos o curanderos, no son tan conocidos como los médicos que ocupaban una alta posición social en la Ciudad de los Reyes: el doctor Francisco del Barco, médico de cámara del virrey duque de la Palata, catedrático en San Marcos y protomédico del Perú; el doctor Francisco Bermejo y Roldán, médico de cámara del virrey interino y arzobispo Melchor de Liñán y Cisneros, catedrático y rector de San Marcos, y presidente del Real Protomedicato; el doctor José Antonio Fontidueñas y Carrillo, catedrático de Medicina, de Anatomía y de Método de Galeno, y protomédico general del virreinato; y el doctor Francisco Vargas Machuca, médico del arzobispo y de la Santa Inquisición, primer catedrático de Método de Galeno, protomédico del virreinato y autor de obras de índole médica y religiosa. Salvo unos cuantos nombres de cirujanos, curanderos o practicantes de medicina, existen datos históricos sobre un noventa por ciento de los médicos que aparecen en la obra de Caviedes, lo cual nos sirve para demostrar que no fueron personas ficticias sino reales.

Caviedes ataca al ilustre presbítero y médico Francisco Vargas Machuca por haber alegado que era doncel cuando lo elegieron catedrático de medicina y cuando lo nombraron médico de la Santa Inquisición. Sin embargo, el ataque más feroz contra Machuca se lleva a cabo cuando el médico mata a una prima de Caviedes con una cura equivocada (25). Los ataques adquieren a veces un carácter chistoso. Tal es el caso del romance (24) que Caviedes le dirige a Vargas Machuca por un memorial que éste presentó sobre la prohibición de pepinos y su semilla en los reinos del Perú. Se refiere a un bando contra los pepinos promulgado por el virrey duque de la Palata por creer que eran nocivos a indios y españoles. Al virrey se le pegó el apodo de Virrey de los Pepinos y todavía en el Perú el pepino se conoce por «mataserranos». Caviedes le sugiere al virrey que prohíba también a los médicos por ser estos frutos nocivos para el pueblo: Liseras es cohombro; Ramírez, zapallo; Avendaño, camote; Lorenzo el Indio, choclo; García, higo; Pedro de Utrilla (el viejo), berenjena; la curandera doña Elvira, papaya; y Elviro su hijo, badea. Con la destrucción de tanta «física fruta», o desterrando a todos ellos al presidio de Valdivia, habría menos peligro para los residentes de Lima.

Los asuntos elegidos por el poeta para muchos de sus poemas son sumamente ridículos. Escribe un vejamen al cirujano Pedro de Utrilla cuando éste saca una piedra de la vejiga de una dama; otro va dirigido al doctor Vásquez cuando se afinca en la Calle Nueva y se quejan los vecinos por tener un hombre tan peligroso entre ellos; castiga a un abogado que deja de serlo y se hace médico; felicita a un viejo amigo en su cumpleaños; recuerda el accidente que tuvo una dama cuando rodó por el Cerro de San Cristóbal un día de fiesta; describe la caída de un guardia de las tiendas de Lima desde un techo; celebra el casamiento de Pico de Oro (Melchor Vásquez), del doctor del Coto, de Pedro de Utrilla (el cachorro) y dedica cuatro poemas al casamiento de un corcovado hojalatero con una mujer dotada en plomo.

Por su valor dramático interesan los poemas de acción dialogada como la causa contra el doctor Vásquez por haber tirado un carabinazo contra el cirujano Leandro de Godoy. La presentación de escenas dramáticas dentro del poema intensifica el aspecto ridículo del testimonio contra Vásquez por Godoy y otros testigos; y el mismo Caviedes asume el papel de juez médico para dar la sentencia final contra el doctor Vásquez. Hay semejanzas notables entre los poemas de este tipo y las tres obras dramáticas de Caviedes.

Otra característica de los poemas del *Diente del Parnaso* es la atracción que siente Caviedes hacia lo feo y lo grotesco, rasgo que el vate comparte con muchos de los escritores y artistas del barroco. Los poemas dirigidos al doctor Liseras y al señor Mejía contienen descripciones grotescas de su físico deforme, ya que ambos eran corcovados. Al cirujano Juan Martín Liseras, Caviedes le da una «Receta... para sanarse de la giba» (30), declarando que seguramente las circunstancias de su concepción tuvieron que ver con esa joroba que el poeta describe en versos esdrújulos que copian, en el plano fónico, la imagen visual de la figura jorobada del médico, llamándolo «licenciado galápago», «mojiganga de la física», «barbero frívolo» y «cirujano fantástico» y aludiendo a su joroba como «giba de plátano».

Aunque los corcovados son los que más sufren los ataques satíricos del poeta, éste también ridiculiza a otros por sus defectos o peculiaridades físicas. Al doctor Vásquez que es tuerto, lo llama «Cupido de la Medicina», «médico Aquilón» y «cuervo curandero»; al doctor del Coto, le pone el apodo que apunta hacia la hipertrofia de la glándula tiroides; y al judío don Antonio le dedica un romance que describe en detalle su nariz como «pico de papagayo», «colmillo de marfil pardo de elefante» que sobresale más que el Cerro de Potosí. Declara al respecto que «Ni las doce tribus juntas, / desde Adán hasta Leví, / han narigado tan largo, / si eres narigón sinfín» (68: 113-116).[27]

En los poemas donde figuran los mulatos Pedro de Utrilla (el viejo y el cachorro) se destacan las alusiones a su origen africano. Al hijo lo llama «ba-

---

27. Notará el lector ciertas semejanzas entre este poema y el soneto de Francisco de Quevedo «A un hombre de gran nariz», *Obra poética*, ed. J. M. Blecua (Madrid, 1970), II, 5.

chiller Chimenea», «Licenciado Morcilla» y «graduado en la Guinea», todas alusiones que subrayan su negritud. Por haber sacado una piedra de la vejiga a una mujer, Caviedes lo corona con un rodete de malvas en vez de laurel y lo declara «doctor de Cámara Oscura / del rey Congo de Guinea / cuando ha comido morcilla, / que es la cámara morena» (17: 13-16).[28] Y el mismo Caviedes le da el parabién por un hijo que le nace a Utrilla, el cachorro, pidiendo que le dé de la camada «un barcinito» (48).

Tampoco se libran de sus ataques otros sectores de la sociedad limeña. A un canónigo capón «que cobró unas misas en huevos, los cuales le salieron hueros», Caviedes lo ridiculiza con equívocos y retruécanos que aluden a los «huevos» de él que no los tiene, y le da varias recetas para prepararlos para la comida. Las mujeres también sufren la crítica de Caviedes, que se deleita señalando su deterioro moral. Hay varios poemas que describen a mujeres frívolas y promiscuas entre las que sobresale «la bella Anarda», quien está presentada por el poeta en términos escabrosos. El romance dedicado a ella y titulado «A una dama que, yendo a Miraflores, cayó de la mula en que iba» (51) consta de una detallada descripción metafórica de las partes de su cuerpo que quedaron al descubierto cuando la pobre cayó piernas arriba y rodó por el camino. Imágenes muy parecidas, por lo chocantes, se encuentran en «A una dama que paró en el Hospital de la Caridad» (55). Aquí se hacen alusiones directas y gráficas a la enfermedad venérea que la aquejaba. A pesar de la nota trágica que acompaña las descripciones de los efectos degenerativos de la enfermedad, el poema contiene muchas bromas y chistes escabrosos a base de imágenes ingeniosas. Este poema y otro romance muy parecido —«A una dama que por serlo paró en la Caridad» (58)— acusan semejanzas notables con el romance de Quevedo titulado «Cura una moza de Antón Martín la tela que mantuvo».[29] Menos chocante y más gracioso es otro romance «A una vieja del Cuzco, grande alcahueta...» (86), a quien Caviedes describe dándoles consejos a sus dos hijas mestizas sobre cómo han de llevarse con los hombres («Que hay de mestizas consejos / como hay el Consejo de Indias»).

El largo poema «Remedios para ser lo que quisieres» (56) contiene extensas observaciones del autor sobre varios sectores de la sociedad. Su crítica se dirige contra los hipócritas que se fingen virtuosos, las beatas que visten hábito con rosario y medallas, las dueñas, los caballeros chanflones, los doctos en todas ciencias (clérigos, catedráticos, oidores), las damas y los médicos idiotas. Es una especie de resumen de los juicios de Caviedes sobre la hipocresía en que vivían los limeños de fines del siglo XVII. En otro poema, el «Coloquio entre una vieja y Periquillo...», Caviedes critica una sociedad

---

28. Imágenes y alusiones que evocan el romance «Boda de negros» de Francisco de Quevedo, *Obra poética*, II, 321.

29. F. de Quevedo, *Obra poética*, II, 285-287.

en la que los sastres se creen potentados de Grecia, los galafates condes, las taberneras duquesas y los arrieros principotes; y se ven por un lado los marimachos y por otro las machihembras, «las cabezas circundadas / con cintas de raso o tela...» (64: 191-192).

Algunos poemas de naturaleza escabrosa recuerdan versos y trozos de la prosa de Quevedo. El romance «Defensas que hace un ventoso al pedo...» (98), que es notable por su naturaleza vulgar, lenguaje grosero y énfasis en imágenes excrementicias, es semejante en cuanto al tema a los dos famosos sonetos de Quevedo: «Que tiene ojo de culo es evidente» y «La voz del ojo, que llamamos pedo»; pero el romance de Caviedes es una composición mucho más extensa e ingeniosa.

La presencia de Quevedo en Caviedes se nota no sólo en este aspecto escatológico de su obra sino también en otras partes del *Diente del Parnaso*. Emilio Carilla ha señalado varios ejemplos de «coincidencias en el humorismo de colores oscuros» entre Caviedes y Quevedo.[30] Notamos, no obstante, que van mucho más allá de lo observado por Carilla las influencias que sobre la poesía de Caviedes ejercen *El Buscón, Los sueños* y *La hora de todos y la fortuna con seso*. Quedan por investigar más a fondo los estímulos literarios sobre Caviedes provenientes de dos novelas picarescas: *El diablo cojuelo* de Luis Vélez de Guevara y *Vida y hechos de Estebanillo González*.

Los epigramas y agudas que abundan en la obra de Caviedes son composiciones satíricas de unos cuatro a diez versos (redondillas, cuartetas, quintillas y décimas) que versan sobre muchos de los mismos temas de los poemas satírico-burlescos. Están patentes la percepción de Caviedes de la naturaleza humana y su interés en la sociedad que lo rodeaba, la que le suministraba materia prima para estas obritas. En tal sentido, la génesis, la forma y el concepto de estas obras no se diferencian mucho de los epigramas de Marcial, el más renombrado cultivador del género entre los clásicos latinos. En sus agudezas, Caviedes ridiculiza las varias manifestaciones de la vanagloria y de la hipocresía, no tanto con malicia sino con intento obviamente humorístico, lo cual es claro en su sátira contra los médicos, sus observaciones sobre la naturaleza de la mujer, los consejos al avariento y a los casados, y sus juicios sobre la muerte y otros aspectos de la vida.

En el lenguaje de los poemas satírico-burlescos de Caviedes resaltan algunos rasgos distintivos que meritan señalarse. Están presentes en el léxico del poeta un gran número de americanismos: algunos de origen quechua y que se refieren a la flora y fauna del Perú como *penca, cocobolo, quirquincho, galápago, guácharo, caracha, chichería, curcuhcho, chasque*, etc.[31] Notamos tam-

---

30. Emilio Carilla, *Quevedo (Entre dos centenarios)* (Tucumán, 1949), pág. 223.
31. Véase *Voces y giros del habla colonial peruana registrados en los códices de la obra de don Juan del Valle y Caviedes* de María Leticia Cáceres (Arequipa, 1974), que reúne un glosario parcial de americanismos.

bién el frecuente empleo de latinismos relacionados con aforismos médicos y algunos neologismos para imitar el habla latinizante de los galenos.

Es interesante notar la reproducción del habla del médico indio, don Lorenzo, en varios poemas. En la «Causa que se fulminó en el Parnaso...», presenta Caviedes a don Lorenzo, médico indio venido a Lima de Potosí, como testigo contra el doctor Vásquez; y al dar su testimonio, dice el poeta lo siguiente:

> Y siéndole preguntado
> si conocía a los dichos
> contrayentes, dijo que
> (mas diré como lo dijo):

remedando, como lo indica en su acotación, de este modo el habla del médico indio:

> qui conoce a otro y uno,
> que son moy siñores míos,
> il toirto y il siñor Vásquez,
> hijo di la doña Elvira.
> Y qui sabe qui il dotor
> porqui el toirto traiba on nicro
> in so mola, con pirdón
> di osti, assi como digo...

(34: 142-153)

¿Es ésta una reproducción fiel del habla de don Lorenzo? ¿O es sólo para ridiculizarlo? No lo sabemos con seguridad, pero parece ser un esfuerzo del poeta por reproducir el habla distintiva de un indio de modo verosímil, tratando de imitar su distorsionada fonética y sus formas arcaizantes.

Otro aspecto del lenguaje de Caviedes ha llamado la atención de estudiosos de la lengua como Rafael Lapesa, Amado Alonso y Guillermo Guitarte.[32] Nos referimos al testimonio del yeísmo y lleísmo en dos de sus poemas: «Retrato a una beldad limensa usando del común embuste de los patricios de aqueya Ciudad...» (65) y «Otro a la misma, usando el trueco de ambos abusos del fingido embuste» (66). Alonso señala que en estos dos

---

32. Rafael Lapesa, *Historia de la lengua española* (N. Y., 1959), págs. 319-320; Amado Alonso, «La "ll" y sus alteraciones en España y América», en *Estudios dedicados a Menéndez Pidal* (Madrid, 1951), II, 76-78; y Guillermo Guitarte, «Notas para la historia del yeísmo», en *Sprache und Geschichte: Festschrift für Harri Meier zum 65. Geburtstag,* ed. E. Coseriu y W.-D. Stempel (Munchen, 1971), págs. 179-198.

poemas Caviedes se burla de quienes pronunciaban en Lima *y* por *ll* y viceversa (pág. 76). En el primero de los poemas, dice Caviedes:

> Un retrato a mi Inesiya
> quiero bosquejar; mas hayo
> imposible el bosquejayo
> por singular maraviya.
>
> (65: 1-4)

Y en el segundo:

> Mi Inesiya, dizque aller
> te asustó el cabayo ballo
> y te dio tan gran desmallo
> que hubiste de fayecer.
>
> (66: 1-4)

Comenta Guitarte que el primero es una sátira a los limeños por su yeísmo y el segundo por las ultracorrecciones lleístas que solían cometer (páginas 184-185). Y a continuación añade el lingüista: «Parece no haber duda de que "el fingido embuste" de los patricios de Lima del tiempo de Caviedes constaba de dos modalidades ("abusos"), entre los cuales había un "truco": el yeísmo del que se burla el poeta en la primera poesía que debía ser usual ("común"), y el lleísmo satirizado en las segundas redondillas. Se trata verosímilmente... de una situación en que el yeísmo se encuentra conviviendo con una pronunciación distinguidora más prestigiosa, lo que trae por consecuencia la aparición de ultracorrecciones lleístas» (págs. 189-190). Es una manifestación más de las ingeniosas técnicas usadas por Caviedes para satirizar a unos y otros de sus conciudadanos en el virreinato del Perú y prueba de la finura de sus observaciones y de su extraordinario sentido de la lengua.

Poemas religiosos

Los poemas religiosos y filosófico-morales representan, a nuestro parecer, la parte menos original e interesante de la obra de Caviedes. Resaltan en ellos la actitud seria y el tono sombrío, a veces rasgos seudo-místicos que contrastan con la viveza e ingenio de su sátira o con el valor lírico-descriptivo de la poesía amorosa. Los temas más tratados en los poemas religiosos son la Crucifixión, la Inmaculada Concepción, la Ascensión, la Encarnación y la adoración de Jesucristo, de Dios y la virgen María. A menudo se repite el mismo cuadro de un penitente que ruega a Dios para que lo salve de su vida de pecado.

El poema más extenso de este grupo es el «Romance a Jesucristo crucificado» (164) en cuyos versos el poeta habla de los dones divinos de Jesucristo y pondera las circunstancias de su sacrificio en la Cruz para salvar al Hombre. Sigue una larga serie de preguntas retóricas indagando sobre la falta de reacción de la naturaleza y el asombro del hombre ante el espectáculo de la Crucifixión del Hijo de Dios. A continuación compara las cualidades omnipotentes de Dios con las debilidades del ser mortal: Dios es todopoderoso, sumamente sabio, lleno de ciencia, dueño de Cielo y Tierra, inmenso, justo y santo; y el pecador es pobre imperito, abismo de ignorancia, esclavo abatido, injusto, malo e inicuo. La misma técnica de comparaciones contrastantes entre lo divino y lo mortal es frecuente como base estructural de varios de los sonetos de tema religioso. No faltan tampoco en el largo romance a Jesucristo elogios metafóricos a la virgen María.

En otros textos se repiten moralejas y conceptos teológico-doctrinales como: Dios perdonará al pecador, el temor de Dios lleva a la sabiduría, y la creencia en Dios se basa en la fe y no en otras pruebas. Las metáforas e imágenes religiosas son tan tradicionales que acentúan la falta de originalidad de estos poemas. Dios es el Sumo Saber, el Poderoso, el Sabio, el Dueño del Alma y el Pelícano Divino; Cristo es el Crucificado Cordero, el Monarca, el Redentor del Universo y el Hijo Sagrado; y la virgen María es Nuestra Abogada, la Cándida Esposa, la Aurora Fúlgida e Hija Electísima. Temas secundarios en estos poemas son el temor al odio de Dios y la preocupación con la cercanía de la muerte.

El soneto «Al conocimiento de Dios y la criatura» (192) merece señalarse por la serie de contrastes entre la visión de Dios y del pecador: poderoso / asqueroso, grande / inmundo, el Bien / el incapaz, el Sabio / el injusto. Habiéndose convencido el narrador de la perfección de Dios en lo bueno y de sí mismo en lo malo, se dirige a Dios en el último verso para preguntar «pues ¿qué dirán de Vos, si me condeno?». La pregunta es tan inesperada y tan audaz que el lector se asombra por el atrevimiento del narrador. Pero hay que recordar que tal audacia es típica de otros aspectos de la producción poética de Caviedes, aunque luce muy poco en los poemas religiosos.

Tres de los poemas de este grupo llaman la atención no por su originalidad sino por ser glosas o traducciones de otros textos. «La salve glosada para Natividad de María Santísima» (167) es una glosa de la «antiphona de Podio», una antífona atribuida al Obispo de Le Puy (m. 1098). Las palabras en latín corresponden al texto original de la antífona.[33] El «Quicumque de S. Atanasio» (171) es otro caso semejante, siendo los primeros ciento

---

33. Joseph Connelly, *Hymns of the Roman Liturgy* (London, 1957), págs. 46 (texto) y 47 (notas). Empieza el himno «Salve regina, mater misericordiae».

cuarenta y cuatro versos del poema una glosa del Credo de San Atanasio, llamado el *Quicumque* o *Quicunque Vult* que solía cantarse en la misa de prima, y versa sobre las doctrinas de la Trinidad y la Encarnación.[34] La «Adoración al Santísimo Sacramento» (172) es una traducción del latín de un himno atribuido a Santo Tomás de Aquino, himno que en el medioevo se titulaba «Compunctio s. Thomae de Aquino ad s. eucharistiam».[35]

Los sonetos filosófico-morales no valen tanto por sus innovaciones estilísticas como por la variedad temática que presentan. Hablan de una definición de la muerte, de los efectos negativos de las riquezas del Perú en el hombre, de los remedios contra pensamientos lascivos, de cómo debe ser el buen juez, y otros temas que arrojan luz sobre las preocupaciones intelectuales del poeta. Por ejemplo, el soneto «Que no hay más felicidad en esta vida que el entendimiento» nos da una clara muestra de la inteligencia innata, del autodidactismo de Caviedes:

> Todas las cosas que hay para gozarse
> necesitan, de más de apetecerse,
> del trabajo y afán que ha de ponerse
> en los medios precisos de buscarse.

(214: 1-4)

Y en el soneto «Que los temblores no son castigo de Dios», el poeta desbarata las ideas populares y supersticiones de su época que anunciaban las calamidades de la naturaleza:

> Y si el mundo con ciencia está criado,
> por lo cual los temblores le convienen,
> naturales los miro, en tanto giro,
> que nada de castigo en sí contienen;
> pues si fueran los hombres sin pecado,
> terremotos tuvieran como hoy tienen.

(213: 9-14)

Estamos de acuerdo con la aseveración del crítico italiano G. Bellini que estos sonetos filosófico-morales «corresponden en Caviedes a una fe atrevida en las verdades de la ciencia, en el desprecio de toda charlatanería, de todo presumido e ignorante...»[36] Y creemos también que estos sonetos afirman

---

34. *The Prayer Book Dictionary,* ed. G. Harford y M. Stevenson (N. Y., 1912), págs. 586-590, texto en latín del *Quicunque Vult.*

35. Franz Joseph Mone, *Lateinische Hymnen des Mittelalters* (Darmstadt, 1964), I, 275-276, texto y notas sobre «Adoro te devote, latens veritas».

36. Guiseppe Bellini, «Actualidad de Juan del Valle y Caviedes», *Caravelle,* 7 (1966), 158.

la independencia intelectual del poeta y la clara visión con que se atrevía a distinguir entre la superstición y la verdad razonada.

Poemas amorosos

A diferencia de los poemas satíricos y religiosos, los poemas amorosos muestran rasgos distintivos de concepto, tono, lenguaje y estilo, aunque tienen en común algunas notas conceptistas con sus equívocos y retruécanos. El mundo poblado de corcovados, prostitutas y médicos-matones es reemplazado por soliloquios amorosos de desdichados pastores, escenarios bucólicos, alusiones mitológicas y dulces cantos de ruiseñores. No son muchas en número las obras que pertenecen a este grupo; el núcleo de poemas lo forman unos veinte romances amorosos que se encuentran principalmente en tres manuscritos (véase «Noticia Bibliográfica», MSS C, D, E).

El soneto «Catorce definiciones al amor» nos ofrece amplia idea del concepto del amor que predomina en estos poemas. Veamos los dos cuartetos:

> Amor es nombre sin deidad alguna,
> un agente del ser de cuantos nacen,
> un abreviar la vida a los que yacen,
> un oculto querer a otra criatura,
>   una fantasma, asombro de hermosura,
> una falsa opinión que al mundo esparcen,
> un destino de errar en cuanto hacen,
> un delirio que el gusto hace cordura.

(217: 1-8)

Muchos de los poemas amorosos están dirigidos a diferentes mujeres por un narrador lírico. Damas como Lisi, Filis, Catalina, Remedios, Marcia y Amarinda, todas ingratas y altivas, no corresponden al amado con demostraciones recíprocas de amor, lo cual produce una tensión entre el fervor amoroso del que narra y el frío desdeño de la amada. A veces el narrador es algún desventurado, como Aurelio, quien «sentado en la verde margen / de un cristalino arroyuelo» conversa con el Amor sobre sus infortunios amorosos con Lisi:

> Yo no quisiera querer
> y, cuando en no querer pienso,
> el no querer quiero tanto
> por querer lo que no quiero.

(230: 21-24)

XXX

Resaltan en este y en otros poemas de características parecidas los retruécanos y las antítesis que intensifican la soledad y angustia del narrador, principalmente porque en el mismo Amor, a quien se dirige Aurelio, hay una dicotomía entre el «Dios de los cariños» y la «deidad de los desprecios». Los malos efectos del amor que producen la melancolía y el aislamiento llevan al narrador al borde mismo de la muerte.

Son usuales en estos poemas las descripciones de una dama que se pasea por un jardín o que sale de paseo una mañana de mayo, o a las pinturas de una dama en metáforas de naipe o de astrología que la retratan desde la cabeza hasta los breves pies. En otros poemas, el yo lírico lamenta los rigores, la ingratitud o la ausencia de su amada. Algunos alaban los ojos u otras perfecciones físicas de la amada. Y no falta tampoco un poema sobre el mito de Apolo y Dafne, en el que describe a Apolo lamentando la transformación de Dafne en laurel. La estructura de este romance acusa semejanzas con algunos otros; empieza con una introducción que plantea la escena (Apolo abrazado y besando el tronco de un árbol) y luego el texto del romance que consiste en los lamentos del protagonista.

En cuanto a las imágenes que predominan en estos poemas amorosos, vale señalar como más características las imágenes cultas y bucólicas. En uno de los romances, notable por su valor descriptivo, los primeros versos crean una escena que recuerda tanto a Garcilaso como a Montemayor, Lope o al joven Góngora:

> Un arroyo fugitivo,
> de la cárcel del diciembre,
> cadenas de cristal rompe
> y lima grillos de nieve.
> ....
> En perlas paga a las flores
> el censo oriental que debe,
> que por causa del invierno
> no le tenía corriente.

> (232: 1-4, 9-12)

En suma, aunque no son muchos, los poemas amorosos representan un aspecto importante de la obra caviedesca, tanto por la elaboración del tema como por las múltiples características que hemos comentado.

Poemas sobre diversos asuntos

Los poemas sobre diversos asuntos tienen en común su orientación hacia eventos contemporáneos al poeta. Algunos, como la «Carta que escribió el autor a la monja de México...», revelan importantes detalles sobre la vida y persona de Caviedes. Como ya queda dicho, la primera parte de este romance es sumamente autobiográfica, pero también permite constatar que la fama de Caviedes sobrepasaba las fronteras del virreinato del Perú y que la Monja de México le había escrito en ocasión anterior para pedirle muestras de su obra. Caviedes confiesa a sor Juana, en tono humilde, que «De vuestras obras he visto / algunas, para admirarlas / no como merecen, sino / como mi entender alcanza» (255: 13-16). Es tanta la admiración que Caviedes le tiene, que más de la mitad de los ciento sesenta versos están dedicados a elogiar las cualidades de la Décima Musa.

También de tono íntimo y personal es el romance titulado «En la muerte de la mujer del autor» (256). Aunque breve, este poema expresa el profundo pesar del autor para quien la muerte de su esposa es similar a un mundo sin sol. El poema «A mi muerte próxima» (257) no aparece en ningún códice de los que conocemos, pero se publicó en la edición de Odriozola en 1873 como obra de Caviedes. Por cuestiones de estilo y por el hecho de no encontrarse en ningún manuscrito, dudamos de la autenticidad de este romance que puede ser una ingenua creación de otro autor haciendo uso de un lenguaje e imágenes muy parecidos a los que acostumbramos a encontrar en la obra de Caviedes.

La muerte anunciada en el poema a su esposa es el tema también de los versos elegíacos al maestro Báez (258) y de los dos sonetos a la muerte del virrey duque de la Palata (259, 260). Es de notar la expresión acongojada del poeta en sus elogios al desaparecido maestro Báez, y cobran más sentido los pesares de Caviedes al saber que el mercedario fray Juan Báez era docto predicador y famoso catedrático de la Universidad de San Marcos durante la época en que vivió nuestro poeta. En su *Diario*, Josephe de Mugaburu menciona en repetidas ocasiones al maestro Báez, cuya fama era tal que predicaba en la catedral cuando llegaban los nuevos virreyes y durante las más importantes fiestas religiosas.[37] El maestro Báez ocupó varias cátedras en la Real Universidad de San Marcos —las de Vísperas de Teología, de Sagrada Escriptura y de Nones—; y desde 1665 ocupó la cátedra más importante, la de Prima de Teología, por espacio de unos veinte años.[38] Desconocemos la fecha de la muerte de este docto fraile que puede haber ocurrido hacia 1693 o 1694, pero fue ocasión de mucho pesar para el poeta en cuyos versos la naturaleza se conmueve ante tal tragedia y las lágrimas del vate borran los versos escritos.

La muerte del virrey duque de la Palata, ocurrida en Portobelo (Panamá) el 13 de abril de 1691, durante su viaje de regreso a España, parece ser

37. Mugaburu, *Diario*, I (págs. 155, 183), II (págs. 28, 188).
38. Eguiguren, *Diccionario histórico cronológico*, I, CCLXVI a CCLXVII y 588 (óleo).

de más interés histórico que personal para Caviedes. Debido a la distancia entre los dos, en cuanto a la posición social que ocupaban uno y otro, no sorprende la falta de expresiones de amistad o de sentimientos afectivos como lo hace Caviedes en los poemas mencionados arriba, aunque los elogios al gran duque como otro «Nabuco» parecen sinceros. Y hay que recordar que es natural que Caviedes elogiara al que fue virrey del Perú durante el decenio de los ochenta, desde enero de 1681 hasta 1689. En esta ocasión Caviedes tampoco pierde la oportunidad para criticar al médico ignorante que hizo al virrey la sangría en el tobillo, lo que había provocado su muerte.

El desastroso terremoto del 20 de octubre de 1687 movió al poeta a escribir dos poemas sobre ese asunto: un largo romance «Al terremoto de Lima el día 20 de octubre de 1687» (261), y el soneto «Al terremoto que asoló esta ciudad» (262). El primero es notable por su vívida evocación del desastre y el empleo de imágenes cinéticas y auditivas que recrean la destrucción presenciada por el poeta:

> Era el año de seiscientos
> y ochenta y siete, que suma
> en el guarismo de lustros
> el tiempo en su edad caduca.
> ....
> cuando, blandiéndose el orbe,
> los montes se descoyuntan,
> abriendo bocas que horrendas
> bramaban por espeluncas.
> Precipitadas las cumbres
> con ronco estruendo se asustan;
> los valles en broncos ecos
> trágicamente retumban.
>
> (261: 9-12, 21-28)

Quedaron en la ruina la mayoría de los edificios principales de Lima con pérdidas que ascendieron a 150.000.000 pesos.[39] Los temblores duraron hasta el 2 de diciembre y el mar inundó al Callao.

Otro fenómeno de la naturaleza que inspiró al poeta fue un cometa cuya aparición, a principios del mes de enero de 1681, Caviedes comenta en su «Juicio de un cometa que apareció...» (263). Fue un hecho tan notable, por la larga cola del astro y por el temor que inspiró en las almas supersticiosas, que fue comentado no sólo en Lima sino en México y Europa. Al observarlo en Lima, Josephe de Mugaburu, capitán militar en el palacio virreinal, escribió en su *Diario*: «La cometa pareció al principio del mes de enero

---

39. Relación del virrey duque de la Palata al nuevo virrey conde de la Monclova, *Memorias de los virreyes que han gobernado el Perú* (Lima, 1859), II, 4-7.

deste año de 1681; a las seis de la tarde salía una estrella reluciente al Poniente, y así que el Sol se iba poniendo, salía de la mesma estrella un ramo muy largo, ceniciento, que cogía mucha longitud; y siempre iba desapareciéndose hacia Poniente, cosa disforme. Sólo Dios Nuestro Señor sabe lo que será.»[40] Y en Lisboa el famoso jesuita padre Eusebio Kino, en vísperas de su viaje a México, miró el cometa con asombro, temiendo que significara algún mal portento de calamidades y pestilencias.[41] Otro coetáneo de Caviedes, el erudito Carlos de Sigüenza y Góngora, en México, también observó el cometa y fue para él oportunidad de mucho regocijo porque le permitió avanzar en sus estudios científicos sobre el fenómeno.[42] La reacción de Caviedes es semejante a la del sabio mexicano, porque Caviedes desbarata las creencias que atribuían a fenómenos naturales el carácter de portentos o agüeros de catástrofes y asevera que la aparición del cometa «Anuncia muchas mentiras / de astrólogos y agoreros, / tan falsos en sus anuncios / como creídos de necios» (263: 53-56).

Al terminarse la construcción del nuevo Hospital de San Bartolomé, Caviedes escribe una «Jácara» sobre el acontecimiento. El Hospital se había fundado hacia 1646 para negros pobres por gestión del agustino fray Bartolomé Vadillo, pero el antiguo local fue dañado por varios terremotos y se empezó la construcción de un nuevo edificio hacia 1661, quedando terminada en 1684,[43] ocasión que celebra Caviedes con comentarios sobre la vieja «casa arruinada» y descripciones poéticas del nuevo local:

> Envió Dios el socorro
> que ha recibido en su amparo,
> siendo de los terremotos
> alivio y remedio franco.
> Con su favor la ruina
> de esta casa es ya un palacio,
> y aún más, que si un Pardo es uno,
> éste incluye muchos pardos.
>
> (264: 41-48)

La chistosa alusión en los últimos versos es al palacio Pardo (edificado por Carlos I y Carlos III) y la idea de que este nuevo palacio es para pardos, o sea, gente de origen africano.

40. Mugaburu, *Diario*, II, 116.
41. *Kino escribe a la Duquesa. Correspondencia del P. Eusebio Kino con la Duquesa de Aveiro y otros documentos,* ed. E. J. Burrus, S. J. (Madrid, 1964), págs. 141-42.
42. Carlos de Sigüenza y Góngora, *Libra astronómica y filosófica,* ed. B. Novo (México, 1959), págs. 9-17.
43. Lastres, *Historia de la medicina,* II, 115, nota 1.

Los tres sonetos sobre el muelle que mandó construir el virrey conde de la Monclova en el Callao son, como queda señalado, los últimos de Caviedes que podemos fechar aproximadamente. El muelle a que se refiere Caviedes fue empezado el 18 de julio de 1693 y quedó terminado el 26 de mayo de 1696. Para facilitar las operaciones de embarque y desembarque construyeron el muelle a un costo de unos 155.000 pesos, proeza elogiada no sólo por Caviedes sino también por otros poetas de menos talento.[44] Los tres sonetos interesan no sólo por celebrar un asunto de interés contemporáneo, sino por los ecos gongorinos evidentes en algunas imágenes cultas («eres nevado y claro descendiente / de Venus bella, cristalina diosa»), en el hipérbaton y en algunos giros sintácticos («Recién nacido escollo, a quien veneran / las ondas que tu pie besan errantes») (267).

Piezas dramáticas

Las tres piezas dramáticas de Caviedes no se descubrieron sino hasta el siglo XX y fueron finalmente publicadas en 1947. Se ha notado que las tres obritas acusan muchas semejanzas entre sí en cuanto se refiere a su estructura, a su temática y a su movimiento escénico. En los dos bailes y en el entremés, el Amor (representado como Cupido, un Alcalde o un Médico) es la figura central a quien acompañan unos presos o enfermos quienes piden consejos para curarse de los malos efectos del amor. Sobresalen los chistes, equívocos, juegos verbales y acciones bufonescas, rasgos que recuerdan los poemas satírico-burlescos, especialmente los poemas dialogados o de acciones escenificadas. En la Lima del siglo XVII hubo varios corrales y teatros, pero la mayoría de las obras estrenadas allí eran de los dramaturgos más populares de España: Calderón de la Barca, Lope de Vega, Rojas, Zorrilla, Moreto, Pérez de Montalbán y muchísimos otros.[45] No sabemos si las obritas de Caviedes llegaron a estrenarse o no. En uno de los códices (identificado como el MS C) se encuentra otra obra dramática titulada «Mojiganga para festejar los años del Rey nuestro Señor», pero esta composición no es de Caviedes, porque se refiere a Luis I de España quien reinó por unos siete meses después de la abdicación de Felipe IV en enero de 1724.[46] Ha de ser una obra de un autor todavía desconocido e incluida posteriormente en el códice por algún copista.

44. Vargas Ugarte, *Historia general del Perú,* IV, 26-27 y Lámina III.
45. Véase las observaciones de Guillermo Lohmann Villena, *El arte dramático en Lima durante el virreinato* (Madrid, 1945).
46. Daniel R. Reedy, «A New Manuscript of the Works of Juan del Valle Caviedes», *Romance Notes,* V, 1 (1963), 2-3.

III

NOTICIA BIBLIOGRÁFICA

1. *Manuscritos*

Se conocen hoy ocho manuscritos de la obra de Caviedes dispersos en bibliotecas y archivos del Perú, España y Estados Unidos. Lamentablemente no ha llegado a nosotros ningún manuscrito autógrafo, y ninguno de los ocho puede autenticarse como copia hecha durante la vida del poeta. Todos son copias de algún original u originales ya perdidos. Hemos de suponer que los manuscritos de la obra de Caviedes circulaban de mano en mano a finales del siglo XVII, quizá en forma clandestina debido a la acerba naturaleza de su sátira. A estos manuscritos se añadieron, en épocas posteriores a Caviedes, poemas de otros autores. Estos poemas, que hemos logrado identificar, aparecen en el Apéndice I.

MS A. Este manuscrito se encuentra en la Biblioteca de la Universidad de Duke (Durham, Carolina del Norte) y trae la signatura: 146, Peruvian Collection. No. 913. Es el más completo de los manuscritos conocidos y reúne los textos de 235 poemas y tres piezas dramáticas. Todo el manuscrito está escrito con la misma letra, la cual parece ser de la primera mitad del siglo XVIII. Se compone de un solo volumen de 286 folios con un índice incompleto al final de seis hojas sin numerar. En la primera página se encuentra una nota a máquina añadida por su dueño, don Francisco Pérez de Velasco, que reza así:

> El Sr. Ricardo Palma, en una incorrecta edición, según él mismo, dio a conocer las producciones de Caviedes. En 1899 las publicó de nuevo, según el manuscrito de Cipriano Coronel Zegarra. El presente tiene más de 60 sonetos no publicados y otras composiciones inéditas. Las precede una composición en verso que no sé si fue escrita por Caviedes u otro aficionado a las musas. Lima, Marzo 29 de 1908.

Las ocho páginas que siguen contienen unos versos incompletos, casi ilegibles, que no parecen ser de Caviedes. En el frontispicio se lee lo siguiente:

> Guerra fisica, proezas medicales, hazañas de / la ignorancia, sacadas a la luz de el conocimiento por / un enfermo, que milagrosamente escapo, de los herrores / medicos por la protección de Sᵣ Sⁿ Roque abogado contra / medicos, o contra la peste, que tanto monta. Dedicalo su / author a la Muerte Emperatriz de medicos, a cuyo augus- / to palido centro, le feudan vidas, y tributan saludes en / el thesoro de muertos y enfermos. (1r)

En la misma página siguen la «Aprobación» y una copla «Del author al asunto».

Ocho de los poemas reproducidos en este manuscrito son obras atribuidas a Caviedes, aunque son de otros autores (véase Apéndice I). Y los textos de cinco poemas se transcriben dos veces en el manuscrito. Reúne además ocho poemas que no aparecen en ninguna otra fuente.

MS B. Este manuscrito se encuentra en la Biblioteca Nacional de Madrid y lleva la signatura correspondiente de 17494. Menos completo que el MS A, éste contiene 190 textos, de los cuales 186 son poemas de Caviedes, más las tres piezas dramáticas y dos poemas que se atribuyen a Caviedes. El texto de un poema está repetido en el manuscrito, y hay dos poemas que no aparecen en otras fuentes. Los textos están contenidos en 343 folios con doce páginas de índice. En una página preliminar se lee «Poesías de Juan del Valle Caviedes», y en el frontispicio lo siguiente:

> Guerra Phisica, proezas medicales, o / hazañas de la ignorancia, sacadas a luz / del conocimiento por un enfermo que mi- / lagrosamente escapo de los errores me- / dicos por la proteccion del Señor San Ro- / que Abogado contra medicos, o contra / la peste, que tanto monta. Dedicalas / su Autor a la Muerte, Emperatriz de / Medicos, a cuyo augusto palido Cetro / feudan vidas, y tributan saludes en el / thesoro de muertos, y enfermos. (1r)

Siguen la «Aprobación» y dos «Coplas». Los textos están en una sola mano con una letra muy clara que parece ser del último tercio del siglo xviii. A pesar de la diferencia del número de poemas, hay obvios parentescos entre el MS B y el MS A. Esto se nota tanto en la distribución de los poemas como en las numerosas variantes textuales que tienen en común. El MS B parece ser copia posterior y menos completa de la misma fuente del MS A.

MS C. Este manuscrito, comprado en Lima a principios del siglo xx por el coleccionista bonaerense, don W. Jaime Molíns, se encuentra desde 1967 en la Biblioteca de la Universidad de Kentucky (Lexington). Es un solo tomo de doscientas sesenta páginas numeradas. Contiene ciento cincuenta y tres poemas de Caviedes y dos de sus obras dramáticas. Hay, además, nueve poemas y una «Mojiganga para festejar los años del Rey nuestro Señor» compuesta en honor de Luis I, que no le pertenecen.

En la primera página preliminar, con caligrafía de un mismo copista, se dice así:

> Diente del / Parnaso / Que trata diversas materias, contra / Médicos, de Amores, a lo Divino / Pinturas y Retratos. / Compuesto por Don Joph. Cabiedes / Que Escribió en Lima / Año de 1689.

En la página siguiente, el frontispicio, se lee lo siguiente:

> Gueras Fisicas, Proezas Medicales / azañas de la Ygnorancia, Sacadas a luz / de el conosimiento, por un Enfermo que mila- / grosamente escapo de los herrores medi-

cos / por la protección de el Glorioso Señor San / Roque a Vogado contra Medicos, o contra / la peste, que tanto monta.

Dedicalo su Autor / a la Muerte Emperatriz de Medicos; / a cuio Augusto
Palido Zetro le feudan / Vidas, y tributan Saludes en el Thesoro / de Muertos y
Enfermos. (1)

Siguen en la misma página la «Aprobación» y copia «Del Autor al asumpto».
La letra parece ser de finales del siglo XVIII. Al final del manuscrito hay
otro poema que no es de Caviedes titulado «De corazón amo y creo en la
religión protestante».

MS D. Durante su expedición al Perú el arqueólogo Hiram Bingham
compró este manuscrito junto con otros valiosos documentos a un vendedor
en Lima, Francisco Pérez de Velasco, y desde octubre de 1912 este códice
se encuentra en la Colección Peruana de la Universidad de Yale (New Haven, Connecticut). Se parece al MS C, sin ser copia de éste. En una hoja preliminar leemos:

Diente del Parnaso, / que trata dibersas mate- / rias contra Medicos, ver- / sos
amorosos, a lo divino, / pinturas, y retratos. / Compuesto / por don Juan Cabiedes / que escribió en / Lima / año de 1689.

Una nota borrada al final de la misma página dice «Voy de don Pedro Manuel Bazo». El frontiscipio (1v) es muy parecido al de los otros MSS.

Guerras fisicas, Proezas / medicinales, Azañas de la / ignorancia, sacadas a luz / del
conocimiento por un enfer- / mo, que milagrosamente esca- / pó de los errores
medicos / por la proteccion del glorioso S. / Roque, Abogado contra / medicos o
contra peste, que / tanto monta.

Dedicalo su autor a la / muerte emperatriz de / medicos, a cuyo augusto y / palio
cetro le feudan vi- / das y tributan saludes en el tesoro de muertos, y enfer- / mos.

Siguen la «Aprobación de este libro» y en la página siguiente las coplas «Del
autor al asumpto» y «Pregunta del Pecador al autor».

De los 156 poemas que se reúnen en este manuscrito, sólo 148 son de
Caviedes; los restantes son de otros autores. Y no se encuentran ni los bailes
ni entremeses que anotamos en los otros MSS. Consiste en un solo tomo de
214 folios de textos y ocho páginas de índice sin numerar. Está escrito con
una misma letra borrosa que parece ser de mediados del siglo XVIII.

MS E. Se encontraba este MS en la Biblioteca Nacional de Lima cuando
ocurrió el desastroso incendio del 10 de mayo de 1943. La parte exterior
del manuscrito está muy quemada y debido a los efectos del agua, en la página preliminar aparece, muy borroso, lo siguiente:

Diente del Parnaso, / que trata diversas materias contra / medicos, versos amorosos, a lo divino, / pinturas y retratos. / Compuesto / por don Juan Cabiedes en /
Lima / año de 1689.

Una nota al final de la página hace mención de la edición de Palma publicada en 1899. Parece ser un comentario del mismo Palma, quien fue bibliotecario de la Biblioteca Nacional desde 1883 hasta 1912, porque al final del manuscrito leemos lo siguiente, firmado por Palma: «Esta copia es detestable. Léase a Caviedes en el tomo V de *Documentos literarios del Perú,* por Odriozola. La edición que aunque no es muy correcta, por lo menos vale más que este documento. [Firmado] Palma.» (121v).

A pesar de su estado de deterioro, el frontiscipio parece rezar así:

> Guerras fisicas, proezas medicinales, hazañas de la / ignorancia, sacadas a luz del conocimiento por un enfermo, / que milagrosamente escapo de los errores medicos por la / proteccion del glorioso San Roque, Abogado contra Medicos o / contra peste, que tanto monta.
> Dedícalo su autor a la Muerte Emperatriz de Medicos, / a cuyo augusto y Pálido Zetro le feudan vidas, y tributan / saludes en el tesoro de muertos, y enfermos. (2v)

Siguen la «Aprobación» y las dos coplas que se encuentran en los otros manuscritos.

El tomo contiene 121 folios con un índice sin numerar de cuatro páginas adicionales. Aunque no parece ser copia del MS D, es igual en la disposición y en el número de poemas que contiene (156), de los cuales ocho son atribuidos a Caviedes.

MS F. Este manuscrito, propiedad de la Biblioteca de la Universidad de Yale, fue comprado por Bingham en 1912 a Pérez de Velasco. Es un tomo de 136 folios, con otras siete páginas de índice sin numerar. Es notable la falta de frontispicio u otra indicación de título. Empiezan los textos en la primera página con dos sonetos: «Definición de lo que puede ser la muerte» y «A Cristo crucificado». Los poemas no siguen una disposición semejante a la de los manuscritos anteriormente descritos. Contiene este manuscrito cien poemas de Caviedes; la distribución de los textos es casi idéntica a la del MS G con el que tiene estrecha filiación.

MS G. Después de la destrucción de la Biblioteca Nacional de Lima en 1943, este manuscrito fue donado a la Biblioteca por la Librería Internacional del Perú, habiendo pertenecido antiguamente a la colección particular del doctor Hermilio Valdizán. En una hoja preliminar a manera de frontispicio, se lee lo siguiente, en letras mayúsculas escritas a mano, lo cual parece haberse añadido posteriormente:

COPIA PERFECTA / SI PERFECCION / CAUE EN TAL CO- / PIA DE LOS MEDI- / COS DE LIMA. SV / AVTOR JV- / AN CAUIERES / JVES PES- QVISA- / DOR DE LOS DES- / ACIERTOS MEDI- / COS / AÑO DE 1960.

Una nota con letra diferente a la del copista y al fondo de la misma página dice lo siguiente: «Soy de don Agustín Menéndez Valdés» (9r).

Este manuscrito, como el MS F, carece de frontispicio. El tomo consta de ciento veinticuatro folios, más ocho páginas de índice sin numerar. Tras el índice, hay cuatro folios numerados con el siguiente encabezamiento: «Dibersas Poesías del mismo Autor que se han hallado / después descrito este» (125r-128r), que contienen cinco poemas. De los ciento tres poemas reunidos en este manuscrito, sólo tres no son de Caviedes. Los otros cien siguen la misma distribución del MS F con el que acusa estrecho parentesco.

MS H. En 1944 Luis Fabio Xammar describió al público por primera vez el manuscrito que él encontró en la Biblioteca del Convento de San Francisco en Ayacucho.[47] De un solo tomo de ciento tres folios, éste es el manuscrito menos completo de todos los conocidos. Reúne apenas sesenta poemas y dos bayles; dos de los poemas no son de Caviedes y otros, que no se incluyen en otros códices, son de dudosa paternidad.

Aunque este manuscrito no lleva el título preliminar de *Diente del Parnaso,* otras características indican que pertenece a la misma familia de los MSS C, D y E. El frontispicio es parecido al de los otros MSS:

> Historia fatal, Asañas de la Ignorancia / Guerra física / Proesas me- / dicales / Sacadas a lus del conosimiento, por un en- / fermo, que milagrosamente, escapo de los errores / Medicos por la protección del Glorioso Sⁿ Roque / Abogado contra Medicos, o contra la Peste / que tanto monta, dedicalo su Autor a la / Muerte Emperatris de Medicos, a quien tri- / butan vidas, y feudan saludes en el Teso- / ro de Muertos, y enfermos.

Faltan la «Aprobación» y dos coplas de los MSS hermanos y sigue al título una «Tasa». Los textos de este manuscrito muestran muchísimas faltas ortográficas, dando la impresión de que, en vez de haberse copiado directamente de otro manuscrito, alguien hubiera dictado al copista los textos y se hubiera quedado la transcripción sin terminar.

2. *Tradición manuscrita*

¿Existió alguna fuente manuscrita en época de Caviedes que fuera compendio de toda su producción literaria? Es probable, aunque parece dudoso como explicamos a continuación. Notamos, por ejemplo, que los ocho manuscritos citados arriba tienen sólo veintiocho poemas en común, o, si exceptuamos el MS H (por estar incompleto), hay sólo cuarenta y seis poemas en común entre los siete MSS restantes. Debió existir, sin duda, en tiempos de Caviedes, un núcleo de poesías que representase su producción poética en determinado momento, pero luego se debían de añadir poemas escritos poste-

---

47. Luis Fabio Xammar, «Un manuscrito de Juan del Valle Caviedes en la Biblioteca Nacional, I», *Boletín de la Biblioteca Nacional,* I (julio 1944), 7.

riormente a algunos de los manuscritos que circulaban en Lima y no a otros. De esta manera se formaron, tras varios años, tres familias distintas de manuscritos. Dentro de cada una de ellas, los manuscritos acusan semejanzas indiscutibles en cuanto a su parentesco o filiación, aunque las variantes textuales y la disposición de los poemas en cada manuscrito afirman que, en ningún caso, es uno copia del otro sino que cada uno proviene de un pariente común a su familia.

Hemos llamado «Omega» al núcleo o compendio original de poemas, y a los tres manuscritos intermedios, de los cuales provienen las tres familias de ocho manuscritos, «Beta», «Gamma» y «Delta». Los MSS A y B, que componen la familia «Beta», son los más completos de los ocho manuscritos y, a nuestro juicio, forman un posible paradigma muy semejante a un códice original perdido. A la familia «Gamma» pertenecen los MSS C, D, E y H; y en la familia «Delta» se encuentran los MSS F y G. Estos grupos de manuscritos y las filiaciones que hoy conocemos entre ellos, pueden representarse con el siguiente modelo:

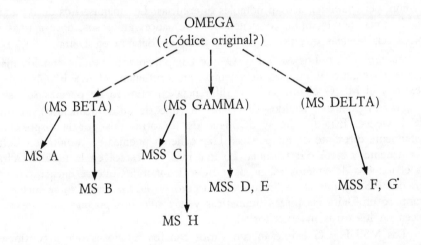

OMEGA
(¿Códice original?)

(MS BETA)   (MS GAMMA)   (MS DELTA)

MS A   MSS C

MS B   MSS D, E   MSS F, G

MS H

Familia Beta. Los MSS A y B de la familia Beta contienen ciento ochenta y cuatro poemas en común, más las tres piezas dramáticas. Además, la mayoría de los poemas siguen la misma disposición en los dos manuscritos. En el MS A, por ejemplo, los textos de cinco poemas están repetidos en otros folios, pero el copista del MS B repitió un solo texto. Es interesante notar que aun en los poemas repetidos hay variantes textuales entre una y otra versión, lo cual sugiere que textos de poemas se añadían de vez en cuando al cuaderno original. Hay doce poemas en el MS A que no figuran en el MS B ni en otro manuscrito. Tres son poemas en alabanza a la obra de Caviedes y otro, de otro autor diferente, fue añadido posteriormente al MS por algún copista. También se encuentran en el MS B dos poemas (que parecen ser de Caviedes) no incluidos ni en el MS A ni en otro manuscrito. Cincuenta y seis de los poemas en «A» y «B» no se encuentran en ninguno de los seis manuscritos restantes.

Familia Gamma. En la familia Gamma (MSS C, D, E y H) los poemas siguen una disposición muy semejante, la cual es algo parecida a la distribución de los poemas en los MSS A y B, aunque con diferencias notables de inclusión y exclusión de textos. Los manuscritos de Gamma contienen más o menos los mismos poemas en común, aunque en el MS C se encuentran dos obras dramáticas y seis poemas que no existen ni en «D» ni en «E». Aunque el MS H pertenece a esta familia, es tan incompleto que no podemos confiar totalmente en su parentesco. Es semejante al MS C por las dos obras dramáticas que se incluyen y que no se encuentran en «D» y «E». Una comparación de los MSS D y E comprueba que son idénticos en cuanto a los poemas que contienen y a su disposición en el manuscrito. Entre las familias Beta y Gamma, exceptuando el MS H, hay noventa y tres poemas en común, pero también acusan notables diferencias. Los manuscritos de la familia Gamma, por ejemplo, contienen ocho romances amorosos, doce agudas y otros seis poemas que no se encuentran ni en Beta ni en Delta.

Familia Delta. Los MSS F y G que componen esta familia son los más cortos en cuanto al número de poemas que contienen: el MS F reúne cien textos y el MS G ciento tres. La diferencia en número de poemas se debe a que tres poemas incluidos en el MS G (uno de ellos inconcluso) no son de Caviedes. Esta familia se distingue de las otras dos por la disposición totalmente diferente de los poemas. Hay ochenta poemas en común con Beta y cincuenta y siete con Gamma. Lo que más se destaca en la familia Delta es el número de sonetos religiosos y filosófico-morales que se encuentran en los dos MSS, y que se incluyen en Beta pero no en Gamma. No se incluyen tampoco en Delta las piezas dramáticas y hay sólo dos poemas que no aparecen en los otros manuscritos.

Los MSS F y G empiezan con varios sonetos religiosos que a continuación están entremezclados al azar con algunas poesías satíricas. Los dos MSS acusan entre sí variantes textuales importantes, pero no parece ser uno copia del otro, aunque es obvio que provienen de una misma fuente original. Notamos, por ejemplo, que el poema «Remedios para ser lo que quisiere», está dividido en dos partes en ambos manuscritos (MS F: 20r-23r y 88v-98v; y MS G: 19v-22v y 88v-94v). Da la impresión de que esta familia (especie de antología de Caviedes) utilizó como fuente los manuscritos de Beta y Gamma, y fue compilada con el propósito de dar énfasis al aspecto religioso de la obra de Caviedes. Por el desarreglo de la disposición de los poemas, es posible, también, que alguna fuente anterior (en forma de cuaderno) fuera reorganizada, ya sea intencional o accidentalmente, en forma distinta de la que tenía originariamente.

3. *Impresiones*

Mientras vivía Caviedes, sólo se publicaron tres poemas suyos. El primero apareció en Lima en 1688, según los datos de José Toribio Medina, con el siguiente título: *Romance en que se procura pintar y no se consigue: La Violencia de dos Terremotos, conque el Poder de Dios asoló esta Ciudad de Lima, Emporeo de las Indias occidentales y la más rica del mundo.*[48] El segundo también se publicó en Lima, el año de 1689: «Quintillas en el certamen que se dio por la Universidad, a la entrada del Conde de la Monclova. Fue un Coloquio que dos pobres de las gradas tuvieron, celebrando la abundancia de mantenimientos que con su gobierno había y llorando la esterilidad de tiempos pasados». Se incluyó el poema en una *Oración Panegyrica... al... Excelentissimo Señor Don Melchor Portocarrero Lasso de la Vega, Conde de la Monclova...*, obra de Diego Montero del Águila.[49] El otro es un soneto (117) sin título (*Créditos de Avicena, gran Bermejo*) que se imprimió en las páginas preliminares del libro del doctor Francisco Bermejo y Roldán, *Discurso de la enfermedad del sarampión...*, publicado en Lima en 1694.[50]

Casi cien años más tarde, la Sociedad Académica de Amantes de Lima publicó los siguientes poemas en el *Mercurio Peruano*: «Al dicho corcobado porque se puso espada luego que sucedió el terremoto de octubre de 1687» (I: 34, 28 abril 1791, pág. 313); «A un doctor que trayendo anteojos pronosticó a una señora preñada que pariría hija, y no parió sino hijo» (II: 47, 12 junio 1791, pág. 111); «Conversación que tuvo con la muerte un médico, estando enfermo de riesgo» (V: 157, 5 julio 1792, págs. 152-155) y «Respuesta de la muerte al médico en este romance» (V: 158, 8 julio 1792, páginas 156-160). A principios del próximo siglo, en 1814, se publicó también otro romance con el siguiente título: *Defensa que hace un pedo al ventoso: por don Juan Caviedes, mercader de Lima. Dedícala a los autores y consortes de cierto manifiesto un extrangero, layco, mercader de libros, que apenas los conoce por el rótulo para venderlos.*[51]

La primera tentativa de una edición de la obra conocida de Caviedes fue la de Manuel de Odriozola, prologada por Ricardo Palma en 1873: *Diente*

48. José Toribio Medina, *La imprenta en Lima (1584-1824)* (Santiago, 1904), II, 178-79.

49. Ibid., págs. 180-81.

50. Valdizán, *Apuntes para la bibliografía*, págs. 38-39; y Medina, *La imprenta*. II, 199-201.

51. Frederick Bliss Luquiens, *Spanish American Literature in the Yale University Library. A Bibliography* (New Haven, 1939), pág. 233, ítem 4808.

del Parnaso. Poesías serias y jocosas, tomo V de los *Documentos literarios del Perú.* La edición se hizo a base de un manuscrito ahora desconocido, aunque muy parecido a los MSS D y E. La edición de Odriozola consta de ciento cuarenta poemas, cinco de los cuales no aparecen en otras fuentes conocidas: tres agudas, unas «Redondillas ortográficas» que no parecen ser de Caviedes, y el romance «A mi muerte próxima», también de dudosa paternidad. Lo más notable de esta edición es la omisión de varios poemas religiosos que aparecen en los manuscritos de la familia Gamma. ¿Fueron suprimidos por los editores para no cambiar la imagen truhanesca de Caviedes? ¡Lógico y muy posible!

En 1899 Ricardo Palma publicó su edición titulada *Diente del Parnaso* con la declaración de que estaba corrigiendo la edición de 1873. No encontramos ninguna corrección y Palma sólo incluye en su edición ciento uno de los mismos poemas editados por Odriozola, habiendo suprimido gran número de los Epigramas y Agudas. Como resultado de esta edición se redujo el número de poemas publicados y se aumentaron los errores de imprenta. La edición preparada por Luis Alberto Sánchez y Daniel Ruzo (*Diente del Parnaso,* Lima, 1925) es más bien una breve antología, ya que fue hecha en base a la edición de Palma de 1899, y sólo reúne unos cincuenta y tres poemas.

En 1947 Rubén Vargas Ugarte, S. J., infatigable investigador e historiador, publicó una edición bajo el título de *Obras de Don Juan del Valle y Caviedes* (Lima, 1947), que es la más completa hasta la fecha aunque acusa graves omisiones. No se incluyen, por ejemplo, unos veinte poemas, conocidos por el editor, y otros fueron mutilados por un exagerado concepto de modestia. Nos explica Vargas Ugarte que «Es casi un deber cribar su obra poética y arrojar a un lado como inútil paja todo cuanto de repulsivo, maloliente o de subido color hallamos en ella.» [52] Para su edición utilizó el MS A, pero no incluyó las variantes textuales de los otros códices sino para una que otra enmienda. Hemos cotejado su edición con el MS A y notamos centenares de discrepancias entre lo que quedó impreso en su edición y los textos según nuestra lectura del manuscrito.

María Leticia Cáceres, A. C. J., publicó los poemas que se reúnen en el MS H bajo el título de *Historia fatal, asañas de la ygnorancia, guerra física* (Lima: Biblioteca Nacional del Perú, 1972), con una transcripción de los poemas según aparecen en el manuscrito de Ayacucho, y anotando algunas de las variantes textuales según cuatro manuscritos que tenía a su alcance. Fiel a la práctica de Vargas Ugarte, suprime versos que la parecen indecorosos, y no se incluyen, sino por título, los romances «A una dama que yendo

---

52. Rubén Vargas Ugarte, «Introducción», en *Obras de don Juan del Valle y Caviedes* (Lima, 1947), pág. XII.

a Miraflores cayó de la mula en que iba» y «A una dama que rodó por el Cerro de San Cristóbal la tarde de su fiesta». Notamos la omisión de versos de otros poemas, sea por descuido en la transcripción o por error de imprenta, y ponemos en duda su lectura de varias palabras transcritas.

Las más significativas impresiones de la obra de Caviedes aparecidas en colección son las siguientes: Ventura García Calderón, *El apogeo de la literatura colonial,* tomo V de su Biblioteca de Cultura Peruana (1938), y Alejandro Romualdo y Sebastián Salazar Bondy, *Antología general de la poesía peruana* (1957).

Daniel R. Reedy

CRITERIO DE ESTA EDICIÓN

La selección del MS A como texto-modelo para esta edición se debe a varios factores. Ante todo nos parece que este manuscrito es el que más se aproxima a un arquetipo o compendio original de la obra de Caviedes. Juzgándolo en base a la letra del copista, éste es el códice que menos se distancia de los tiempos de Caviedes y, en consecuencia, es razonable inferir que se conserve más fiel a la fuente manuscrita de donde proviene, al contrario de los otros manuscritos que son, por lo visto, de épocas posteriores. Señalamos, además, que sólo en el MS A se encuentran los tres sonetos escritos sobre el asunto del muelle en el Callao que son las composiciones más tardías que conocemos de Caviedes. Consta también que el MS A es el códice más completo de todos con doscientos treinta y cinco poemas y tres obras dramáticas. Cuenta con doce poemas que no se encuentran en otra fuente y hay muchos otros poemas que sólo se incluyen en el MS A y en uno que otro de los MSS; por ejemplo, con el MS B comparte ciento ochenta y siete poemas y las tres piezas dramáticas, pero cincuenta y seis de estos poemas sólo aparecen en estos dos manuscritos. Igualmente, entre A y C, D y E, hay otros siete poemas que no se incluyen ni en B ni en F ni en G. Y entre los MSS A, F y G, hay veintisiete poemas que no se incluyen en los otros códices. Es importante también destacar que el MS B constituye un códice estrechamente relacionado con el MS A, lo cual nos ha permitido útiles comparaciones.

En esta edición reproducimos fielmente los textos según el MS A, realizando enmiendas de erratas indiscutibles u omisiones del copista de letras o palabras (*la medicino* por *medicina*), e indicando entre corchetes [ ] lo que se agrega. De igual manera, indicamos obvias inversiones de versos cuando es el caso de un error que comprueban los otros manuscritos. Reproducimos los textos de poemas que no aparecen en el MS A, según la fuente que muestra menos erratas (i.e. MSS B, C, D y F), pero anotamos variantes textuales si existen en el otro manuscrito.

A fin de mantener el texto libre de nuestra excesiva intervención, hemos cotejado cuidadosamente los textos del MS A con los otros manuscritos y presentamos las variantes con indicación de su fuente manuscrita, número de verso y la variante en *bastardilla* dentro del texto mismo. Así

Núm. de verso	MS	TEXTO
55	A	Saturno es su mortal astro

Núm. de verso	MS	VARIANTE(S)
55	B	es *un* mortal
55	C, D, E	*en substancia* es *un emplasto*
55	G	su *fatal* astro
55	H	*Saturno* [——] su

Los corchetes [ ] encierran un blanco dentro del texto para indicar la falta de palabra o palabras. La falta de un verso completo se indica de igual manera con corchetes, pero sin indicios del contexto de la omisión. Y las letras «l.d.» entre corchetes [l.d.] significan *lectio difficilior,* o sea, lectura imposibilitada debido a lo borroso de la letra, alguna mancha o hueco en el manuscrito, u otros daños. Caso notable es el MS E que se encuentra en muy mal estado a causa del incendio de la Biblioteca Nacional de Lima. Así

Núm. de verso	MS	TEXTO
33	A	los tuviera en el carnero

Núm. de verso	MS	VARIANTE(S)
33	D	tuviera [——] el
33	E	los tuviera en el [l.d.]
33	F, G	[—————]

Así el primer ejemplo de las variantes indica que falta una palabra; el segundo que es «difícil la lectura» de la última palabra; y el tercero que falta el verso por completo.

Modernizamos la ortografía, aunque no simplificamos del todo algunas formas antiguas, e.g.: *asumpto, propriedad, captiva,* etc. Dejamos también algunos arcaísmos y formas lingüísticas si denotan grados en el vaivén del habla culta/popular: *mesmo* (mismo), *güero* (huero), *alcagüeta* (alcahueta), *dotor* (doctor); y la confusión de *tú* y *vos* para la segunda persona de singular: *(tú) fuistes,* (tú) *aprendistes,* etc. Mantenemos la *y* ante palabras que comienzan con *i* en vez de enmendarla a *e* (*y* hitos), y empleamos la *h* para evitar confusiones (*as* > has, *aver* > haber). Uniformamos mayúsculas y minúsculas y modernizamos la puntuación, evitando en lo posible incurrir en excesos de puntuación, so peligro de cambiar el significado de algún verso.

Las notas representan una investigación del léxico, de fuentes y del mundo social e histórico de la obra de Caviedes. Nos fueron sumamente útiles fuentes como el *Diccionario de autoridades,* el *Tesoro de la lengua castellana o española* de Covarrubias, el *Vocabulario de refranes y frases proverbiales* de Gonzalo Correas, y el *Diccionario general de americanismos* de Santamaría; y las historias de la medicina en el Perú por Lastres, Eguiguren, Valdizán y otros. Para no ahogar al lector en un mar de notas, incluimos una lista de nombres y personas históricos y contemporáneos, nombres bíblicos y mitológicos, y nombres geográficos, citados por Caviedes en su obra, con el propósito de facilitar la elucidación de los textos (apéndice II).

Queremos dejar constancia de nuestro agradecimiento a la Biblioteca Nacional de Lima, a la de Madrid, a la del Convento de San Francisco en Ayacucho, y a las de las Universidades de Duke y Yale por habernos facilitado sus servicios y los microfilmes de los códices. Quedamos sumamente agradecidos a la Biblioteca King de la Universidad de Kentucky por la adquisición de uno de los códices de la obra de Caviedes, así como también a la University of Kentucky Research Foundation por haber subvencionado algunas de las tareas relacionadas con la preparación de esta edición. Nos complacemos en agradecer a las señoritas Mary E. Davis, Karen Smith y Mary-Garland Jackson quienes ayudaron a cotejar cuidadosamente algunos de los manuscritos y a anotar los miles de variantes textuales. Por último, damos voto especial de gracias a los estimados colegas Justo Ulloa, Leonor Álvarez de Ulloa, Ángela Dellepiane y J. R. Jones quienes ofrecieron muchas sugerencias beneficiosas para nuestra edición.

Va dedicada esta edición, fruto de una labor continuada desde 1959, a «mi Perú», a cuyo patrimonio pertenece.

D. R. R.

POEMAS SATÍRICOS Y BURLESCOS

Diente del Parnaso
que trata diversas materias contra médicos,
de amores, a lo divino, pinturas y retratos
compuesto
por don Juan Caviedes
que escribió en
Lima
Año de 1689

Guerra Física, Proezas Medicales, Hazañas de la Ignorancia,
sacadas a luz del conocimiento por un enfermo que milagrosamente escapó
de los errores médicos por la protección de señor San Roque,[1] *abogado*
contra médicos o contra la peste que tanto monta.[2]
Dedícalo su autor a la Muerte, Emperatriz de Médicos, a cuyo
augusto pálido cétro le feudan vidas y tributan saludes en el tesoro
de muertos y enfermos.

(MSS: ABCDEH): 1 B: medicales, o hazañas; C: *Gueras físicas,* proezas; D: *Guerras físicas,* proezas *medicinales,* hazañas; E: [l.d.]; H: *Historia fatal, hazañas de la ignorancia, guerra física, proezas medicales.* 3 B: protección *del* Señor; C: protección *del Glorioso* Señor; D, E, H: del *glorioso* [___] San. 4 D, E: contra [___] peste. 5 B: *Dedícalas* su; H: médicos, a *quien.* 6 B: cetro, [___] feudan; D: augusto *y palio* cetro; E: augusto *y* pálido; H: [___] *tributan* vidas y *feudan* saludes.

APROBACIÓN DE ESTE LIBRO

Dice el glorioso y docto San Agustín en el libro de *La Ciudad de Dios* las siguientes palabras: «No está obligado el cristiano a llamar médicos en sus enfermedades, porque es más acertado fiar de Dios.»[3]

1 B: glorioso [___] *doctor* San.

5

DEL AUTOR AL ASUMPTO

1

Copla

Dos veces para mi santo
es Augustino discreto:
una, por contra doctores,
otra, por Santo estupendo.

El Eclesiástico dice: Dejará caer Dios al pecador en manos de mal médico.[4]
1. (MSS: ABCDE): 2 B, D, E: es *agustino* discreto.

2

COPLA DEL AUTOR

Si en manos del mal doctor
caerá el pecador, el justo
¿en cuáles ha de caer?
porque no hay bueno ninguno.

3

FE DE ERRATAS

En cuantas partes dijere
doctor, el libro está atento;
por allí has de leer *verdugo,*
aunque éste es un poco menos.
Donde dijere *receta,*   5
leerás *estoque* por ello;
porque estoque o verduguillo
todo viene a ser lo mesmo.
Donde dijere *sangría,*
has de leer luego *degüello;*   10
y *cuchillo* leerás donde
dijere *medicamento.*

Adonde dijere *purga,*
leerás *dio fin el enfermo;*
y donde *remedio dice,*   15
leerás muerte sin remedio.
Donde dice *practicante,*
leerás con más fundamento
sentencia de muerte injusta
por culpas de mi dinero.   20
Y con aquestas erratas
quedará fielmente impreso,
porque corresponde a las
muertes de su matadero.

3.   (MSS: ABCDEH): 3 H: *que* allí. 5 H: *Donde dice practicante* (v. verso 17). 6 B: por *ella*; D: *dirás* estoque; H: estoque *en* ello. 7 D: estoque *y* verduguillo; H: porque *esto* o. 8a H: *Donde dijere receta* (v. verso 5). 8b H: *leerás con más fundamento* (v. verso 18). 8c H: *sentencia de muerte injusta* (v. verso 19). 8d H: *por culpas de mis dineros* (v. verso 20). 10 H: *allí leerás* degüello. 13 B: *En donde* dijere. 15 B: y *en donde* remedio. 17 H: [_____]. 18 H: [_____]; D: leerás *sin* más. 19 H: [_____ ____]. 20 H: [_____] (v. versos 8a-8d arriba). 22 H: *estará* fielmente. 23 H: corresponde a *la*. 24 D: muertes *del* matadero; H: *muerte* de su.

4

TASA

Este libro está tasado
por los malsines de ingenio,
a cien simples adiciones
por cada uno de sus pliegos.

4.   (MSS: CDEH): 3 H: cien *siples* adiciones.

5

LICENCIA DEL ORDINARIO

DAMAS

Nos el ordinario, más
ordinario que el correo,
licencia de imprimir damos

7

de aqueste libro a su dueño.
Porque no contiene cosa   5
contra su salud, que aquesto,
como somos el achaque,
certificamos de cierto.

5. (MSS: ABCDEH): 4 C, D: [___] aqueste; E: [l.d.]; H: [___] *a que este* libro.
5 C: *Por cuanto* contiene; D, E: *Por cuanto* no *tiene* cosa; H: porque no *continúe* cosa.
6 B, C, D, E, H: contra *la* salud.

6

PRIVILEGIO

Tiene por toda su vida
el autor de este cuaderno
privilegio de imprimirlo,
porque la vida va en ello.

7

DEDICATORIA

Muy poderoso esqueleto
en cuya guadaña corva
está cifrado el poder
del imperio de las sombras;
    tú, que atropellas tiaras;   5
tú, que diademas destrozas;
y a todo el globo del mundo
le da tu furia en la bola.
    Tú, que para quitar vidas
tantos fracasos te sobran   10
que hasta en el mismo guardarla,
fatalidades emboscas
    de médicos (como suele
del cazador la industriosa
astucia, que con reclamos   15
coge el ave voladora).
    Salud ofrecen y dan
enfermedades penosas,

8

y con máscaras de vida
te introducen cautelosa.   20

Porque en cayendo en la liga
de ungüentos con que aprisionas
los que vienen al reclamo
del médico, los sufocas.

También, como araña tiendes   25
telas que haces pegajosas
de médicos, que se tejen
del hilo de tu persona

para coger al enfermo
luego que el médico toca;   30
pues en él cual mosca muere,
porque éstos matan por mosca.

También son campeones tuyos,
pues, en batallas de idiotas,
a toda salud guerrean   35
para darte más victorias.

Finalmente, los doctores
son, si a buena luz se notan,
impulso de tu guadaña
y de las flechas que arrojas.   40

Pues, si no fuera por ellos,
ya la tuvieras mohosa
de arrimada en un rincón
de los de tu negra alcoba.

Porque no la ejercitaras   45
jamás, o veces tan pocas,
que un muerto fueran a ver
por cosa maravillosa.

Demás cosa maravillosa.
que previenes industriosa   50
para las vidas, si en los
médicos astuta logras.

Tanto temblor con golilla
que toda salud trastornan;
tanta exhalación a mula   55
con que las vidas asolas;

tanto terremoto grave;
tanta autoridad traidora;
tanto fracaso con barba,
de tanta engreída persona;   60

9

tanto volcán graduado,
tanta borrasca estudiosa,
tantos rayos con calesas,
teniendo dos ruedas solas;
    tanto veneno con guantes, 65
como la verdad los nombra,
el doctor don Tabardillo
y licenciado Modorra.

    Baladrones de la ciencia,
pues fingen la que no logran; 70
valientes de la ignorancia,
si es en ellos matadora.

    Punta en blanco de lanceta,
armados con esta hoja,
con trabucos de jeringa, 75
cañones fieros de azófar.

    Pólvora de mataliste,[5]
bala de píldora en boca,
y con tacos de receta
tiran físicas postolas. 80

    De cuyos médicos rayos
me escapé, en una penosa
enfermedad, de una junta
física, gavilla en tropa.

    Huyendo a una de entendido 85
de esta celada alevosa,
que tras mí a uña de caballo,
me seguía en tres idiotas,

    que me venían tirando
por las espaldas huidoras, 90
fricaciones, sajaduras,
jeringas, calas, ventosas,

    aceites, ungüento, emplastos,
parches, hilas y otras cosas
que llaman drogas, con que 95
meten las vidas a droga.

    Y viendo no me alcanzaban,
dijeron con voz furiosa
a un boticario artillero,
«¡Dale fuego a esas ponzañas!» 100

    Disparóme de un estante,
cureña infiel venenosa,

tanto petardo encabalga,
tanto morterete y bomba,
    una culebrina real   105
de una purga maliciosa,
pues para dar en el ojo
vino apuntando a la boca.

    Escapóme de estas furias
la naturaleza heroica,   110
con despreciar los cuidados,
la alegría y parsimonia.

    Un emplasto de doctores
me apliqué en una rabiosa
hipocondría, y sané   115
con reírme bien de sus cosas.

    Sirvan de medicamentos,
pues ser médicos ignoran;
y receten a sí mismos
por remedio de congojas.   120

    Libre de ellos, reconozco
que de justicia me toca
ser más puntual coronista
de sus criminales obras.

    Y habiendo escrito este corto   125
cuerpo de libro, que logra
título de cuerpo muerto,
pues vivezas no le adornan.

    Por cuerpo muerto, y tratar
de médicos, que es historia   130
falta de diestros soldados,
lo dedico a vuestra sombra.

    Amparadle, y si algún tonto
censurare aquesta obra,
matádmele con albarda,   135
que es la muerte que le toca.

    Enviadle a él un torozón
porque la bestia no roa
plumas, que este bruto achaque
de comerlas se ocasiona.   140

    No digo que el Cielo os guarde,
porque será cosa ociosa
pedirle lo que ha de hacer
hasta la postrera hora.

11

7. (MSS: ABCDEH): 5 H: atropellas *tierras*. 7 H: [___] a todo. 11 C: mismo *guardala*; D: mismo *guardián*; E: mismo *guard la*. 12 H: fatalidades *embocas*. 17 B: *Ofrecen salud* y. 24 C, D, E: los *sofocas*; H: del *médicos* los *sofocas*. 28 C, D, E, H: tu *ponzoña*. 29 C, H: coger *el* enfermo. 30 H: que *al* médico. 32 H: *Por* estos. 34 C, D, H: en *batallón* de; E: [l.d.]. 36 H: más *victoria*. 38 D: se *nota*. 39 C, D, H: *impulsos* de; E: [l.d.]. 47 D, E: que *a* un. 53 C, D, E: con *golillas*. 54 D, E: que *a* toda. 55 D: tanta *exagión* a; E: tanta *exación* a. 59 C, D, E: con *barbas*. 60 B: [_____] tanta; C: engreída *ponzoña*; D, E: tanta *letal ponzoña*; H: [_____] tanta engreída *ponzoña*. 62 C, D, E: borrasca *industriosa*. 63 H: con *caleza*. 70 D, E: fingen *lo* que. 72 B: *que* es; E: si [___] en; H: en *ello* matadora. 75 C, D, E, H: de *jeringas*. 79 B: *que* con; C, D, E, H: de *recetas*. 85 H: *Habiendo* a una. 86 H: celada *venturosa*. 88 D, E: me *seguían* tres; H: en *tus ichotas*. 91 B, D, E: y *sajaduras*. 93 C, D, E: aceites, *polvos* y emplastos; H: aceites, *ungüentos*, emplastos. 96 H: a *drogas*. 97 B: Y *iendo* no. 99 H: un *voticano* artillero. 100 B: *dales* fuego; C, D, E: a *esa ponzoña*. 102 C, D: *que* curena [_____] venenosa; E: [l.d.]; H: *que* curena *ponzoñosa*. 103 B: *petardo incubierto aleve;* E: [l.d.]. 109 B: *Libertóme* de; C: de *esta furia*. 110 B: naturaleza *prompta*. 111 B: *aplicando sin* cuidados. 112 C, D, E, H: [___] alegría. 116 B, C, D, E, H: reírme [___] de. 119 C, D, E: y *recétense* a; H: y *recétense* a sí *mismo*. 123 C, H: ser [___] puntual. 125 B: [___] habiendo. 128 B: no *lo* adornan. 131 C, D, E: *fatal* de *vuestros* soldados. 133 D: *Amparlo,* y; H: algún *tanto*. 135 C, D: *dádmele* con; E: [l.d.]. 137 B: *Disparadle* [___] un; D, E: Enviadle [___] un. 138 B: no *coma*; H: no *tosa*. 139 B: que *un* bruto. 140 H: se *ocasionan*. 142 D, E: cosa *odiosa*. 143 D, E: ha de *ser*. 144 H: la *prostrera* hora.

8

PARECER QUE DA DE ESTA OBRA
LA ANATOMÍA DEL HOSPITAL DE SAN ANDRÉS

Romance

Por comisión de un ingenio
aqueste tratado he visto
que pide mi parecer,
siendo tan malo y podrido.
   Con acierto lo ha pensado,   5
pues más vale por testigo
de médicos un difunto
que todo el mundo de vivos.
   Como quien por la experiencia
lo sabe, pues hoy me miro   10
ejemplo de los mortales
por obra de estos malditos,
   que me quitaron la carne,
sacándome de este siglo
treinta años antes que yo   15

por mis pies me hubiera ido.
  Pero quiso la desgracia
que me diese un romadizo
y un médico a dos visitas
lo convirtió en tabardillo.   20

  A tres me despabiló,
y decía compungido,
«¡Raro achaque!» y era cierto
porque morí de idiotismo.

  Hizo de mí, anatomía,   25
pensando el grande pollino
hallar en mí lo que estaba
en su mal turbado juicio.

  Levantóle un testimonio
a mí deshecho entresijo,   30
por disculpar su ignorancia
de quien hoy soy muda estatua
que publica sus delitos
y con voces del silencio   35
a los mortales les digo,

  «En esto para aquellos
mentecatos sin aviso
que dan crédito a doctores,
que se fían de aforismos;   40

  sabed, hombres, que en el mundo
de la verdad, nos reímos
los muertos de los errores
que estáis haciendo los vivos.

  Un temblor corto os asombra   45
que avisa con su ruido,
que os guardéis de él, y salís
pidiendo clemencia a gritos.

  ¿Y que un doctor no os asombre,
que a traición, a fuer de amigo,   50
os echa una purga a cuestas,
que es peor que un edificio?

  Cuando al verle, se debiera
levantar el alarido,
pedir al Cielo clemencia,   55
y salir despavoridos,
diciendo, "¡Dotor, Dotor!"
muy recio, por dar aviso

a las torres, y que toquen
plegarias contra aforismos.   60

En muriendo uno, tenemos
los muertos gran regocijo
con él, porque nos vengamos
de los absurdos que hizo.

Porque le siguen sus obras,   65
y como aquéstas han sido
el hacer muertos, a golpes
les dan muertos ellos mismos:
cual con una calavera
le pega por los hocicos,   70
y cual a puntapiés venga
las sangrías del tobillo.

Uno le tira canillas,
otro un costillar podrido,
y las muertas son peores   75
que los muertos tercio y quinto.

Pues como más vengativas
lo consumen a pellizcos
y las barbas, pelo a pelo,
se las sacan con ahínco,   80
diciéndole, "Aquesta barba
me engañó en el otro siglo,
porque le juzgué por sabio
porque no le vi lampiño.

Ya veo que es error,   85
que no hay barbado entendido,
pues a ser ciencia la barba
fueran doctos los cabritos.

Y una ballena pudiera
enseñar a Tito Livio,   90
cuando no tiene en su barba
ni un solo pelo de juicio."

Otro le dice, "Este a mí
me engañó con lo engreído,
porque ignoré que los sabios   95
se desprecian a sí mismos."

Y es que un docto de estos se hace
con saber cuatro palillos,
ponerse grave y tener
un estante o dos de libros;   100

ir a las visitas tarde,
diciendo que está aburrido,
con tanto como hay que hacer
que no vaga en su ejercicio;

 contar de paso una cura   105
grande que ha poco que hizo
con palabras golpeadas,
severo y ponderativo;

 decir dos o tres latines,
y términos exquisitos,   110
como expultrix, concotrix,
constipado, cacoquimio.

 Los ignorantes vulgares,
que sólo tiene oídos,
se quedan atarantados,   115
amando el docto peligro.

 De achaques de damas hay
un número bien crecido
de muchachas que ha volado
Bermejo, doctor divino.   120

 Por parecerles que no
lo eran sin el requisito
del médico de las damas,
que este nombre se ha adquirido,

 para decir muy mirladas,   125
haciendo mil agilivios,
"A mí me cura Bermejo;
no hay más que mi don Francisco"

 Y lo que hay más que él es una
sangría sobre resfrío,   130
y las rosas y claveles
morir de un doctor Narciso.[6]

 Estánle aguardando para
vengar su encono, y les digo
que matar lindas no puede   135
ser nunca feo delito.

 Decidle no se congoje,
porque un bien en un mal hizo,
si en ellas le quita el sexto
lo que se pone en el quinto.   140

 Lo que puede darle pena
son unos muertos erguidos

que en gavilla mató, como
inquisidores y obispos.

Pero dejando esto a un lado   145
finalmente, como digo,
que también tienen los muertos
en el hablar estribillos.

He visto aqueste tratado
todo del fin al principio,   150
y burlas más veras nadie
con tal propiedad ha escrito.

Porque es de simples y bobos
el creer que habrá, ni aún ha habido,
ni hay hombre humano que cure   155
con conocimiento fijo.

Porque si siempre es la obra
del artífice divino,
¿cómo un humano podrá
conocer lo que no hizo?   160

Si tal vez aciertan, es
acaso; pues averiguo
que, al que matan y al que sanan,
curan por un tenor mismo.

Y si la muerte y la vida   165
están en un equilibrio,
en la certeza es arrojo
aventurarse al peligro.

El accidente mayor
puede sanar de sí mismo,   170
y el más leve achaque le hacen
mortal los malos auxilios.

Y así reprueba el autor
los médicos por dañinos,
contrarios a la salud   175
y de la vida enemigos.

Hombre, ¡mirad lo que hacéis!
¡Huíd de médicos malditos!
O si no, os pondrán los huesos
como yo tengo los míos.   180

Morid de balde, menguados,
porque es grande desatino
pagar un hombre el verdugo,
los cordeles y el cuchillo.

16

Y por cuanto no se opone   185
a la verdad, certifico
de aprobado este tratado
una y mil veces, y digo
    que de justicia le deben
dar licencia de imprimirlo,   190
a costa de los doctores
y de balde repartirlo,
    para que todos le traigan
como reliquia consigo,
y huyan los médicos de él,   195
diciéndoles con estilo,
    en viendo que uno se acerca,
"¡Exi foras, cata el libro!
¡Arredro vayas, doctor!
¡Y la salud sea conmigo!"»   200

8.   (MSS: ABCDEH): 2 C: aqueste *trado* he. 4 B: *aunque* tan. 6 E: vale *que* testigo.
12 H: de *los* malditos. 13 C, D, E, H: me *mondaron* la. 16 C, D, E, H: por *mi pie* me.
18 B: un *tromadizo*. 23 H: era *cierto*. 24 C, D, E: *que moría* de. 25 H: Y hizo. 28 D, E:
su *conturbado* juicio; H: su *muy* turbado. 29 D, E: *Levantando* un. 33 D, E: quien
[____] soy. 45 C, D, E, H: os *asusta*. 47 H: os *guardáis* de. 49 H: que [____] doctor.
53 C, D, E, H: se *debía*. 55 D, E: cielo *perdón*. 60 C, H: *plegaria* contra. 68 C, D, E:
le dan. 69 C: una *cadavera*. 70 H: le *paga* por. 74 H: otro *una costilla podrida*. 75 D, E:
y *los muertos* son. 78 B, C, D, E: *los* consumen. 81 B: *diciéndoles,* 'Aquesta. 85 B: que
esto es; C, D, E: *Y ya;* H: *Y así* veo. 89 D, E: [____] Una. 90 H: a *Titu* Livio. 92 C,
H: ni *aún* [__] pelo; D, E: *el menor* pelo. 93 B, C: *Otra* le; D, E: *Otra* le dice, «*Esta* a.
94 H: lo *ingreído*. 96 H: se *precian* a. 97 C: de *esto* [__] hace. 104 B: no *para* en.
105 D, E: *Que tarde pasó a* una. 106 D, E: *que ha muy* poco que *la* hizo. 107 D, E:
palabras *golpeaditas*. 111 B: expultrix *tremular;* C, H: expultrix, *concotris;* D, E: expultris,
concoetris. 112 H: *constirprado* cacoquimio. 114 D, E: tienen *oído*. 115 C, D, H: *los dejan*
atarantados. 116 C, D, E: amando *al doctor* Peligro. 117 C, H: De *achaque* de. 118 D, E:
número *muy* crecido. 122 H: *lorean* sin. 129 C: es una *sangría;* D: lo que *es* más; E: [l.d.].
130 C: [____] sobre resfrío. 131 H: *de* las. 132 D, E: *mueren* de. 134 C, D, E: su
enojo y. 137 D, E: se *acongoje*. 139 H: quita *al* sexto. 140 H: que *el* se. 142 H: muertos
esguidos. 143 B: que *otro tiempo* mató. 145 D, E: *Dejo* dejando. 148 C: hablar *estribillo;*
H: hablar *estrebillos*. 149 H: visto *a que este* tratado. 150 C, D, E, H: todo *de fin a*
principio. 151 C: y *veras* más *burlas* nadie; D, E: y *veras que en burlas* nadie. 154 C, D, E:
habrá ni [__] ha; H: el *creer que a vuestro* ni [__] habido. 157 C, D, E: si *la obra es;*
H: porque si *la otra es*. 161 H: si [____] *acierta* es. 167 H: certeza *el* arrojo. 171 H:
achaque *lo* hacen. 173 H: Y *si* reprueba. 174 B: por *ladinos;* D: por *dañosos*. 176 H:
vida *enemigo*. 178 D: *Huir* de. 179 D: y así no os pondrán los *güesos;* E: [l.d.]. 181 D:
morir de. 183 H: hombre [__] verdugo. 186 C, D, E, H: verdad, *califico*. 187 C, H:
este tratado lo apruebo; D, E: *este tratado y lo apruebo*. 188 C: y *mill* veces. 190 E: dar
la licencia. 193 D, E: todos *lo* traigan. 195 C, H: y *huigan* los. 196 C, D, E, H: con *ahínco*.
198 H: *Exsiforas* cata. 199 E: Arredro *vaya,* doctor. 200 C: sea *contigo;* D, E: [____]
La salud sea *contigo;* H: [____] salud.

17

PRÓLOGO AL QUE LEYERE ESTE TRATADO

Señor lector o lectora,
el Cielo Santo permita
que encuentre en este tratado
enfermos, por suerte mía.
    Pues pasando ahora actualmente   5
las más crüentas medicinas
que, con bárbaros discursos,
los médicos les aplican,
    sabrán celebrar sus versos
mucho más que quien los mira   10
y no toca los rigores
de estas tumbas con golilla.
    Porque aquéllos que no pasan
la cuña de una calilla,
el pegote de un emplasto,   15
el punzar de una sangría,
    el acíbar de una purga,
las bascas de otras bebidas,
los alanos de ventosas,
esponjas de chupar vidas,   20
    no sabrán darle el lugar
que en las veras y en las triscas
merece aqueste tratado
de aplauso, premio a que aspira.
    Mas, si santos le leyeren,   25
el autor de él le suplica
se acuerden, si han sido enfermos,
de aquesta gente dañina,
    a quienes el hacer mal
pagan, que es otra jeringa   30
que la reflección de hacienda
de la bolsa desvalija.
    ¿Que haya en el mundo quien pague
porque le quiten la vida,
y que tal bestia no traiga   35
una enjalma por ropilla?
    Si el morir es igual deuda,
es de la muerte injusticia

el matar a unos de balde,
y a otros por plata infinita.   40

Matar de gracia es su oficio
con las flechas que nos tira,
y no con las graves costas
de médicos y botica.

Si a ella le importa y no a mí,   45
no me mate a costa mía;
sea a la suya, si quiere,
o hágase desentendida.

Afile su segur corva
en los humores y días,   50
y no la afile en doctores
que los caudales afilan.

El tributo del morir
se cobra sin sacaliñas,
viendo ella en persona   55
por la deuda contraída.

No enviando un receptor
en un médico que envía
a costa del pobre enfermo,
asalariado en visitas.   60

Si se resiste en morir,
viene el otro a darle prisa,
y otro, esto es, cuando hay junta,
que yo la llamo gavilla.

Y después que le han quitado   65
la hacienda, lo despabilan,
y de achaques de pagarlos
mueren muerte de codicia.

Y así, enfermos, ojo alerta
y ningún médico admitan;   70
mueran de gorra sin dar
un real a la medicina.

Y si médico llamaren,
pues conocen su malicia;
hagan al contrario en todo   75
de sus recetas malignas.

Verbigracia: si ordenare
se sangre, coma morcilla,
porque esto es añadir sangre
a las venas por las tripas.   80

19

Si purgan, coma membrillos
de calidad que se estriña;
y si ordena que no beban,
péguesela de agua fría.
Si le recetare ayuda,   85
dé cien nudos a la cinta,
y guarde sus ancas de
don Melchor [7] y doña Elvira.
Porque si cuanto recetan
son astucias conocidas   90
de la muerte, el que al contrario
hiciere, tendrá más vida.
En premio de estos consejos,
lector o lectora pía,
te ruego que la censura   95
ande conmigo benigna.
Perdona estos yerros, puesto
que ninguno te da herida,
pues perdonas postemeros
y tiendas que martirizan.   100
No dudo andarás piadoso
y que mis versos permitas,
si permites que un doctor
te eche cuatro mil jeringas.
Bien puede sufrir un necio   105
quien sufre una melecina,
que tanto gusto te ofrece
como rayarte las tripas.
Y aunque en mis obras lo sea
es mi necedad distinta   110
que la de un doctor, pues lleva
plata por sus boberías.
Más médico es mi tratado
que ellos, pues si bien lo miras,
divierte que es un remedio   115
que cura de hipocondría.
Pues para los accidentes
que son de melancolía,
no hay cosa que los alivie
como un récipe de risa.   120
Ríete de ti el primero,
pues con simple fe sencilla

piensas que el médico entiende
el mal que le comunicas.
Ríete de ellos después,   125
que su brutal avaricia
vende por ciencia sin alma
tan a costa de las vidas.
Ríete de todo, puesto
que, aunque de todo te rías,   130
tienes razón. Dios te guarde,
sin médicos ni botica.

9.   (MSS ABCDEH): 3 C, H: que *encuentren* [—] este. 5 B: Pues *repasando* [—]
actualmente; C, D, E, H: pasando [—] actualmente. 6 B, C, E, H: las [——] crüentas;
D: *la* [—] crüentas. 7 D, E: *con que* bárbaros. 9 C, D, E: celebrar *mis* versos. 11 C, E:
no *tocar con* rigores; D: no *tocan con* rigores. 12 C: *a estos* tumbas con *golilla*; D: *a estos*
tumbas con *golillas*; E: *a* estas tumbas con *golillas*; H: con *golillas*. 13 E: Porque *a* aquéllos.
15 C, D, E, H: el *pegoste* de. 19 D: los *alaños* de; E: [l.d.]. 21 H: no *sabían* darle.
22 H: en *la trisca*. 24 C, D, E: aplauso *o* premio; H: aplauso *prinico* a. 25 C, D, E, H:
si *sanos* le. 26 C, D, E, H: él *les* suplica. 28 B: gente *ladina*. 31 C: la *replección* de; D:
Que *en* la; E: [l.d.]. 33 H: Que *haiga* en. 34 C, D: *el que* le; E: [l.d.]; H: *al que* le
quite la. 36 B: una *jalma* por. 38 C, D, E: [——] de la muerte *es* injusticia. 42 D, E:
nos *tiran*. 45 B: ella [—] importa. 47 H: si *quiera*. 48 H: [—] hágase. 50 D, E: los
humures y. 51 D: y *dado la* afile; E: no *la afila* en. 54 B: sin *socaliñas*; H: sin *saca líneas*.
57 D: *Sin enviar* un; E: *Sin enviar a* un. 58 B: en [—] médicos; E: [—] un médico;
H: *a* un médico. 59 B, C, D, E, H: costa *de un* pobre. 60 D, E: asalariado [—] visitas.
61 B: resiste *el* morir. 62 C, D, E: viene [—] otro; H: viene [—] otro a darle *priesa*.
64 H: yo *le* llamo. 68 H: *muere muera* de. 69 H: Y *si* enfermos. 70 D, E: y *a* ningún;
H: [—] ningún. 73 H: médico *llamaron*. 77 H: si *ordenaren*. 78 C, E: coma *morcillas*; H: se *sangren como morcillas*. 80 H: a *la* venas. 81 C, D, E: Si *purga*, coma; H: Si
purgas, coma. 83 C, D, E: no *beba*; H: y *se* ordena que no *beba*. 84 B: *pégesela* de.
92 H: más *de* vida. 98 C, D, E: da *vida*. 99 H: perdonas *por temeros*. 101 D, E: dudo
serás piadoso. 102 H: que [——] versos. 104 D: te *echa* cuatro; E: [l.d.]. 105 C: sufrir
a un; D, E: Bien *pueden* sufrir *a* un. 106 D, H: una *medicina*; E: sufre *a* una *medicina*.
107 C, D, E: que *te dará tanto gusto*; H: *guardará* tanto gusto [——]. 109 D, E: aunque [—] mis. 111 B: *de la* de. 112 H: *la* plata. 114 D, E: bien *se mira*. 115 H: *de suerte*
que. 120 E: *que* un récipe. 123 B, C, D, E: *Crees* que el; H: *Crees* que el médico *entienda*. 127 B, C, D, E: *venden* por; H: *venden* por ciencia sin alma. 129 B: todo, *que*.
130 B: [——] aunque.

10

COLOQUIO QUE TUVO CON LA MUERTE UN MÉDICO ESTANDO ENFERMO DE RIESGO

Décimas

El mundo todo es testigo,
muerte de mi corazón,
que no has tenido razón
de estrellarte así conmigo.
Repara que soy tu amigo   5
y que de tus tiros tuertos
en mí tienes los aciertos;
excúsame la partida,
que por cada mes de vida
te daré treinta y un muertos.   10
    Muerte, si los labradores
dejan siempre qué sembrar
¿cómo quieres agotar
la semilla de doctores?
Frutas te damos mayores,   15
pues, con purgas y con untos,
damos a tu hoz asuntos
para que llenes los trojes,
y por cada doctor coges
diez fanegas de difuntos.   20
    No seas desconocida
ni conmigo uses rigores,
pues la muerte sin doctores
no es muerte, que es media vida.
Pobre, ociosa y destruída   25
quedarás en esta suerte,
sin quien tu aljaba concierte,
siendo en tan grande mancilla
una pobre muertecilla,
o muerte de mala muerte.   30
    Muerte sin médico es llano,
que será, por lo que infiero,
mosquete sin mosquetero,
espada o lanza sin mano.
Temor te tendrán en vano,   35

porque aunque la muerte sea,
tal que todo cuanto vea,
se lo lleve por delante,
que a nadie mata es constante
si el doctor no la menea.   40

    Muerte injusta, a mí también
me tiras por la tetilla,
mas ya sé no es maravilla
pagar mal el servir bien.
Por Galeno juro, a quien   45
venero, que si el rigor
no conviertes en amor,
mudándome de repente,
y muero de este accidente,
que no he de ser más doctor.   50
Mira que en estos afanes,
si así a los médicos tratas,
que han de andar después a gatas
los curas y sacristanes.
Porque soles ni desmanes,   55
la suegra y suegro peor,
fruta y nieve sin licor,
bala, estocada, ni canto,
no matan al año tanto
como el médico mejor.   60

    Y porque en esto no tasques,
te juro, por Dios bendito,
de matar cual don Benito
Urdanivia y Melchor Vásquez
que despachan más que chasques;   65
y tanto cual la porfía
de Ojo de Plata [8] que al día
primero el enfermo ha muerto,
que como éste es doctor tuerto
trae hecha la puntería.   70

    Seré el uno y otro Utrilla
en desollar con mis artes,
y por matar por tres partes
seré cual otro Rivilla   75
que mata con tarabilla
de retórica parlata;
con la doctoría mata

y también con cirujano
sanguinolento y tirano,
con que es tres Ojos de Plata.[9]   80
      Seré el doctor Corcovado
que, con emplastos y apodos,
birla mucho más que todos,
porque éste mata doblado.

Y aunque siempre anda gibado   85
de las espaldas y pecho,
este médico contrahecho
en el criminoso trato,
si cura cual garabato,
a matar sale derecho.   90
      Seré Crispín [10] que receta,
a salga lo que saliere
de la cura, donde diere
con récipe de escopeta.

No hay vida en que no se meta   95
con bárbaros aforismos
en latín de solecismos
aqueste intruso doctor,
siendo el barbero mejor
de todos los barberismos.   100
      Seré en pegar la pedrada
don Lorenzo, el sin igual,
[que da muerte natural]
porque su cura es a indiada.

Su persona es reservada   105
de Potosí por la suerte
de médico; mas se advierte
que tan sólo es, en rigor,
cacique y gobernador
de la mita [11] de la Muerte.   110
      Seré don Pedro Chichila,
médico que cura a pie
y mata muy bien, aunqué
no es la mula con la silla.

También son de esta cuadrilla   115
mil navajas engreídas
aunque del temor poseídas
que te dan muertos a parvas,
dejando de quitar barbas

24

por andar quitando vidas.   120
    Como son el licenciado
Garrafa, torpe extranjero,
don Juan de Austria y el Barbero,[12]
y Miguel López de Prado,
Godoy, con su ojo saltado,   125
sin otros mil curanderos,
ignorantes majaderos
que matan con libertad
más hombres en la ciudad
que el obligado carneros.   130
    Seré la gran doña Elvira,
médica por sucios modos
de la cámara de todos,
porque a todos cursos mira.
Con traiciones que conspira   135
con su jeringa pujante
que es, por las ancas, matante;
de suerte que birla más
ella sola por detrás
que nosotros por delante.   140

10. (MSS: ABCDEFGH): 4 B: *para* estrellarte [_____] conmigo; C, F, G, H: *de
tirarte* así; F, D, E: de *portarte* así. 10 H: treinta *mil* muertos. 18 D, E, G: llenes *las*
trojes; H: que *llene* los. 22 C, F, G: ni *contigo* uses. 24 C: es *medivida*. 25 B: *Porque
ociosa;* C, D, E: y *desvalida*. 27 H: quien *en* tu. 28 D: grande *mantilla*. 33 D: sin *mos-
quero*. 35 D, E: *Este concepto no es vano;* H: *que muerte* tendrán. 36 D, E: *porque aunque la muerte sea*. 37 D, E: *tal que todo cuanto vea*. 40 D: si *es* dotor. 41 C: *injusta, tú*
también. 48 C, D, F, G: *sanándome de;* H: *sanándome derrepente*. 49 B: *si* muero.
51 H: que [_____] estos. 52 D, E: así [_____] los. 55 B, E, F, G: soles *y* desmanes.
57 B: *frutas, nieves y* licor; E: sin *color*. 58 D: estocada *y* canto; E: [l.d.]. 61 C: [_____]
porque *fuera no me achaques;* F: [_____] porque *fiera no me chasques;* G: [_____] porque *fiera no me chaques;* D, H: [_____] porque *fiera no me achaques;* E: porque *fiera
no me achaques.* 64 B, C, D, E: *Ordanivia* y; F, G, H: *Urbanilla* y. 65 C: que *chaques*.
66 B, C, D, F, G: cual *a* porfía; E: tanto *que a* porfía. 67 D: *que Ojo*. 68 C, D, E: primero *al* enfermo. 70 B: la *apuntería*. 71 D, E: Seré [_____] uno. 72 C, D, E: con *sus*
artes. 74 D, E: Seré *como* otro. 77 D, E: *que con su doctrina* mata. 83 H: birla *él solo*
más. 85 H: anda [_____]. 87 B: *tal* médico; D, E: médico *mal hecho*. 93 C: cura, *don-
diere;* F, G: cura, *adonde* diere. 94 A, B: *No hay vida en que no se meta;* E: de *esco-
peda;* H: con *réspice*. 95 A, B: *con récipe de escopeta;* D: no [_____] meta. 97 H: de
solicismos. 99 C, D, E, F, G, H: el *bárbaro mayor*. 100 C, D, E, F, G, H: los *barbarismos*.
102 C, D, E: el *singular*. 103 A: [_____]. 103a D: *o a lo menos otro tal*.
104 B: [_____] que su cura es [_____] *estocada;* D, E: [_____] indiada. 105 B: persona [_____] reservada. 106 D, E: *del Potosí*. 109 E: cacique *o* gobernador. 110 B: la
ciudad de; F, G: la *mitad* de. 111 C, D, E, F, G, H: Pedro *Chinchilla*. 115 D: esta *cuadilla*.
117 B: *bárbaras y presumidas;* C, D, E, F, G: *que en su ejercicio podridas;* H: *que en*

su ejercicio perdidas. 118 C, D, E: *hoy tendrán* muertos; F: dan *muertes a cargas*; G: muertos a *cargas.* 122 H: *Carrafa,* torpe. 123 C, E, F, G, H: Austria, *ayer* barbero; D: Austria, *ayer barquero.* 125 D, E: ojo *salado.* 130 H: que *un* obligado. 133 E: la *carnaza* de. 135 D, E: traiciones *se* conspira; F: *tradiciones* [_____] conspira; G: *contradicciones* que. 136 D, E: jeringa *punzante.* 137 B: [_____] es.

11

RESPUESTA DE LA MUERTE AL MÉDICO

Señor doctor don Tercianas
y licenciado Venenos,
señor de horca y cuchillo,
por merced de los ungüentos;
    mi aposentador mayor   5
en casa de los más buenos,
repartidor de mis pestes
y agente de mis entierros;
    bachiller *nemini parco,*
licenciado Vaderretro,   10
si cada récipe tuyo
son mil arpones severos;
    salud la Muerte te da,
por oficial de hacer muertos,
y por pastor que en la gente   15
apacienta mis carneros.
    ¿En qué premio los servicios
y orinales que me has hecho?
¿En qué está tu pasar, pues
comes y bebes con ellos?   20
    Sábete que he reparado
que en todo tu parlamento
doctores graves no nombras,
sino todos curanderos.
    Y no te daré la vida,   25
si no eres también como éstos
que no deben a los otros
en sus proezas ni un muerto;
    que son tan buenos campeones
como los demás barberos   30
y vasallos que dilatan
mi fatal pálido cetro.

Y porque veas, Doctor,
que lo que te digo es cierto,
las hazañas de los doctos   35
oye, mudando de metro.

DÉCIMAS

Ramírez con su rellena
cara y potente cogote,
siendo un pobre matalote
presume que es Avicena.
Y cuando me tiene llena   5
con imprudentes arrojos
la bóveda de despojos,
el vulgo sin experiencia
dice que es pozo de ciencia,
porque es gordo y trae anteojos.   10

Bermejo con mucho amor
cura las damas, de suerte
que o se las come la muerte
o las sopla el buen doctor.
El Adonis matador   15
[es] y por cierto aforismo,
él se receta a sí mismo
en jeringas por delante,
remedio que es importante
contra el mal del priapismo.   20

Yáñez es tan criminal
por sus curas que se advierte
que en el rastro de la muerte
se tiene el mejor camal.
Matando busca caudal,   25
porque tiene tal virtud
que con sólo el ataúd
viste y come de regalo;
y, siendo doctor tan malo,
anda vendiendo salud.   30

Torres ya es cosa perdida,
si antes fue doctor de suerte,

aunque también con la muerte
anda buscando la vida.
Albarda es tan conocida,   35
que de balde y de fiado
visita el viejo menguado;
pero con tal desventura,
que si bien de fiado cura,
mata luego de contado.   40

Heras que el orbe acribilla
en baraja de dotores
por ser de los matadores
tiene el lugar de malilla.
Más mata que mala silla,   45
más que un necio en porfiar,
más que un pobre en mal pasar,
más que un tonto pretendiente,
más que una suegra impaciente,
que esto es cuanto hay que matar.   50

Esplana, atroz abocastro,
tanto a matar se apercibe
que por eso siempre vive
fatal vecino del Rastro.[13]
Saturno [14] es su mortal astro,   55
pues con impulsos malditos
cura a los niños chiquitos;
y en esto tiene tal fama
que en la física se llama
Herodes [15] de los chiquitos.   60

García que anda embutido
en su manteo y sotana,
curando de mala gana
por hacerse introducido,
es a mí tan parecido,   65
en su fatal catadura,
que mata con la figura
de física autoridad;
siendo su cura, en verdad,
la que de él recibe el cura.   70

Machuca está en las mantillas
aun gateando de dotor;
y moderno matador
visita en las carretillas.
Dice que hace maravillas   75
y es muy grande patarata,
que no ata bien ni desata
porque en todo se complica,
que el remedio que él aplica
sin remedio luego mata.   80

Guerrero en el apellido
trae consigo el matadero,
pues todo aquel que es guerrero
es matador conocido.
Por dos reales me ha vendido   85
las visitas y no es poco,
pues su crédito provoco
al matar, en que es tan ducho,
pues por poco mata mucho,
y por mucho mata poco.   90

El Coto,[16] doctor que espanta,
fuera cierto singular
si tuviera en el matar
lo que tiene en la garganta.
Moderno es y se adelanta   95
en matar este modorro,
a todo criminal corro,
enfermos de mil en mil,
que aunque es Coto no es sutil,
porque tiene ingenio porro.   100

Romero, fatal veneno,
médico fue de un virrey
y mientras duró, fue ley
que le aplaudiese Galeno.
Faltó el amo y no fue bueno,   105
pues dio también residencia;
y se vio por experiencia
que, así que faltó el señor,
se quedó de matador,

aun hasta de la paciencia.

Solo Barco es eminente
y el primero en esta ciencia;
médico es de Su Excelencia
y matador excelente.
Todo simple pretendiente   115
por remota adulación,
le encarga su curación
y da doblada la plata;
él, con gravedad, lo mata
y acaba la pretensión.   120

11. (MSS: ABCDEFGH): 1 C, D, E, F, G, H: don *Terciana.* 3 B: de *soga* y. 7 D, E:
mis *partes.* 8 D, E: de *los* entierros. 9 D, G, H: *nemine* parco. 10 C, D, E, F, G, H: licenciado *ballestero.* 11 B: *que* cada; H: récipe *tirco.* 16 E: *apacenta* mis. 19 H: tu *pesar,*
pues. 22 H: [——] en todo. 25 H: *Yo* te. 28 B: proezas [——] un. 35 H: los *otros.*
DÉCIMAS: 2 D, E: potente *cohote.* 3 F, G: *Es* un. 6 C, D, E: *la bóveda de despojos.*
7 G: *las bóvedas* de; C, D, E: *con imprudentes arrojos.* 10 H: trae *antojos.* 12 E: [l.d.].
13 D, F, G, H: que [——] se; E: [l.d.]. 15 A: matador *es.* 16 A: [——] y por.
20 C: mal *de* priapismo; D, F, G: *para* el mal; E: [l.d.]; H: *para* el mal *de* priapismo.
21 D, E: es *un* criminal; F: *Núñez* es. 24 B: *se tiene* [——] *mejor* camal; C: *se tiene* el;
D: *le tiene* el; E: [l.d.]; H: *se tire* el. 29 H: [——] siendo. 31 F, G: Torres [——]
es. 39 C, D, E, F, G, H: que *aunque* de. 42 H: en *baja* de. 44 C, D, E, H: de *Espadilla;*
F, G: tiene [——] lugar de *Espadilla.* 47 D, E: mal *pensar;* H: pobre [——] mal
pasar. 48 F, G: tonto *en* pretendiente. 50 B: [——] esto; C: hay que *porfirar;* D: que
[——] es cuanto hay *en* que *porfiar;* E: que [——] es cuanto hay que *ponderar.*
51 C: atroz *abucastro;* F: atroz *evocastro.* 53 C: por *ser más mierda* vive; D, E: por
hacer muertos vive; F, G, H: por *ser más muerte* vive. 55 B: es *un* mortal; C, D, E: *en
substancia* es *un emplasto;* G: su *fatal* astro; H: Saturno [——] su. 57 F, G: cura
[——] los. 60 C, D, E, H: de los *ahitos;* F, G: de los *cristianitos.* 62 F, G: su *manto* y
su sotana. 69 B: *siendo* su cura. 70 C, D, E, F, G, H: *solo es cura para* el cura. 72 C,
E, H: [——] gateando; F, G: *y* gateando. 73 F, G: *por* moderno. 74 F: *viata* en *sus*
carretillas; G: en *sus* carretillas. 75 B: *Dicen* que. 76 H: *que* es. 79 F, G: *pues* el remedio
que [——] aplica. 80 F, G: *de contado* luego. 85 H: me *han* vendido. 86 C, D, E, H:
no es *loco.* 87 B: crédito *es de loco.* 88 B: *y en* matar [——] está *muy* ducho; D: tan
lucho; F, G: *del* matar. 89 D, E: *que* por. 92 B: *cierto fuera* singular. 97 B: criminal
zorro; C, D, E, F, G: todo *el* criminal. 102 D, E: *fue médico* de. 104 C, D, E, H: *apa-
ludiesen* Galeno. 109 C, D, E, F, G, H: *fue el médico* matador. 110 C, D, E, F, G, H:
que un virrey también da ciencia. 111 D, E: *Barco solo* es. 117 C: encarga *la* curación.
120 H: acaba la *prevención.*

HABIENDO SALIDO ESTOS VERSOS, RESPONDIÓ A ELLOS
CON UNAS DÉCIMAS PUERCAS
EL DOCTOR CORCOVADO Y UNOS ESDRÚJULOS TAN
DERECHOS COMO ÉL, A QUE SE LE RESPONDIÓ EN LOS
MISMOS METROS

Esdrújulos

A tí, quirquincho de médicos
y licenciado galápago,
mojiganga de la física,
tuerto en derechos del párroco,
fue tu concepción incógnita,   5
semen de flojos espárragos,
que corcova tan acérrima
no la concibieron rábanos.
    Heces de algún amor ético
formaron cuerpo tan párvulo,   10
y así de defectos cúmulo
tienes en globo lo lánguido.
    Concho sin jugo del húmido
hizo tu engendro mecánico,
y así tu cuerpo ridículo   15
se formó con tanto obstáculo.
    En tus espaldas el túmulo
traes denotando lo trágico,
envuelta en bayeta lóbrega
toda tu giba de plátano.   20
    Si eres un barbero frívulo
o cirujano fantástico,
deja, Matador, lo lírico
y trata sólo en lo asmático.
    Versos de numen frenético   25
escribe un botado-guácharo,[17]
ingenio peripatético
que en la cabalina es tántalo.

Mono de la medicin[a],
gimio de los curanderos,
espantajo de barberos,
médico de melecina,
con más combas que bocina   5
que ésa tu corcova encierra.
También en los versos yerra
como en curas tu opinión,
pues no es bien tire a traición
quien es hecho en buena guerra   10

Según dicen las comadres,
mucho en calidad adquieres,
porque, por los muchos, eres
hijo de muy buenos padres.
Sácame, porque me cuadres,   15
de una duda que me sobre
¿cómo, teniendo de sobra
tu madre en los arrabales
tanta copia de oficiales
te hicieron tan mala obra?   20

Dime, tonto sin igual,
¿cómo dices mal de quien
diciendo mal dice bien,
que hay bien en el decir mal?
Si hablo en la voz general   25
de médicos, no hay disputa
de que en nada es disoluta
mi pluma, y así lo pruebo;
pues te puse como nuevo
sin decirte hijo de puta.   30

Por tu musa simple y boda,
desde hoy aquí te condeno,
por mal Virgilio y Galeno,
a una bien pegada soba.
A palos esa corcova   35
tengo de hacer que se humille,
y nadie se maraville
que si con coplas mal hechas
simple y tonto me despechas,
el que yo te descotille.   40

Volver por ti has intentado
con torpes coplas resueltas,
y no es mucho tenga vueltas
un hombre tan corcovado.
Lo que sí mucho he admirado   45
es que en tu madre subiesen
tantos y que todos fuesen
a fabricarte en sus faldas,
uno a uno, entrando a espaldas,
que ninguna te hiciesen.   50
    Si de los médicos hablo
en la opinión popular
de que no saben curar,
novedad ninguna entablo.
Dime, retrato del diablo,   55
hombre hinchado de viento,
tan gibado de talento
como eres de revejido,
¿no te dés por entendido?
que nunca lo es un jumento.   60

12. (MSS: ABCDEFGH): 01 A, B: [_____]; C: *Oyes, corcovado fí-
sico;* D, E: *Oye corcovado físico;* F, G, H: *Oye, escarrabajo físico.* 02 A, B: [_____
_____]; C, D, E, F, G, H: *de mi corcovado cántico.* 03 A, B: [_____];
D, E, F, G: *los agraviados esdrújulos;* C, H: *los agobiados esdrújulos.* 04 A, B: [_____
_____]; C, D, E, F, G, H: *loa de un dos veces sátiro.* 1 B: *O, tú, espantajo* de;
G: *A ti, querquincho* de. 4 G: del *Parnaso;* H: *tuertos* en. 5 G: concepción *incógnina.*
9 H: algún *humor éstico.* 11 H: así *de efectos.* 13 D, E, F, G: jugo *de lo húmedo.* 14 D,
E: tu *ingenio* mecánico. 18 H: denotando [____] trágico. 19 F, G: *envuelto* en. 21 C,
D, E, F, G, H: barbero *frívolo.* 23 C: lo *lórico.* 24 H: lo *esmático.* 26 F, G: botado
guácaro. 27 C: ingenio *parepatético.* 28 E: la *cabatina* es. DÉCIMAS: 1 A: la *medicino.*
3 F: *espantajos* de. 4 H: de *pesina.* 5 D, E: más *comba* que; H: más *comba que basina.*
8 D, E: en *curar* tu. 16 C, D, E, F, G: que *zozobra;* H: duda *pues zozobra.* 18 B, C, F,
G, H: en *sus* arrabales. 20 F: *le* hicieron; G: *le* hicieron tan mala *la* obra. 21 C, D, E:
tonto *singular.* 24 D, E: bien *con* el *dice mal.* 29 C: *Yo te pondré* como; D, E, F, G, H:
Yo te. 31 H: simple y *boca.* 32 H: hoy *a que te.* 38 C, H: con *plumas* mal; G: con *clopas*
mal. 39 D, E: me *deshechas;* G: me *despachas.* 40 D, E: te *desatille;* H: te *descostille.*
43 F, G: *mas no.* 45 B: que *yo* mucho. 46 G: tu *madren* subiesen; H: es *en* que. 49 F:
entrando *al* espaldas. 50 D, E: *y a ti ninguno te hiciese.* 54 C: *noveda* ninguna; H: ninguna *entallo.* 55 C: retrato *de* diablo. 56 B: *jiboso* hinchado; D, E: *odre hidrópico* de;
F, G: *odre embutido* de; H: *odre* hinchado. 58 C, D, F, G: eres *tú* revejido; E: como *de*
años revejido. 60 D, E: que *jamás* lo.

AL DICHO CORCOVADO PORQUE SE PUSO ESPADA
LUEGO SUCEDIÓ
EL TERREMOTO EL 20 DE OCTUBRE DEL AÑO DE 1687

DÉCIMA

Tembló la tierra pesada
y al punto que se movieron
los montes, luego parieron
a Liseras con espada.
Porque su traza gibada,   5
sin forma ni perfección,
como es un globo en embrión
hecho quirúrgica bola,
así que se puso cola,
quedó físico ratón.   10

13. (MSS: ABCDEFGH): 1 C, D, E: tierra *preñada*. 5 H: traza *agivaba*. 7 C, D, F, G:
como es [——] globo; E: [l.d.]; H: como es [——] globo [——] embrión. 8 H:
hecho *sirúrgica* bola.

A UN DESAFÍO QUE TENÍA EL DICHO CORCOVADO
CON UN CIRUJANO TUERTO
SOBRE SALIR DISCORDES DE UNA JUNTA

ROMANCE

Liseras, un corcovado,
con un cirujano tuerto,[18]
ambos del arte y entrambos
sin arte, por ser mal hechos,
tuvieron unas palabras   5
sobre matar a un enfermo,
que por matar estos diablos
se matarán a sí mesmos.
A la espada lo remiten
para no andar muy sangrientos,   10
que si a recetas lo ciñen

mueren al primer ungüento.

Salieron a la campaña,
hombre a hombre y cuerpo a cuerpo,
aunque no muy hombre, pues   15
el corcuncho es hombre medio.

Salió Liseras armado
con su espaldar y su peto,
abrochando muy hinchado   20
dos bacías de barbero.

El tuerto hablaba muy alto,
pero Liseras más hueco,
y así de uno y otro dicen
suenan a bóveda en retos.   25

Llegados a la estacada
los dos campeones galenos,
«récipe», dijeron y
se recetan los aceros.

Sacó un postemero el giba,   30
y una tienta saca el tuerto,
y dos broqueles de parches
por defensivos pusieron.

Diez dragmas de mataliste
sacaron en cada encuentro,
que fue pendencia de purga,   35
según se olió por el miedo.

«Apostema es —¡Vive Cribas!—
lo que padece el enfermo»,
decía el tuerto; mas Liseras
decía, «No es sino uñero».   40

Aunque mucho se estrechaban,
no se encuentran y era el cuento
que no se acertaban, porque
ninguno parte derecho.

Si como a herir se tiraban,   45
tiran a curarse es cierto,
que sin remedio los dos
se matan con sus remedios.

Viendo la Muerte, avarienta
de vidas, tenían riesgo,   50
y matándose perdía
diez mil muertos por dos muertos,
empuñando la guadaña,

35

se les metió de por medio,
diciendo en tremendas voces,
«Basta ya, fuertes guerreros;   55
    envainen en los estuches
mis fatales instrumentos,
que ya sé vuestro valor
en la cosecha que tengo.   60
    Que dos tan grandes idiotas
me está a mí mal el perderlos,
pues no tiene otros mayores
la milicia de Galeno.
    Matchránse como el diablo,   65
a ser cirujanos buenos,
aunque cuantos yo conozco
se matan poco por serlo.
    Considerad mi piedad,
y veréis que no os he muerto,   70
porque en tuerto y corcovado
fundo mis grandes derechos.
    Dadle a los médicos parte
que los dejo por lo mesmo,
pues a no ser ignorantes   75
los tuviera en el carnero.
¿Cómo pudiera vivir
Ramírez con los excesos
de glotón, si no me hiciera
sorda a tanto llamamiento?   80
    ¿Qué diré de los helados
del goloso de Bermejo,
que a no ser tan gran idiota,
de un pasmo le hubiera muerto?
    La noche en que se decía   85
que salía el mar de miedo
lo hubiera muerto en camisa
de achaques de poco experto.
    Antonio García piensa
que vive humano esqueleto   90
por no beber agua, y es
rubio filósofo necio.
    En fin, todos tienen causa
por desórdenes que han hecho,
para morir y por más   95

36

ganancia mía los dejo.

Al modo que dejan padres
que aumenten los ganadores,
dejo vivir los doctores
por hacer casta de muertos;   100
    hagan, pues, las amistades.»
Y allí, diciendo y haciendo,
obedeciendo a la Muerte
envainaron los dos hierros.

El esqueleto en sus manos   105
tocó de entrambos los dedos,
diciendo con propiedad,
«¡Ea! ¡Toquen esos huesos!»

Abrazáronse los dos
con un lazo bien estrecho,   110
porque el corcuncho en sus gibas
tuvo entornillado al tuerto.

Mano a mano con la muerte
fueron en cas del enfermo,
y por brindis de amistades   115
se lo mamó el esqueleto.

14. (MSS: ABCDEFGH): 1 E, F, G: Liseras, *el* corcovado. 3 D, E: y *entre ambos.* 8 D, E: matarán *ellos* mesmos. 11 C, D, E, F: lo *riñen*; H: lo *hieren.* 14 H: hombre [_____] cuerpo. 15 C, D, E, H: hombre *a hombre*; F, G: no *tan* hombre *a hombre.* 16 C, D, H: *que* el corcuncho; F, G: *que* el corcuncho es hombre *y* medio. 18 D, E: su *espada y parapeto.* 21 H: tuerto *habla* muy. 22 B, F, G: Liseras *muy* hueco. 23 C, D, E, H: *que es tan fatal el corcuncho;* F, G: *que es fatal en lo corcuncho.* 24 C, D, E, H: *que suena* a bóveda; F, G: *y suena* a bóveda *el reto.* 28 H: *ser cutan* los. 30 C, D, E, F, G: tienta *sacó* el. 31 F, G: [_____] dos. 33 F: de *matalisti*; G: dragmas *al* mataliste; H: de *matalista.* 34 C, D, E, F, G, H: *se tiran* en. 37 H: Vive *Crisbas.* 38 D, E: *la* que. 39 C, D, E, F: tuerto *y Liseras*; H: *decea* el tuerto *y Liseras.* 41 B: se *strechaban*; D, E: *Y* aunque. 42 C, D, E: encuentran y *es* el; G: *encuentra* y [_____] el. 45 C, D, E: [_____]. 46 C, D, E: [_____]; H: curarse *a* cierto. 47 C, D, E: [_____]. 48 C, D, E: [_____]. 49 F, G: [_____]. 50 C, D, E: vidas, *que* tenían; F, G: [_____]. 51 F, G: [_____]; H: matándose *perdían.* 52 D, E: *dos* mil; F, G: [_____]. 53 F, G: [_____]. 54 F, G: [_____]. 54a C, D, E: *exgrimiendo calaveras*; H: *esprimiendo calaveras.* 54b C, D, E: *y amagando cementerios*; H: *y amagando siminterios.* 55 F, G: [_____]. 56 C, H: No *haya más,* fuertes; D: No *hay más,* fuertes; E: [l.d.]; F, G: [_____]. 57 D, E: en *las espadas*; F, G: [_____]. 58 D, E: mis *fáciles* instrumentos; F, G: [_____]. 59 C, D, E, F, G, H: [_____]. 60 C, D, E, F, G, H: [_____]. 61 D: tan *grande* idiotas; F, G: [_____]. 62 D: está *muy* mal; F, G: [_____]. 63 H: no *tire* otros; F, G: [_____]. 64 F, G: [_____]. 65 D, E, F, G: Mataránse *con* el. 67 H: *aun* cuantos yo *conozca.* 68 D, E: matan *pero* por. 73 F, G: [_____]. 74 F, G: [_____]. 75 F, G: [_____]. 76 F, G: [_____]; H: en el *caresno.* 77 F, G: [_____]. 78 F, G: [_____]. 79 F, G: [_____]. 80 C: sorda [_____] tanto; F, G: [_____]. 82 B:

del *muy* goloso [————] Bermejo. 83 D, E: tan *grande* idiota. 84 B: pasmo *la* hubiera; D, E: pasmo *lo* hubiera. 85 F, G: [————]. 86 B: salía *de* mar; F, G: [————]; H: que *salió* el mar *de* miedo. 87 F, G: [————]; H: *le* hubiera. 88 C, D, E: de *achaque* de; F, G: [————]; H: de *achaque* [————] poco. 92 D, E: filósofo *nuevo*; G: rubio *filoso* necio. 93 H: tienen *carga*. 97 F, G: [————]. 98 D, E: que *aumentan* los; F, G: [————]. 99 F, G: [————]. 100 D, E: *para* hacer; F, G: [————]. 101 C: *Háganse* pues; D, E, H: *Háganse* [————] las; F, G: [————]. 102 F, G: [————]. 103 F, G: [————]. 104 B: los [————] *aceros*; F, G: [————]. 105 F, G: [————]. 106 C: *se las cogió a los gerreros;* D, E, H: *se las cogió a los guerreros;* F, G: [————]. 107 F, G: [————]. 108 F, G: [————]; H: *catoquen* esos huesos. 109 F, G: [————]. 110 D: lazo *tan* estrecho; F, G: [————]. 111 C: el *concurcho en su giba*; D, E: en *su giba*; F, G: [————]. 112 H: entornillado *el* tuerto. 113 F, G: [————]. 114 B: fueron *a ser el* enfermo; F, G: [————]; H: en *casa* del. 115 D: por *brindes* de; F, G: [————]. 116 F, G: [————].

15

AL DOCTOR YÁÑEZ PORQUE NO VISITÓ A UN ENFERMO

DÉCIMAS

Si Yáñez no os ve, sabed
que no os tenéis que quejar,
pues dejaros de matar
fue haceros mucha merced.
En esta acción, conoced   5
que vuestra vida asegura
el doctor don Matadura
que, si se mira en rigor,
a vos os hizo un favor
y un agravio le hizo al cura.   10
[Pagadle el favor galán]
que os hizo en no visitaros,
porque excusó de doblaros
en la torre el sacristán.
El os cura si el desmán   15
de llamarle os excusó,
pues a veros no volvió
para aplicaros receta,
que mal sin médico es dieta
para el pobre que enfermó.   20
Yáñez y achaque no es
distinto, que en esta calma

38

es enjalma sobre enjalma
como morlés de morlés.[19]
Si os cura, dais al través   25
como bien lo considero,
pues si con un mal severo
estuvísteis medio muerto,
con dos, don Alonso, es cierto
estuvieras muerto entero.   30
Si dice que la muralla[20]
estorbo le es; en rigor
dice bien, que el matador
siempre en los muros se halla.
Buen anuncio de la baya   35
que nos ha de guardar bien,
pues así os libra de quien
es, con jumentos errores,
el Charpe de los doctores,
médico Conde de Tren.   40
    Y aún peor pues no rescata
el dinero del cosario,
y aquéste es tan temerario
que mata y lleva la plata.
Gente es la inglesa más grata   45
que médicos, pues se advierte
que en una y en otra suerte
aquel hado nos convida,
de unos compramos la vida
y a otros pagamos la muerte.   50
    Vuestro amigo es en verdad,
y ésta [es] certeza segura,
que aquél que el doctor no cura
le tiene mucha amistad.
Luego, al punto le pagad   55
lo que no os ha visitado,
la botica y lo doblado,
cera, cura, cruz, cantores,
ataúd, convidadores,
que esto os hubiera costado.   60

15. (MSS: ABCDEFG): 1 C, D, E: Yáñez *nos* ve; F, G: Si *Núñez* [——] os. 2 C:
que *nos* tenéis. 4 E: haceros *gran* merced. 8 B, F, G: *pues*, si. 11 A: Pagadle *al doble* el
favor [——]; C, D, E: Pagadle *al doble el afán*. 12 C, E: que *tuvo* en; D: que *tuvo*
en no *quitaros*; F, G: que *no tuvo* en [——] visitaros. 13 D, E: excusó *el* doblaros.

39

14 E, F, G: torre *al* sacristán. 15 B, C, D, E: os *curó* si; F, G: El *obscuro* si. 16 B: llamarle *o se* excusó; C: de *llamarlo* os; D: [—] *llamarlo* os; E: *a llamarlo* os. 21 C: Yáñez *ya que* no; D, E: Yáñez *pues que ya* no; F, G: *Núñez* y. 23 B: *se halla jalma* sobre *jalma.* 24 C: como morlés [—] morlés. 25 D, E: os *curáis* al *revés.* 30 C: *que estuviérais* muerto; D, E, F, G: *que* estuvieras. 35 C, D, E: anuncio *de batalla;* F, G: anuncio da *en* la baya. 36 B: *de* que *os* ha. 37 C, D, E: pues *hoy* os; F, G: pues [——] *si* os. 38 C, D, F: con *idiotas* errores; E: [l.d.]; G: con *los idiotas* errores. 40 D, E: Conde *del Fren.* 41 C, D, E: no *os receta;* F, G: pues *nos* rescata. 42 C, D, E: del *contrario.* 46 D, E: que *de* médicos, *si* se. 48 B, D: *a* que el hado. 50 C: [—] a otros *compramos* la; D, E: *de* otros *compramos* la; F, G: [—] a otros. 52 A: y esta [—] certeza; C, D, E, F, G: y esta [—] certeza *asegura.* 53 C, D: *el* que *al* que; E, F, G: que *al* que. 58 D, E: cera, *cruz, cura,* cantores.

16

HABIENDO HECHO EL DOCTOR YÁÑEZ EN UNA PARROQUIA
DE ESTA CIUDAD UNA CAPILLA O SAGRARIO
PARA COLOCAR AL SEÑOR, LE PIDIÓ AL AUTOR UNOS VERSOS
PARA QUE SE CANTASEN EL DÍA DE LA COLOCACIÓN
Y LE ENVIÓ ESTE ROMANCE

De un médico el buen deseo
admitid, Dios soberano,
y la obra, aunque la ha hecho
con dinero de hombres malos,
milagro fue el empezarla   5
y acabarla no es milagro,
que obra de médico en breve
ellos la ponen al cabo.
   Para enterrar sus difuntos
aquesta iglesia ha labrado,   10
como el labrador la troje
para recoger el grano.
   Si casa os da en que asistáis,
ha sido por compensaros,
el que por su orden andáis   15
fuera de ella todo el año.
   Ni aun con Vos, Señor, se ahorra
el médico más cristiano,
si vemos que por aquéste
aquí estáis sacramentado.   20
   Aún más que de gran parroquia
tiene esta iglesia resabios,
pues que la ha hecho de mil curas

cuando en la mayor hay cuatro.

Dadle en ella mucho acierto   25
que no es médico tirano,
pues de limosna hace al pobre
la caridad de enterra[r]lo.

Su celo prueba la prisa
que para hacerla se ha dado,   30
porque matándose andaba
y al mundo andaba matando.

Su devoción admitid,
que, en sacramento tan alto,
para el tiro de su amor   35
se tiene famoso blanco.

En su corazón tenéis
centro y custodia, si hallo,
que en esta divina oblea
el sello de fino ha echado.   40

Esta devoción le hace
médico famoso y raro,
pues con este sacramento
tendrá forma de curarnos.

El mayor remedio ha sido   45
que inventó médico sabio,
que este récipe divino
hace buenos a los malos.

Quedaos con él y él con Vos,
que ya dejo de cantaros,   50
que en iglesias de madera
están ociosos los cantos.

16. (MSS: ABCDEFGH): 3 B: la *hizo*; D, E: [——] la obra; F, G: *mira que te ha hecho sagrario.* 4 C: con *dineros* de; F, G: con *pulsaciones de mano.* 5 G: el *empezarlo.* 6 F, G: y *acabarlo* no. 7 D, E: que *obras* de; H: *y obras* de. 8 C, F, G: ellos *las* ponen; E: ellos *los* ponen; H: *ellas las* ponen. 9 H: enterrar *si es* difuntos. 10 H: *a que esta* iglesia. 11 C: labrador la *troj.* 13 C: que *habite y*; D, E: que *habitéis*; G: que *asistir.* 14 B: *lo hace* por. 15 F, G: *en* que. 17 F, G: con *un* Señor. 19 B: *pues* vemos; H: vemos *por que a que este.* 22 F, G: iglesia *resabio.* 23 B: pues [——] la *hizo* de; C, D, E, F, G, H: pues [——] la. 25 D, E: mucho *culto*; F, G, H: en *ellas* mucho. 26 F, G: *pues* no; H: que [———] es. 28 A: de *enterralo.* 29 C, D, E: *Si se le* prueba. 31 G: porque *manándose* andaba. 32 B: y *el* mundo; D, E: y *andaba al mundo* matando. 33 D, E: devoción *admitió.* 35 C, D, E: de *un* amor. 37 H: corazón *tienes.* 38 D, E: custodia [——] hallo. 40 D: fino *ha* echado. 41 D, E: Esta *distinción* le. 43 D, E: con *ese* sacramento. 46 E: que *creyó* médico. 47 D, E: este *médico* divino. 49 C, D, E, G: y [——] con. 51 C, D, E: en *iglesia* de.

17

VEJAMEN QUE LE DIO EL AUTOR AL ZAMBO PEDRO DE UTRILLA, EL MOZO, HABIENDO SACADO UNA PIEDRA A UNA MUJER Y SE CORONÓ CON UN RODETE DE MALVAS POR LAUREL CON ESTA

COPLA

Si el laurel a los ingenios
es corona la cabeza,
pónganle al médico malvas,
que es corona de receta.

ROMANCE

Pedro de Utrilla, el cachorro,
(hablo así porque me entiendan,
que hay otro Pedro de Utrilla
que de viejo está sin presas),
el mozo le hubiera dicho;   5
no lo dije porque yerra
quien le da nombre de gato
al que es perro por esencia.
El licenciado Morcilla
y bachiller Chimenea,   10
catedrático de Hollín
y graduado en la Noruega,
doctor de Cámara Oscura
del rey Congo de Guinea
cuando ha comido morcilla,   15
que es la cámara morena;
condesillo de Galeno,
aunque con cortas orejas,
con quien la muerte en sus faldas
ordinariamente juega;   20
perdig[u]ero de la caza
de su criminal ballesta,
pues le levanta sus tiros
en los enfermos que enferma;
perro de ayuda chunchanga,[21]   25

42

porque en su oficio las echa,
y no tan sólo de ayuda
sino de cala y lanceta;

    cóndor de la cirugía,
que, por comer de tragedia,   30
de toda la carne viva
pretende hacer carne muerta;

    gallinazo curandero,
que haciendo pico la tienta,
a todos sacas las tripas   35
y aun el corazón con ellas;

    tumba rara que se viste
por de dentro y por de fuera
de negro luto aforrado,
bayeta sobre bayeta;   40

    cambangala *parce michi*
o popo *requiem eternam,*
requiescat in pace Congo;
aporta, inferi, breva;

    responso de cocobola,[22]   45
manga de cruz con que entierran,
cabo de año de azabache,
duelo mandinga de negras;

    paño de entierro enrollado
en quien, por gotas de cera   50
que le faltan, por la casta
le suplen gotas de brea;

    noche de uno [de] noviembre
que sólo se trata en ella
de finados, como aqueste   55
mata-físico tinieblas;

    cimarrón de cirugía,
pues, huyendo de saberla,
se está en el monte de idiotas
con su boca en bocanegra;   60

    forzado del amasijo
de la Muerte, si en la artesa
de un hospital en los indios
le amasa roscas trigueñas;

    sudadero seco al sol   65
que mata, corta y desuella,
si no lomillo sin paja

o bastos de silla abierta;
    más matador que espadilla,
más infausto que tragedia,   70
y escultor el más insigne
que sabe hacer calaveras;
    lacayo, en fin, de la Muerte,
que cuando ella regonea
las vidas de los dolientes   75
le da por rejones flechas.
    Éste dicen que acertó,
entre las muchas que yerra,
en una cura que hizo:
¡A Dios te la pare buena!   80
    Finalmente él acertó,
sea por Cefas o por Nefas,[23]
y así merece una fama
hecha de unas alas negras.
    La cura fue tan insigne,   85
tan prodigiosa y tan nueva,
que García de Paredes
ni el Cid la hicieran tan buena.
    A una mujer abrió en suma
por la parte que no cierran,   90
y una piedra le sacó
que pesaba libra y media,
    tres onzas y dos adarmes,
que tanto en la verdad pesa,
porque quiten envidiosos   95
y le quede a Pedro piedra.
    Solo él corrió con la cura;
mas que mucho que corriera
si era de vejiga, y
los perros corren con ella.   100
    Así que la piedra vio,
con grande rabia y fiereza
juzgando se la tiraban,
Pedro se arrojó a morderla.
    La mujer no murió por   105
estar de Dios que viviera,
que si no, entre los chorizos

de los dedos se le queda.
    Es cierto que por la cura
merecía que le dieran
cuatro reales de chicharra
y dos asaduras frescas.
    Y al Pisco de Cirugía
le echaran donde le vieran
en lagar los pies en uvas
y con pasas la cabeza.
    Y que una maza le echaran
grillos, bragas y cadenas
de los infinitos yerros
que hace su cura perrenga.
    Pero, hoy es día de aplausos;
gócelos enhorabuena,
aunque todavía el rabo
por desollar se le queda.
    Pedro es sabio, Pedro es docto,
y sabe más que cuarenta
cargas de tuertos Godoyes
y corcovados Liseras.
    Ni garle ya Ojo de Plata,
que por apuntar no acierta,
ni el gran camueso de Armijo
ni Argumedo protoalbéiter.
    Crespín Hernández, recule
a sus barbas y lancetas,
que con el cachorro Utrilla
no sabe lo que se pesca.
    Vaya don Pedro de Castro
a reventar apostemas
a Tetuán, que éste las abre
antes de apuntar materia.
    En fin, cuantos en el mundo
tratan de emplasto y de tienta
al gran Perote de Utrilla,
vengan a darle obediencia.
    Pues a costa de su vida
hizo una cura tan buena
que si la mujer se muere,
vivo como ahora se queda.
    ¡Víctor, Perote de Utrilla!

pues con su mucha experiencia
la cola de ser cachorro
en víctor de fama negra.

17. (MSS: ABCDEFGH): COPLA: 2 C, D, E, H: corona *las cabezas*. 3 C, D, E, H: *pongan* al; F, G: *póngale* al. 4 C, D, E, H: de *recetas*. ROMANCE: 2 H: me *entienda*. 3 F, G: otro *perro* de; H: que *así* otro. 4 C, D, E, F, G, H: que *por* viejo. 6 D, E: lo *digo* porque. 8 H: por *ciencia*. 12 D, E: en la *Guinea*; C, H: [——] graduado. 14 D: de *Norieza*; E: de *Noruega*; H: rey *conga* de. 18 H: con *hartas* orejas. 21 A: *perdigero* de. 22 F, G: [_____]. 23 B: pues *bien* le *asesta* sus; C: pues *la* levanta; D, E, H: pues *la* levanta *a* sus; F, G: [_____]. 24 C, D, E, H: enfermos *y enfermas*; F, G: [_____]. 25 B: ayuda *es sin duda*; F, G: [_____]; H: de *abida de* chunchanga. 27 H: de *habida*. 28 E: cala *con mecha*; G: de *sala* y. 29 B: *cuchillo* de. 30 D, H: de *tragedias*. 32 C: *pretendes* hacer. 36 H: aún *en* el. 37 D: tumba *de arara que*; E: tumba *arara que*; F, G: [_____]. 38 D, E: por *adentro* y por *afuera*; F, G: [_____]. 39 F, G: [_____]; H: luto *forrado*. 41 B: [_____]; D: *cambangula* parce *mihi*; E: cambangala *parece mihi*; F: parce *migui*; G: parce *miqui*; H: *Cam*[_____]. 42 B: [_____]; D: popo *requien eternan*; G: requiem *et eterna*. 43 B: [_____]; F: *Requiescamt im* pace; G: *Requiescant in* pace. 45 C, F, G: de *cocobolo*; H: de *cocobala*. 46 F, G: que *entierra*; H: que *entierras*. 52 H: *lo* suplen. 53 A: uno [——] noviembre; B: noche *del mes* de; H: noche *del* uno. 55 G: como *aquesto*. 56 B: *metafísico* tinieblas; C, F: *trata-físico* tinieblas; G, H: *trata-físico de* tinieblas. 59 C, D, F, G, H: [——] está; E: [l.d.]. 60 F, G: *escondido* en bocanegra. 61 H: [_____]. 62 H: [_____]. 63 F, G: hospital *con* los; H: [_____]. 64 D, E: amasa *rosas* trigüeñas; H: [_____]. 66 D, E: mata, *hurta* y. 67 E: sin *lomillo*. 68 B: silla *vieja*. 71 F, G: escultor *del* más. 73 H: [_____]. 74 B: cuando *ésta* rejonea; C, D, E: *cuando su ama* regonea; G: ella *rejonea*; H: [_____]. 75 H: [_____]. 76 G: *él* da; H: [_____]. 79 C: [_____] una cura que hizo *a Dios te la*; D, E: [——] una cura que hizo *a Dios*; F, G, H: [——] una cura que hizo *a*. 80 C: [_____] *de pare*; D, E: *que* te la *depare* buena; F, G, H: [——] Dios te la *depare* buena. 81 F, G: Finalmente *la* acertó. 82 B: por *fas* o; F, G, H: por *fas* o *por* Nefas. 83 B: así *mereció* una. 84 B: *con vislumbre de* alas; C: *de aldas o de mangas hechas;* D: *de aldea, o de mangas hechas;* E: [l.d.]; F, G: *de altas o de mangas hechas;* H: *de faldas o de mangas hecha*. 88 C: la *hicieron más* buena; D, E: la *hicieron* tan; H: [——] el Cid la hicieran *más* buena. 90 F, G: no *cierra*. 94 C, D, E: tanto *a* la; F, G: que es tanto *lo que ella* pesa. 96 H: Pedro *Redra*. 98 B: *y no es* mucho que [——] corriera; C, D, E: que *él* corriera. 99 H: *seré* de. 100 D: perros [——] con; E: perros *mueren por* ella. 102 D, E: con *furia*, rabia; H: con *gran* rabia. 105 E: no *mordió* por. 107 C: no *entró* de los. 108 D: de *sus* dedos. 113 D: y *en* Pisco; E: y *a* Pisco. 115 D, E, F, G: pies *con* uvas; H: *el* lagar *con* pies de *otubas*. 120 D, E: cura *perronga*. 121 C: de *aplauso*. 122 F, G: *gócelos muy* hora; H: *gócelos muy horabuena*. 127 C, F, G: tuertos *Godoys*; H: de *tantos* Godoyes. 128 D, E: y *corcovado* Liseras. 129 B, D: *No* garle; C: *Nogarle* ya; E: *No darle ya ajo* de; F, G: [_____]. 130 C, D, E: apuntar [——] acierta; F, G: [_____]; H: *y por* apuntar [——] acierta. 131 F, G: [_____]; H: gran *camuso de armija*. 132 D, E: Argumedo, *puro* albéitar; F, G: [_____]. 133 F, G: Hernández *recules*; E: Hernández *revile*. 134 F, G: *con* sus. 139 H: que [_____] las. 140 C, F, G: apuntar *materias*. 142 B: de *jeringa* y [——] tienta; C, D, E, F, G: de *emplastos* y. 144 C: dar *la* obediencia; F, G: a *dar* obediencia; H: [_____]. 146 D, E: tan *fiera*. 148 B: vivo *el pobrete* se. 150 F, G: *que* con. 152 H: [——] víctor.

POR EL AUTOR, REDONDILLA A PEDRO

Si censurares de mí
con tu tontera bestial,
que está el vejamen sin sal,
te pondré más sal aquí

18. (MSS: ABCDEFGH): 4 D, F, G: sal *de* aquí; E: más [——] aquí.

19

POR LISERAS A PEDRO

Redondilla

Pedro es doctor singular,
pues con nueva medicina
ya no cura por la orina
sino por el orinal.

19. (MSS: ACDEFGH): 1 F, G, H: es *autor sin igual.*

20

POR DON LORENZO, MÉDICO INDIANO

Mera usted, Señor Molato,
al contra del mío, medras,
porque osté cora con pedras
y yo con las pedras mato.

20. (MSS: ABCDEFGH): 1 C: Mera *oste, seor* molato; D, E: Mera *oste, sior* molato; H: Mera *oste,* señor. 2 F, G: del *meo.* 4 D, E: *e* yo; H: [——] yo.

21

MEMORIAL QUE DA LA MUERTE AL VIRREY EN TIEMPO QUE SE ARBITRABA SI SE ENVIARÍAN NAVÍOS CON GENTE PARA PELEAR CON EL ENEMIGO, O SI SE HARÍA MURALLA PARA GUARDAR ESTA CIUDAD DE LIMA

ROMANCE

Excelentísimo Duque,[24]
que, sostituto de Carlos,[25]
engrandecéis lo que en vos
aún más que ascenso es abrazo.
　　La muerte como quien sabe　　　　　　　5
el modo de los fracasos,
pues todo morir es uno
de médicos y de dardos,
　　sabiendo que aquestos mares
los infestan los corsarios,　　　　　　　　10
y que son gastos disformes
muralla, armada y soldados,
　　ha acordado el arbitrar
en caso tan apretado
a Vuecelencia que embarque　　　　　　　15
a todos los boticarios,
　　médicos y curanderos,
barberos y cirujanos,
sin reservar a ninguno
por ser caso averiguado.　　　　　　　　20
　　Que si cada uno de aquéstos
birla al día tres o cuatro,
cosa es clara que se evita
sin médicos este daño.
　　Y se avienta la milicia　　　　　　　25
y el enemigo al contrario,
birlándole los infantes
de Avicena con emplastos.
　　Los que mataban en Lima
los dejaron castigados;　　　　　　　　30
a España con la victoria
y a la Hacienda Real[26] sin gastos.
　　¿Soldados son menester

adonde está un doctor Barco
que puede abordar a un   35
bajel de vidas cargado?

   ¿Un Bermejo matasiete,
y aun a pocos lo adelanto,
pues puede ser por sus obras
un licenciado Bernardo?   40

   ¿Un García mataciento,
cuyas proezas han dado
canonjías a los curas
y a sacristanes curatos?

   ¿Un Vásquez, campeón moderno,   45
que, con jeringas y caldos,
por la retaguardia birla
escuadrones de hombres sanos?

   ¿Un Machuca que, con sola
la gravedad ha volado   50
más vidas que una fragata
de fuego en incendios varios?

   ¿Un Ramírez, bravo buque
es éste, armado de estragos,
pues tiene mil toneladas   55
de ignorante matasanos?

   ¿Un Revilla, que es ligero
bajel de corso tirano
cuando por tanta obra muerta,
había de ser pesado?   60

   ¿Una capitana Elvira,
que en sí cabalga, bien largos,
cien cañones de jeringa
por cada banda a costado,

   los cuales con tanto acierto   65
dispara que a ojos cerrados
a las popas más robustas
abre a puro cañonazo?

   ¿Un Pico de Oro piragua
tan ligero por lo vano,   70
que tiene lleno de viento
el velamen de los cascos?

   ¿Un Llanos que gallardetes
tiende al aire navegando,
cuando antes de ser doctor   75

navegaba a todo trapo?
¿Un Avendaño sornero,
bajel de broma pesado,
que en carena de doctor
hoy se halla muy bien graduado.   80
¿Un don Lorenzo canoa
por el color embreado,
que está pagando jornal
a la muerte todo el año?
Los demás que restan son   85
también pequeñuelos vasos
que hacen por visitar poco
sus muertos de cuando en cuando.
En fin, de todos aquéstos,
naves cargadas de emplastos,   90
[de dragridios, mechoacanes,
de polvos confeccionados.
De toda esta procesión]
y todos cuantos petardos
y bombardas las recetas   95
nos muestran en sacatrapos,
    ballestas, flechas, machetes,
tridentes, lanzas y garfios.
Por todo lo cual, y por
lo que no va declarado,   100
    a Vuexcelencia suplica
que luego sin dilatarlo,
manden que salgan al mar
los campeones señalados,
    y sus practicantes bobos,   105
porque puedan ayudarlos
lleven enjalmas consigo
suegros, suegras y cuñados,
    pedigüeñas, habladores,
necios, con poetas malos,   110
que todos éstos disparan
y matan a cada paso.

21. (MSS: ABCDEFG): 4 C, D, E: es *atraso*; F, G: que *asenso* es *atraso*. 8 B, C, F, G: médicos o de. 11 G: gastos *dismormes*. 13 B: *acordó* el *avisar*; D, E: acordado [___] arbitrar; F, G: el *advitrar*. 14 C, D, E, F, G: en *tan apretado caso*. 18 D, E: y *curanderos*. 21 B, D, E: de *estos*. 20 C, D, E, F: *porque es caso* averiguado. 23 C, F, G: *españoles,* que; D, E: *españoles,* que [___] evita. 25 B, C, D, E, F, G: se *aumenta* la.

50

27 F, G: *birlándose* los. 28 D: con *los* emplastos; G: con *emplastros*. 30 C: los *dejan* castigados; D: *quedarán ya* castigados; E: *quedaron ya* castigados; F, G: *dejándolos* castigados. 31 D: [—] España; E: [l.d.]. 32 B, D: y [—] la Hacienda; E: [l.d.]. 34 D, E: *donde se halla* un. 36 F: vidas *cargadas*. 38 C: a *poco* lo; D, E: aún [—] *poco* lo. 39 C: [—] puede; D, E: *que* puede ser *que* sus; F, G: *que* puede. 49 F, G: con *solo*. 56 D, E: de *ignorantes* matasanos. 57 B: *No se duda* que. 59 C, D: *porque* por; E: [l.d.]. 61 D: capitana *Ervina*. 62 B: que *éste* cabalga; D, E: sí *cabalgan* bien; F, G: que *encabalga muy* bien *largo*. 63 D, E: de *jeringas*. 64 D, E, F, G: banda o costado. 66 C, D, E: a *ojo cerrado*. 68 C, F, G: *por la cámara las popas*; D, E: *por la cámara de popa*. 69 C, F, G: Un *piragua Pico de Oro*; D: *Una piragua Pico de Oro*; E: *La piragua, Pico de Oro*. 71 B: que *viene* lleno. 74 C, D, E: *tiene* al. 78 D: broma *pasado*. 79 E: en *curena* de; F, G: de *doctores*. 80 C: halla [———] graduado; D: se *pasca* graduado; E: se *pasea* graduado; F, G: se *mira ya* graduado. 81a C, D, E: *el cual por médico indiano*. 81b C, D, E: *es éste vaso y también*. 81c C: *doctor pedrero acertado*; D, E: *doctor pedredo acertado*. 81d C, D: *dos fragatones Utrillas*; E: *dos fraguetones Utrillas*. 82 C, D, E: color *embreados*; F: color *tan embriado*; G: color *tan embreado*. 83 C, D, E: *y por la casta pues pueden*; F, G: [——————————]. 84 C, D: *los dos estar amasando*; E: *los dos están amasando*; F, G: [——————————]. 88 B, C, D, E, F, G: sus *muertes* de; D: sus *muertes* de cuando y en. 89 B, C, D, E, F, G: de *todas aquestas*. 90a C: *de tientas y apostemas*; D, E: *de tientas y apostemeros*; F: *de tientas, de postemeros*; G: *de tientas, de postemero*. 91 A, C, D, E, F: *de polvos confeccionados*; G: *de polvos conficcionados*. 92 A: *de dragridios, mechoacanes*; C, E, F, G: *de diagridios, mechoacanes*; D: *de diagridios, mechorcanes*. 93 A, C, D, E, F, G: [——————————]. 94 B: *con infinitos* petardos. 97 F, G: *bayetas*, flechas. 102 D, E: luego *y* sin. 105 C, D, E: y *para aumento de gente*; F, G: *que es para aumento de gente*. 107 B: lleven *por jalmas* consigo. 109 D, E: *pedigüeños*, habladores. 110 C: necios *y* poetas; D, E: necios *y los* poetas; F, G: necios *y* poetas *a mano*.

22

HABIÉNDOSE OPUESTO EL DOCTOR DON FRANCISCO MACHUCA A LA CÁTEDRA DE VENENOS, ALEGÓ QUE ERA DONCEL

Décimas

Machuca que en todo es vano
alegó que era doncel,[27]
porque en todo, este crüel
es contra el género humano.
No hace de buen cristiano   5
el ser casto y continente,
sino de ser inclemente
en el oficio que trata,
que quien gente desbarata
no es amigo de hacer gente.   10
Si no ha tenido que ver
nunca el pulso con el culo

¿para qué con disimulo
lo quieres entrometer?
Decid, ¿qué tiene que hacer 15
el curar con ser honesto,
si al rabo le toca esto
y no al pulso, que es distinto.
Alabaos, doctor, del quinto,
que es del caso, y no del sexto. 20
    Virgen sois, que esa quimera
también la quiero apoyar,
más se entiende en el sanar;
porque de la otra manera,
que parece faltriquera, 25
en creerlo estoy perplejo.
Y así a la duda le dejo
vuestro virgo tan muñido,
que me espanto en quien ha sido
practicante de Bermejo. 30

22.   (MSS: ABCDEFGH): 1 C, D, E, F, G, H: que *siempre* es. 7 C, D, E, F, G, H:
sino *por* ser. 9 C, D, E, F, G, H: que *el que* gente. 10 H: de *ser* gente. 14 C: lo *queréis*
intrometer; D, E: lo *queréis* entrometer. 18 C, D, E, F, G: y *al pulso no* que; H: y *el*
pulso *no* que. 20 F, G: caso *no es* del; H: caso [——] no. 21 D, E: sois *y* esa; F, G: que
esta quimera. 22 F: *aún te* la; G: *aún te* la quiero *probar*. 25 D: *me* parece *faltiquera*;
E: *me* parece; F, G: *sería una grande tontera*. 26 D: *y en creerlo muy pelplejo*; E: *y en*
creerlo *muy* perplejo; F, G: *pues en*. 27 C, F, G, H: duda *lo* dejo; D, E: [——] así a
la duda *lo* dejo. 28 B: tan *fruncido*; D, E: tan *mullido*; H: virgo [——] muñido. 29 C, D,
E, F, G: que *lo extraño* en; H: que *lo extraño* en quien *lo* ha.

23

HABIÉNDOSE ALABADO EL DOCTOR MELCHOR VÁSQUEZ
DE HABER SANADO DE UNA ENFERMEDAD GRANDE A UN SUJETO

Décimas

Gran fuerza de vida ha sido
la de un hombre a quien curó
Vásquez, y no le mató
este tonto presumido.
Para mí tengo entendido 5

que el no andar aquí funesto
este doctor, fue pretexto
de la Parca, con dictamen
para que todos le llamen
y mate a todos con esto.   10
    Gracias a Dios que acertaste,
don Melchor, con tu locura,
pues tanto honor te asegura
este uno que no mataste.
Nombre a la fama dejaste   15
con tu matador renombre,
y así es razón que me asombre
tanto que llego a entender
que el enfermo hubo de ser
quien no tuvo achaque de hombre.   20
    Juan de Espera [28] en Dios infiero
quién fue ese hombre en mi sentir,
porque éste no ha de morir
si no es el día postrero.
Y así vuestro matadero   25
no lo pudo degollar,
aunque lo llegó a intentar
vuestra ciencia inadvertida,
que sólo deja con vida
al que no puede matar.   30
    Con vuestra jeringa más
riesgo tienen si advertís,
pues las vidas en un tris
las pone, y luego en un tras.
La muerte le da en un cas   35
con despacho tan ligero
que va siempre delantero
al muerto más caminante,
cuando a este disciplinante
le despacháis el trasero.   40
    ¿Que viendo tantos despojos
de jeringas con venenos
os conozca, doctor, menos
el que más os abre el ojo?
¿Que no os echen el cerrojo,   45
viendo que sois enemigo?
Que son unos locos, digo,

pues a una desgracia cierta
aun mucho más que la puerta
se ha de cerrar el postigo.　　　　　　　　　　　50

23. (MSS: ABCDEFGH): 9 C, D, E: todos *lo* llamen. 10 D, E: *burlando* a. 11 C, F, G: que *acertastes*. 13 C, D, E, F, G, H: *a no dar provecho al cura*. 14 C, H: *en* uno; D, E: *en una* que no *matastes;* F, G: *en* uno que no *matastes*. 15 C: *pues no lo despabilaste;* D, E, H: *pues no le despabilaste;* F, G: *pues no le despabilastes*. 16 D: tu *matada* renombre; E: tu *matado* renombre. 17 C, F: *hay* razón *porque* me; D, E: *hay* razón *con* que; G: *has* razón *porque* me; H: *hay* razón *porque* [___] asombre. 18 H: *tanta* que. 20 C, F, G, H: *algún diablo en forma* de; D, E: *un diablo en figura* de. 22 B: *que* fue; C, F: [_____] fue *ese* hombre; D, E: que *aquese* hombre; G: [___] fue *este* hombre; H: [_____] fue *de* hombre. 24 D, E: no *en* el. 25 D: así *nuestro* matadero. 26 H: no *le* pudo. 29 E: solo *queda* con. 30 B: *a quien* no. 32 D, E: *riesgos tienes* si. 33 B: *que* las. 34 C: las *pone* luego; D, E: las *pones* luego. 35 F, G: en un *sas*; H: muerte *les* da en un *sas*. 36 D, E: con *despecho* tan. 37 F, G: siempre *de Cantero*. 39 F, G: cuando [___] este. 41 D, E: Que *habiendo tanto despojo*; F, G, H: viendo *tanto despojo*. 48 C: desgracia *es* cierta.

24

HABIENDO PRESENTADO EL DOCTOR MACHUCA UN MEMORIAL PARA QUE SE DESTERRASE LA SEMILLA DE LOS PEPINOS POR NOCIVA,[29] SE RESPONDE LO SIGUIENTE

El gran Cerdán Monichaco,[30]
en nombre de los pepinos,
respondiendo aquí al traslado
del memorial que de oficio,
　en esta casa de mono,　　　　　　　　　　　5
con otra peor de ximio,
Cáceres, el boquinete,
me hizo un machín notifico,
　en el cual pretende el
doctor Machuca los vivos　　　　　　　　　　　10
se destruya la semilla
de este fruto susodicho,
　por ser contra la salud
común, y para los indios
venenosa aquesta fruta,　　　　　　　　　　　15
y lo demás deducido.
　Y alegado contra ellos
con torpes discursos, digo
mediante justicia, que

debe darse el dicho escrito   20
    por simple, por majadero,
por tonto, por imperito,
por incapaz, por idiota,
por insulso, por delirio,
    por mentecato, por bobo,   25
por pazguato y sin aviso,
como lo es quien lo escribió,
porque los dichos pepinos
    los crió naturaleza
para que fuesen comidos   30
de los hombres que los gustan,
por sustento o apetito.
    Y lo que costumbre se hace,
pasando uno y otro siglo,
naturaleza en los hombres   35
hizo que fuesen benignos.
    De suerte que el apartarlos,
por la razón de extinguirlos,
pudiera causar achaques
en los naturales dichos,   40
    por ser engendrados éstos
de otros hombres, que asimismo
los comieron, y éstos de otros
que usaron el fruto dicho
    por manjar, y estas sustancias   45
dan a los cuerpos principio,
por ser engendrados de ellas,
y no pueden ser nocivos.
    Caso negado que fuesen
los pepinos susodichos   50
veneno, como lo afirma
el doctor don Tabardillo
    en su escripto; además que
si es venenoso el membrillo
a los indios, como ya   55
por la experiencia se ha visto,
    se mueren cuantos enfermos
le comen, y aquéste es frío
y seco, por consecuencia
legítima le averiguo   60

que el pepino es provechoso,
por ser éste en grado activo,
húmedo y caliente, y es
triaca al veneno dicho,
    porque *contraria contrariis*   65
curantur, que es aforismo
médico en el cual se fundan
de este arte los principios.
    Bueno es, Señor, que Machuca
achaque sus idiotismos   70
a esta fruta, y que mañana
quiera, por hacer lo mismo,
    disculparse con las uvas,
otro día con los higos,
el otro con los melones,   75
y cuando haya consumido
    la fruta, dirá que el pan
nos mata con grado activo.
Y así mismo de esta suerte
nos quiera coger por sitio   80
    y que nos maten de hambre
sus bárbaros aforismos.
Sólo la pera en la fruta
mata, y aquesto lo afirmo
    de cierto; porque Machuca,   85
para hacerse introducido,
trae una pera en la barba
con que al vulgo sin aviso
    le provoca a que le llamen,
muriendo así inadvertidos,   90
conque de barba de pera
mueren más que de pepinos.
    Si han de consumir la fruta,
consúmase en ellos mismos;
pues, bien mirado, Liseras   95
es cohombro retorcido
    tan natural, que en la prueba
de ser esta fruta, cito
a Dioscórides, que así
lo trae pintado en su libro.   100
    Pues copia un Liseras verde
corcovado y revejido,

por cohombro, como copia
por zapallo muy al vivo
   un don Francisco Ramírez   105
con propiedad, pues bien visto,
es un zapallo con barbas,
antojos, guantes y anillos.

   También copia por camote
un Avendaño rollizo,   110
como por yuca a un Bermejo,
y al buen don Lorenzo el indio
   por choclo, y por dos manzanas
pegadas al frontispicio
del cuello y cara del Coto;   115
y también pinta por higo
pasado a Antonio García
que, por maduro y antiguo,
se cae de la mula como
de la higuera el fruto dicho;   120
   a Pedro de Utrilla, el viejo,
por ser calvo y denegrido,
por berengena socata;
por cañafístola al hijo,
   por papaya a doña Elvira,   125
y por un badea a Elviro.
Y puesto que todos son,
como llevo referido,
   físicas frutas que matan
con venenosos diagridios [31]   130
será muy acepto a Dios,
al buen común y al servicio
   de Su Majestad, el que
de los médicos dañinos
se destruya la semilla,
mandando por un edicto   135
   que quemen a Pico de Oro,
a Reyna, y aun Narcisillo,[32]
practicante de Machuca,
y a otros mozuelos lampiños   140
   como éstos, que son semilla
de los médicos malditos;
pues de aquestos practicantes,
vástagos recién nacidos

en la heredad de la Muerte,   145
para matar en su oficio
se hacen albardones grandes
estos albardones chicos.
    Y a los que ya están crïados
enviarlos luego al presidio   150
de Valdivia³³ adonde sirvan
al Rey en el ejercicio
    de matar, con advertencia
que serán esclarecidos
campeones; que un buen soldado   155
se hace por lo que se ha visto
    de un mal médico si aquéstos
por matar son aplaudidos.
También mulas por caballos
pinzas por estoques finos,   160
    parches por adargas, pues
los ponen por defensivos;
jeringas por carabinas,
golillas y guantes ricos
    por golas y por manoplas;   165
y enristrando un aforismo
por lanza, todo un infierno
no ha de poder resistirlos.
    Por todo lo cual, y por
lo mucho que aquí no digo   170
que me resta que decir,
a Vuecelencia suplico
    que en aquesta parte haga
según y como le pido;
advirtiendo que de hacerlo   175
se le hará un gran beneficio
    a la república toda,
y se consigue asimismo
que la milicia se aumente,
que el Rey quede bien servido   180
    y que los médicos queden
contentos y agradecidos;
pues si es su oficio el dar muertes,
allí saciarán su oficio,
    hartándose de matar   185
por los siglos de los siglos.

24.   (MSS: ABCDEFGH): 1 B, C, D, E, F, G: Cerdán *Monicaco*; H: Cerdán *Monicano*. 4 C, D, E: *de un* memorial. 5 D: esta *cara* de. 6 D: con *otro* peor. 8 D, E: *me ha hecho* un. 10 D, E: Machuca *simplicio*. 15 F: venenosa *que esta* fruta; H: venenosa *a que esta* fruta. 16 G: deducido *digo*. 17 D, E: y *alegando* contra; G: [_____]. 18 G: [_____]. 21 E: simple [_____] majadero; H: simple, por *imperito*. 22 H: [_____]. 24 F, G: por *insulto,* por. 26 C: por *pazguate* y. 27 B: como [___] es. 29 F, G: crió *la* naturaleza. 31 C: que *les* gustan. 32 C, D, E: sustento [___] *apetecido*. 33 C, D, E: que *es* costumbre; H: que *es* costumbre se *dice*. 35 B: *hace la* naturaleza [_____]; F: en [_____] hombres; G: *es* naturaleza en [_____] hombres. 36 B: *que en los hombres sea benigno;* C, D, E, F, G, H: [_____]. 37 C, D, E, F, G, H: que el *extinguirlos*. 38 C, D, E, F, G, H: [_____]. 44 D, E, F, G: usaron *del* fruto. 46 C: *da a* los; D, E, G, H: cuerpos *principios*. 47 C: de *ellos*; H: ser *engendrado* de *ellos*. 49 D, E: que *fueran*; G: que *fueren*. 52 F, G: don *Tabardillos;* H: don *Taravillas*. 53 D, E: *es* su. 54 F, G: es *veneno* el. 57 C, D, E, F, G, H: *que* mueren. 58 H: comen *ya que este* es. 63 H: húmedo [___] caliente. 66 F: es *saforismo*. 69 H: *Bruno* es. 71 D, E: y [_____] mañana. 73 D: *la* uvas. 75 C, D, E: *y ese* otro; H: y el otro. 77a C: *la carne, el queso, y el vino;* D, E: *la carne, queso, y el vino;* H: *la carne, el queso, el vino*. 78 C, D, E, H: mata *y que de esta suerte.* 79 C, D, E, F, G, H: [_____ _____]. 80 F, G: [_____]. 81 C, D: *ya* que; E: [l.d.   ]; F, G: nos *acaben* de. 83 H: en *las frutas*. 84 E: aquesto [___] afirmo; H: mata, *ya que esto* lo. 86 D, E: para *ser* introducido. 88 C, D, E: que *el* vulgo. 90 C, D, E: *y los mata inadvertido;* F, G: *y los mata* inadvertidos; H: *y él los mata inadvertido*. 91 C, D, E, F, G: *y así* de; H: *y ande* barba. 96 C: es *un hombre* retorcido; H: es *con hombro* retorcido. 98 C: cito *a*. 99 H: a *Dioscoridis* que. 100 H: trae *pintando* en. 101 D, E: copia *a* un. 104 C, D, E: muy *altivo*. 105 H: un *doctor* Francisco. 107 C, D, E: con *calzas*; H: con *calva*. 108 C: y *anillo*; D, E, F, G: *anteojos,* guantes. 109 D, E: También *por camote* copia; H: *tan* copia. 110 D, E, F: *a* un Avendaño *rosillo*; G: *a* un Avendaño; H: Avendaño *rosillo*. 111 C, D, E: *y* por; B: por yuca [___] un. 112 H: buen *doctor* Lorenzo. 115 D, E: del *cuerpo* y; H: *de* cuello y cara *de* Coto. 116 D: higo *pasado*. 117 D: [_____] a Antonio; H: pasado [___] Antonio. 118 H: por *más duro* y. 119 A: mula [_____]. 120 A: *como* de la. 122 E: y *renegrido*. 123 F, G: por *berengenas* socata. 124 D, E: por *cada fístola* al. 126 C: badea *al* Elviro; D, E: por [___] badea [___] Elviro; F: por [___] badea; G: por [_____] *babea* a; H: por [_____] badea *al* Elviro. 130 C, D, E: con *venenos* y diagridios; H: venenosos *diagridos*. 132 B, D, E, H: al *bien* común. 134 B: de *estos* médicos *malignos*. 137 H: [___] quemen. 138 E: y *a un* Narcisillo. 139 C, G: *practicantes* de. 141 F, G: son *semillas*. 143 D, E: de *aquellos* practicantes; H: *y pues de estos* practicantes. 146 H: oficio, *se*. 147 D, E: *si* hacen albardones *chicos*; H: [___] hacen *alabardones* grandes. 148 D, E: [_____]; H: estos *alabardones* chicos. 149 H: que [___] están. 150 C, D, E: enviarlos [_____] al; F, G: *débense enviar* al. 151 B, D, E: Valdivia [___] donde. 152 D, E: *al rey con* el. 153 F, G: con *la* advertencia. 156 C, F, G, H: que *he* visto. 159 F, G: *cambien, cambien* mulas; H: *cambien* mulas. 160 D, E: pinzas *con* estoques. 161 H: [_____]. 162 F, G: *las* ponen; H: [_____]. 163 H: [_____]. 164 C, D, E: guantes *finos*; H: [_____]. 166 F, G: *que en tirando* un; H: y *enristando* un. 167 F, G: lanza [___] todo; C: todo *el* infierno; H: todo *al* Infierno. 168 F, G: poder *asistirlos*. 170 H: [___] mucho. 171 F, G: *y que me resta* [_____] decir. 174 C, D, E, F, G, H: como *lo* pido. 176 B: se [___] hará; G: gran *beneficie*. 178 B: [___] se *conseguirá* así; 179 H: se *aumenta*. 180 D, E: rey *esté* bien. 181 F, G: médicos *se hallen*. 183 B: oficio [___] dar; C: dar *muerte*; D, E: oficio [___] dar *muerte*; F, G: es [___] oficio; H: dar *muertos*. 184 B: allí *ejercerán* su; C, D, E, H: su *vicio*.

25

LOA EN APLAUSO DEL DOCTOR DON FRANCISCO MACHUCA POR HABER CURADO UNA PRIMA DEL AUTOR Y HABERLA MUERTO COMO A TODOS LOS QUE CURA

ROMANCE

Verdugo cruel, inhumano,
cuya bárbara fiereza
de idiota ignorancia es tanta
que aun no perdona bellezas,
¿por qué, verdugo en latín,   5
no te das a curar feas?
que aunque de estas mates muchas
importa poco el que mueran.
Date a curar unos días
sólo casadas y suegras,   10
y los maridos y yernos
dirán lo mucho que aciertas.
Pero el darte a matar lindas
es cosa que no lo hiciera
ningún doctor Barbarroja,   15
ni ninguno Barbanegra.
Malhaya el oficio infame
que escrúpulo a un hombre deja
de cometer homicidios
por un peso que interesa.   20
En ser médico no hay medio,
por aquél que con conciencia
es en justicia doctor,
digno es de una fama eterna.
No hay bronces, no hay alabastros   25
que en estatuas no merezca;
es semi Dios, pues al hombre
a quien Dios hizo concierta.
Y al contrario, el matalote
como vos, no hay berengenas   30
ni pepinos en el mundo
para darle en la cabeza.
No hay vituperio ni escarnio,
irrisión, mofa, ni afrenta

que no merezca pasar   35
para que no se entrometa.
    Muere Hipócrates y exclama,
diciendo que ahora comienza
a saber qué es medicina
con cien años de experiencia.   40
    Y vos, apenas nacéis,
cuando pensáis que a la excelsa
cumbre del saber llegáis
con mentecata soberbia.
    Y como los que son vulgo   45
el interior no penetran,
como los que con discurso
examinan vuestra arenga,
    os creen los simples por docto,
viéndoos la barba de pera,   50
sortijón, guantes, mesura,
con que entabláis la modestia,
    como si el ser uno sabio
acaso se compusiera
de pelos y de badanas   55
y de oro que engasta piedras;
    porque todas estas cosas
las puede traer una bestia,
sin dejar de serle nunca
por más adorno que tenga.   60
    El que sabe no se estima,
por conocer su bajeza;
y el ignorante se engríe
por pensar que nunca yerra.
    Mucho supierais, Machuca,   65
si presumir no supierais,
pues [que] no andará quien
que al fin del camino llega.
    Si piensas que doctor eres
por estudiar muchas letras,   70
te engañas, pues la memoria
tienes por otra potencia.
    Ser docto es entendimiento,
que él por sí tan solo opera,
sin que letras necesite   75
de otro, si él se sabe hacerlas.

El papagayo responde
a una pregunta, y si fuera
la de un aforismo, es cierto,
dará enseñada respuesta.   80

Conque podemos decir
que médico por la cuenta
es papagayo, o que tú
eres loro de Avicena.

Pero vuélvome a las burlas,   85
que hablar contigo de veras
es mucho aprecio, y parece
que salgo de la materia.

Porque las cosas que son
risibles, más las pondera   90
el gracejo que las dice
lo serio de las sentencias.

Que aunque las hablas y escribes
se ha de entender que en recetas,
pues son sentencias de muerte   95
cuantas escribes en ellas.

A mi prima machucastes,
Machuca, y pues la ofensa
ha sido contra mi sangre,
la he de vengar con mi vena.   100

Venid acá, matalote,
gradüado en calaveras,
de doctor don Sepultura
y licenciado Recetas.

Si os dieron el grado, no   105
lo tenéis por suficiencia,
sino por dinero que es
más médico que Avicena.

Si porque os llaman doctor
pensáis que lo sois, se yerra   110
vuestro ignorante discurso,
porque no sois ni aun albéitar.

Si ayer erais practicante
de Bermejo, que aunque acierta
es cuando caza, porque es   115
gran tirador de escopeta.

Como sois tan presto docto,
¿cómo en tener muchas letras

queréis ser melón escrito
cuando sólo sois badea?   120

Porque un torpe mercader
os dio plata, no os dio ciencia
para el grado, y si sois sabio
de plata, curad talegas.

Porque el mismo os aplaudió,   125
tenéis opinión supuesta;
yo creyera que eras docto
a ser docto de estameña.

¿Qué tienen que hacer los fardos
con los médicos? ¿Qué mezcla   130
[o qué conexión se tienen]
los pulsos y las bayetas?

Esto sois, doctor Fortuna,
pues sin más méritos que ella,
sois un Galeno en las dichas   135
y en la verdad un babieca.

Cúrese con vos el que
de la vida desespera,
aunque un cordel mucho menos
que vuestras visitas cuesta.   140

Si decís que soy mordaz,
vos lo sois con más certeza,
pues nadie como vos tanto
se mete en vidas ajenas.

Y si Dios guarda mi juicio,   145
no halla miedo que se meta
en la mía, vos, ni otro
matalote de la legua.

25. (MSS: ABCDEFGH): 1 C, D, E, H: *Cruel verdugo* inhumano; F, G: *Cruel verdugo e* inhumano. 3 D, E: ignorancia [__] tanta. 4 C, D, E, H: que [_____] no; F, G: perdona *belleza.* 5 F, G: verdugo *sin tino.* 6 H: no *todas* a. 9 H: *vete* a. 13 C: pero *andarte* a; D: pero *andan* a; E: pero *andar* a; F, G: pero [_____] darte; H: pero *andarse* a. 14 D, E, F, G: no *la* hiciera. 16 B: ni *otro alguno* Barbanegra. 17 H: Malhaya *de lo físico* infame. 22 C, E, H: *porque aquél que lo es con ciencia;* D: *porque* aquél *lo es por ciencia;* F: *que aquél que lo es en conciencias;* G: *que* aquél *que lo es en* conciencia. 23 C: justicia *de doctos;* D: justicia *de* doctor; E: [__] en justicia *es de* doctor; H: es *injusticia de Doctos.* 24 D, E, F, G, H: digno [__] de. 26 C, D, E, F, G: no *merezcan.* 27 C, D, E: *ser* semi Dios; H: *ése mi* Dios. 28 C, D, E: *solo es Dios quien lo* concierta; F, G: *que* Dios hizo *le conserva;* H: Dios *crió* concierta. 29 H: contrario *al* matalote. 30 F: hay *camuesa;* G: hay *consierva.* 33 D, E: vituperio *en el mundo.* 35 H: merezca pesar. 36 C: se *intrometa.* 37 F, G: *Muera* Hipócrates. 38 C, D, E, F, H: *que muere cuando* comienza; G: *que muera cuando* comienza. 39 C, D, E, F, G, H: saber *la medicina.*

41 B, F, G: vos *que* apenas. 42 H: que [___] la excelsa. 45 F, G: [_____].
46 D: el *interés* no; E: [l.d.]; F, G: [_____]. 47 F, G: [_____
____]. 48 F, G: [_____]. 49 D, E: por *doctos.* 50 F, G: barba *con* pera.
52 F, G: *y* que entabláis. 53 H: el *sereno* sabio. 56 F, G: oro *en* que. 58 C, H: [___]
puede; F, G: [___] puede *cargar* una. 59 B, F, G, H: de *serlo* nunca. 60 C: más *adorno*
que. 63 H: [___] el. 64 C: *po* pensar. 65 C, D, E: Mucho *supieras,* Machuca; F, G:
[_____]. 66 F, G: [_____]. 67 A: pues [___] no; C, D, E:
[___] que no andará quien *presume*; F, G: [_____]; H: pues [___] no andará
quien *presume.* 68 D, E: *si* al; F, G: [_____]. 69 B: que *eres doctor*;
C, E, F, G: que *docto* eres; H: que *doctores.* 71 C, D, E: engañas, *que* la. 72 D: *tienen*
por; E: [l.d.]. 74 B: que [_____] por. 76 C, H: de *otros,* si él [___] sabe; D, E: él
[___] sabe. 78 H: y si *fuere.* 80 C, D, E, F, G: *diera* enseñado; H: dará *enseñando.*
81 F, G: *y podremos deducir.* 82 C, F, G: que *es* médico; D, E: que *el* médico; H: que
es médico por *lo que cita.* 83 C: *el* papagayo, *y* que; D, E: papagayo, *y* que; F, G: *el*
papagayo, *si* que; H: *el* papagayo o que tú *eres.* 84 H: [_____] *loco* de Avicena.
88 F, G: que *es algo* de. 89 F, G: [_____]. 90 F, G: [_____].
91 F, G: [_____]. 92 D: las *sentencia*; E: de *la sentencia*; F, G: [_____
_____]. 93 C, D, E: las *hables* y escribas; F, G: [_____]. 94 C,
D, E: que [_____] recetas; F, G: [_____]. 95 D, E: *que* son; F, G: [_____
_____]; H: son *sentencias* de. 96 C, H: escribes *con* ellas; D: cuantas *escribas*
en ellas; E: cuantas *escribas* con ellas; F, G: [_____]. 97 B, C: prima *ma-*
chucaste. 98 C: pues *que* la; F, G: Machuca, [___] pues *que* la; H: y *que si* la. 100 D:
lo he. 102 F, G: graduado *siendo camuesa.* 103 H: don *Sepulturas.* 104 B: licenciado
Receta; C: licenciado *Huesa*; D, E: licenciado *de Huesa*; F, G: y *de* licenciado *Guesca*;
H: y *de don* Licenciado *Guerra.* 109 F, G: [_____]. 110 F, G: [_____
_____]. 111 F, G: [_____]. 112 F, G: [_____]. 113 C,
E: ayer *eras* practicante. 114 H: aunque *asienta.* 116a F, G: *por un mercader tenéis.*
117 F, G: [_____]. 118 D, E: *es por* tener; F, G: [_____].
119 F, G: [_____]. 120 F, G: [_____]. 121 F, G: [_____
_____]. 122 F, G: [_____]. 123 F, G: [_____].
124 F, G: [_____]. 125 F, G: [_____]. 126 F, G: [___]
opinión *vana y* supuesta. 127 B, C, D, E, F, G, H: que *erais* docto. 128 D, E, F: ser
doctor de; G: ser *doctor* de *respuesta*; H: ser *doctor* de *esta mina.* 129 C, H: que *ver*
los; D, E: Qué *tiene* que. 130 F, G: qué *mezclas.* 131 A: [l.d.   ] B: o qué
comercio tienen los pulsos y las bayetas; D, E: conexión *contienen.* 132 B: [_____
_____]; C, E: pulsos *con* las. 133 C, D, E, F, H: *Este* sois; F, G: [_____].
134 C, D, E: más *mérito* que; F, G: [_____]. 135 F, G: [_____·_____
____]. 136 D, E: verdad *una bestia*; F, G: [_____]; H: un *Babiecas.*
137 F, G: [_____]. 138 F, G: [_____]. 139 F, G: [_____
_____]. 140 C: vuestras *vidas* cuesta; D, E: *un algo menos nos* cuesta; F, G:
[_____]. 141 C, D, E, F, G, H: Si *me tenéis por* mordaz. 144 G: *que* se
mete. 145 D, E: Dios *guardare* mi; H: [___] Si Dios *guardare* mi; F, G: [___] Si Dios *me*
guarda. 146 B: no *hallas* miedo que se *metan*; C, D, E, F, G: no *haya* miedo que se
metan. 147 H: mía, *ni* vos.

26

ROMANCE

Los curas encubridores
son de los médicos, puesto
que les tapan sus delitos
con enterrarles los muertos.

Aunque son encubridores,   5
hacen al contrario de esto;
pues lo que el médico tapa
lo cantan por todo el pueblo.

La piedra filosofal
tienen los curas [con ellos],   10
porque hacen en enterrar
oro y plata de sus yerros.

Las parteras con bautismos
dan, al contrario, provechos,
si ellas al nacer ayudan   15
y al morir ayudan ellos.

En la heredad de los curas
médicos son jornaleros,
porque en enfermos cultivan
a su cosecha de entierros.   20

26. (MSS: ABCDEFGH): 3 G: que *los* tapan. 4 D, E: con *enterrarle* sus muertos. 5 H: son *son* encubridores. 6 F, G: contrario *duelo*. 7 C, D, E, F, G, H: médico *mata*. 10 A: curas [_____]; C, D, E, F, G, H: curas *en ellos*. 11 C, F, G: hacen *enterrando*; D, E: hacen *bien enterrando*; H: hacen [__] *enterrando*. 15 B: *que* ellas; F, G: [__] ellas *a* nacer. 16 F, G: y *a* morir; H: [__] al. 19 B: porque [__] enfermos; C, F, G, H: porque [__] enfermos *les* cultivan.

27

HABIENDO EL DOCTOR MELCHOR VÁSQUEZ AVECINDÁDOSE DESPUÉS DEL TEMBLOR EN LA CALLE NUEVA, LOS VECINOS NO LE ADMITIERON Y LE FIJARON ESTE EDICTO EN LA ESQUINA

Nos y nosas, machos y hembras,
las vecinas y vecinos
que pueblan la Calle Nueva,[34]

decimos y redecimos,
 y volvemos a decir   5
treinta mil veces y cinco,
que para dar asonante
ha de haber cuenta con pico,
 que a nuestra noticia llega
cómo el doctor Garrotillo   10
o don Melchor Vásquez, que
todo viene a ser lo mismo,
 quiere hacer habitación
en este nuestro distrito,
y vivir para matar   15
en su criminal oficio.

 Y atendiendo a que él y otros,
de doce enfermos que ha habido
en nuestra calle, los once
y medio están ya con Cristo.   20

 Porque al doce medio muerto
lo tiene ya el doctor dicho
y morirá por entero
al primero bebedizo,
 o a la segunda visita,   25
porque es tan gran basilisco
que con sólo mirar causa
pechuguera y romadizo.

 Y de pasar por la calle
tanto hablando el entrecijo   30
a todos que allí se fueron
antes que él se hubiese ido.

 Y quien purga con el aire,
que purgara con nocivos
venenos y con jeringas,   35
con que a traición hace tiros.

 Bástanos, señor Doctor,
la peste de que morimos,
sin usted pues serán dos,
teniéndole por vecino;   40
 porque médico y achaque
no los advierto distintos,
pues una voz de la otra
es simulcadencia o ripio.

 Pues tanto monta decir   45

doctor como tabardillo,
porque el médico a ser viene
refacción de mal que digo
 un aumento de modorras,
sobornal de parasismos,   50
un mal con otro a las ancas,
un aumento de deliquios,
 añadidura de partes,
un buen colmado peligro,
una sobra de desgracias,   55
y un achaque bien cumplido.
 Por tanto, saber le hacemos,
y sepa que es gran prodigio
hacerle saber, sabiendo
que nada sabe el pollino.   60
 Digo que saber se le hace
que no fabrique en el sitio
de esta calle, ni en catorce
en contorno a este distrito,
 so pena de que a pedradas,   65
ha de morir sin el mismo;
ésta es muerte sin doctor
como sabrá el entendido.
 Vaya a fabricar en el
muladar de San Francisco,³⁵   70
sitio que compró su madre
providente en elegirlo.
 Porque con plata ganada
de curar cursos malignos,
compró solares de cursos   75
y posesión de servicios.
 Fabrique en los cementerios,
que el que mata por oficio,
pues que vive de los muertos,
no ha de vivir con los vivos.   80

27.   (MSS: ABCDEFGH): 1 D, E: Nos y *noas,* machos; H: Nos y *nos,* machos. 2 D,
E: *los vecinos* y *vecinas.* 4 H: decimos y *residimos.* 8 C: *va tan gran* cuenta *de* pico;
D, E: *basta ajustarlo de* pico; H: *va tan gran* cuenta. 9 H: que [--] nuestra. 11 H: Vásquez, [_____]. 12 H: *que* todo. 18 D, E: de dos enfermos; H: de *dos* enfermos que
[__] habido. 19 C, D, E: calle, *con* once. 20 D: con *Jesucristo.* 21 C, D, E, F, G: porque
el doce. 22 G: *le* tiene. 24 G: al *primer* bebedizo; D, E: *en el primer* bebedizo. 25 C,
D, E: [_____]; F, G: la *primera* visita. 26 C, D, E: [_____].
27 C, D, E: [_____]; H: con *so* mirar. 28 C, D, E: [_____];

B: y *lomadizo.* 29 F, G: [_____]. 30 C, E: tanto *ha hablado* el entrecijo;
D: tanto *ha hablado* el *entrecejo;* F, G: [_____]. 31 F, G: [_____
_____]. 32 C: que *a* él se *hubieran* ido; D, E: se *hubiera* ido; F, G: [_____
_____]. 34 F, G: que *purga hará* con. 39 B: pues *eran* dos; D, E: usted, *que* serán.
43 D: una *vez* de; E: una *vez de las otras.* 44 D: es *simul-cadencia y* ripio; E: es *simul,*
cadencia y ripio; F, G: es *simul, cadencia* o. 48 B: *esto mismo que aquí* digo; C, D, E:
refacción *del* mal. 50 C: de *paroxismos.* 52 D, E: un *ungüento* de. 53 C, D, E, H: de
pestes. 55 D, E: de *disgustos.* 56 D, E: bien *pulido.* 58 F, G: y *sepan* que; H: gran *pródigo.*
60 C, E: sabe *un* pollino; 61 D, E: Digo, *se le haga saber.* 62 H: fabrique [____] el *estío.*
65 F, G: [_____]. 66 D, E: morir *en* el; F, G: [_____].
67 B: *que esta muerte es* sin; D, E: *que* ésta; F, G: [_____]. 68 C: el
entedido; F. G: [_____]; H: como *sabré* el. 73 G: *a curar* plata. 74 C, H:
a curar. 77 C, F, G, H: *O* fabrique en [____] cementerios. 79 B: *ya* que; H: vive *con* los.

28

EPITAFIO QUE SE PUSO EN EL SEPULCRO
DE LA MUJER DEL PICO DE ORO

SONETO

Muerta dos veces en pira de censuras,
por Pico de Oro yace una matrona,
de quien [él] era maza y ella mona,
y la mató de amores y de curas.

Recónocete en [am]bas mataduras   5
lo que en ellas le dio la socarrona,
por su muerte se le volvió balona,
la golilla con pobres zurciduras.

¿Para qué la curaste, majadero,
si casado con ella estabas rico,   10
que hasta tu dicha la eches al carnero?

Al arpón le bastó sin aparico,
mas tú diste en matarla por entero
y pobre quedas de oro por el pico.

28.   (MSS: CDE): 3 C: quien [___] era. 5 C: en *bas* mataduras. 7 D, E: volvió *Belona.*
9 D: la *curastes,* majadero; E: qué *le curastes,* majadero. 11 D, E: dicha [___] *echas* al.
13 D: tú *distes* en.

68

29

HABIENDO ENFERMADO EL AUTOR DE TERCIANAS, LLAMÓ AL MÉDICO LLANOS A QUE LE CURASE. RECETÓLE SANGRÍAS, NIEVE, HORCHATAS, AYUDAS FRESCAS; HIZO LO CONTRARIO Y SANÓ. CELÉBRASE EN ESTE

ROMANCE

El bachiller Cordillera,
licenciado Guadarrama,
doctor Puna de los Lipes,
y médico Pariacaca,
    cierzo de la medicina   5
gradüado por la escarcha,
carámbano con golilla,
si no granizo con barbas,
    me visitó en un achaque
para helarme las entrañas   10
con mil recetas diciembres,
que tirito de nombrarlas.
    Díjele, «Frión Albéitar,
¿en qué Galeno garrafa,
en qué nevado Avicena,   15
o en qué Hipócrates aura,
    aprendistes a matar
con tus curas madrugadas,
[si récipes garapiñas,
no es betún, pues se mascan?]   20
    ¿En qué charcos estudiaste
con qué Genil o Jarama
practicaste, o qué Tajo
te enseñó esas cuchilladas?
    Pato de la medicina,   25
albur con guantes y capa,
físico sapo aguachirle,
si no curandero rana,
    que hasta médico nevero
invente la fría parca   30
en quien las opilaciones
e hidropesías se estancan.
    Di, ¿qué páramo aforismo

te enseñó la limonada,
ungüento máta-lo-todo,   35
no ungüento todo-lo-sana?
    Al verte los tabardillos
tiritan, y las tercianas,
en oyendo al doctor Llanos,
se acurrucan con fresadas.   40

    Por pasmo de medicina
tu frío aplauso te aclama,
y es cierto, si tus recetas
son la cosa que más pasma.

    ¿Cómo ignoras las traiciones   45
que a la salud hace el agua?
si vemos que la mejor
es la que viene de Mala.

    O no hay más que un accidente
o van tus curas erradas,   50
porque si a todos los hielas
sin duda todos se abrasan.

    Y porque veas tus yerros
con un ejemplo de chanza,
te he de concluir de veras   55
con la experiencia contraria.
    El Portugués y Piojito [36]
viven pipotes con alma,
Matusalenes de Pisco
si no Adanes de la Nazca.   60

    Jamás han bebido nieve,
ni saben si en negra o blanca,
ni lanceta echó en sus cueros
por cabezales botanas.

    Ni en sus hígados ha puesto   65
emplastos de verdolagas,
sumo de membrillo, si no
puchas de sumo de parras.

    Los mostos son sus cordiales,
el aguardiente su horchata,   70
los pámpanos su chicoria,
y estas hojas sus borrajas.
    Los lagares sus boticas,
los azumbres son sus dracmas,
su boticario el pulpero,   75

y su doctor Lupidiana.[37]

Pues barro son como todos,
aunque hay una circunstancia,
que son barro de botija
y tus muertos de tinaja.   80

Y si el calor continuado,
en hombres que se emborrachan,
sin sangrarlos no es dañino
¿para qué enfrías y sangras?

Sangrar me mandaste y   85
yo me purgué esa mañana;
no vomitar me ordenaste
y yo lancé las entrañas.

Mandásteme ayudas frías,
y yo me anudé las bragas   90
sin huïr de este remedio
por no volverle las ancas.

Mandásteme hacer unturas
y no las hice, por causa
que untado muy fácil era   95
que brujo enfermo volara.

A tus recetas, en fin,
yo les volví la casaca,
y haciéndolo al revés todo,
hice ciencia tu ignorancia,   100
    con discurso, porque el que
lleva siempre la contraria
de haber errado, sabemos
que un yerro un acierto labra.

Yo me libré de tus manos,   105
milagro que me hace instancia
para que a Esculapio ponga
de este portento una tabla.

29. (MSS: ABCDEFGH): 3 H: doctor *pugna* de los *Oipes.* 5 C, D, E: *Sierra* de;
F, G: *Sierro* de; H: *Cerso* de. 6 D, E, F, G: *y graduado.* 8 D: *seco granizo;* E: [l.d.];
F, G: con *barba.* 11 H: recetas *diciembre.* 12 H: de *nombrarla.* 13 F, G: {_____
_____]. 14 F, G: [_____]. 15 F, G: [_____]. 16 B: qué
Sierra Nevada; F, G: [_____]. 19 A, B, F, G: [_____]; D, E:
y récipes; H: si *recipises garapiñas.* 20 A, B, F, G: [_____]; D, E: *ello es;*
H: *no se beben* pues. 21 D, E, F, G: charcos *estudiastes.* 22 D, E: qué *Gemil* o *Guarrama.*
23 B: qué *Badajo;* C, D, E, F, G, H: *practicastes, o.* 27 D, E, F, G: *tísico sapo.* 28 D, E:
curandero o rana. 29 C, D, E, F, G: médico *Nievero;* H: *no ves* médico *nievero.* 30 C, D,
E, F, G: *y ausente* la; H: *que* [l.d.] la. 31 E: las *apilaciones.* 36 D, E: [—] *ungüento.*

36a C, F, G, H: *con qué húmeda ballesta.* 36b C, F, G: *o cenagosa guadaña;* H: *o cenajasa Guandana.* 36c C, F, G, H: *cubos, arroyos enristras.* 36d C, H: *flechas de lagos disparas;* F, G: *flechas de lagos dispares.* 39 H: oyendo [___] doctor. 40 B: acurrucan *o achaparran;* H: acurrucan *en* fresadas. 44 D: *son las cosas* que; H: *con* la *casa* que. 47 C, D, E: *sabemos* que. 50 D, E: o *son* tus. 51 B: los *yerras;* C: todos *lo hielas.* 55 H: te *han* de. 57 H: y *Piofisto.* 59 H: *Matusalén* de. 60 H: si no *Adanas* de. 61 C, D, E: han *visto* nieve; F, G, H: *Y jamás han visto* nieve. 63 D: lanceta *ha hecho* en; H: en sus [_____]. 64 F, G: cabezales *batañas.* 65 D, E, F, G, H: hígados *se* han. 66 H: de *verdolagas.* 67 C: de *membrillos, si no;* H: *sumos* de. 68 C: de *sumos* de; E: *puchos y licor* de; H: *pucha de sumo de parra.* 69 E: mostos *con* sus. 70 D: *de* aguardiente; E: [l.d.]; F, G: *y aguardientes sus horchatas;* H: *la agua ardiente* su. 71 B: su *achicoria;* F, G, H: pámpanos sus *chicorias.* 72 F, G: hojas *son* borrajas; H: y *las* hojas. 73 E, F, G: sus *botijas.* 74 B: *Las* azumbres son sus *dragmas;* D, E: son *su dragmas;* H: *Las aumbres* son sus *dragmas.* 76 C: doctor *Lupedana;* D, E: doctor *Lupanada;* F, G: doctor *Lupidana;* H: doctor *el Lupidano.* 81 H: el *continuado color.* 83 B: es *maligno;* F, H: *ni se sangran, no;* C, D: sin *sangrarse,* no; G: *ni se sangran,* no es *dañinos.* 85 F: me *mandastes* y. 86 D, E: purgué *de* mañana. 87 D, E: me *mandastes;* F: me *ordenastes;* H: no *me* vomitar. 88 F: yo *troqué* las; G, H: yo *troqué* las. 89 F, G: [_____]. 90 D, E: las *nalgas;* F, G: [_____]. 91 E: sin *usar* de; F, G: [_____]. 92 F, G: [_____]. 95 F, G: untado *era* fácil *que;* H: que *untando sería* muy. 96 F, G: [____] brujo. 98 H: volví la *cabeza.* 99 D, E: y *haciendo todo al revés.* 103 F, H: de *aquél que yerra en los suyos;* G: de *aquél que llevara en los sucios.* 104 D, E: que *a* un; F: *de un hierro* un; G: *a* un yerro; H: *de* un yerro. 107 D, E: que [-] Esculapio.

30

RECETA QUE EL POETA LE DIO A LISERAS PARA QUE SANASE DE LA GIBA. PÍNTANSE PRIMERO LOS ACCIDENTES QUE PADECE POR ELLA Y DESPUÉS SE PONE EL REMEDIO

ROMANCE

Por que Liseras conozca
los defectos de su giba,
se los publico en apodos
graciosos de sabandija.
Más doblado es que un obispo   5
cuando en su obispado espira,
y más que capa de pobre
cuando nueva algunos días;
más vueltas que bracelete,
más revueltas que una cisma   10
más que camino de cuestas,
más que calle de Sevilla;

más roscas que un panadero,
más revueltas que las tripas
y que vara de corchete   15
encubierta en la pretina;
    más gradas que cementerio,
más rincones que cocina,
más tropezones que han dado
todos los que andan aprisa;   20
    más hinchado que un abad,
más agachado que espiga,
y más embutido de hombros
que ignorante que se admira;
    con más altos y más bajos   25
que suerte adversa o propicia;
y con muchos más tornillos
que soldado que las lía;
    más tuerto que anda el derecho
entre corchetes y escribas,   30
más torcido que una ley
cuando no quieren que sirva;
    más escaso que banquete
de poeta que convida,
más que gasto de avariento,   35
más corto que sus visitas,
    más agobiado que un jaque,
más gibado que bocina;
y en fin es su espalda y pecho
pie de osera con ropilla.

REMEDIO

    Si quieres sanar, Liseras,
de tu corcova prolija,
ábrete una fuente en
mitad de la rabadilla.
    Remedio es conforme a reglas   5
de gibada medicina,
porque a la parte inferior,
el corcuncho [38] humor se tira.
    Purgaréle por materia
goma, pez y otras resinas,   10

que es nudo la giba, y de esto
los árboles la destilan.
　　Parecerá con la llaga
al caballo que castigan,
y no meneará la cola,　　　　　　　　　　　　　　15
aunque amor le haga cosquillas.
　　Al parecer purgará
de galápago que ensillas
con lomillos de bayeta
y borunes de golilla.　　　　　　　　　　　　　　20
　　Así siempre quedará
araña, porque su giba
es un tolondrón con largos
brazos y piernas que estira.
　　Sólo el tropezón le sirve　　　　　　　　　　25
del ahorro de una cinta,
si es un fiador de la capa
que apuntala con horquilla.
　　Abrase la fuente al punto,
que no es la parte exquisita,　　　　　　　　　　30
pues no será la primera
que se ha visto en las colinas.
　　Y si una fuente no basta
a esguazar tan gran vejiga,
ábrase con ella una　　　　　　　　　　　　　　35
palangana y dos salvillas.
　　Y para que tenga acierto
Carrafa es quien puede abrirla,
que es fontanera de rabos
su italiana cirujía.　　　　　　　　　　　　　　40
　　De fuente a fuente, Liseras,
va el remedio en cañerías,
pues de mi fuente Helicona
se hace tu Fuente Rabía.[39]

　　30.　(MSS: ABCDEFGH): ROMANCE: 3 H: se *lo* publico. 5 D: doblado [——] que;
E: [l.d.]. 9 B: que *brazalete*; D, E: más *que bracelete vueltas*; H: más *vuelta* que
brazalete. 10 D, E: una *esquina*. 11 H: que *caminos* de. 13 G: más *rosca* que. 14 F, G:
y humero que cura tripas; H: *armero que cura* tripas. 17 F: más *grada* que; G: más *grada*
que *cemeterio*. 18 F, G: más *basura* que; H: más *barreras* que. 20 C, D, E: *los muchachos
que desvirgan*; F, G: *las muchachas que desvirgan*; H: *las muchas que desvirgan*. 22 C, D,
E: que *espina*; F, G, H: que *espía*. 23 E: más *embutidos* de. 26 F, G: adversa y propicia.
29 D, E: anda *en* derecho. 34 H: poeta *cuando* convida. 38 H: más *combado* que *bacina*.
39 D, E: fin *en* su. REMEDIO: 1 F, G: Si *quiere* sanar. 2 G, H: de *su* corcoba. 3 F, G:

ábrase una; H: *ábrase a* una. 5 H: conforme a *regla*. 7 D, E: porque [___] la. 8 D: *al* corcuncho; E: *al* corcuncho humor *lo* tira; H: humor *le* tira. 9 D, E: *Purgaráte* por; H: purgarále *la* materia. 11 D, E: y [___] esto; F, G: de *estos*. 12 F, G: árboles *las* destilan. 13 D, E: *Parecerás* con. 15 D, E: no *menearás* la. 17 C, H: *El* parecer; D, E: parecer *eres purga*; F, G: *del padecer sanará*. 18 C, D, E: que *ensillan*; F, G: [_____]; H: de *galápago* que *ensillan*. 19 F, G: [_____]. 20 B, C, D, E: y *borrenes* de; F, G: [_____]; H: y *barreños* de. 21 D: siempre *quedarás*; E: [l.d.]; F, G: [_____]; H: *del parecer sanará*. 22 D: *hazaña,* porque *tu* giba; E: [l.d.]; H: *de* araña. 27 C, D, E: fiador [___] la; F, G: es [___] fiador; H: es *el* fiador. 28 D: que *la apuntas* con; E: que *la apunta* con; H: *o apuntarla* con. 29 H: fuente *a el* punto. 32 C, D, E: que *se quitó* en; H: en *la* colinas. 34 D: a *esguascer* tan. 35 C: una *palangana*. 36 C: [_____] y dos salvillas. 36a F, H: *y si no alcanzan las cuatro;* G: *y si no alcanzan a un cuarto*. 36b F, G, H: *puede abirse una vajilla*. 36c F, G, H: *pues más vale tener ésta*. 36d F, G: *que el aparador de encima;* H: *palangana y dos salvillas*. 38 D: *Garrafa es;* E: [l.d.]; H: *de Garrafa* [_____] puede *abrirlas*. 42 E: remedio *con* cañerías; F, G: en *cañería*. 43 E: de *una* fuente. 44 D, E: se *hizo* tu.

31

CARTA QUE ESCRIBIÓ EL AUTOR AL DOCTOR HERRERA, EL TUERTO, A QUIEN LLEVÓ DE ESTA CIUDAD A LA DE QUITO EL PRESIDENTE,[40] Y LE HIZO PROTOMÉDICO Y CATEDRÁTICO DE PRIMA DEL RASTRO DE LA MEDICINA

Herrera, la enhorabuena
en esto os doy del oficio
que estáis ejerciendo de
protoverdugo de Quito.
    Agravio a él de la ciudad   5
el Presidente le hizo,
pues siendo vos el primero,
queda verdugo de anillo.
    Pecados de los quiteños
sin duda os han conducido,   10
pues a dogales de esparto
se añaden los del diagridio.
    El verdugo ahorca presos,
y vos por contrario estilo
soltáis a los que matáis   15
con purgar los entresijos.
    Vuestras curas y los paños
de esa ciudad son lo mismo,
si unas dan fin del enfermo,
las otras fin del tejido.   20

A Herera dizque sentencian,
a los que tienen delitos,
los señores de la Sala,[41]
por más horrendo castigo.

Porque en la tortura fiera   25
de ese vuestro ojo maldito,
confiesan para morir
cuando los echáis con Cristo.

Una carta vuestra vi,
que además de que el estilo   30
tonto por vuestra lo afirma,
Juan Calderón me lo dijo.

Que hay una peste escribís
en Quito y habéis mentido,
porque habías de escribir   35
aquí hay dos pestes conmigo.

La una perdiga enfermos
y da a las muertes principio;
entra la vuestra, los pule,
los labra y da finiquito.   40

Antes de entortar tenías
en más veneno lo activo,
porque el médico que entuerta
es médico basilisco.

Las médicas novedades   45
de Lima quiero deciros,
y la mayor es que mueren
pocos de mal de aforismo.

Por razón de que tenéis
la muerte ocupada en Quito,   50
aun en el chasqui[42] de esta
ciudad llegó en parasismos.

Agonizan los enfermos
que aquí matan los amigos;
murió el padre de Bermejo   55
de un terrible mal de hijo.

Aunque trae males de madre
este achaque masculino,
más de ochenta años vivió
con asombro del prodigio.   60

Y es que hijo y padre vivieron
dispersos, siempre reñidos;

76

hicieron las amistades
porque la desgracia quiso.
 Enfermó el viejo y matólo 65
a cuatro días de amigo;
[que las amistades de éstos
son anuncios de suplicio].
 Aunque el viejo hizo un caballo
y ese otro forró un novillo 70
[quien tal hace que tal pague
a imitación de Perico].
 También la madre de Yáñez
murió del achaque mismo,
que éstos no perdonan a 75
quien los parió ni los hizo.
 Utrilla el viejo murió
de rabia, porque su hijo
le dio zarazas con una
purga de vidrio molido. 80
 A don Pasqual [43] desterraron
a Valdivia por nocivo,
y fue falso porque el pobre
cometió muchos delitos.
 Pico de Oro, hecho caleza 85
y neutral en su ejercicio,
nos vende la flor del muerto [44]
con disfraces de Narciso.
 Dejó Osera a San Andrés,
pero yo tengo entendido 90
que por fuerza ha de volver
a habitarle de continuo.
 El Cámaras [45] sustituye
su persona, tan al vivo,
que la representa al muerto, 95
pues mata que es un juicio.
 De Potosí baja a Lima
el gallego don Benito [46]
a ser físico limpión
de orinales y servicios. 100
 Todos los enfermos suyos
son mecos, porque se ha visto
que no perdona a ninguno
en su gallego idiotismo.

Doña Elvira renunció   105
la jeringa en don Elviro,
conque con su ayuda es ya
médico hacia tras-Perito.
   El corcovado Liseras
tuvo una herencia de un tío   110
a quien mató, por su ruego,
Machuca su grande amigo.
   De España a Lima han pasado
tres médicos que han venido
con empleos de la Muerte,   115
con sus frangotes de estibio.
   Ella os guarde seis u ocho
sobre setenta vividos,
que los miles no los uso
por milagro que no he visto.   120
   De tal parte, día tantos,
de tal mes; con esto imito
vuestras curas que no saben
cómo, cuándo, y por qué han sido.

31. (MSS: ABCDEH): 2 D, E: en *esta* os; H: en *este* os *dos* del. 3 C: que *estás* ejerciendo. 5 B: agravio *al* de; D, E: agravio a *esta* ciudad. 7 D, E: *que* siendo. 8 D, E: queda *el* verdugo. 12 B: del *dragridio*; D, E: los [___] *diagridillos*; H: los *de diagridos*. 13 H: ahorca *los* presos. 15 H: *saltis* a los. 16 D, E: con *purgas* los; H: con *purga* los. 19 B: *que* unas; C, D, E: fin *al* enfermo. 20 B: *y* otras *dan* fin; D, E: fin *al* tejido. 22 D, E: *y* a los que tienen *delito*. 25 D, E: en la *fortuna* fiera; H: [_____]. 26 D, E: de *este* vuestro; H: [_____]. 27 H: [_____]. 28 H: [_____]. 31 D, E: vuestra *la* afirma; H: *tanto* por. 33 D, E: peste *escribiste*; H: peste *escribes*. 35 C, D, E: porque *habéis* de escribir *siempre*. 36 D, E: *que allí* hay dos pestes *contigo*. 37 D, E: una *que* perdiga; H: una *verduga* de enfermos. 38 C: muertes *principios*; D, E: a *los muertos principios*; H: a *los muertos* principio. 39 C, D, E, H: vuestra *y* los *labra*. 40 C, D, E, H: los *pule* y. 41 C: entortar *tenéis*; D, E: entortar *temíades*; H: entortar *temía*. 42 H: [___] más veneno *y más* activo. 43 H: que *entuertó*. 48 C, D, E: de *aforismos*. 51 B: *y no puede llegar a* esta; C, E: aun *hasta* en el chasqui de *esa*; D: aun *hasta* en el chasque de *esa*; H: *y hasta que* en el *chasque* de esa. 52 B: ciudad *si no* en; C: ciudad *llega* en; E: ciudad *llega en paroxismos*; H: ciudad *llegue* en. 56 C, D: mal *del* hijo. 57 B: *y* aunque; C, D, E: *que* aunque; H: *que como hay* males. 58 E, H: achaque *es* masculino. 60 H: *y fuera grande* prodigio. 61 C, D, E: padre *dispersos*; H: *a no saber que* hijo y padre [___]. 62 C, D, E, H: *vivieron* siempre. 63 B: *e* hicieron. 65 C, D, E, H: y *matóle*. 66 D, E: *de* cuatro; H: *a los* cuatro. 67 A, B: *quien tal hace que tal pague*; C, D, E: *quien tal hizo que tal pague*. 68 A, B, D, E: *a imitación de Perilo;* C: *a imitación de Perico*. 69 C, D, E: [_____]. 70 C, D, E: [_____]. 71 A, B, C, D, E: [_____]. 72 A, B, C, D, E: [_____]. 73 B: de *Núñez*; C, D, E, H: [_____]. 74 C, D, E, H: [_____]. 75 D, E: no perdonarán a. 76 D: parió ni [___] hizo; E: parió *y* los. 76a C, D, E: *porque en punto de matar.* 76b C, D, E: *no se ahorran consigo mismo.* 78 E: porque *a* su. 79 D, E: dio *Ga-*

razas con. 82 C, D, E, H: por *un virgo*. 83 C, D, E, H: porque *en Lima*. 84 C, D, E, H: *no cometen tal delito*. 85 E: hecho *caleta*. 87 C, D, E, H: flor *de* muerto. 89 H: Dejó *Oseras* a. 96 B, H: es un *prodigio*; D, E: que *ya* es. 97 D, E, H: Potosí *bajó* ̄a. 98 C: gallego *Dr.* Benito. 104 H: [—] *sus gallegos idiotismos*. 106 H: en *el vireto*. 107 H: que *suavidad* es. 108 D, E: hacia *atrás* perito; H: médico *así atrás* perito. 110 H: herencia *del* tío. 115 C, D, E, H: con *empleo* de. 116 H: con *seis* frangotes. 117 C, H: u ocho *años*. 118 D: *aunque* sobre *sesenta* vividos. 120 H: que no *escribo*. 122 D, E: con esto *evito*; H: tal *meses* con. 123 H: *vuestros* curas que no *salen*. 124 H: como *y* cuando.

32

LOA A UTRILLA POR LA CURACIÓN QUE HIZO DE UN POTRO A UNA DAMA CON LA FELICIDAD QUE NO MURIÓ EN LA CURA

LOA

Pedro de Utrilla, el cachorro,
abrió un tumor no cerrado,
por ser joven apostema
de los que andan relinchando,
el cual tenía una dama   5
en columnas de alabastro
cerca de la parte donde
pone el *non plus* el vendado.
    No curó, conforme a reglas,
uno con otro contrario,   10
porque sanó un tumor-potro
de un cirujano-caballo.
    La contraria siguió, porque
siendo marfil terso y claro
el muslo, y de ébano Utrilla,   15
curó lo negro a lo blanco.
    Rompiólo y nótase en Pedro
dos afectos encontrados,
pues cuando vio el cielo abierto
cogió el cielo con las manos.   20
    Miraba la llaga Utrilla,
y con tal médico al lado
de San Lázaro bendito
se me figuró el retablo.
    Aunque se alabe la ninfa   25
que de los amantes chascos
no llegó allí el perro muerto,
el vivo sí le ha llegado.

79

La llaga sanó porque
la lamió con lengua y labios;
que la llaga que no sana
Pedro maldice volando.
En la misma cura tuvo
estipendio bien sobrado,
porque sangraza y piltrafas
lo es de médicos del rastro.
Ya, Perico, con mis versos
temo que estará emperrado;
y si me muerde en sus pelos,
libro el remedio quemado.
Si le hago saltar con ellos,
los honra, que es igualarlos,
al rey de España y de Francia
por quien también él da saltos.
De esta manera o de otra
el potro le dejó sano,
aunque la caballeriza
muy puerca con los emplastos.
Y así en físicas cadencias
cantaré, en su idiota aplauso,
lo que diré en otra copla
que en ésta no cabe tanto.
Pedro de Utrilla es insigne
sobre cuantos cirujanos,
por varios idiotas modos,
tiran de la Muerte el carro.

    30

    35

    40

    45

    50

    55

32.   (MSS: ABCDEH): 2 D, E: no *cerbado*. 5 C, D, E: *la cual* tenía; H: cual *pacía a* una. 6 D, E: en *columna* de; H: *las colunas* de. 7 C, H: parte *adonde*. 12 D, E, H: [——] un. 14 H: *pues* siendo marfil terso y *craso*. 15 H: y [——] ébano. 16 D, E: negro a *la* blanco. 17 B: y *nótanse* en; D: y *notóse* en; E: *rompido* y *notóse* en; H: *Rompió* y nótase. 18 D, H: dos *efectos* encontrados. 19 D, E: cuando *él* vio [——] cielo. 22 C: médico *aleado*; H. médico *hallado*. 23 H: de San *Lorenzo* Bendito. 24 H: me *afiguró* el. 25 H: se *la ve* la ninfa. 26 D: amantes *chatas*; E: amantes *chatos*; H: amantes *chacos*. 31 C: no sana *Pedro*; D, E: [———] la llaga que no *sanó Pedro*. 32 C: [———], maldice *un adagio*; D, E: *mal ha dicho allá un adagio*. H: maldice *un adagio*. 35 H: porque *sangrala* y. 36 E: de *médico* del; H: lo es [——] médicos *de* rastro. 37 H: Ya, *Perote,* con. 38 D, E: temo [———] *estarás* emperrado. 39 D, E: [-] si me *muerdes*, en *tus* pelos. 40 C, D, E, H: remedio *quemados*. 41 H: hago *soltar* con. 43 H: y *la* Francia. 44 H: *porque el también* da *asaltos*. 45 H: de *la* otra. 47 C, D, E, H: la *caballería*. 48 C: puerca *de* los. 49 H: [——] así. 50 D, E: idiota *aplausos*. 55 D: varios *idiota* modos. 56 H: muerte el *corazón*.

33

A UN ABOGADO QUE DEJÓ DE SERLO Y SE HIZO MÉDICO

Romance

Licenciado ambulativo,
que a médico de abogado
te metes, para tener
más concurso de despachos;
récipe los susodichos   5
haces con el nuevo estado:
penas de cámaras, ayudas,
las peticiones, emplastos.
      Por Avicena y Galeno
truecas a Bártulo y Baldo,   10
el derecho por el tuerto,
y por tumbas los estrados.
      Con defender no comías
y ahora, haciendo lo contrario,
te ahítas con ofender   15
a todo el género humano.
      Licenciado Cena-a-Oscuras,
no te llamará el vulgacho,
como de antes, si ahora almuerzas
y cenas despabilando.   20
      De Alcalde de Corte logras
potestad por el atajo,
si sentencias con recetas
como el crimen con sus fallos.
      Letrado en médico injerto   25
dará una fruta del diablo,
por las dos partes veneno
y por las mismas amargo.
      No habrá salud que no metas
a pleito, dando traslado   30
con tus fatales recetas
a todos los boticarios.
      Sobre cualquier accidente
proveerás luego un auto
de urgüentos ejecutivos   35
por los censos del Calvario.

Para acreditarte imita
de Bermejo lo estirado,
de Rivilla lo gestero
y de Ramírez lo hinchado;   40
de Machuca el darle vivo
al sombrero cada rato,
que sólo él ha merecido
que le dé vivos su mano.
De Antonio García imita   45
el ir a matar rogado,
que importa mil muertes esta
monita al cabo del año.
Tú acertaste en la elección,
porque en el mundo en que estamos,   50
el que más acierta en él
es aquél que vive errando.

33.   (MSS: ABCDEFGH): 3 H: *que* metes. 4 G: concurso *que despacho*; F: concurso
de despacho; 5 H: *Récipes lo* susodichos. 7 D, E, F, G, H: de *cámara*, ayudas. 10 G:
a *Bartolo* y; H: a *Bartholi* y. 13 F, G: defender *tú* comías. 14 F, G: ahora, *siendo* lo.
15 D: con *defender*; F, G: te *ahitarás en* ofender. 17 F: Licenciado *senos curas*; G: Licenciado *cena oscuras*; H: Licenciado *sena a escuras*. 18 F, G: *yo te llamará burlando*.
19 D, E: como [__] antes; G: si *la hora* almuerzas. 20 G: cenas *despabillando*. 21 H:
corte *cargas*. 22 C, D, E: *el poder dar por el tajo*. 24 F, G: crimen *por* sus. 28 G: mismas
amargas; H: por *la misma lo* amargo. 29 B: No *abraza luz* que. 30 F, G: a *pleitos,* dando.
33 D, E: sobre *cualquiera* accidente. 34 B: proveerás *muy* luego; D, E: *despacharás* luego.
37 C: para *acreditar* imita; D, E: para *acreditar, imitas*. 38 H: Bermejo [__] estirado.
40 C: [__] de Ramírez. 41 C, D, E, F, G, H: darle *vivos*. 44 F, G: de *vivo* su. 47 C, F,
H: mil *muertos* esta. 48 D, E: al *fin* del; H: *Nomina* al. 49 B, F: acertaste [__] la;
G: tú *acertastes* [__] la; H: acertaste *esta* elección. 52 D, E: es *el que* vive *matando*;
F, G: vive *errado*.

34

CAUSA QUE SE FULMINÓ EN EL PARNASO CONTRA EL DOCTOR
DON MELCHOR VÁSQUEZ POR HABERLE TIRADO
UN CARABINAZO A OTRO MÉDICO EN UN MULADAR

QUERELLA

Leandro de Godoy, un
cirujano cura-tuerto,
parezco ante [Vuesarced]
como curo un ojo menos.   5

Y digo, Señor Juez
Medical, que me querello,
civil y criminalmente,
del médico jeringuero.

Porque viniendo una noche   10
con otro médico incierto,
por venir en una mula
dos enjalmas de Galeno,

el doctor don Melchor Vásquez,
científico a tres mil pesos,   15
porque la Universidad
le dio grado de talego,

con cuatro o cinco de escolta
en un muladar, que en puesto
tan sucio como éste, mata   20
el que cura cursos puercos.

Aquí me tiró un balazo,
que no me acertó por yerro,
que es tan idiota el Melchor,
que en nada ha tenido acierto.   25

En tierra caí por causa
que fue cara a cara el hecho,
que si por detrás me tira,
me da muerte sin remedio.

Atento a lo cual, y a que   30
es el dicho un desatento,
a Vuesamerced suplico
que admita información de ello.

Y daba en aquella parte
que basta a estar satisfecho   35
de mi justicia, que pido
haga como me prometo.

Leandro de Godoy

PROVEIMIENTO

En la Ciudad de los Reyes,   40
a veinte o a treinta días
del mes que fuere, porque
excusemos de jeringas,

ante mí el escribano
que, con la letra añadida,   45
seré alguno de tantos
como en esta ciudad pisan;
    por testigo presentó
Godoy, para la ofrecida
información, al cochero,   50
alias Perote de Utrilla,
    el cual juró por Galeno,
haciendo con las salchichas
de sus dedos una cruz
en equis de longaniza.   55
    Y siéndole preguntado
al dicho si conocía
las dos partes, dijo que
por matadores malillas.
    Y que sabe cómo al tuerto   60
el médico camarista
le echó de pólvora una
fiera y atroz medicina.
    Y que el no haberle allí muerto
fue ignorancia conocida   65
del susodicho doctor,
que yerra hasta las dichas.
    Porque le tiró el balazo
por el ojo con que mira,
no le acertó, que el Melchor   70
da sólo en ojos sin niñas.
    Que a tirarle por el tuerto
sin duda alguna lo birla,
porque a ojos cerrados siempre
tiene hecha la puntería.   75
    Y que esto que dicho tiene
es verdad en que se afirma
y ratifica, aunque suele
decir algunas mentiras.
    Y que no le tocan las   80
generales de calillas,
que aunque es físico de ayuda
es otra ayuda distinta.
    Y cuanto a la edad declara
tiene la cuenta perdida,   85

aunque juzga que a la cola
tiene treinta años y días.

Pedro de Utrilla

En la Ciudad de los Reyes
en la causa de que trato,   90
presenta Godoy en esto
un testigo muy del caso.
    Porque es al dicho Liseras,
y en causas de arcabuzaso,
un corcobado declara   95
con verdad, si es sacatrapo,
    si no en forma de joroba,
en forma de jorobado,
porque las leyes torcidas
tienen testigos gibados;   100
    el cual, después de haber hecho
con los dedos un calvario
de cruces, decir verdad
juró por tantos y cuantos.
    Y preguntándole si   105
sabía algo de este caso,
con voz que suena a tinaja
habló el giba retumbando:
    que conoce a uno y a otro,
que son grandísimos machos,   110
y por serlo no se admira
que se anden siempre matando.
    Y que el Vásquez asimismo
tiró al tuerto en jeringazo,
que a bajar cuarenta varas   115
el punto, pega en el blanco.
    Y que el no haber muerto al tuerto
fue porque tiró a matarlo,
que del Melchor los discursos
le salen siempre encontrados.   120
    Y que lo tiene dicho
en la causa y declarado
es verdad en que se afirma
y se pone recostado.

85

Y en cuanto a la edad declara 125
que tendrá cinco o seis años,
y es verdad, que más no puede
caber en cuerpo tan bajo.

Liseras

En la Ciudad de los Reyes, 130
dicho mes y día dicho,
porque también hay en verso
abreviatura de ripios.
    Por testigo presentó
al buen don Lorenzo el indio, 135
tan natural doctor que
nació llorando aforismos;
    el cual juró por el Dios
de médicos susodichos,
deidad de los cementerios, 140
y enguantado basilisco.
    Y siéndole preguntado
si conocía a los dichos
contrayentes, dijo que
(mas diré como lo dijo): 145
    qui conoce a otro y uno,
que son moy siñores míos,
il toirto y il siñor Vásquez,
hijo di la doña Elvira.
    Y qui sabe qui il dotor 150
porqui el toirto traiba on nicro
in so mola, con pirdón
di osti, assi como digo,
    oltimamenti il folano
qui iba con Llanos so amigo 155
con sos nalgas en un mola,
en las ancas in on sillo;
    con pirdón de ostí otra vez,
diji mola, señor mío,
pero il Llanos era il otro 160
qui cayó loigo al roido.
    Y el fistoletazo qui il
totor Guasqui, so inimigo,

86

con so mano deso armado
vistido con so colito.   165
    Y so iscopita cargada
con pólvora al sosodicho
Liandro toirto Godoy
li tiró. Isto qui digo,
    es verdad se, mi siñor,   170
mira osti, tingo complidos
sitinta años caguales,
treinta y noivi más o minos.

Don Lorenzo

MANDAMIENTO   175

    Mulatos enterradores,
pues que sois ministros fieros
de médicos criminales,
pues que les prendéis los muertos;
    la persona del doctor   180
don Melchor prenderéis luego,
si halláis por donde agarrar
a tan grande camariento.
    Y le pondréis en la cárcel
los bienes, que curandero   185
ha buscado con los males
que ha causado a todo el pueblo.

Apolo

    Alonso Rodríguez, mozo,
alguacil mayor de muertos,   190
convidador que anda al trote,
hecho funeral correo,
    en cumplimiento de aqueste
ingenioso mandamiento,
al doctor don Melchor Vásquez   195
lo dejé en la cárcel preso.
    Y en su casa le embargué
los bienes que irá diciendo,

en las partidas de embargo,
la memoria que presento.   200
    Primeramente: un baúl
de parches, hilas y ungüentos,
con más otro baúl de calas
y otro de jeringa lleno.
    Item: embargué en su sala   205
diversa copia de lienzos,
en que estaban retratados
los que ahora iré diciendo:
dos del Cid y de Bernardo,[47]
otro del doctor Galeno,   210
otro del Parnaso y
otro de Narciso y Eco;
    la historia de don Quijote
y de Sancho su escudero,
también le embargué pintado   215
que lo sintió con extremo.
    No ignora aquí el ingenioso
de lo que pica este reo
de médico, de poeta,
de galán valiente y diestro.   220
    Y que todo aquesto en él
es pintado, si es supuesto;
y así cuanto aquí declaro
es lo mismo que tengo hecho.

                              Alonso Rodríguez   225

DEPÓSITO

    Por depositario fiel
nombro a Pico de Oro de estos
bienes, porque él tiene tantos
que no ha menester ajenos.   230

                              Apolo

Un secretario de cata
cámara, digo por serlo,
le toca que de esta causa   235
le haga cargo al camarero.

DESCARGO

Los regidores de Lima,
digo los que están enfermos
de cursos, que regidores   240
son también los camarientos,
    en nombre del doctor Vásquez,
que por su gusto está preso
en prisión, si es el que más
hace en Lima soltar presos.   245
    Dicen que es falsa la causa
que al susodicho le han hecho,
siendo sólo parvidad,
dado caso fuese cierto.
    Porque en el que tantos mata,   250
una muerte más o menos
al cabo del año no es
cosa que importa dos bledos.
    Y más, siendo el tal Godoy
tan idiota, que el ser tuerto   255
en su favor tiene para
no serlo hecho y derecho.
    A curarlo y no a matarlo
fue, si no, dígalo el puesto
que fue arrabal, y Melchor   260
es doctor arrabalero.
    Y decir que fue trabuco
y no jeringa, es supuesto;
y si el trueno lo acredita
¿qué jeringas hay sin truenos?   265
    Y es contra justicia que
por su causa haiga mil sueltos
de vientre en esta ciudad,
y que el pobre se halle preso.

89

Además, que no merece   270
castigo, sino un gran premio,
el que intenta o el que mata
a un doctor que hace lo mesmo.
     Muy bueno es que andan matando
y que no haga caso de ello   275
la justicia, cuando no
matan físicos como ellos.
     ¿Y por qué intentó matarse
uno a otro del arte mesmo,
cuando es bien universal   280
haga tantos aspavientos?
     Cuando si los dos se matan
fuera fortuna de enfermos,
y si todos, unos a otros
fuera miel sobre buñuelos.   285
     Fuera de que le asistió
razón para darle al tuerto
muerte atroz el doctor Vásquez
por traer un lacayo negro.
     Porque un pobre cirujano   290
se ha de servir a sí mesmo,
como hace el doctor Utrilla,
que es en todo tan atento.
     Que de una pieza se trae
esclavo, lacayo y dueño,   295
[tan a un color que es lo mesmo
el vestido y el pellejo.]
     Por todo lo cual y porque
se funda en medio derecho,
Godoy, porque la mitad   300
le viene a caber por medio.
     A Vuesamerced suplican
que dejen libre y absuelto
de la calumnia al doctor
sin que se hable más en esto.   305
     Cuando animarse debían,
según ley de buen gobierno,
a que todos se matasen,
pues redunda en nuestro aumento.
     Hubiera, si ellos faltaran,   310
más salud, menos entierros,

más muchachos, menos viudas,
menos peste y más dinero.
  Pues será justicia que
pido costas de extipendios   315
que ha perdido el doctor Vásquez
de las visitas de enfermos.

Sentencia

  Y visto por el juez
de los médicos dañinos,   320
el cargo y descargo y que
se afrentaran los delitos.
  Si éste se suma por tal,
porque hay hechos tan indignos,
que en la vileza mayor   325
no caben encarecidos.
  Por las culpas y las penas
en aquel estado inicuo
de obrar y parecer tienen
los rigores engreídos.   330
  Y así fallo que condeno
a este aprendiz de ruidos,
practicante de pendencias,
a lo que irá referido.
  Lo primero, a que no ande   335
a mula, ni traiga estribos
de oro, sino de oropel,
[que es] conforme a su capricho.
  Y que no cure en un año
a mula, si no metido   340
él debajo de la bestia,
porque en matar tarde un siglo.
  Item, que no cure más
achaques que de estreñidos,
que el que mata camarientos,   345
dejará los otros vivos.
  Aquesto proveo y mando,
que así conviene al servicio
de Apolo, que seguidillas
le da tanto proveído.   350

Apolo

91

34. (MSS: ABCDEFGH): 1 C, D, E: [_____]. 4 A: ante [l.d.   ];
C, F, G: ante *vsarced*; D: ante *usted*; H: ante V*sarved*. 6 D, E: Señor *y* juez. 9 C: médico *geringero*. 11 F, G, H: médico *inserto*. 13 B: dos *albardas* de. 15 B, C, D, E: científico [-] tres; F, G: *sentífico* [-] tres ; H: *certifico* [-] tres. 17 H: le *digo* grado. 18 H:
con *otros* o. 19 H: que *empuesto*. 21 C: el [_____] cura; D, E: el [_____] cura *de* cursos.
26 D, E: [_____]. 27 D, E: [_____]. 28 B: *pues* si por
atrás me; D, E: [_____]. 29 F, G: da *muerto* sin; D, E: [_____
_____]. 31 F: [__] el dicho *es* un. 32 B: a V*sted* suplico *que*. 33 B: [_____] admita.
34 B: y *daba* en. 35 B: basta [-] estar; D, E: que *baste* a; F, G: que *baste* [-] estar;
H: que *va* a. 39 B: *Proveído;* F, G: *Provimiento.* 39a C, D, E, F, G, H: *De la información*
que ofrece. 39b C, D, E, F, G, H: *y dada, se traiga luego.* 39c C, F, G: *para proveer que*
hay mucho; D, E: *que hay mucho que proveer;* H: *para proveerla que hay mucho.*
39d C, F, G: *en causas de jeringuero;* D, E: *en causa de jeringueros;* H: *en causas de*
un jeringuero. 39e C, F, G, H: *Apelo.* 39f B, C, D, E, F, G, H: *Información.* 46 D, E,
F, G: *será* alguno. 47 F, G: ciudad *misjan.* 50 B: al *cachorro.* 51 G: Perote [__] Utrilla.
55 D, E: en *forma* de. 60 D, E, F, G: como *el* tuerto. 63 B, C, H: atroz *melecina*; D, E:
fría y atroz *melecina.* 64 C: que [__] no haberle; D, E: haberle [_____] muerto; F, G:
no *haberlo* allí. 67 H: yerra *siempre en* las. 74 D: porque *ajos* cerrados; E: a *ajos* cerrados;
H: porque [__] ojos. 75 B, G: la *apuntería.* 75a F, G: *y que ir a matarle con;* H: *y que*
ir a matarle el dicho. 75b F, G: *otros no añade ni quita;* H: *con otros que le ayudarán.*
75c F: *nada a el uso conque el mata;* G: *nada al uso con que el mata;* H: *es costumbre*
en el que con. 75d F, G: *si es con ayuda o jeringa;* H: *su ayuda o jeringa mata.* 77 H:
a verdad. 80 D, E: *De ningún modo* le tocan [_____]. 82 C, D, E: de *ayudas.* 84 B: y
cuantas a; C, D, E, F, G, H: y *en cuanto* a. 86 C: *que* aunque juega *a* que; D, E: *y así*
juzga. 88 B, C, D, E, G: [_____]; H: *Otro testigo.* 90 G: que *trata.*
91 B: en *ésta.* 93 C, D, E, F, G: es *el* dicho; H: es *Josef de* Liseras. 94 B: *que* en causas
de *trabucazos;* D, E: en *causa* de *alcabuzasos;* F: en *causa* de *alcabusazo;* G: en *caso* de
alcabuzado. 95 H: *ser* corcobado. 96 B, C, F, G, H: es *sacatrapos;* D, E: [_____] verdad
si es *sacatripas.* 97 F, G: sino *informa* de *derecho;* H: de *Derecho.* 98 H: de *corcobado.*
99 A: porque *layes* torcidas. 100 H: testigos *libados.* 102 C, D, E, F, G, H: con *sus* dedos.
103 D, E: cruces *dirá* verdad. 105 E, H: y *preguntándole* si. 106 E: [_____] algo *en* este.
107 C, F, G, H: que *se da en* tinaja; D, E: que *sonó* a. 109 F, G: y [-] otro. 112 C, D,
E, F, G, H: *el ver* que se anden [_____] matando. 113 H: Y *para* el. 114 C, D, E,
F, G: tuerto *un* jeringazo. 115 F, G: que *al* bajar. 116 B: punto *queda* en. 117 D, E:
muerto *el* tuerto. 119 B: que *de* Melchor. 121 H: Y [_____] lo que. 123 C: verdad *y*
que; D, E: es *la* verdad *y* se. 127 F: no *pueden.* 129 H: *Josef de* Liseras. 129a H: *Otro*
testigo. 131 C, D, E: y *días dichos.* 132 C, D, E, F, G: en *versos.* 133 D, E, F, G: *abre-*
viaturas de. 140 F, G: los *semeterios.* 146 D, G: *que* conoce; E, F, H: *que* conoce a otro
y *a* uno. 147 B: *qui* son *moi señores* míos; D: son *moe señores meos*; E: [l.d.   ];
H: son *muy señores* míos. 148 B: toirto [-] il; C:. il *tuerto* [-] il Siñor *Guasgueis*; D, E:
y el tuerto [-] il siñor *Guasguis*; F: el *tuerto y el señor Guagueis*; G: el *tuerto y el señor*
Guasqueis; H: *al torto y al señor Guasquis.* 149 F, G: *hijos de* la; H: *y* de. 150 C: y
que sabi que el Dotor; D: *qui sabi* qui; E: *aquí sabi* qui; F: y *que sabi que el totor*;
G: y *que* sabe *que el totor*; H: y *que sabía que el torto.* 151 C: *porque* el *tuirto* traiba
un nicro; D: el *tuerto* traiba *un niero*; E: *porque il tuerto* traiba *un micro*; F: porque
il tuirto traiba *un micro*; G: *porque il tuirto* traiba *un* nicro; H: *porque el torto sí lo dijo.*
152 B, H: *y* so; D, E: *y* so mola con *perdón*; F: *hizimola* con; G: *herinola*
con. 153 C, G, H: *de bosté así* como; D: *de* osti [_____] como *lo* digo; E: *de bosti* como
lo digo; F: di *bosté así* como. 154 C, F, G: *oltimamenti el folano*; E: *ultimamenti* il;
H: *oltimamente el* folano. 155 F, G: qui *va* con. 156 B: con *sos* nalgas en *on* mola; D, E:
con *sos* nalgas en *on mula*; F, G: sus *colos* en un *mula*; H: con *sos colas* en. 157 C, F:
ancas *en el* sillo; D: *con sos* ancas *en so* sillo; G, H: ancas *en el silla.* 158 B: pirdón *di*

92

osti; C: de *oste* otra *bis*; D, E: con *perdón* de osti *otro* vez; F: de *Vsti* otra *vis*; G: de *vosted* otra *viz*; H: con *perdón* de *este* otra. 159 D, E: *dije mola siñor meo;* F: diji *mola Sor* mío; G: *dije mola Sor* mío; H: *dije mola* señor. 160 C, G: pero *el* Llanos; D, E: *piro il* Llanos *ira il*; F: *piro el* Llanos; H: era *el* otro. 161 D, E: cayó *loego* al; F, G: al *ruido*; H: cayó *luigo* al. 162 C: *Del fistolitazco quil*; D, E: *Dil fistolitario* qui; H: el *fistolitaso* qui *a el*. 163 B: *Dotor Vasquiz* so; C: totor *guasguis* so *enemigo*; D: *Dotor Guasque* so *enemego;* E: *Doctor Guasquis* so *enemego;* F, G: *torto guasquis* so *enemigo;* H: *torto Gasquis* so *enemigo*. 164 E: mano *desoalmado*. 165 C: *fistito* con; D: *festito* con; E: *feitito* con; F: *vestito* con *su* colito; G: *vestito* con; H: *festola* con. 166 C, H: so *escopita* cargada; D, E: so *iscupeta* cargada. 167 C: con *bólbora* al *sosadicho*; D. E: con *bírbora* al *sosodicho*; F: con *bílvora* al *sosodicho*; H: con *bílvora* al. 168 C: Liandro *tuirto Codoy*; D, E: Liandro *tuerto* Godoy; F, G: *Leandro tuerto* Godoy; H: *Leandro* Godoy *el torto*. 169 B: li tiró *esto qui*; C: *le* tiró; G: *Esto que digo*; H: *le* tiró *esto que* digo. 170 C: mi *señor*; D, E, H: se *me señor*. 171 B: tingo *cumplidos*; C: *mera oste* tingo *conplidos*; D: *mera oste tengo* complidos; E: *mera oste tengo cumplidos;* F: *mida* osti; G: *mida oste tengo complido;* H: mira *osted tenglo* complidos. 172 B: años *caduales*; C, F, G: años *cagualis*; H: años *cagualistos*. 173 D, E: *trinta e noive* más; F: *trinta y nuivi* más; G: *trinta y nueve* más. 179 C, H: que *le* prendéis. 183 G: tan *gran* camariento. 184 F, G: y *la* pondréis; H: lo *pondráis* en. 184a F, G: *simple de los majaderos*. 184b F, G: *que esta prisión le conviene*. 184c F, G: *para su delito necio*. 184d F, G: *y preso le embargaréis*. 185 H: *y a los bienes que con males*. 186 C: [_____] ha *causado* con; D: [_____] *haya* buscado; H: [_____] ha buscado *el curandero*. 187 H: *haráis lo mismo con ellos*. 188 C, F, G: *Apelo;* H: *Embargo*. 189 F, G: Rodríguez *al*; H: Rodríguez [_____]. 190 F, G: *guacil* mayor de *los* muertos; H: de *los* muertos. 191 D, E: convidador *cuando* al. 192 H: hecho *funero* correo. 196 B: en *su* cárcel; C, F, G: *le* dejé; H: *le* dejé en *su* cárcel. 197 B: *luego* en. 202 F, G: parches, *hila* y; H: parches *y los* ungüentos. 203 F, G, H: [_____] más. 204 D: y *otros* de; E: [l.d.   ]. 208 D, E: que *iré ahora* diciendo; F, G: ahora *irá* diciendo; H: ahora *dirá* diciendo. 215 H: embargue *pintas*. 216 B: lo *sentirá en* extremo; D, E: lo *siento* con. 217 B: el *ingenio aquí*; F, G: ignora [___] el; H: no *ignorara* [___] el. 218 C: pica *aqueste* reo; D, E, H: de [___] que pica *aqueste* reo; F, G: de [___] que pica *que* este reo. 221 H: *Porque* todo. 222 H: pintado *y es su puerto*. 223 F, G: [_____]; H: *que Idiota tan presumido*. 224 D, E: [___] lo mismo *es* que; F, G: [_____]; H: *no lo tendrá el universo*. 225 D, E: [_____] Rodríguez. 231 C, F, G: *Apelo;* D, E, H: [_____]. 232 D, E: [_____]. 233 D, E: [_____]; H: de *carta*. 234 D, E: [_____]. 235 D, E: [_____]. 236 D, E: [_____]. 243 F, G: está *puesto*. 244 B: prisión *siendo* el; H: prisión si [___] el. 245 H: Lima *saltar* presos. 247 B: le *hicieron*. 248 F, G, H: y parvidad *de delito*. 250 D, E, G: que *tanto* mata. 253 F, G: *caso* que. 257 F, G: no *hacerlo* hecho. 258 H: a *casarlo* y. 259 D: fue *y* si no dígalo *es presto*; E: fue *y* si no dígalo el *presto*; H: fue si no *diga lo* expuesto. 260 D, E: y *Machuca*. 265 D, E: que *jeringa habrá* sin *trueno*; F: sin *trueno*. 267 C, F, G, H: causa *haya* mil; D, E: causa *hay* mil. 269 D: que *al* pobre se *haya* preso; E: [l.d.   ]. 275 D, E, H: de *ellos*. 277 H: físicos *con* ellos. 278 H: porque *intenta* matarse. 279 B: uno [_____] del; D: arte *mismo*; E: uno *al* otro *de* arte *mismo*. 284 H: todos *a nosotros*. 286 C: *fuerza de* que; H: fuera *de* que *la* asistió. 289 B, F, G: traer [___] lacayo; D, E: por *hacer* [___] lacayo. 289a H: *Pues la grandeza del arte*. 289b H: *provee a todos el servicio*. 291 H: [___] ha de *servirse* a *sí* mismo. 292 F, G: como *lo* hace el *docto* Utrilla; H: como *lo* hace [_____] Utrilla *el doctor*. 294 B: que *en* una. 296 A, B, D, F, G, H: [_____]; C: el vestido y el *plebeyo*. 301 H: viene *acabar* por. 302 E: a *vuexcelencia* suplican; H: merced *suplica*. 303 D: y *adsuelto*; F, G: que *de por* libre; H: *quede por* libre. 307 D, E: buen *derecho*. 310 D, E, H: ellos *faltasen*. 311 D, E: menos *enfermos*.

93

314 B: *Así* es justicia. 317 D, E: de *la visita* de. 319 H: [.] visto. 320 B: médicos *malignos*. 322 H: se *afrentaron* los. 323 F, G: si *esto* se. 327 B: *pues* las culpas. 328 D: iniquo *de obrar*. 329 D: [_____] y parecer; E: [_____] y *para ser* tienen; H: de obras y. 330 D, E, H: rigores *engeridos*. 336 B: *en* mula. 338 A: [_____] conforme a; C, D, E, F, G, H: [____] *conformes* a. 340 B: *en* mula si; C, D, E, F, G, H: no *es* metido. 341 B: *siempre bajo* de; F, G: *por* debajo de la *mula*; H: de la *mula*. 344 C, D, E: *achaque* que; F, G: achaques que *el de*; H: *achaque* que *el de* estreñido. 346 B, D, E: dejará *a* los. 347 H: *A que esto* proveo. 349 B: Apolo *pues siguidillas*; D, E: que *a* se. guidillas.

35

CONSEJO DE APOLO A CÁMARAS

Sé humilde, si es que pretendes
valor, nobleza e ingenio;
que la humildad tiene bríos,
ejecutoria y talento.

35. (MSS: ABCDEFGH): 1 H: *si* humilde. 4 D, E, F, G: y *talentos*.

36

DEL AUTOR A CÁMARAS

Si tú el asumpto me das,
no te quejes de mí, puesto
que muero por hacer coplas
como tú por hacer muertos.

36. (MSS: ABCDEFGH): 3 H: que *muerto* por.

37

A UN DOCTOR DE ANTEOJOS QUE PRONOSTICABA A UNA SEÑORA QUE PARIRÍA HIJA Y PARIÓ HIJO

DÉCIMAS

Con imprudentes arrojos
partos no pronostiquéis,
que preñadas no entendéis,

94

teniendo tantos antojos;
por vuestros cegatos ojos,   5
que con discursos menguados,
cuantos hacéis abromados
[de barrigas sin compás];
pues de ellas no entendéis más
que de pájaros preñados.   10

De aqueste yerro se infiere,
doctor *requiescat in pace,*
que no entendéis del que nace
ni tampoco del que muere;
y así habláis de adonde diere   15
cuando dispara a rigores,
en récipes flechadores,
vuestro ignorante furor
que os hace ser el mayor
entre los sueltos doctores.   20

Y aun os hago conocidos
favores que son excesos,
Doctor, porque vuestros sesos
pueden atontar maridos;
estén todos advertidos   25
que la razón me provoca
a aqueste aplauso que os toca
porque lleguen a entender
que merecíais traer
las canillas en la boca.   30

Dejad de pronosticar,
que es ardua y difícil cosa
como lo dice una glosa
del volumen del matar;
y si queréis acertar   35
con pronosticar seguro,
a un enfermo lo futuro
le diréis, grave y severo:
morirá usted, Caballero,
muy breve, si yo le curo.   40

Si queréis pronosticar
preñados, podéis decir:
hembra o macho ha de parir,
que el uno se ha de acertar;
[y] si acaso a preguntar   45

95

os llegaran. ¿Qué se hizo
el otro? Que era enfermizo
informaréis y que el padre,
como lo hizo en la madre,
al instante se deshizo.   50

37. (MSS: ABCDEFGH): 1 C: imprudentes *antojos*. 2 H: no *pronostiques*. 3 F, G,
H: que *preñados* no. 4 D, E, F, G: tantos *anteojos*. 5 C: *y así, Doctor, entendéis;* D, E:
se engañaron vuestros ojos; F, G; *vuestros cegados* ojos. 5a B: *en todo nada acertados*.
6 B: *y por* discursos; C, D, E, H: que *son* discursos. 7 A: hacéis *sin compás*; B: *que
siempre* hacéis *sin compás*. 8 A, B, F, G: [_____]. 9 C: de ellos [__]
entendéis; D, E: de *ellos entiendes* más; F, G: de *ella* no. 10 G: de *paros* preñados.
12 F: doctor *requiescant* in *pasce*; G: doctor *requienscant* in *pasx*; H: doctor *requiescant*
in *pase*. 13 D, E: no *entiendes* del. 15 C, D: y [__] habláis de *donde* diere; E: [l.d.];
F, G, H: de *donde* diere. 16 B: dispara [-] rigores; C, H: cuando *disparáis* [-] rigores;
D: cuando *disputáis* [-] rigores; E: [l.d.]; F, G: dispara *Arigores*. 19 D, E: hace *hacer* el.
20 B: los *machos* doctores. 21 F, G: aún *no* os. 23 E: vuestros *sexos*. 25 D: *están* todos;
E: [l.d.]. 27 D: [-] aqueste; E: [l.d.]; H: *a que esto* aplauso. 29 D, E: que *necesitáis*
traer; F, G: *de que*. 32 C, H: y *dificultosa*; D, E: es *arduo y dificultosa*. 33 D, E: dice
la glosa. 35 C, D, E: *mas si*; F, G: *que si*; H: *mas si queréis a cantar*. 37 D: *aún* enfermo
lo *futero*; G: lo *futuro*. 38 H: diréis *graves* y. 40 D, E: yo lo curo; H: muy *brevísico* le.
42 C, D: *preñado*, podéis; F, G, H: preñados, *podréis* decir. 43 C, H: hembra *y* macho;
G: macho *has* de. 45 A: [-] si. 46 A: os *llegarán* ¿Qué. 48 C, D, E, H: *afirmaréis* y.
50 C, D, E, F, G, H: *continuando* lo deshizo.

38

AL DOCTOR YÁÑEZ QUE ANDABA DE COLOR Y CON ESPADA

ROMANCE

Ripio fatal de la muerte,
sinónimo de desgracias,
porque son armas dos veces
médico que anda con armas.
Que eres matador malilla   5
parece, si se repara,
porque a dos espadas juntas
las llaman el dos de espadas.
Trata, Doctor, de la verde
y deja la negra y blanca,   10
si eres bravo por la hoja
de chicorías y borrajas.
Eres por lo diestro en ellas
un licenciado Carranza;

y si en ayudas las echas,   15
te plantas a la italiana.

Ciñe una receta tuya,
que es más que hoja toledana,
lo que va de un hierro solo
a muchos de más de marca.   20

Tan valiente eres en purgas,
que, cuando una desenvainas,
das tanto temor que al punto
tienen la muerte tragada.

Si armas traes para ofender   25
tus enemigos, te engañas;
pues sanará dando heridas
quien dando remedios mata.

Vuelve a tu golilla y guantes
y al oropel de la barba,   30
corteza docta que hace
parecer sabio un panarra.

Por adentro y por afuera
eres idiota hasta el alma;
vístete de terciopelo,   35
harás silla de la albarda.

Si eres doctor Solimán,⁴⁸
como el afeite en ti falta,
pues traes de color vestido
descubierta la ignorancia.   40

El capote en ti es preciso
por ser comprado con plata
de las visitas de enfermos
y aquí no hay cosa que escapa.

Doctor de tápa-lo-todo   45
no inventó Pedro Urdemalas,
mas quien te tapara un todo
si tu todo no te tapa.

Sombrero de castor blanco
traes, aunque te aventaja   50
Machuca, pues dice tiene
de castor hasta las bragas.

El ser blanco en ti es impropio,
porque si bien se repara
el blanco está desvïado   55
del tirador y la aljaba.

Dizque el Marqués de Villena
para ver cosas extrañas
se picó, y tú no te picas
del traje impropio con que andas.   60
    Hacerse raro es defecto
conocido que señala
mucha falta de juïcio,
y ésta, Doctor, es sin falta.
    ¿Qué dirán los orinales,   65
cuando a la vista los alzas,
de ver tahalí y valona
que en su vidrio se retratan?

   38. (MSS: ABCDEFGH): 2 D: *gimio, mano, o desgracia;* E: *gimio, mono, o* desgracias. 3 C, D, E: *que por matar a dos aces.* 4 C, D, E: *has querido traer espada;* H: anda
de armas. 8 A', C, F, G: *le* llaman; H: *le* llaman *del* dos. 12 B: de *achicorias* y; C: y
borragas. 13 A': lo *docto* en; D: lo *dientro* en. 16 H: *y* te. 18 F, G: que *eres autor de la
Parca.* 19 D, E: un *yerro solo;* F, G: que *ya* de. 22 F, G: cuando *a alguna preñada.*
24 F, G: *tienes* la. 31 H: *corteja docta.* 32 C: *sabio una parra;* D: *para hacer sabia a una
parra;* F, G: un *garrapa.* 33 A': por *de fuera;* C, D, E, H: [————————————]. 34 C,
D, E, H: [————————————]. 35 C, D, E, H: [————————————]. 36 C, D, E, H:
[————————————]. 37 C, D, E, H: [————————————]. 38 C, D, E, H: [————
————————]. 39 C, D, E, H: [————————————]. 40 C, D, E, H: [————————
————————]. 41 C, D, E, H: [————————————]. 42 C, D, E, H: [————————————].
43 C, D, E, H: [————————————]. 44 A': hay *conque* escapa; C, D, E, H: [————
————————]. 45 C, D, E, H: [————————————]. 46 A': Pedro *Urdimalas;* C, D,
E, H: [————————————]. 47 C, D, E, H: [————————————]. 48 A', F, G: te
tapas; C, D, E, H: [————————————]. 49 C, D, E, H: [————————————]. 50 A':
traéis, aunque; C, D, E, H: [————————————]. 51 C, D, E, H: [————————————].
52 C, D, E, H: [————————————]. 53 C, D, E, H: [————————————]; G: es
propio. 54 C, D, E, H: [————————————]. 55 C, D, E, H: [————————————].
56 C, D, E, H: [————————————]. 57 C, D, E, F, G, H: [————————————]. 58 C, D,
E, F, G, H: [————————————]. 59 C, D, E, F, G, H: [————————————]. 60 B: improprio
en que; C, D, E, F, G, H: [————————————]. 61 C, D, E, H: [————————————].
62 C, D, E, H: [————————————]. 63 C, D, E, H: [————————————]; F, G:
la mucha. 64 C, D, E, H: [————————————]. 65 C, D, E, H: [————————————].
66 C, D, E, H: [————————————]. 67 C, D, E, H: [————————————]. 68 A':
se *retrata;* C, D, E, H: [————————————].

39

PRESENTÓSE ESTA PETICIÓN ANTE EL SEÑOR DON JUAN
DE CAVIEDES, JUEZ PESQUISIDOR DE LOS ERRORES MÉDICOS,
EN LIMA A 9 DE MARZO DE 1690, CONTRA UN MÉDICO QUE,
A SUSTOS, QUISO MATAR AL DOCTOR
DON MARTÍN DE LOS REYES

    Discretísimo Señor:
    El procurador Altubes,
ante Vuesarced parezco
a pedir que se castigue
un médico mata-ciento.   5
    Civil y criminalmente
de Juan Reyna me querello,
pues civil por su ignorancia
se convirtió en carnicero.
    Enfermó el gran don Martín   10
de los Reyes, porque el tiempo
le admirase como a humano
y no cual su fama, eterno.
    Fue el accidente muy corto,
mas, cual otro, el esqueleto   15
a dos visitas lo puso
a contarlo con los muertos.
    Condenólo luego a muerte,
y al ver no entiende el enfermo
en prosa, cantando manda   20
se lo digan en un credo.
    Como ve que no se muere,
le receta sacramentos,
como si para matarlo
no bastaba el de su gesto.   25
    Al llorarle sus parientes
decía muy circunspecto,
«*morietur*» (digo en latín,
que así lo afirma Galeno).
    Y al ver no muere del susto,   30
preparó mayor veneno;
cogióle el pulso y le dijo,
«moriráse en un momento.»
    Llorando le preguntaban,

«¿Cómo está» Decía severo,   35
«por no acertar luego, diera
aqueste brazo derecho».
    Repitió en cogerle el pulso,
y decíale, «Primero
es que cuidemos del alma,   40
pues ya es cadáver el cuerpo.»
    Apurábase en decirnos,
«Prevengan los candeleros:
¿Por qué no cortan los lutos?
¡Pongan la mortaja al muerto!»   45
    Salióse a pasear afuera,
lo llamaron a un remedio,
y preguntó, «¿Ya murió?»
«¡No, Señor!» mirando al cielo.
    Dijo con voz lastimera,   50
«Dios mío, en Vos espero
que os lo llevéis por mi honra;
mirad que está bien dispuesto.
    Válgame todos los curas,
pues si muere aquéste, es cierto   55
que se morirán tras él
los que viven de su aliento.»
    Yo, que supe esta maldad,
saqué luego aquel cuaderno,
Hazañas de la Ignorancia,[49]   60
y le dije, «¡Cata el verso:
    ¡Arredro vayas, doctor
de la muerte mensajero!
la salud sea con él
y le libre de tu yerro.»   65
    Y con tan santa oración
la salud le vino luego,
pues siempre ha sido colirio
a todo mal un discreto.
    Que se le entienda al revés,   70
nos enseña aquel portento;
y pues dice que se muere
es señal que está ya bueno.
    Por tanto, a Vuesamerced
pido castigue este yerro,   75
pues no ha intentado verdugo

100

modo de matar más nuevo.
Auto de sentencia contra el dicho doctor:
Y vista por el Juez
de médicos criminales,   80
dijo, Su Merced, que habiendo
visto con cuidado grande
los méritos de la causa
que fulmina el querellante,
dio al doctor Reyna por libre   85
conque ya puede ser fraile.
Atento a que el susodicho
lampiñuelo practicante,
idiota barbiponiente
y pestecilla en pañales,   90
hizo el prognóstico en fe
de siete horrendos achaques
que padecía el enfermo,
como expresaré adelante:
el uno un leve accidente   95
y los otros seis fatales
médicos que le asistían,
epidemias ignorantes.
Y como atendió al cometa [50]
que hubo, y aquestas señales   100
vienen por muerte de Reyes,
pensó que Martín volase.
Y con siete indicaciones
que vio en los astros mortales,
vio un cometa y seis doctores,   105
también cometas con guantes.
Y así con estos peligros
no fue mucho recelase,
muriese al instante de
los que matan por instantes.   110
Pues, además de su mal,
padecía un doctor Yáñez,
tabardillo matalote,
galena peste incurable.
En Avendaño, el doliente   115
padeció una angurria grave,
pues médico de tal pulpa
es todo carnosidades.

101

En Machuca, padeció
un mal de hijo que hace   120
morir a su madre, y él
publica que es mal de madre.

En Barco, padeció una
ayuda de costa grande,
y enfermando por el amo,   125
vino el crïado a matarle.

En Bermejo, no enfermó,
que es discreto hombre el que aplaude
el libro de los doctores,
lo acredita, y persuade.   130

¿Qué harán con un abogado
seis médicos, si es bastante
uno para matar seis
escribanos en el aire,

teniendo cada uno de estos   135
seis veces más que quitarle,
pues cada uno a siete vidas
son cuarenta y dos cabales?

La causa, gran don Martín,
de faltar o retirarse   140
los pulsos de vuestra vida,
fue indicación favorable.

Pues naturaleza docta
como vio que del enjambre
de médicos os moríais,   145
os curó de sus pistraques.

Con retiraros los pulsos,
para que así no os curasen,
y que os dejasen por muerto
para que vivo quedases.   150

¡Oh, sabia naturaleza,
bien te llaman admirable,
pues curas de mal de idiotas
sin sangrías ni jarabes!

El que ha leído mi libro   155
no tiene qué disculparse
con que ignoro los peligros
de los médicos matantes.

Y si en mi mano estuviera,
mandara que no enterrasen   160

102

en sagrado al que llamó
médico que lo matase.
    Quien de incrédulo no vive,
muera de crédulo fácil,
y en necia pira le pongan   165
Un majadero aquí yace.

    Por pleito de la salud
se dijo, peor es hurgarle;
arda el calor natural
hasta que por sí se gaste.   170
    Si en un pleito de las leyes,
donde hay testigos bastantes
que hablan de vista o oídas,
¿hay tantas dificultades?
    Sobre saber la verdad,   175
¿qué se hará donde indicantes,
con voces de ciencia muda,
son testigos naturales?
    Morid, señor don Martín,
de vuestros días y achaques,   180
no de médicos, que abrevian
la vida en los orinales.
    Morid sin ellos, supuesto
que otros sin partera nacen,
pues lo natural no fuerza   185
a médicos ni a comadres.
    No los llaméis, y del cuervo
veréis prolijas edades,
que estos viven mucho, porque
no hay médicos en las aves.   190
    Y más cuando en la experiencia
hay un acaso que sane,
y como fue el uno, puede
ser aquéste favorable.

---

39. (MSS: ABCDEFGH): 3 D: ante *Vuesamerced* parezco; H: ante *vesa arced* parezco.
5 C, D, E, G, H: *a* un; F: *aun* médico. 8 G: *por* civil. 12 G: como [.] humano. 13 H:
no *aquél* su fama *eterna*. 15 C, D, E, F G: otro *al* esqueleto. 17 F, G, H: *más allá de
estar ya muerto*. 20 G: en *pro* cantando. 25 D, E, F, G: no *bastara* el. 26 D, E: Al *llorarlo*
sus. 28 D, E: morietur *dijo* en; H: *murietur dijo* en. 30 C, D: muere *el enfermo*. 31 D, E:
[_____]. 32a D, E: *preparó mayor veneno*. 33 F: *muere Uste* en; G:
muere Vmd en. 35 D, E, F, G: está *y* decía. 38 D, E: en *cogerle* el pulso. 39 H: y *decíales*
primero. 40 C: cuidemos *el* alma. 42 H: Apurábase *a* decirnos. 44 D, E: cortan *el luto*.

47 D, E: *le* llamaron. 49 H: mirando *el* cielo. 51 D: *Señor* mío; E: [l.d.   ].
52 C, D: que [__] lo; E: [l.d.   ]; G: os *le* llevéis. 53 C, D: *mira* que está; E:
[l.d.   ]. 54 H: *Válgame* todos. 55 F, G: *que* si; H: si *muerte* aqueste. 58 D, E:
yo [___] supe. 60 D, E: *de* hazañas de [__] *ignorancias.* 62 D, E: arredro *vayáis* doctor; H: *a otro* vayas. 65 C: de *sus yerros*; D, E: Y *en breve* le *leí sus yerros*; F: de *tus
hierros*; G: de *tus yerros*; H: [-] le libre de *tus yerros.* 66 D, E: [-] con. 70 F, G: *pues*
se. 71 B: [___] enseña *cierto proverbio.* 73 B, F, G, H: que *ya está* bueno; D, E: señal
de que está [__] bueno. 76 B, C, D, E: ha *inventado* verdugo; G: *por* no. 77 F: más
bueno. 78 D, E: el [___] doctor. 82 D, E: con *grande cuidado.* 84 D: el *crebeciante*;
F, G: que *fulminó* el. 86 B: puede *se* fraile; D, E: *para* que [___] *pueda* ser. 87 H:
Atento *aquel* susodicho. 89 F, G: idiota *barbilampiño.* 90 D: y *por recilla* en; E: y *porre-
cilla* en; F, G: pestecilla *engañante.* 91 D, E: en *fin.* 96 D, E: otros *sus* fatales. 100 D, E:
hubo *de* aquestas. 101 C: *tienen* por *muertes* de; F, G: por *muertes* de. 103 D, E: [-]
con. 104 F, G: vió *de* [___] astros; H: que *ha visto de* astros *contrarios.* 105 C, D, E,
F, G, H: *de* un cometa. 112 D, E: *parecía* un; F, G: doctor *Náñez.* 115 F, G: En *Aven-
dado* el. 116 H: una *angustia* grave. 118 F: todo *un puro Tanave*; G: todo *un perro jarobe.*
120 H: que *éste* hace. 122 C: que [__] *mal.* 125 B: *que* enfermando; C, F, G, H: *si*
enfermando. 126 F, G: a *matarlo*; H: *vínose* el criado. 130 D: *y* lo; E: *y* lo acredita y *lo*
persuade; F: y *lo* persuade; G: [__] acredita y *lo* persuade; H: *pues* lo acredita. 134 D,
E: *seis* escribanos. 136 H: que *quitarles.* 137 H: siete *días.* 138 G: dos *cabules.* 140 F, G:
faltar *y* retirarse. 143 D: naturaleza *adocta*; F, G: [_____]. 144 F, G:
[_____]. 145 D: os *morirías*; E: os *morías*; F, G: [_____];
H: os *moriréis.* 146 D, E: de *su pistrape*; F, G: [_____]. 148 E: os *curase*;
G: para que [__] no *se* curasen. 149 H: os *curasen* por. 150 C, D, E: vivo *quedaseis*;
G: vivo *quedaréis.* 155 F, G: que *haya* leído; H: *Aquél* que. 160 H: no *entraren.* 162 D,
E, F, G, H: que *le* matase. 163 H: *Y el que* incrédulo *viviere.* 165 E: le *ponga.* 166 D:
aquí *ya* hace; H: un *majadete* aquí. 167 F, G: por *pleitos* de. 168 D, E, F, H: es *juzgarle.*
171 H: en *completo* de. 173 E, F, G: de *vistas* y oídas; H: vista y *oídos.* 176 D, E: que
será donde; F, G: que [__] hará *adonde.* 177 H: ciencia *mudas.* 184 G: sin *parteras*
nacen. 186 D: *ni* a médicos; E: [l.d.]. 187 D, E: los *llames* y. 190 F, G: en *el aire*; C:
hay *médico* en. 191 F, G: *si hay un acaso que enferme*; H: *Y por último, señor.* 192 F, G:
hay *otro* acaso; H: *si hay un caso* que. 194 F, G: ser *lo otro* favorable; H: *serlo el otro*
favorable. 194a H: *Detestad estos malditos.* 194b H: *no permitas que os hablen.* 194c H:
que con esto os libraréis. 194d H: *de sus astucias infames.*

40

HABIENDO HECHO AL DOCTOR MACHUCA MÉDICO
DE LA SANTA INQUISICIÓN, LE HIZO ESTE ROMANCE

Ya los autos de la fe
se han acabado sin duda,
porque de la Inquisición
médico han hecho a Machuca.[51]
Relajados en estatua   5
saldrían judíos y brujas,

no en persona, que estarán
ya relajados con purgas.

Tan hechiceras como antes
serán las tristes lechuzas,   10
y en manos de este doctor
han de volar con unturas.

Castigo de sus errores
condigno es, si bien se juzga,
para que quien vive errando   15
errado muera en la cura.

El diagridio y mataliste
es la leña que chamusca
los judíos por de dentro
en vez de encina robusta.   20

El maná medicamento
es contrario al que ellos usan,
porque con el suyo comen,
y con el otro se ensucian.

Aquéste de su doctor   25
no tan sólo viene en lluvias,
sino es en truenos causando
el lodo hasta la cintura.

Ya sin brujas se acabó
el regocijo a la chusma   30
de tirar a las corozas
la munición de la fruta.

Ya los casados dos veces
dejan las mujeres viudas,
a la primera receta,   35
y a la visita segunda.

Ya la penca queda ociosa
por no haber en quien sacuda,
si por el fuego y baqueta,
suplen bebidas y ayudas.   40

Si echándolas tal doctor,
de sus errores nos curan
los herejes y judíos
no aguarden que se reduzgan;
  porque él es persona honesta,   45
a la Inquisición se aúna,
pues se alaba que jamás
desató la bragadura.

40. (MSS: ABCDEH): 5 C, D, E, H: en *estatuas*. 6 C, D, E, H: *saldrán* judíos. 9 E: [__] Hechiceras. 11 D: *sino* en manos; H: *si* en manos. 12 H: con *venturas*. 14 H: si *van* se. 15 C, D, E: vive *errado*; H: vive [_____]. 16 H: muera *con* la. 19 D, E: por *adentro*. 22 C, D, E: ellos *juzgan*. 23 E: el *uno* comen. 24 H: con *este* otro. 26 D, E: sólo *vienen* lluvias. 27 H: es [__] truenos. 28 H: lodo *está* la. 29 D, E: sin *brújulas* se; H: Y sin. 34 H: dejan *a* las. 39 B: *que* por. 40 C, D, E: y *purgas*. 41 C, D, E: echándolas *el* doctor. 42 B: errores *no* curan; C, D, E: errores *no abjuran*; H: errores *no adjuran*. 44 D: que *él los reduzga*; E: que *él los reduzca*.

41

AL CASAMIENTO DE PICO DE ORO CON UNA PANADERA VIEJA, VIUDA Y RICA

ROMANCE

Pico de Oro [52] solamente
en Lima es médico sabio,
pues sabe más muchas veces
que Hipócrates y Esculapio.
   Pues se ha curado a sí propio   5
de un pestífero contagio,
peste de que enferman muchos
y de que pocos hay sanos.
   Digo que de mal de pobre,
que es un achaque del diablo,   10
con pulso y orina ajena
la pobreza se ha curado.
   Casóse con una vieja
más antigua que Velasco,
que el Rey Bamba no le debe   15
nada en materia de años.
   Un fin de Semana Santa
se tiene en cada zancajo,
por los siglos de los siglos,
que tiene de tiempo rancio.   20
   Mejor que para mujer
es la dicha, por lo anciano,
para espada o para vino,
que aquí lo antiguo no es malo
   Viuda era de un panadero,   25
y con Pico su velado

con él se gasta cirniendo
lo que otro ganó amasando.

Dicen que el novio con ella
se remedió, y es engaño,   30
porque antes la novia trae
al pobre Pico alcanzado.

En las cuentas que le ajusta,
ella no huye [de] embarazos,
pues quiere cuentas con pico   35
y siempre quiere pagarlo.

Yo no sé por qué la novia
se paga del pico tanto,
si es la cola por quien ella
le hace ya tanto agasajo.   40

Enamoróse la dicha
del mediquillo peinado,
Narciso que en orinales
vía siempre su retrato.

Guerreólo con recetas   45
un Cupido boticario,
tirándole por arpones
jarabes y electuarios.

Visitóla en un achaque,
que fue achaque de llamarlo   50
para que el mal le curase
del reconcomio del gallo.

El pulso la cogió Pico,
y conoció, por el tacto,
que de un accidente él   55
era el doctor y el emplasto.

Pidió el orinal, y ella
le respondió que era en vano,
que estaba vacío, y dijo:
«Pico, habrá más que llenarlo.»   60

Diólo y mirólo con los
visajes acostumbrados
y aún con más, porque tenía
el orinal mucho sarro.

Recetóle una sangría   65
del arca, y como aventado
estaba del humor rojo,
y ella dio el brazo y la mano.

Consiguióse luego, al punto,
por tener aparejado   70
Pico la lanceta y ella
la venda que ciega a tantos.

Hízose luego la boda,
que la mujer por su trato
tuvo en un instante todo   75
el casamiento amasado.

Los parientes de ella dicen
pierde ella y es al contrario;
que quien con setenta y cinco
se tiende, siempre ha ganado.   80

Ella es vieja perdurable
y Pico de Oro es muchacho,
conque la boda olerá
más a cabra que a chivato.

Con parientes da en casarse   85
la mujer, y su velado
primero era mata solo,
y éste lo es por matar tantos.

Si ella se cura con él,
en breve estará acabado   90
el matrimonio, que Pico
la despachará volando.

Gócense en la dulce unión,
brindándose a cada paso,
ella a Pico tortas, y él   95
a ella jarabes violados.

41. (MSS: ABCDEFGH): 3 C: sabe *ya* muchas; D, E: sabe *ya mucho más.* 4 C: y
Asculapio. 5 H: sí *mismo.* 6 D: pestífero *contiajo.* 8 D: y *que de pocos.* 9 F, G, H: que
del mal. 10 C: achaque *de* diablo; D, E: achaque *de diablos.* 15 C, F, G: que *al* Rey;
D, E: que *al* Rey Bamba no le *deja.* 17 B: de *sabana* Santa; C: *En* fin de *semanas santas*;
D, E: *Sin* fin de *semanas santas*; H: de semana *santas.* 22 B: es *la misma* por; D: por
[—] anciano; H: lo *anciana.* 23 D: para *esposa* o; E: *por esposa* o; H: para *espadas* [-]
para. 24 F, G: que *así* lo. 25 H: viuda *es* de. 26 C: Pico *si* velado; D, E, H: Pico *se ha*
velado. 27 B: *alegre gasta*; C: se *gusta sirviendo*; D, E, G, H: se *gasta sirviendo*; F: [l.d.].
28 C, E: otro *gana* amasando. 30 C, D, E: se *remedia* y. 33 F, G: que *él* le. 34 A, C, D,
E: huye [—] embarazos; B: no *halla* embarazos. 36 D: quiere *pagarle.* 37 C, D, E, F,
G, H: porque *se paga.* 38 C, D, E, H: *la novia* del; F, G: *la novia de* Pico. 39 H: por
que ella. 40 B, F, G: hace [—] *tantos agasajos*; C, D, E: hace [—] *tanto*; H: hace [—]
tanto *ahagasajo.* 44 C, D, E, F, G: *veía* siempre. 45 C, D, E, H: *Guerreóla* con *sus* recetas; F: *querré la* con; G: *quererla* con. 47 B: por *arcones*; C, D, E: *tirándola* por. 48 D:
y *electaurios*; F, G: y *lectuarios*; H: y *Letuarios.* 49 H: *Visitóle* en. 53 B, C, E, F, G:
pulso *le* cogió; H: pulso *le* cogió *el* Pico. 54 H: *reconoció* por. 60 D, E: habrá *de rellenarlo.*

63 H: aún [—] más. 66 C, D, E, F, G: arca *que reventando*; H: *de la* arca *que reventando*. 67 C, D, E: estaba *en el* humor. 72 D: la *viuda* que. 73 F: luego *lo* boda. 78 B: *que* pierde [-] y. 79 B: *pues* quien con *sesenta* y; C, F, G, H: con *cincuenta* y; D, E: [—] quien con *cincuenta* y. 86 C, D, E, F, G, H: mujer *si* su. 87 C, D, E, F, G, H: era *matoso*. 88 C, D, E, F, G: matar *tanto*. 89 H: *Y* ella. 90 F, G: breve *está* acabado. 95 H: tortas [————].

42

A UN MÉDICO TUERTO CON ANTEOJOS QUE DESTERRARON DEL CALLAO, SIENDO ÉL SOLO, PORQUE MATABA MÁS QUE MUCHOS JUNTOS; Y TENÍA POR FLOR COMERLE LA COMIDA A LOS ENFERMOS, DICIENDO QUE LOS ANIMABA A COMER

ROMANCE

Tuerto dos veces, por vista
la una y la otra por ciencia,
pues en la diablada tuya
nunca harás cosa a derechas.
    No llames siempre ante-ojos   5
a los que traes, porque a medias
ante-tuerto has de llamarle,
si la mitad está a ciegas.
    Si no tienes más de un ojo,
ociosa está una vidriera;   10
parece remedio tuyo
por cosa que no aprovecha.
    Sin embargo, eres el rey
de la medical ceguera,
si todos a ciegas curan   15
y tú, no, porque es a tuertas.
    Tu vista nadie la entiende,
pues si se repara en ella,
tú no miras si no apuntas;
tú no ves si no es a tientas.   20
    Del Callao te han desterrado
con descréditos de albéitar,
por enjalma de Galeno
o tucumán de Avicena.
    Hínchete, Doctor, de paja,   25

porque las albardas llenas
no matan tanto, y tendrás
hecho tu plato con ellas.

Que eres albarda es sin duda,
y en ti se hallará la prueba,   30
pues la medicina tuya
por ser idiota está en jerga.

¿Cómo, si apuntando curas,
no atinas con las recetas,
pues das tan lejos del mal   35
que todas las curas yerras?

A los enfermos les comes
las comidas y aun las cenas,
por hacerles ese mal
y que se mueran de dieta.   40

Ayúdales a beber
tus malditas purgas puercas,
y les darás media muerte,
y tú tendrás otra media.

De las ayudas aleves   45
parte también, que les echas,
y ejercitarás dos ojos,
que en un tuerto es cosa nueva.

Que comerles las vïandas
no es curarles las dolencias,   50
sino curarte del hambre
canina que te atormenta.

Si con los enfermos curas
tus hambres y tus pobrezas,
ellos los médicos son,   55
tú, el enfermo que remedian.

Media visita debían
pagarte, en Dios y en conciencia,
que quien medio ve al enfermo
no debe llevarla entera.   60

42. (MSS: ABCDEH): 4 C, D, E: nunca *haces* cosa; H: nunca *haces cosas* [.] derechas. 7 H: de *llamarles*. 8 H: mitad [.] a ciegas. 11 D: *para ése,* remedio; E: *para ése,*
remedio. 15 B: *pues* todos. 16 B: es [.] tuertas; D: [.] tú no, *que curas* a; E: no, *que
curas* a. 17 B: Tu *vida* nadie. 20 C: ves *sino es asestas*; D: es *que a cestas*; H: ves *sino
asestas*. 21 C, D, E, H: [―――――――――]. 22 C, D, E, H: [―――――――――].
23 B: *o por jalma* de; C, D, E, H: [―――――――――]. 24 B: *o Truchimán* de; C, D,

E, H: [_____]. 25 B: *Llénate,* Doctor; C, D, E, H: [_____].
26 C, D, E, H: [_____]. 27 C, D, E, H: [_____]. 28 C, D,
E, H: [_____]. 29 C, D, E, H: [_____]. 30 C, D, E, H:
[_____]. 31 C, D, E, H: [_____]. 32 C, D, E, H: [_____
_____]. 34 B: con *la receta.* 39 D: *para* hacerles *este* mal; H: *para* hacerles. 43 D, E:
y *le* darás media *vida.* 49 E: que *el* comerles. 51 H: curarte *de la* hambre. 53 C, D, E:
[_____]. 54 C, D, E: [_____]. 55 C, D, E: [_____].
56 C, D, E: [_____]. 59 C, H: que *a quien* medio ve al *doliente*; D, E:
al *doliente.* 60a C, D, E: *Del Callao te han echado;* H: *Del Callao te han desterrado.*
60b C, H: *con descréditos de albéitar;* D, E: *con descrédito de albéitar.* 60c C, D, E, H:
por enjalma de Galeno. 60d C, H: *o lomillos de Avicena;* D, E: *por lomillo de Avicena.*
60e C: *Hínchete, Dotor, de paja;* D, E, H: *Hínchate, Doctor, de paja.* 60f C, D, H: *que
las albardas rellenas;* E: [l.d.]. 60g C, D, E, H: *no matan tanto, y tendrás.* 60h C, D, E,
H: *hecho tu plato con ellas.* 60i C, H: *que eres albarda es sin duda;* D, E: *que eres albarda
sin duda.* 60j C, H: *y en ti se hallará la prueba;* D, E: *en ti se hallará la prueba.* 60k C,
D, E: *pues la medicina tuya;* H: *pues la medecina tuya.* 60m C, D, E, H: *por ser idiota
está en jerga.*

43

ROMANCE JOCOSERIO A SALTOS AL ASUNTO QUE ÉL DIRÁ, SI LO PREGUNTAREN LOS OJOS QUE QUISIEREN LEERLO

¿Qué médico llamará?
pregunta usía,[53] y es fuerza
que pregunte para quien
daré acertada respuesta.
Porque si es para usiría,   5
a ninguno en mi conciencia;
si es para su nuero o
su madre, llame a cualquiera.
Porque todos curan, a
Dios te la depare buena;   10
y vivirán si lo son,
si no ¿qué importa el que mueran?
Cúrese, usía, y si muere,
vaya de su mano y letra
al sepulcro, como plana   15
de muchacho de la escuela.
¿Para qué quiere tener
que dar de médicos queja
aquel día en que recibe
la carne por ellos muerta?   20
Si los médicos ni usía

111

no saben lo que se pescan,
cúrese que, entre ignorantes,
el que más le importa acierta.
    Si le cura el que no sabe   25
curar, y éste nada arriesga,
mejor se curará usía,
mal por mal, aunque no sepa.
    La ignorancia de los hombres
les hace conceder ciencia   30
a cualquiera que la estudia,
y no la alcanza cualquiera.
    ¿Fácil les parece que es
alcanzar, con evidencia,
los secretos de la docta   35
y sabia naturaleza?
    No alcanzan sus relevantes
primores los que profesan
estudiar letras, sino
aquéllos que hacen las letras.   40
    Hombres de letras entienden,
que son los que se desvelan
en saberlas de memoria,
y es errada inteligencia.
    Porque letras significa   45
entendimiento, agudeza
de ingenio y éste las tiene
aunque el A B C no sepa.
    Hipócrates y Galeno
y el ingenioso Avicena   50
escribieron con acierto,
y observándolos se yerra.
    Porque cuando estos autores
florecieron doctos, eran
otros tiempos y otros hombres   55
de más robustez y fuerzas.
    Ya según filosofía,
no se puede en esta era
curar al modo que entonces
sin regular la flaqueza.   60
    Los atletas se morían
de tener salud entera,
y en este achaque enfermarlos

convenía a su dolencia.

Y si hay males que con otros   65
se curan, es evidencia
que el que a la letra observare
el aforismo no acierta.

Nuestros médicos de Lima
grandes aciertos tuvieran,   70
con los atletas, si a todos
como atletas los enferman.

Si fuera Alcalde del Crimen,[54]
para hacer mayor las penas,
a médicos sentenciara   75
[a aquél que lo mereciera].

Al Duque[55] lo sentenció
lo fatal de [su] influencia;
a Barco, que es mucho menos,
dio con el poder en tierra.   80

Quien con médicos se embarca,
se ha de embarcar con la vela
de bien morir, Santocristo,
mortaja y limpia conciencia.

Se ha de confesar por días   85
sin que aguardé a la cuaresma,
que el médico es él, si antes
peligro de muerte espera.

En mar y tierra birló
su idiotismo, yerno y suegra,   90
que el médico y ratón hacen
por ambas partes la guerra.

Quien de médicos huyere,
pagará la mortal deuda
a los plazos que da el astro,   95
y no a los que dan recetas.

Y morirá, porque todos
es ley natural que mueran,
sin buscarle antelaciones
de tiempo al ser calavera.   100

De merienda y de dotor
murió el Duque, y fue simpleza
el ahorrar de la segunda
y morir de dos meriendas.

Aunque con todo se puede   105

113

finar curando Liseras,
porque es médico que mata
con las dos que trae a cuestas.

En el nacer y el morir
los médicos y parteras   110
hacen pujar, porque nazcan
unas, y otros porque mueran.

Y yo pretendo morir
como cuando el parto, venga
derecha la muerte, y no   115
como la del giba tuerta.

La fruta del paraíso
no es manzana, sino pera [56]
que es fruta mortal pues trae
los médicos barba de ella.   120

Dotor de médicos soy
porque de esta pestilencia
curo limpiando de una
fiebre segunda al que enferma.

Ni fueran los males tan   125
males, si no acometieran
con la aprehensión de que
los médicos los remedian.

Porque es traición del achaque
esta aprehensión funesta   130
que el más declarado riesgo
seguridades afecta.

La razón porque los cuervos
siglos en la vida cuentan,
es por no tener doctores   135
que son los que la cercenan;

que al tener algún Utrilla
volátil las aves negras
volarán con este achaque
antes que a volar salieran.   140

No son capricho mis versos,
como los médicos piensan
y publican que es manía
y de agudo ingenio tema;

y porque vean se engañan   145
traeré aquí los que cooperan
conmigo en este dictamen

114

para apoyo de mi idea.
Véase a San Agustín,
luz heroica de la Iglesia, 150
en la *Ciudad de Dios* que
dice de aquesta manera:
«No está obligado el cristiano
a consultar sus dolencias
con los médicos, sino 155
con Dios y su Providencia.»
El Eclesiástico dice
que caerá el hombre que peca
en manos del mal doctor,
como si buenos hubiera. 160
Séneca enfermó de ahogos
y decía en tal tormenta
que los remedios le ahogaban
más que aliviaban su pena.
Sócrates, gran rey de Egipto, 165
que dio principio a la ciencia,
magia dio la medicina
por imposible el saberla.
Sócrates dijo también
que era numen y no letras, 170
y que el médico nacía
como nacía el poeta.
Orando, Plutarco dijo
que las voces de elocuencia
en el saber eran como 175
los médicos por de fuera.
Diógenes dijo también
que Amor y Médicos eran
hermanos en los aciertos,
porque apuntaban a ciegas. 180
Aristóteles por dicha
las curaciones confiesa,
y por desgracia los yerros
que se cometen en ella.
Cicerón exclama con 185
su acostumbrada elocuencia:
«¡Oh, medicina ignorada!
¡Quién alcanzarte pudiera!»
Tertuliano dice: «Son

los médicos solo idea,   190
si el serlo nunca ejecutan
y siempre lo representan.
    Tito Livio también dice
que es de gente poco experta
hacer fija confianza   195
de que médicos aciertan.
    Los Ungramantes [57] jamás
admitieron en su tierra
médicos, y fueron tantos
que no cabían en ella;   200
    y para poder caber
hicieron una ley fiera,
de que degollasen cuantos
los sesenta años tuvieran.
    A Muza médico dieron   205
en estatua honras excelsas,
y por yerros de sus curas
ultrajes y muerte fiera.
    Viendo la gentilidad
que era difícil empresa   210
el curar la enfermedad,
que tanto médico yerra,
    por divina la juzgaron
y así en aras macilentas
a la diosa calentura   215
pálida estatua le adecuan.
    Los tártaros, a quien siempre
el humor adusto aqueja,
curan la tristeza con
un río que en solfa suena.   220
    Los ejércitos de Jerjes,
después de la lid sangrienta,
con nieve y agua atajaban
la sangre a sus rotas venas.
    Los egipcios solamente   225
se curaban con la dieta
y encerrando los enfermos
la hacían guardar por fuerza.
    Las calenturas se curan
con el mucho andar en Persia,   230
y así no comen ni beben

116

hasta que rendidos quedan.
    Con abundancia de vino
bebido, en Inglaterra
las calenturas se curan,   235
y no con cosas opuestas.
    El rey de Francia les quita
el salario cuando enferma
a sus médicos, y así
por curarle se desvelan.   240
    En Flandes la curación
se paga quedando buena
la persona y el tres tanto
da el médico si no acierta.
    La República le paga   245
los médicos a Venecia,[58]
a un tanto por el que sanan,
que pierden en el que entierran.
    Jacobo Almanzor decía
que eran justicia secreta   250
de Dios los médicos, y esto
ratifica otra sentencia
    de Juvenal, porque afirma
que los médicos aciertan
errando si son verdugos   255
que el cielo puso en la tierra.
    Plinio dice que son como
un veneno que hay, que en ciertas
horas del día es tríaca
de otro veneno cualquiera.   260
    Por no hallar médico, dijo
Isaías que más quisiera
ser buen médico que no
ceñir la corona regia.
    Ayas Telemonio[59] se   265
hirió con su daga mesma
para quitarse la vida,
según refiere Avicena;
    al cual, curándole mal,
dijo que el médico era   270
peor que su furia, si
moría del y no de ella.

A Empédocles le quitó
el juicio una purga acerba;
[él mismo se echó a las llamas]   275
voraces que exhala el Etna.
    El rey don Alfonso el Sabio,
consultando las estrellas
se curaba, y jamás quiso
que médico le asistiera.   280
    Con dos caras los pintaba
el docto rey, la una fiera
y otra hermosa, que explicaba:
médicos sanan y enferman.
    Dioscórides desterrado   285
de los ejércitos era
porque todos los soldados
iba matando con yerbas.
    Pitágoras dice que es
luz de la luna la ciencia   290
del médico, porque alumbra
tanto como anda en tinieblas.
    A Esculapio nos le pintan
con vara y una culebra,
como alguacil venenoso   295
de nuestra naturaleza.
    De Marte y Saturno, dice
Argolio, son inflüencias
los médicos, si el vivir
acortan estos planetas.   300
    Por neutrales al provecho
Lactancio los considera,
diciendo: «La medicina
en el mal y el bien es neutra.»
    De Demócrito, a quien nunca   305
reír le vieron, se cuenta
que rïó oyendo unos
remedios a su tristeza.
    Un potentado de Francia,
estando a la muerte cerca,   310
se la dio a sí mismo, porque
moría de insuficiencia.
    Numa Pompilio decía
que el deseo del que enferma

de sanar se adelantaba   315
mucho antes de la tragedia.

A un emperador tirano
mató un médico, y con fiesta
Roma aclamó vítor el
libertador de la tierra.   320

De malos médicos dicen
las letanías de Grecia
les libre Dios y por los
buenos, devotos le ruegan.

«Tu médico ha de matarte»,   325
dijeron a Julio César
con traición, y él respondió:
«No, que yerra lo que intenta.»

Epi[c]teto murió enfermo
a quien sólo la paciencia   330
le curaba sus achaques
sin hacer más diligencia.

El gran Trismegisto dijo
que si hay razones secretas
para enfermar, que las mismas   335
hay de sanar al que enferma.

Nuestro gran Philipo Cuarto [60]
para explicar sus dolencias
dijo: «Estoy como el que está
que médicos no le dejan.»   340

El demonio fue el primer
médico, puesto que a Eva
le dio un remedio que a todo
el mundo a muerte sentencia.

En Flandes para curar,   345
si son maestros los que empiezan,
han de tener cuando menos
veintiún años de experiencia.

En Lima en aquestos tiempos
hay medicinas abuelas,   350
porque hay practicantes hijos,
nietos del que entonces era.

El purgatorio atizado
tienen y de almas en pena
el mundo, y la gloria de   355
angelitos con viruelas.

Marcial, viendo amanecía
muerto un hombre sin dolencia,
dijo: «Aqueste hombre soñó
con médicos por la cuenta.»   360
«Oh, ven», dijo, «se curaban
los médicos la pobreza
con los enfermos, por el
estipendio que les llevan».

Quevedo dice que lloran   365
cuando ahorcan o degüellan
porque mueren sin pagar
un real a la suficiencia.

Estando Cáncer enfermo
le dio un médico por nuevas   370
que moría de un mal grave
y respondió su agudeza:

«No muero sino de tres;
pues si bien lo considera
un asma, médico y cáncer   375
no es un mal, dotor Babieca.»

Al excelente Almirante
de Castilla, en mi presencia,
le dijo un dotor: «Me alegro
de ver bueno a Vuexelencia.»   380

Y este señor respondió
que le había dado sospechas
de estar enfermo, porque
el médico al revés piensa.

Corriendo Villamediana   385
a un criado, al cual encuentra
con un médico que acaso
entraba con voz tremenda,

dijo en lugar de «tened»
o «matad» al que se ausenta,   390
«curad, médico, a ese infame;
dale con una receta».

Llevaba por opinión
un médico de la legua
que los más de los achaques   395
aprensïón sólo eran.

Respingó con él la mula
y, bajando las orejas,

120

de la silla por las ancas
soltó al dotor con trompetas.   400
    Decía muy lastimado:
«¡Ay mi brazo! ¡Ay mi cabeza;»
Díjole uno: «No se queje,
que es aprensión toda ésa.»
    Erasmo dice que no   405
van a entierro porque piensan
que el muerto ha de verter sangre,
estando el agresor cerca.
    Por dichosos los delitos
de los médicos confiesan   410
los abogados, si todos
se los encubre la tierra.
    Miguel de Cervantes dice
que el enfermo que los deja
viene a ser como el ahorcado   415
que el cordel se le revienta.
    Calderón nunca llamó
médico, y vivió noventa
años, y con dulces coplas
sus idiotismos celebra.   420
    Luis Vélez le dio las gracias
a un médico porque en cierta
ocasión que lo llamó
no le atravesó las puertas.
    Moreto, si uno encontraba,   425
echaba por la otra cera,
tapando con el sombrero
él un carrillo y oreja.
    En sus comedias los trata
como dirán sus comedias;   430
y en fin no hay hombre ingenioso
que a esta profesión asienta.
    Locos son cuantos los llaman
más que los que tiran piedras,
si nos tiran a matar   435
y otros a morir se [entregan].
    Mendigos de ahora treinta años
conozco que en su miseria
viven los más, y hombres ricos
raros mi memoria cuenta.   440

De ricos y hombres de puestos
mueren los más, que es colmena
lo próspero, porque enjambre
de médicos se le pegan.

Por ley les pusiera que   445
ninguno a mula anduviera,
porque los que a matar andan
matan más andando apriesa.

Y aún les precisara a que
traigan las mulas a cuestas,   450
que es bien que se tarden cuantos
traen la muerte o van por ella.

Item: que a dos de noviembre
se enluten, y hagan exequias
por las almas mentecatas   455
que creyeron sus arengas.

Y que los doctores graves
vistan lobas de bayeta,
y los practicantes lleven
las colas, por más decencia,   460
en que solamente a Utrilla
el practicante reserva
por el uso antiguo de
llevar la suya entre piernas.

Y multar a cada uno,   465
conforme el crédito ostenta
en misas para las almas
que causó su insuficiencia;

pues más obligación tienen
ellos que los albaceas,   470
porque si no los mataran
no les robaran su hacienda.

Ellos hicieron los muertos
y han de hacer las diligencias
que en la otra vida no purguen,   475
pues los purgaron en ésta.

Mas yo aconsejo a los vivos
que se quiten de recetas
y mueran sin dar el pulso,
que quien le da sin él queda.   480

Tomen mi consejo, y todos
por sus cabales se mueran,

122

que la muerte sin doctor
viene a matar con muletas.
Y con ellos viene siempre 485
con botas y con espuelas
corriendo la posta en
hipogrifos de recetas.
Si a peso anda la visita,
y un cordel sólo un real cuesta, 490
ahórquense, y dejarán
siete reales más de herencia.
Porque un médico o un lazo
en gordiana inteligencia,
tanto monta, tanto ahoga, 495
tanto escurre, tanto aprieta.
En burlas y en veras trata
de los médicos mi vena,
pero mi sangre tratarlo
ni de burlas ni de veras. 500

43. (MSS: ABCDEFGH): 3 B: pregunte *pero* quien; E: que *se lo* pregunte *a* quien.
4 C, D, E: *dará* acertada; F: daré *acertado* respuesta; G: daré *asentado* respuesta; H: *dará*
asentada respuesta. 5 B: para *ussía*. 7 B: su *suegro* o; D, E: su *nuera* o; F, G: para *un*
nuero; H: su *nuera o su*. 8 B: su *suegra,* llame; H: [__] *madrastra,* llame. 9 H: *por cuatro*
dos curan. 11 B: si *son buenos*; F, G: y *vivieron* si. 12 D, E: importa [_____] que
mueran. 13 H: *Cárese Usía*. 15 D, E: *el* sepulcro. 17 G: que *quiero* tener. 19 F, G: que
reciba. 22 D, E: [____] saben. 24 H: que *menos lo es* acierta. 26 D, E: nada *acierta*.
30 B: hace *conceder* ciencia; F, G: hace *conocer* ciencia; H: *los* hace conceder *esencia*.
33 H: Fácil *es* parece. 37 G: no *alcancen* sus. 45 H: letras *significo*. 52 C, D, E, F, G, H:
y *observándoles* se. 54 C, D, E, F, G, H: *doctos florecieron,* eran. 57 D, E, F, G, H: *y*
según. 58 F: se *quede* en; G: se *quedó* en. 61 F, G: *Lo* atletas. 66 D, E: curan *con* evidencia. 67 D: a [____] letra. 71 D: *en* los atletas *de* todos; E: *en* los atletas si [__]
todos; F, G: [__] los; H: si *acaso*. 72 C, F, G: *los enferman como atletas;* D, E: *si en-*
fermarán como atletas; H: *se enferman como atletas*. 73 H: si [__] alcalde de crimen
fuera. 74 B: mayor *la pena*. 75 H: médicos *sentenciaran*. 76 A: [_____];
C, D, E, F, G: *que es peor que no a galeras;* H: *pues es peor que no a galeras*. 77 B:
[_____]; H: Duque *le* sentenció. 78 A: de [__] influencia; B: [_____
_____]. 79 B: [_____]; C: es *muy* menos; H: [__] Barco. 80 B:
[_____]; C, D, E, F, G, H: *y* dio con el *pobre* en. 85 G: *si* ha de confesar
por *Dios*. 87 D, E: es [__] si antes. 89 B: *el idiotismo birló;* H: *en* mar y tierra *verlo*.
90 B: *a muchos en mar y tierra*. 91 H: médico [__] ratón *hace*. 95 H: los *palos* que.
96 G: que *cedan* recetas; H: dan *receta*. 99 D, E, F: sin *buscarse* antelaciones; G: sin
buscarse ante lasciana; H: sin *buscar chancelaciones*. 100 D, E: tiempo *a ser* calavera; G:
ni tiempo; H: *del* tiempo *a* ser. 103 C, H: de *lo* segundo; D: el *no* ahorrar [__] la;
E: ahorrar *lo segundo*; F, G: el *no* ahorrar de *lo segundo*. 105 F, G: se *quede*. 106 C, D,
E: *mirar curando* a. 108 E: con *los* dos; D: trae *tuertas;* H: con *los* dos que trae *aquéstas*.
109 D, E, G: y [____] morir. 111 H: porque *nacen*. 112 H: *unos y*. 114 B: *cuando como*
el; F, G: cuando [__] parto. 118 D: es *paraíso* sino. 119 G: mortal *que* pues. 121 F, G:

de *médico* soy. 124 D, E: segunda *a cualquiera*. 125 D, E, F: *No* fueran; H: *Ni* fueran
los *médicos* tan. 126 H: *Malos* sino. 128 G, H: médicos *lo* remedian. 130 D, E: *aquesta*
aprehensión; H: *a que esta* aprehensión. 131 F: declarado *riego*. 134 D, E: vida *encuen-*
tran. 136 H: son *la* que. 137 C, E, F, G, H: que *a* tener. 138 D: las *alas* negras. 139 F:
volaron con. 143 B: [-] *publicando* que. 144 C: [-] de agudo *ingenioso* tema; D, E: [-]
de agudo *imperioso* tema; F, G, H: y [——] agudo *ingenioso* tema. 145 B: *pues* porque.
148 E: para *acopio* de. 159 F, G: manos *de* mal. 162 D, E, H: tal *tormento*. 163 C, D, E:
remedios *lo* ahogaban. 164 C: que *alivian* su. 165 F: Sócrates, [——] rey; G: *Zórates,*
[——] rey. 167 H: *Maxica* dio. 169 B: *dijo Sócrates,* también. 173 B: *el grande* Plutarco.
177 H: *Digenes* dijo. 180 G: [————————————]. 184 B, F, G: en *ellas*; H: se *acometen*
en *ellas*. 191 B: *que* el serlo. 193 C, D, E: [————————————]. 194 C, D, E: [————
————————]. 195 C, D, E: [————————————]. 196 C, D, E: [————————————].
197 B: Los *Ingramantes* jamás; G: Los *Ungramontes* jamás. 198 F, G: *no* admitieron.
204 H: los *setenta* años. 205 H: [————————————]. 206 F, G: en *estatura* honras;
H: [————————————]. 207 D: por *yerro* de sus *caras*; E: por *yerro* de; H: [————
————————]. 208-217 H: [————————————————————]. 218 D, E: el *amor* adusto;
F: humor *aducto* aqueja; H: [————————————————]. 219 D, E: curan *las tristezas* con;
H: [————————————]. 220 D: solfa *sueña*; H: [————————————]. 221-222 H:
[————————————]. 223 G: agua *alujaban*; H: [————————————]. 224-226 H:
[————————————]. 227 D, E: encerrando *a* los; H: [————————————]. 228 B:
[——] hacían *guardarla* por; F: *lo* hacían; H: [————————————]. 229-230 H: [————
————————]. 231 F, G: y [——] no; H: [————————————]. 232-233 H: [————
————————]. 234 B: *que beben* en; H: [————————————]. 235 E: se *quitan*; H:
[————————————]. 236 G: no [——] cosas; H: [————————————]. 237 H: [————
————————]. 238 D, E: cuando *enferman*; [————————————]. 239-240 H:
[————————————]. 241 F, G: Flandes *las curaciones*; H: [————————————]. 242
F, G: se *pagan* quedando; H: [————————————]. 243 H: [————————————].
244 C: *del* médico; H: [————————————]. 245 B: República *les* paga; H: [————
————————]. 246 B: *a* los médicos *en* Venecia; H: [————————————]. 247 B, F, G:
[——] un tanto; H: [————————————]. 248-251 H: [————————————]. 252 D:
ratificar otra; H: [————————————]. 253 H: [————————————]. 254 H: [————
————————]. 255 B: errando *pues* son; E: errando *y que* son; H: [————————————
————]. 256-257 H: [————————————]. 258 D, E: veneno [——], que en; H:
[————————————]. 259 H: [————————————]. 260 D, E: *y aumenta en otras* su
fiereza; H: [————————————]. 261 H: [————————————]. 262 F, G: Isaías
[——] más; H: [————————————]. 263 H: [————————————]. 264 F: la *Corana*
Regia; H: [————————————]. 265 C: *y Astelemonio se;* D, E: *y Asteleminio una*
herida; F, G: *Ayaste Lemonio se;* H: [————————————]. 266 D, E: se *hizo* con;
H: [————————————]. 267-268 H: [————————————]. 269 B: *el* cual; H:
[————————————]. 270 B: furia *y así;* D, E: su *fuerza,* si; H: [————————————].
271-272 H: [————————————]. 273 C, D, E, F: Empédocles *el juicio;* G: A *Pedocles*
el juicio; H: [————————————]. 274 C, D, E, F, G: *le quitó* una; H: [————
————————]. 275 A: *y Isael* se echó *en* las; B: *y Jael* se echó *en* las; C: *Isiael* se echó *en*
las; D: a *la* llamas; F, G: *y sin él* se echó *en* las; H: [————————————]. 276 B: que
sala el *erna*; H: [————————————]. 277 D, E: don *Alonso* el; H: [————————
————]. 278-279 H: [————————————]. 280 F, G: que *médicos* le *asistieran*; H:
[————————————]. 281 F, G: dos *curas* los; H: [————————————]. 282 F: el
doctor rey; H: [————————————]. 283 C, D, E, F, G: y *la* otra hermosa, que *expli-*
caban; H: [————————————]. 284 D, E: médicos *ganan* y; H: [————————————].
285 F: *Dios Coridis* desterrado; H: [————————————]. 286 H: [————————————
————]. 287 E: porque *a* todos; H: [————————————]. 288 D: con *yerras*; H:
[————————————]. 289-292 H: [————————————]. 293 D: nos *lo* pintan; E: Es-

culapio *no lo* pintan; H: [_____]. 294-297 H: [_____].
298 G: *Argelio* son; H: [_____]. 299-303 H: [_____]. 304 C,
D, E, F, G: es *muestra*; H: [_____]. 305-306 H: [_____].
307 F, G: que *se* rió; H: [_____]. 308-310 H: [_____].
311 B, C, D, E: dio *el propio* porque; F, G: dio *al médico* porque; H: [_____
____]. 312 H: [_____]. 312a C: *y se le mueren, recetan;* D, E: *y se le*
muere, recetan; F: *y se le muere hasta ciento;* G: *y se le mueren hasta ciento.* 312b C,
D, E: *cantidad de hombres muchos;* F: *cantidad de hombres al año;* G: *cantidad de hom-*
bres al alto. 312c C: *que dé al año con que le penan;* D, E: *que dé al año en que le*
penan; F, G: *le jubilan y le penan.* 313 B: Numa *Pompirio* decía; H: [____
____]. 314 D, E: el *consuelo* del; H: [_____]. 315 F, G: sanar *le* adelantaba; H: [_____]. 316 F, G: antes [____] la tragedia; H: [_____
_____]. 317 H: [_____]. 318 F, G: y *contento*; H: [_____].
319 B: Roma *clamó* víctor; H: [_____]. 320 D: *libertad* de; H: [____
_____]. 321 G: *del* malos; H: [_____]. 322-327 H: [_____
_____]. 328 D: que *yerran* lo que *intentan*; E: que *yerran los* que *intentan*; H:
[_____]. 329 B, D, E: *Epitecto* murió; C: *Epictecto* murió; H: [_____
_____]. 330-332 H: [_____]. 333: D, E, F, G: gran *Timegistro* dijo;
H: [_____]. 334-335: H: [_____]. 336 C: hay *que* sanar
el que; F, G: sanar *el* que; H: [_____]. 337 G: gran *Felipe* cuarto; H:
[_____]. 338-340 H: [_____]. 341 D, E: primer *médico*;
F, G: el *primero*; H: [_____]. 342 D, E: [_____] puesto que; H:
[_____]. 343 E: [_____] un remedio; H: [_____]. 344 B:
a *muertes* sentencia; D, E: *al* mundo; H: [_____]. 345 H: [_____
_____]. 346 F, G: [____] son; H: [_____]. 347 H: [_____
_____]. 348 G: un *año* de; H: [_____]. 349-351 H: [_____].
352 C, D, E, F, G: entonces *lo* era; H: [_____]. 353 B: purgatorio *atas-*
cado; C, D, E: purgatorio *ataviado*; H: [_____]. F, G: purgatorio *ativado.*
354-355 H: [_____]. 356 H: [_____]. 357-358 H: [_____
_____]. 359 D: hombre *sanó*; E: hombre *sañó*; H: [_____].
360 E: *sin* médicos; H: [_____]. 361 C, D, E, F, G: Oh, *bien,* dijo; H:
[_____]. 362-363 H: [_____]. 364 F, G: les *lleva*; H:
[_____]. 365-370 H: [_____]. 371 D: que *moriría* de;
H: [_____]. 372-373 H: [_____]. 374 B: bien *se* considera;
D, E: lo *consideras*; H: [_____]. 375 D, E: *una* asma; H: [____
_____]. 376-381 H: [_____]. 382 F, G: [____] le había; H: [_____
_____]. 383-385 H: [_____]. 386 C, F, G: criado *el* cual; H:
[_____]. 387-389 D, E, H: [_____]. 390 C: [____] «matad»;
D, E, H: [_____]. 391 E: médico [-] ese; H: [_____].
392 D, E: *dále* con; H: [_____]. 393-395 H: [_____]. 396 B:
aprensión *solamente* eran; H: [_____]. 397-404 H: [_____].
405 F, G: *Eramo* dice; H: [_____]. 406 C, D, E: a *entierros* porque;
H: [_____]. 407-410 H: [_____]. 411 B: abogados *pues* todos;
H: [_____]. 412-414 H: [_____]. 415 F: el *horcado*; H:
[_____]. 416 F, G: que *es caudal* se; H: [_____]. 417-419 H:
[_____]. 420 C: *su idiotismo* celebra; D, E: *a su idiotismo* celebra; H:
[_____]. 421 B, D, E: Vélez [____] dio; H: [_____]. 422 H:
[_____]. 423 D, E: que *le* llamó; F, G: que *se* llamó; H: [_____
_____]. 424 H: [_____]. 425 G: *Moroto* si; H: [_____].
426 C: por [____] otra; D, E: por [____] otra *acera*; F: otra *acera*; H: [_____].
427-430 H: [_____]. 431 E: [____] no hay; H: [_____].
432 D, E: profesión *adhieran*; H: [_____]. 432a C, D, E, F, G: *Ellos*

125

aciertan a todos. 432b C, D: *cuantos la fama celebra;* E: *cuantos fortuna celebra;* F, G: *cuantos la fama celebran.* 432c C, D, E, F, G: *por entendimientos grandes.* 432d C, D, E, F, G: *delirando los desprecian.* 433 B: [l.d.]; H: [_____]. 434 H: [_____]. 435 B: *que unos;* H: [_____]. 436 A, C: se *entriegan;* H: [_____]. 437 D, E: de [__] treinta; H: [_____]. 438-439 H: [_____]. 440 D: memoria *cuentan;* H: [_____]. 441 F, G: de *puesto;* H: [_____]. 442 H: [_____]. 443 B, C, D, F, G: porque *enjambres;* E: próspero, *pues enjambres;* H: [_____]. 444-445 H: [_____]. 446 B: ninguno *en* mula; H: [_____]. 447 D: porque *a* los que [__] matar andan; E: porque *a* los que [__] *matan* andan; H: [_____]. 448 E: *matando* más andando *a prisa;* F: andando *aprissa;* G: andando *aprisa;* H: [_____]. 449-452 H: [_____]. 453 B: [l.d.]; H: [_____]. 454-457 H: [_____]. 458 F: vistan *lobos* de; H: [_____]. 459-460 H: [_____]. 461 D, E: solamente [.] Utrilla. 462 H: [_____]. 463 G: uso *contiguo* de; H: [_____]. 464 D: suya *en* piernas; E: suya *a* piernas; H: [_____]. 465-467 H: [_____]. 468 B: que *despachó* su *inclemencia;* H: [_____]. 469-474 H: [_____]. 475 E: no *purgan;* G: no *púrgaron;* H: [_____]. 476-477 H: [_____]. 478 F, G: de *reyertas;* H: [_____]. 479 H: [_____]. 480 C, D, E, F, G: quien *lo* da; H: [_____]. 481-482 H: [_____]. 483 F, G: sin *doctores;* H: [_____]. 484 H: [_____]. 485 D: [__] con; E: [__] con ellos *vienen* siempre; H: [_____]. 486 C, D, E, F, G: y con *muleta;* H: [_____]. 487 H: [_____]. 488 B: *caballitos* de; F: *hipogrifas* de; G: *hipografes* de; H: [_____]. 489-490 H: [_____]. 491 F: *ahorquens* y; H: [_____]. 492 H: [_____]. 493 D, E, F, G, H: *médico* y un. 495 F, G: tanto *mata,* tanto. 499 B: *mas no tratarán mi sangre;* D, E, F, G, H: sangre *tratarlos.*

44

LOS EFECTOS DEL PROTOMEDICATO DE BERMEJO [61] ESCRIPTO POR EL ALMA DE QUEVEDO [62]

Protoverdugo de Hacienda
Osera a Bermejo hizo,
por su última y postrera
disposición de juïcio.
    Su heredero era forzoso,   5
porque el tal Osera dijo
que Bermejo de sus cascos
solo llenaba el vacío.
    Empuñó el puesto y muy grave
dando al Cielo gracias dijo: 10
«Gracias a Deum» en su
mal latín de solecismos.

Heredó el cargo, y al punto
añadiéndole a lo erguido
de su natural la herencia,
se espetó más de aforismos.

Entiesóse de cogote,
sacó el pecho y el hocico,
lo torció de mal agrado,
con vista y ceño de rico.

Dio dos vivos al sombrero
por dar alguna vez vivos,
que su sombrero tan solo
esta dicha ha merecido.

Autorizóse de galas,
y multiplicando anillos,
añadió esta liga docta
a su ignorante esportillo.

Nuevo aderezo a la mula
también de gala le hizo,
porque lo bruto quedase
de todo punto vestido.

Hinchándose de Galeno,
de Hipócrates embutido
disfrazó en sabia corteza
su rudo centro nativo.

Todo esto a fin de espantar
los practicantes novicios,
a quien llamó a examinar
de lo que nunca ha entendido.

Vinieron en turba multa
de enjalmas y de lomillos,
porque gente que así mata
ha de venir en lo dicho.

Entre ellos vino el Inglés,
médico de garrotillo,
porque éste por los gaznates
los despacha al otro siglo;
al cual, para examinarlo
en médicos homicidios,
circunspecto y estirado,
estas preguntas le hizo:

«Decid, hermano, ¿qué es horca?»
Y él respondió de improviso:

15

20

25

30

35

40

45

50

«Es una junta de tres   55
palos». Y Bermejo dijo:
    «Sois un médico ignorante,
que la junta que habéis dicho
no es de tres palos, sino
de tres médicos pollinos.   60

    Decidme, ¿qué son azotes?»
Y él respondió «Señor mío,
los que se dan con la penca».
Y el Proto respondió: «Amigo,
    ventosas y fricaciones,   65
[decid]. Muy a los principios
estáis en el verdugado
y os he de privar del oficio.

    Mas, decid, ¿qué es degollar?»
Y el verdugo, ya mohíno,   70
le respondió: «Es el cortar
la cabeza con cuchillo.»

    «De medio a medio lo erráis,
porque aquí habéis respondido:
Por la cabeza lo que   75
son sangrías del tobillo.»

    Y continuando Bermejo,
esta pregunta le hizo:
«Decidme lo que es vergüenza.»
«Es sacar en cueros vivos   80
    a los hombres [a] afrentar»,
respondió. Y Bermejo dijo:
«Vergüenza es el que nos pague
su muerte el enfermo mismo.

    Mas, decidme, ¿qué es tormento?»   85
«El de potro ya sabido»,
respondió y Bermejo entonces
se rïó mucho de oírlo.
«Ligaduras son que damos»,
le advirtió, «porque el delirio   90
falte, y con ellas confiesen
y despacharlos con Cristo.

    ¿Qué es encubar?» Y el Inglés
respondió: «Echar por el río
a los delincuentes en   95
cubas, en que van metidos.»

128

Y Bermejo le advirtió
que encubar en su ejercicio
eran los baños de tina,
que al tanto monta es lo mismo.   100
      «Mas, decid, ¿qué es empalar?»
«Meter en el intestino
una estaca hasta el cerebro»,
el Inglés verdugo dijo.
      Y Bermejo respondió: 105
«Decid jeringa, borrico,
verdad que acredita la
gran doña Elvira y su hijo.»
      «Pero ¿qué es descuartizar?»
«Poner en cuartos divisos   110
los reos», dijo el Verdugo,
«al quitarlos del suplicio.»
      Y Bermejo respondió:
«El descuartizar, amigo,
es sajar; es cortar piernas,   115
y brazos nuestro idiotismo.»
      «¿Sabéis lo que es desterrar?»
«Hacer que muden de sitio
los delincuentes, como esto
públicamente se ha visto.»   120
      «No es», le replicó Bermejo,
«sino echar los afligidos
enfermos a buscar temples
más calientes o más fríos;
      mas, que también ignoráis   125
lo que es en Lima el oficio
y Secretaría del Crimen?»
«La que está, por lo que he visto,
      junto a la Cárcel de Corte.»
Y Bermejo, airado, dijo: 130
«No es tal sino la botica;
y el secretario dañino
      de cámara, el boticario;
pues les da con bebedizos
las redomas, protocolos,   135
que en el crimen hay archivo.
      Tienen sus anotaciones
en [tahalíes] escritos;

los botes son los tinteros;
la tinta aceites nocivos;   140
    los ungüentos algodones,
porque están con ellos mismos;
la arenilla son los polvos,
de tantos como hay distintos;
    las espátulas las plumas   145
con que escriben los delitos,
de accidentes de modorra,
tercianas y tabardillos,
    formando emplastos con ellos,
echando rasgos y signos;   150
pero ya basta de examen
porque en lo que aquí os he dicho,
    conozco que no veléis
para ser médico un higo.»
«Verdugo soy», replicó   155
[el Inglés enfurecido,
    «pues no perdonan mis manos
a la mujer ni al amigo»].
Respondió el Protomatante:
«La distinción no permito;   160
    todos somos de la carda
y de la Parca ministros,
con aforismos de esparto
o médicos aforismos.
    Todos a un fin nuestras obras   165
llevamos por un camino;
y aquéste es dar fin de cuantos
se entregan a nuestro arbitrio.
    Que el caer en vuestras piernas
o en mis manos es lo mismo,   170
por[que] si hacéis que dén saltos,
yo también hago dar brincos.
    De un medicamento errado
a un apretón de galillo,
no se distingue el efecto,   175
aunque es el modo distinto.
    Pues si galillos birláis,
también con mis curas birlo
hasta capones, verdad
que con mi Loaiza ⁶³ averiguo;   180

al cual con cuatro sangrías
que le di sobre resfrío,
y una ayuda de compuestos
que nunca el pobre ha tenido;
   porque fue de calabazas   185
y un güevo fresco batido
del gallinero del coro,
voló dando mil graznidos.
   No presumáis que sois más
verdugo que yo, y desquito;   190
vamos, si el ser más doctor
yo que vos, no he presumido.
   Que el parecer vos verdugo
y yo no, toca en juïcios
del cielo que a posteriori   195
o diré lo que colijo.
   Viendo la divina ciencia
que la justicia en el siglo
se ejercitaba en los pobres
y no en soberbios y ricos,   200
   dispuso su providencia
un disfrazado castigo
en malos médicos como
el Eclesiástico [64] dijo
   con quien ajusticia Dios,   205
cuando quiere y es servido,
con aquella pena, que
le compete a sus delitos.
   Porque como aquéstos pagan
con sus tesoros el vicio   210
del pecado, consiguiendo
con el oro su apetito,
   permite que con él compren
a un médico introducido
por sabio, siendo un idiota   215
y mueran como han vivido.
   Lo que no sucede al pobre
que, por serlo, este peligro
de nuestra supuesta ciencia
trae excusado consigo.   220
   ¿Cuántos pensáis que estarán,
sólo por no haber tenido

131

dos pesos para pagarme,
en aquesta ciudad vivos?
   Pues muchos son [porque fueran]   225
los bienes del mundo fijos,
si conocieran los hombres
lo que es adverso o propicio.
   Y no os parezca que estoy
burlándome en lo que digo,   230
que esto es chanza para tontos
y veras para entendidos.
   Mas porque es el pensar bien
impropio en mi rudo estilo,
digo que os repruebo y doy   235
desde ahora por excluído
   de médico, de ladrones,
a quienes dais gargarismos,
con que se enjuaguen las nueces
de esparto, cáñamo y lino.   240
   Y que practiquéis os mando
con Rivilla cuatro o cinco
años, que es doctor de cotos
y degüella con prodigio.
   Y no me verduguéis más   245
hasta que sean cumplidos;
y después con sana y limpia
conciencia haréis vuestro oficio.
   Y en el interín, por vos,
el que ajusticien permito,   250
matadores y ladrones,
los que aquí irán referidos:
   Pedro de Utrilla, el cachorro,
y a falta de éste, entre Armijo,
que tienen lazo sus curas   255
de aceites escurredizos.
   Por éste supla Argumedo
cuyos promptos idiotismos
están en credo, peque
la vela y besar el Cristo.   260
   Sígase luego Liseras
que es presto y fatal tornillo
y el garrote de sus curas
lo lleva como él torcido.

Entre luego Sancho el Gordo,   265
a quien por bronco y macizo
quiero bien, porque lo es tanto
que parece ingenio mío.

Sígase a éste don Juan de Austria,
verdugo más que Marquillos,   270
el de Madrid, que en ahogos
le dio estatuas Peralvillo.

Supla por éste Godoy,
que es cirujano latino
de los de pierna en el hombro,   275
mano en lazo y pie en estribo.

La sala he de consultar
para que por este arbitrio,
se ahorre de muchos gastos,
cotidianos y excesivos,   280

de procesos y traslados,
confesiones y testigos,
con que se pasan diez años
en dichos y susodichos,

para ahorcar a un ladrón,   285
pudiendo ahorrarse de escriptos
y hacer por autos recetas,
que esto es más ejecutivo.

Y en lugar de los traslados
diga, mudando de estilo,   290
jarabes de parte y que
responda por el postigo.

Para acusar rebeldías,
jeringa, y que beba frío;
segundo traslado, emplasto   295
y sangría del tobillo.

Y en el fallo de sentencia
poner por el fallo antiguo
de muerte de horca, aquestos
remedios por más nocivos: 300

récipe dragmas cincuenta
de mataliste y diagridio,
en enfusión de borrajas,
chicorias y tamarindos.

Y a cuatro días de cura   305
paga el ladrón su delito,

porque con esta receta
purga los que ha cometido.»

44. (MSS: ABCDEFG): 1 C, D, E: *De hacienda Protoverdugo*; F, G: *Proctoverdugo de herencia.* 2 G: Osera o Bermejo. 3 C, D, E: y *su* postrera. 4 C, D, E: de *alto* juicio. 13 B: y *el* punto. 17 D: *en tiesos* de; G: *entiesore* de. 19 C: de *mala gana*; D, E: *se* torció de *mala gana.* 20 G: y *sueño* de. 34 D, E: Hipócrates *embuido.* 38 D, E: los *pretendientes* novicios. 39 G: a *quienes* llamó. 42 B: *con jalmas y con* lomillos. 44 B: de *llevar tal vestido.* 48 D: otro *mundo*; E: al *eterno olvido.* 49 C, D, E: para *examinarle*; F, G: *a el* cual para *examinarse.* 52 F: preguntas *se* hizo; G: preguntas *les* hizo. 53 D, E, F, G: *Decidme,* hermano. 54 F, G: respondió *al provisto.* 56 F, G: *pasos* y. 58 D, E: que *hemos* dicho. 59 F, G: tres *pasos* sino. 60 F, G: médicos *pollino.* 64 D, E: el *Potro* respondió; F, G: el *Procto* respondió. 65 A, B: fricaciones *decid*; D: y *fraticiones.* 66 A, B: [_____] muy. 67 D, E: en *lo de* verdugo. 68 F, G: *yo os*; B, C: privar *de* oficio. 76 D: sangrías *de* tobillo; E: sangrías *de tobillos.* 78 F, G: pregunta *se* hizo. 81 A: hombres [-] afrentar. 86 C: el *del protro* ya; D, E, G: el *del* potro. 87 D, E: Bermejo *dijo.* 88 D, E: *ríome* mucho. 89 B: *son ligaduras* que. 90 B: le *advierto* porque; F, G: *se* advirtió. 91 E: falte *o* con; G: con *ellos* confiesen. 93 F, G: es *encurbar* y. 98 C: su *juicio*; D, E: que *el* encubar en su *juicio*; F, G: que *encurbar* en. 100 D: monta [___] lo; E: *cual* tanto monta [___] lo. 101 F: es *empasar*; G: es *empajar.* 102 F: meter *por* el *odificio*; G: meter *por* el *orificio.* 103 B: el *celebro.* 111 D: los *ricos* dijo. 120 D, E: públicamente *es sabido.* 121 D, E: es [___] *respondió* Bermejo. 124 C: calientes y más fríos; G: o *muy* fríos. 125 D, E: también *conozcáis.* 127 C, D, E, F, G: [-] secretaria. 128 D, E: *lo* que está. 131-159 E: Los versos 131-159 del MS E están insertados como líneas 188a-188cc. Las variantes se incluyen a continuación en su orden natural según los otros mss. 132 B: secretario *maligno.* 134 F, G: pues *las* da. 135 D: redomas, *pistocolos*; F: redomas, *protocosos.* 136 D: crimen *del* archivo; E [l. 188f]: crimen *del* archivo; F, G: crimen *al* archivo. 138 A: en *thagalies* escritos; B: con sus *rótulos* escritos. 141 F, G: ungüentos *albodones.* 144-146 F, G: [_____]. 147 D: de *modorras*; F, G: [_____]. 148-151 F, G: [_____]. 152 D: aquí *se ha* dicho; E [l. 188v]: aquí *se ha* dicho; F, G: [_____]. 153-155 F, G: [_____]. 156 A, B, C: el Inglés *y* enfurecido; F, G: [_____]. 157 A, B, C, F, G: [_____]. 158 A, B, C, F, G: [_____]. 159-162 F, G: [_____]. 163 D, E: de *espartos*; F, G: [_____]. 164 D, E: médicos *de* aforismos; F, G: [_____]. 165-167 F, G: [_____]. 168 C: nuestro *adisitrio*; D, E: se *encargan* a; F, G: [_____]. 169 D, E: en *nuestras* piernas; F, G: [_____]. 170 D, E: manos *que* es; F, G: [_____]. 171 A: *por* si; F, G: [_____]. 172-176 F, G: [_____]. 177 F, G: [_____]. 178-179 F, G: [_____]. 180 C, D, E: mi *bolsa* averiguo; F, G: [_____]. 181 B: *a quien* con; F, G: [_____]. 182-188 F, G: [_____]. 188a-188cc E: Los versos 131-159 se incluyen aquí en el MS E. 189 F, G: [_____]. 190 B: y *desquitos*; C: *que sois* verdugo; F, G: [_____]. 191 D, E: [___] si el ser más doctor *que yo*; F, G: [_____]. 192 D, E: [___] que vos no *lo* he; F, G: [_____]. 193 F, G: [_____]. 194 C, D: en *juicio*; E: no, *no* toca en *juicio*; F, G: [_____]. 195-198 F, G: [_____]. 199 D, E: se *ejecutaba* en; F, G: [_____]. 200-201 F, G: [_____]. 202 D: un *disfrado* castigo; F, G: [_____]. 203 D: *con* malos; F, G: [_____]. 204-205 F, G: [_____]. 208 D, E, F, G: *les* compete. 211 D: pecado *concibiendo.* 212 G: el *otro* su. 213 F, G: el *compre.* 214 B: [-] un médico. 216 E: y *muera*

como *ha* vivido. 219 B: *demuestra* supuesta. 220 E: trae *el* escusado. 225 A, B: Pues muchos son [————————]. 225a A, B: *porque fueran.* 230 E: burlándome *con* lo; G: *burlándose* en lo. 231 D: chanza *pura a tantos*; E: para *tantos.* 232 F: para *entendidas.* 235 D: que [——] repruebo; E: *que te* repruebo y *te* doy. 237 C: de *médicos* de; D, E: de *médicos y* ladrones. 238 D, E: quienes *doy* gargarismos. 239 D, E: se *enjuagan* las; F: con [——] se *enjaguen.* 245 F: me *verdugues* más; G: me *verduguees* más. 247 D: con *santa* y; E: [l.d.]. 256 D, E: aceites *escurridizos.* 257 F: supla *Argumedos*; G: supla *Argumanes.* 259 D: en *credos,* peque; E: en *credos y en.* 260 E: y *el Santo* Cristo. 262 D, E: y *fácil* tornillo; F: es *preto* y; G: es *petro* y. 263 D, E, G: *si* el; F: *si* el garrote de sus *caras.* 266 F, G: bronco *o* macizo. 269 C, D, E: *Siga* a este; G: Juan [——] Austria. 270 D, F, G: que *Marquillo*; E: [l.d.]. 271 F: en *a[h]ogar*; G: en *rogar.* 275 D: de *lo* de pierna [——] el; E: de *lo* de pierna *al* hombro; F: de *lo* de. 276 C, D, E: lazo [——] pie. 277 D: sala *ha* de; E: [l.d.]. 278 F, G: este *adbitrio.* 279 F: ahorre *pues* de; G: *ahorren pues* de. 283 D, E: pasan *de sanos*; F, G: pasan *los años.* 291 F, G: jarabes *a la* parte. 293 D, E: Para *avisar* rebeldías; F, G: para *curar* rebeldías. 295 G: traslado *emplastro.* 296 C, D, E: sangría *de tobillo.* 297 C, F: el *auto* de; D, E: el *auto* de *conciencia*; G: el *acto* de. 298 D, E: poner *en* el. 299 B: horca, *a que estos.* 302 B: y *dragridio*; D: y *diagrillo*; G: de *matalistes y driagridio.* 304 B: achicorias [-] tamarindos. 305 C, D, E: de *curas.*

45

AL CASAMIENTO DEL DOCTOR DEL COTO

ROMANCE

Casóse el doctor del Coto,
cosa contraria a su intento,
si el casarse es hacer hijos
y el curar es hacer muertos.
Una golilla muy grande   5
saca puesta por braguero,
coto de cotos si el suyo
sólo se extiende hasta el cerco.
Con su pescuezo de pavo
el sí le dio muy severo   10
y con la cola de galla
esperó del sí el efecto.
Ella lo dio descotada,
afectando desalientos,
cuando quiero en latín es   15
su más principal deseo.
Fuéronse a la cama adonde,
desahogando los requiebros,
le hizo su novia grosura

con su carne le pescuezo.   20
    La novia que no gustaba
de las piltrafas del cuello,
porque de las piernas se hacen
los gigotes de Himeneo.
    Aconséjale se corte   25
el coto y fue este consejo
propio de mujer, pues ellas
siempre aconsejan degüellos.
    Temió el riesgo descotado,
mas convino con su ruego,   30
siendo en su propia manzana
otro Adán obedeciendo.
    Para aqueste sacrificio
llamó a Rivilla sangriento,
que al suplicio le animó   35
con palabras y con gestos.
    Sentóse el Coto en la silla,
cadalso allí de Galeno,
donde por yerro Rivilla
tuvo en esta cura acierto.   40

45. (MSS: ABCDEFG): 2 C, D, E, F, G: *contraria cosa* a. 6 C: *sacó* puesta por *bragero*; D, E, F, G: *sacó* puesta. 10 C, D, E: muy *relleno*; F, G: sí *la* dio muy *relleno*. 11 B: cola *enristrada*; C, D, E, F, G: de *gallo*. 14 F, G: afectando *desaliento*. 15 G: cuando *quiere* en *latines*. 16 C, F, G: su *mal* principal. 17 B, F, G: cama *en donde*; D, E: cama *donde*. 18 F: *de sábado* los; G: *desagado* los. 19 B: [___] hizo *a la* novia; F, G: su *novio* grosura. 27 C, D, E, F: mujer *si todas*; G: mujer *si todos*. 28 C, D, E: aconsejan *degüello*. 31 D: propia *mansura*. 35 C, D, E: le *animaba*; F, G: *como* al suplicio le *anima*. 38 F, G: cadalso [___] de.

46

A UN DOCTOR QUE CURABA LAS CATARATAS Y LOS CEGABA PEOR DE LO QUE ESTABAN

    Cupido de medicina,
pues ciegas a los que curas,
y ven menos los que ciegan
con la plata que les chupas;
    Melchor Vásquez por delante   5
eres, si los ojos purgas
de la cara con punzones,

y los de atrás con ayudas.

Médico Aquilón, ¿presumes
deshacer nubes obscuras   10
cuando en mayores borrascas
las vistas claras enturbias?

A pespunte andas cosiendo
los ojos con una a[g]uja,
hecho sastre de remedios,   15
médico de zurciduras.

Cataratas como huevos
bates a Dios y a ventura
con cuyo remedio dejas
las vistas claras y a oscuras.   20

Por punzar la catarata
la niña del ojo punzas;
pero ¿cuál en la ocasión
punzar las niñas rehúsas?

Con dos veces cataratas   25
están los que te procuran:
una en no ver lo que yerras,
y la otra con las suyas.

Hacer muertos, hacer cojos
todos los médicos usan;   30
pero hacer ciegos es cosa
no vista, pues no ven nunca.

Cuervo curandero eres,
porque estas aves inmundas
comen como tú de los   35
ojos que sacan tus curas.

Caras las vendes porque
los medicamentos que usan,
andan por las nubes, si éstas
dices que enrollas o arrugas.   40

Quien en tus manos se opone
ha de estar ciego, sin duda,
pues no ve que en tal idiota
más ceguedad se procura.

Para ver dices que son   45
las obras que hace tu curia
no siendo vistas ni oídas,
si a todos dejas a obscuras.

Mucho más que la primera

137

es la ceguedad segunda,   50
porque se viene a los ojos
que hace ciencia de la astucia.

46.   (MSS: ABCDE): 6 D, E: ojos *juzgas*. 7 D: con *ayudas*. 10 D: *de hacer las* nubes *a*
oscuras; E: *hacer las* nubes. 14 A: una *auja*; C: una *abuja*; E: una *ahuja*. 18 C: y *ventura*.
20 C: claras [___] oscuras. 21 D, E: punzar *las cataratas*. 23 B: pero *quien* en. 27 C, E:
que *yerran*. 28 D, E: otra *en no ver las tuyas*. 29 D: *Haced* muertos, *haced* cojos. 36 D, E:
sacan *a oscuras*. 38 C, D, E: que *usas*. 39 D, E: nubes, *siempre*. 40 E: enrollas *y* arrugas.
44 D: se *previza*. 52 C: que *hacéis* ciencia.

47

AL DOCTOR HERRERA,[65] ESTANDO PARA IR A QUITO

ROMANCE

Los vecinos de la casa
de la Pila, y así mismo
los de la de Aguado,[66] que
son mercaderes de Quito,
prestando voz y caución,   5
por ser en caso fortuito,
por aquesta ciudad dicen
que a su noticia ha venido
como el señor don Mateo
de la Mata,[67] esclarecido   10
Presidente de su Audiencia,
lleva un médico consigo,
soldado viejo de la
guerra de los aforismos,
que es idiota perdurable,   15
por los siglos de los siglos;
el cual dice que se llama
Herrera, y este apellido
es supuesto, porque tiene
el del Presidente mismo.   20
Y es muy mal matalotaje
para tan largo camino
llevar un médico tuerto,
que es más agüero que un bizco,
infestando las posadas   25

138

de contagio y romadizo,
matando más con un ojo
que con dos el basilisco.

    Y cuando aquella ciudad
con alegría y cariño   30
le espera, le paga mal
con llevarle un tabardillo;

    esto es si llega, que juzgo
del tuerto que, a cuatro o cinco
jornadas, la Presidencia   35
quedará viuda de oficio.

    Y la familia volada,
arrieros y pegadizos,
pasajeros y aun las mulas
tiene su albéitar peligro.   40

    Cierto es que Vueseñoría
lo mira mal, si bien visto,
que en llevar médico lleva
un riesgo no conocido,

    un amistoso fracaso,   45
un doméstico enemigo,
una ocasión de desgracia,
o una llave en el gatillo.

    Porque son los accidentes
como los pleitos dormidos,   50
y el que no le tiene bueno
en hurgarle va perdido.

    De un achaque se hacen dos,
si el remedio no es propicio
y al segundo que se yerra   55
son cuatro, todos distintos.

    Con que es menester aquí
cura para el del principio,
y tres o cuatro remedios,
medios que fueron nocivos.   60

    Y aquesto es cuento de cuentos
que no los suma el guarismo
de la razón, porque excede
a todo el humano juicio.

    Y así cuánto mejor es   65
ahorrar este cargo visto
del tuerto que no llevar

un riesgo grave consigo.
    Y si fuere, vaya por
asesor el susodicho,   70
que a hombre que tanto despacha
le conviene aqueste oficio.
    Y notificarle que,
aunque lo llamen a gritos
y aunque los vea espirar,   75
se haga desentendido.
    Y aunque el ojo se le salte,
por ver con dos veces vidrio
de orinal y su antojo
la orina, se esté remiso.   80
    Y que si aquesto llegare,
no traiga barba ni anillo
ni guantes, que de doctores
son signos demostrativos;
    pues como los taberneros,   85
para decir «Aquí hay vino»,
ponen un ramo en las puertas [68]
que a los borrachos da indicio,
    traen los médicos en las
barbas un ramo cabrío,   90
que a los enfermos les dice,
«Aquí hay peste y garrotillo».

    47. (MSS: ABCDE): 13 C, D, E: *tan* soldado. 17 B: cual *dicen* que. 24 B: que un
vicio; E: que un *vacío*. 28 D, E: dos *un* basilisco. 31 D, E: le *pague* mal. 32 D: *el* llevarle.
40 C, D: albéitar *consigo*; E: tienen [__] albéitar *consigo*. 41 C, D, E: que *a* Vueseñoría.
43 C, D, E: *quien lleva* médico. 54 D, E: es *prolijo*. 60 E: que *fueran* nocivos. 62 B:
no *lo* suma. 63 B: porque *exceden*. 70 D, E: asesor *del* susodicho. 71 C: *a* hombres que
tanto *despachan*; D, E: que [.] *hombres* que tanto *despachan*. 72 D, E: *les* conviene.
74 C: aunque *le* llamen. 76 D, E: [__] haga *del* desentendido. 77 C: se *les* salte. 79 B,
C, D: su *anteojo*; E: *del* orinal y su *anteojo*. 82 C: ni *anillos*; D, E: traiga *barbas* ni *anillos*.
87 C, D, E: en *la puerta*. 88 C, D, E: da *indicios*. 89 C: *traigan* los; D, E: *traiga este*
médico en. 91 D, E: *les* diga. 92 D: y *garratillo*.

48

AL CASAMIENTO DE PEDRO DE UTRILLA

Romance

Pedro de Utrilla, el cachorro,
dan en decir que se casa
segunda vez, porque está
casado con su ignorancia.
Un cuento de cuentos dicen   5
que por dote le señalan;
si un zambo le dan, ¿quién duda
zambo de zambos se llama? ·
En el dote y en el novio
distinción ninguna se halla,   10
porque en tintos no hay distintos
y esto en turbio es verdad clara.
Un chasco lleva al revés,
siendo mujer del ser dama,
porque lleva un perro vivo   15
por perro muerto que llaman.
Ella con él se da a perros
y él con ella se da a galgas,
no a piedras que ruedan montes,
sino a las que en montes cazan.   20
Otros dotes hay más pobres;
pues si con mujer mulata
una blanca no ha llevado,
ha llevado media blanca.
Bravo cirujano dice   25
él mismo que es, y se engaña
en lo cirujano, que
en lo otro no, que es de casta.
Pero así pasará el pobre,
que aunque su ignorante fama   30
dice que no vale un higo,
sé que vale muchas pasas.
El la traerá bien vestida
a poder de curas malas
y bien comida, si no   35
de manjares, de chicharra.

La boda fue muy cumplida,
si hubo morcillas sobradas
y bofes, que todo aquesto
hay en bodas de chanfaina. 40
    Siempre habrán de estar riñendo
Pedro y su mujer, por causa
que ella es moza y este hombre
se suele dar a las gatas.
    Un cachorrito barcino 45
de la primera camada
le suplico que me dé
para enseñarlo a las armas.
    Gócese un siglo con ella
y con sucesiones tantas, 50
que para sustentar hijos
gaste un rastro de piltrafas.

48. (MSS: ABCDE): 5 D: de *cuantos*, dicen. 7 D, E: si *a* un. 14 B: *su mujer, siendo de él* dama. 18 D: a *galgos*. 20 D, E: montes *cascan*. 21 B: *Otras* dotes. 27 E: cirujano, *d j en* [sic]. 28 D: [—] *el* otro; E: [l.d.]. 33 C: la *traía* bien. 34 D, E: a *costa* de. 36 C, D, E: manjares, de *caracha*. 38 B: *que hubo*. 39 B: bofes, *pues* todo. 43 C: y este *nombre*; D: es *vieja* y; E: es *vieja* y este *nombre*.

49

A UN HOMBRE CHIQUITO Y VIEJO QUE CASÓ
CON UNA MUJER LARGA

    Escrúpulo de maridos,
o, si es, no es de los casados,
negro de uñas de poeta
que se roen hasta el blanco.
    Tan pequeño eres de cuerpo 5
como eres grande de años,
puesto que jugaste al trompo
con el Cid y Arias Gonzalo.
    ¿Qué amor caduco te ciega
siguiendo signos errados, 10
pues pensando dar en Virgo
has venido a dar en Tauro?
    Viejo casado con moza
será el atril de San Marcos,[69]

pues lleva lo que el refrán 15
trae delante de los palos.
Porque a los que no les dan
de las altas, es usado
darle[s] de las astas ellas
para poder enseñarlos. 20
Para cantáridas no
tienes caudal, viejo rancio,
pues consumirás tu mosca
en las de este bebistrajo.
El tientero es de los viejos 25
torcido *nemini parco,*
pues a ninguno perdona
este cornudo epitafio.
Como es alta y tú chiquito,
en gigante amor enano, 30
no puede alcanzarla el tuyo,
y ella te traerá alcanzado.
Por no ser tu igual podías
anular este contrato,
porque un hombre vara y sesma 35
no puede tener estado.
Además que no es posible
consumar siendo tan bajo,
pues quien no llega a la liga
¿cómo subirá más alto? 40
Con una mujer medio hombre
es un casamiento falso
porque sólo la mitad
pudo ella casar al tanto.
Mil mayorías tendrá 45
la señora a cada paso,
porque el que está tamañito
siempre le tienen debajo.

49. (MSS: ABCDEFG): 2 B: de [—] casados; F, G: [-] si. 3 C, F: de *poetas.* 4 F, G: que *te* roen. 7 D, E: al *tiempo*; F: *si dizque* jugaste; G: *si dizque jugastes* al. 8 F, G: Cid [-] Arias. 12 D: has *pensado* [-] dar; E: has *logrado* [-] dar. 14 E: el *abril* de; F, G: *cera de* atril. 15 G: que el *refán.* 16 F, G: *tras* delante. 18 D: de *los astas* es; E: de *los astos* es; F, G: de las *astas* es. 19 A: *darle* de; E: de *los astos* ellas. 24 D, E: en *la* de. 26 B, E: torcido *nemine* parco. 30 C, D, E, F, G: amor *y* enano. 35 D: vara y *serma.* 39 C, D: pues *bien* no; G: pues *que* no. 42 D, E: casamiento *falso.* 44 D, E: casar *tan alto.* 45 D: mayorías *tendría.*

50

A UN CASAMIENTO DE UN MOZO POBRE CON UNA VIEJA

ROMANCE

Cosóse un mozo muy pobre
con una mujer tan vieja
que con Sara fue a la miga
y jugaba a las muñecas.
Mejor es que para novia,   5
por lo rancia y por lo añeja,
para espada, para queso,
vino a casa solariega;
púsose de veinticinco,
teniendo más de setenta,   10
con cara de negar años
al marido, mas no deudas.
Así, por no tener dientes
lo quiso dar entre muelas,
y entre un raigón y un colmillo   15
lo dio al fin por no tenerlas.
Casamiento allá del mar
me pareció, porque eran
el novio pece bonito
y la novia el pece vieja.   20
La plata dice que suple
lo que le sobre de fea,
que la fiereza se dora,
si es que el dote la platea.
Quien por dinero se casa   25
lo echara yo a una galera,
por hacer usura de un
sacramento de la iglesia.
¿Por plata ha de echarse un hombre
junto de un montón de tierra,   30
vendiendo requiebros falsos
y haciendo el cariño fuerza?
¿Niña siempre ha de decirle
a quien puede ser su abuela,
y lo peor de todo es   35
que el vejestorio lo crea?

Por eso es Cupido ambiguo,
porque con una voz mema
amantes y codiciosos
se explican con una venda.   40

   ¿Que una cara de *ab initio*
quieren que dispare flechas,
cuando no dispara, sino
higos pasados y brevas?

   ¿Qué alma tendrá quien le dice   45
«mi alma», aquesta alma en pena,
esta antigua perdurable
que de los godos se acuerda?

   ¿Habrá rabia que no dé,
ver aquesta mamotreta,   50
que por un año que hace,
deshace al tiempo cuarenta?

   Si de veinte años se habla,
responde que no se acuerda,
que así lo oyó ella decir,   55
teniendo entonces cincuenta.

   Para acreditarse más,
sucesos modernos cuenta
y dice, «Siendo muy niña,
vi tal cosa en esta tierra».   60

   Si algo se le contradice,
se hace dos sierpes y media:
la media por enojada,
las dos por antigua y fea.

   El codicioso marido   65
siempre ha de aguantar la mecha
y acreditar su mentira
o habrá sobre eso morena.

   Si el pobre no paga luego,
que se le pide la deuda,   70
el dote por alto sale
o ha de andar debajo de ella.

   Borracho está quien a tal
cautiverio se sujeta,
de vender el albedrío   75
por sólo las conveniencias.

   No habrá infamia que no haga
quien comete tal vileza,

más afrenta que ladrón
tiene el hombre que se envieja.   80
    Consorte quiero *aleluya,*
no mujer *requiem eternam,*
mentira de los muchachos
que aguardan cuando la asierran.
    Con Miércoles de Ceniza   85
soy siempre carnestolendas,
porque yo quito la carne
a la que es mujer cuaresma.
    Sólo con médicos casen
antiguallas como aquésta,   90
pues si de la muerte viven,
bien pueden vivir con ellas.
    No sólo para mujer
sirve, mas tan poco es buena
para moza, que una anciana   95
¿a quién sirve de manceba?
    Quédese por cimenterio,
bóveda o tumba funesta
de huesos, no por carnero,
que no lo serás con ella.   100

50. (MSS: ABCDEFG): 2 F, G: mujer *muy* vieja. 3 B: a la *amiga.* 6 D, E: lo *rancio* y; G: lo *añejo.* 8 E: vino *y* casa. 9 D: de *veinte y cuatro.* 10 D, E: de *sesenta.* 12 D, E: al *mundo,* mas. 13 B: *el sí* por. 14 D, E: *le* quiso. 16 D: *le* dio al fin por no *tenerla*; E: *le* dio. 17 F, G: casamiento *de la* mar. 19 C, F: novio *el* pece; D: el *navío y peje* bonito; E: el *navío el pez* bonito. G: novio *el peje* bonito. 20 D, E, G: el *peje* vieja; F: novia *la peje* vieja. 21 B: plata *dicen* que. 22 C, F, G: le *sobra* de. 32 B: haciendo *al* cariño. 33 F: niña *tiene de* decirle; G: niña *tiene de decirlo.* 35 D: peor *es* de; E: peor *es* de todo *ello.* 38 B, E, D: voz *mesma*; F, G: con *esta* voz *mesma.* 43 C: no *dispare* sino; D, E: no *disparan* sino; G: *que* no. 46 F, G: alma *o* aquesta. 47 B: *a* esta. 51 B: por [___] año. 55 C: lo *oía* [___] decir; D, E: así [___] *oía* [___] decir. 56 B: *y tenía* entonces. 66 F: *tiene de* aguantar; G: *tiene de* aguantar la *mucha.* 67 D, E: *o* acreditar. 68 D: sobre *esto* morena. 71 C, D, E, F, G: alto *anda.* 84 B: aguardan *grandes* la [___] sierran; G: cuando la [___] sierran. 86 B: *sois* siempre. 92 D: con *ella.* 93 D, E: mujer *sirve.* 94 D, E: [_____] mas *tampoco* es; F, G: mas *tampoco* es. 97 G: por *semeterio*; B: *Quédate* por.

A UNA DAMA QUE, YENDO A MIRAFLORES, CAYÓ DE LA MULA EN QUE IBA

ROMANCE

De liviana precia Anarda,
si a Miraflores partió,
y dio la vuelta mucho antes
de llegar a la mansión.
    Del palafrén en que iba   5
del colodrillo cayó,
y el sol le dio con la vuelta
donde a ninguna da el sol.
    Lo que en el pepino amarga
enseñó patente con   10
lo que engulle los pepinos,
que ninguno le amargó.
    Taba pareció arrojada
de mano de jugador,
si en vueltas de culo y carne   15
por la campaña rodó.
    La vuelta de la campana
dio Anarda, y si no sonó,
fue por faltar a su llaga
el badajo en la ocasión.   20
    La corte, con que a la corte
van los niños, no enseñó,
con sus plazas y arrabales
hasta en mitad del riñón.
    Puso, al caer la cabeza,   25
las ancas en facistol,
con propiedad por ser donde
tanto puntero apuntó.
    Si no pone la navaja
algún cuidado anterior   30
en los dos cuartos traseros,
fueran cuartos de vellón.
    Pero era barbiponiente,
porque el aseo quitó
los vellos con que motejan   35

a los faltos de valor.
      Si enseñó partes lampiñas,
a nadie dé admiración
que en pelo no estén, si tanto
jinete las ensilló.   40
      El mes en que sus pañales
tenían la purgación,
se conoció que era marzo,
luego que el rabo volvió.
      Si es mucho tanto reparo,   45
también sucede al lector,
que luego que el ojo ve,
repara con atención.
      Del cambray de la camisa
puercas muestras dio el color,   50
del jabón que escaseaba,
y la sobra de almidón.
      Con el juego descubierto
[todo albedrío envidió],
y le quisieron con verle   55
la pendanga y pericón.
      Que tantos la hubiesen visto
cuidado fue del amor
sólo una vez, que a caer
Anarda se remangó.   60
      Una corta herida sólo
de la caída sacó,
y fue mucho, si de mil
tan sólo saca un chinchón.
      Boca arriba quedó, hiriendo   65
con uno y otro talón,
mas no extrañó estas heridas,
sólo el porrazo extrañó.
      A cubrir no acertó al conde,
y admiraron con razón,   70
como teniéndole grande,
tanto en cubrirle tardó.
      La selva de Miraflores
vimos, y a un pensil mayor,
con su jardín, donde tantos   75
capullos descapulló.
      Pero no fue Miraflores

lo que le vimos, sino
la rinconada de Late,
si le late este rincón.   80

En sus columnas de seda,
donde pone el ciego dios
non plus, pues *ultra* leímos,
si sus indias descubrió.

Que fuesen las descubiertas   85
Las Indias, se ve en rigor,
si el escudo de Veraguas
lo descubrió con Colón.

Envuelta entró con la suya
con alguna que cegó,   90
y gallego de amor anda
con perro, gaita y bordón.

51. (MSS: A, A¹, B, C, D, E, F, G, H) (En el MS A encontramos una segunda versión de este poema que indicamos con la sigla «A¹»): 1 B: [___] Liviana *parece* Anarda; D, E: precia *Arnanda.* 5 H: De palafrén. 6 B: *con ligereza* cayó; H: *de* colodrillo. 8 H: a *ninguno* da. 10 H: *en año* patente. 11 B: que *engruesa* los; D: que *enguñeda* [___] pepinos; E: que *enguñen* [___] pepinos; H: que *engullen* los. 12 B, D, E: que *a* ninguno; H: *y a* ninguno le *amarga.* 15 F, G: en *vuelta* de. 16 D, E: la *campiña* rodó. 17 D, E, F, G: la *campaña.* 18 D, E: dio *Arnanda* y. 19 D, E: por *faltarle* a. 21 B: a la *escuela.* 22 B, C, D, E, F, G, H: niños, [___] enseñó. 24 A: *hacen* en; H: hasta *la* mitad *del viñón.* 27 D, E: *en* propiedad. 39 A¹: estén, [_____]. 40 A¹: *si tanto* jinete. 42 H: *tenía* la. 43 A¹: *reconoció* que; H: se *conocía* que. 45 H: tanto *miren.* 47 H: que [___] ojo. 54 A: [_____ _____]; B: *todo el resto aventuró;* F, G, H: albedrío *envidó.* 55 C, D, E, F, G: y *la* quisieron; H: y *la* quisieron con *verla.* 56 H: y *perición.* 57 D, E: la *hubieran* visto. 60 H: se *arremangó.* 61 H: herida *sóla.* 69 H: acertó *el* conde. 73 H: *Las selvas* de. 74 B, D, E: y *aun* pensil; A¹: [_____]. 75 D, E, F, G, H: *en* su; A¹: [_____ _____]. 76 A¹: [_____]. 77 A¹: [_____]. 78 A¹: *fue* lo que [___] vimos, *si no.* 80 D, E: si [___] late. 81 H: sus *colunas plumas* de. 83 D, E: ultra *le vimos;* H: plus, [___] ultra *le* leímos. 84 B: *bien* sus. 85 H: que *fueron* las *de cubiertas.* 87 B: *que* el; E: el *descuido* de. 88 D, E: *los* descubrió. 89 H: *Era vuelta* entró. 90 B, H: con *alguno* que. 91 G: y *que llegó* de.

52

A UN PERSONAJE QUE ERA AMIGO DE NEGRAS,
VISTIÉNDOSE DE NEGRO

ROMANCE

De nuevo se vistió Cintio
con su vestido, el más viejo,
pues siendo negra la gala,

149

no es en el vestido nuevo.
        También sacó de castor   5
del mismo color, sombrero,
y es mucho que en negro tenga
de aqueste animal un pelo.
        De bayeta sacó capa,
mudando posturas, puesto   10
que lo que es cubierta de él
le trae debajo cubierto.
        Los encajes son muy propios
porque encaja en lo moreno
su gala, porque jamás   15
él ha hecho punta a lo negro.
        De demasco es el vestido,
tela ajustada por cierto
a su amor, que dama de asco
gasta y dama asco es lo mesmo.   20
        Las medias de torzal traía
con disgusto, porque vemos
que medias de pasas gusta
pero no medias de pelo.
        Díceme que no ha de hablarse   25
con pardillos y lo creo,
porque sólo con pardillas
mete lengua en todo tiempo.
        Aunque ahora juzgo que no
le valdrán un pan por ciento,   30
porque éste es año de hambre
y anda caro lo trigueño.
        Pero dormirá vestido
y le dirá mil requiebros
a su sayo, que el color   35
le dará incentivos de ello.
        Goce la gala mandinga
más de mil siglos guineos,
y lo demás que no digo
me lo dejo en el tintero.   40

52. (MSS: ABCDE): 1 B: de *negro* se; C: vistió *Cinto*; D, E: *Florián* se vistió *de nuevo*. 4 D, E: es [__] el. 7 D, E: y *el* mucho. 10 B: mudando *costuras* puesto. 16 B: [__] ha hecho; D, E: a *la* negro. 20 D, E: y *damasco* es. 21 B: torzal *trae*. 23 C, D, E: pasas *gasta*. 25 B, C: *Díceme* que; D, E: *Dicen* que *ya* no. 31 C, D, E: de *hambres*. 34 C, D, E: y *la* dirá. 36 D: de *ellos*; E: dará *incentivo* de *ellos*.

150

53

DANDO LOS AÑOS A UN VIEJO

ROMANCE

Señor don Matusalén,
más nevado que el invierno,
si pelícano abreviado,
sois peli-cano en cabello.

Complicaciones notables   5
he notado en vuestro pelo,
pues por ser rucio se ve
que estáis mohíno con serlo.

Mirad, que os dice la edad
que sois más rancio que el queso,   10
más pasado que los higos
y más que el buen vino, añejo.

Más antiguo que la casa
de Estrada en sus privilegios,
y más que la primera hoja   15
que se fabricó en Toledo.

Más arrugado que pasa,
más que el pergamino viejo
con que en Simancas aforran
aquel libro del Becerro.[70]   20

Más mohoso que la lanza
del Cid y que los gregüescos
de Arias González, que fue
inventor de los bragueros.

Más agobiado que un jaque,   25
más gruñidor que no un suegro,
más caduco que edificio
que está de yedras cubierto.

Evangelio humano sois
en las historias y cuentos   30
manidos, que nos contáis
empezando en aquel tiempo.

En pruebas del Rey Perico
jurasteis que era biznieto
del rey que rabió,[71] a quien vos   35
le conocisteis mordiendo.

Dizque el año en que nacisteis
se inventaron los panderos,
los cascabeles y flautas,
con enjalmas y cencerros.   40
    Con Matusalén jugabas
a los trompos, en saliendo
de la escuela, y con Zareta,
siendo niño, a los muñecos.
    De doña Maricastaña   45
fuiste vejete escudero
a quien le dabais el brazo,
gargajeando y tosïendo.
    Al Gallo de la Pasión
lo conocistes en güebo   50
catorce o quince años antes
que le cantase a San Pedro.
    Todo sois un *ab initio*
y un *factum est ita,* puesto
que con vos se hizo todo,   55
si en siglos de Adán sois hecho.
    Noé os negó por hijo
y tuvisteis con él pleito
sobre la herencia, y probó
el tal que era vuestro nieto.   60
    Con él en el Arca entrasteis
y hubo grandes cumplimientos
en la puerta, y por mayor
entrasteis vos el primero.
    En fin, por lo muy anciano,   65
por cartilla vieja os tengo,
por mamotreto de siglos
y inquiridión de los tiempos.
    Por lo cual los buenos años
no os doy, porque sé de cierto   70
que tenéis muy buenos años
y que os pesa de tenerlos.
    Daros años es lo mismo
que dar a Vizcaya hierro,
nabos a Galicia, y   75
flores al abril ameno.
    Además que será higa
poner un hombre año nuevo,

de noventa y seis que corre
entre tantos años viejos.   80
    Por rapaz vuestro caduco
en que nacisteis de ciento
de la creación del mundo,
no le admitirá en su reino.
    Y se andará el pobre año   85
de cólera deshaciendo,
y entonces le admitiréis
por uso de deshacerlo.
    Qui vivas seis u ocho más,
a Dios le pido, y [le] ruego,   90
y serán cinco mil y ocho,
cuatro meses más o menos.
    Vivid para ser segundo
fénix en coplas de incendio,
porque viváis abrasado   95
en la sátira en que os quemo.
    Vivid más que diez crïados
de virreyes lisonjeros,
que son grandes vividores
y matan muchos viviendo.   100
    Vivid más que ¡Vive Cribas!
que en las bocas de los necios
que ha dos mil años que vive,
que de edades de juramento.
    Vivid por ocho escribanos,   105
romana de los procesos,
que a siete vidas cada uno
cincuenta y seis os prevengo.
    Vivid hasta que el Juicio
os mate el día primero,   110
a las cinco de la tarde,
cuatro minutos y un sexto;
    porque el alma de la boca
salga sólo cuatro dedos
y para resucitar   115
se vuelva a zampar adentro.

53. (MSS: ABCDE): 3 B: *pues* pelícano; C, D: si *peluca, no abreviada*; E: [l.d.].
8 C, D, E: mohino *por* serlo. 15 D, E: la *primer* hoja. 22 D, E: y *de* los. 23 C, D, E:
Arias *Gonzalo, quien* fue. 26 B, D, E: *y más gruñidor que* [___]un. 36 C, D: conocisteis
moderno; E: le *conocistes moderno*. 40 B: *y las jalmas* y. 41 C, D: Matusalén *jugabais*;

E: Matusalén *jurabais*. 44 C, D, E: siendo *niña* a *las muñecas*. 46 C: *fuisteis* vejete; D, E: *fuistes* vejete. 47 D: le *lleváis* el; E: quien *llevabais del* brazo. 50 B: lo *comisteis* en *un* huevo; C: *le conocisteis* en; D, E: lo *conocisteis* en. 53 C: un *ad vinicio*; E: sois [——] *abitino*. 54 C: *factum est et ita* puesto; D, E: [——] factum *et edicta,* puesto. 55 D, E: vos *él* hizo. 58 D, E: y *tuvistes* con. 61 D, E: en *la* Arca *entrarías*. 68 B: e *inqueridión* de; C: *e* inquiridión; D, E: y *inchiridión* de. 74 E: Vizcaya *fierro*. 78 B, D, E: poner *a* un. 84 C, D, E: le *admitiera* en. 85 C, D, E: y *si* andará. 87 D, E: [——] entonces. 89 C, D, E: que *viváis* seis. 90 A: y [——] ruego; D, E: Dios *sólo* pido y [——] ruego. 93 D, E: *vivir* para. 94 C: de *incendios*; D, E: en *copla* de *incendios*. 96 C: sátira [-] que os *quemó*. 97 D, E: *Vivir* más. 101 C, D: que «*Viva* Cribas»; E: *Vivir* más. 102 D, E: en *la boca* de. 103 B: [——] ha. 104 B: [——————] edades; C: que [——] edades de *juramentos*; D, E: [————————] edades de *juramentos*.. 105 D, E: *Vivir* por. 106 E: romana *es* de. 107 E: siete *vivas* cada. 108 D, E: *a* cincuenta. 109 D: *Vivir* hasta.

54

A UNA DAMA QUE RODÓ POR EL CERRO DE SAN CRISTÓBAL [72] UNA TARDE DE SU FIESTA

ROMANCE

Tropezó Juana y cayendo
(que las Juanas caen ya)
enseñó a quien la miraba
lo que hace a muchos [cegar].
No sólo enseñó la villa   5
mas también el arrabal,
que fue en un tris la caída
y fue la vista en un tras.
Al caer mostró por donde
suele el pepino amargar,   10
que es por donde el melón huele
y las damas hieden mal.
En tanto cielo mostró
las causas de tempestad,
por donde llueve y por donde   15
a veces suele tronar.
Descubrió Juana, cayendo,
lo que por la honestidad
nadie lo puede escribir
aunque se puede sentar.   20
Paraíso en que se libran
las sucesiones de Adán

por donde heredamos todos
el pecado original.

    El sol le vino a dar donde   25
dice que a nadie le da,
aunque las cosas de Juana
tienen poca soledad.

    Muchos ojos la miraron,
que aunque fue particular   30
la muestra que allí enseñaba,
fue la vista general.

    Taba fue de amor, supuesto
que en esta fatalidad
mostró por donde se pierde   35
y por donde han de ganar.

    Que fueron Las Indias, esto
no admite dificultad,
si el escudo de Veraguas
por Colón vino a enseñar.   40

    Como es Juana tan esquiva
la vido todo galán,
porque con ninguno de ellos
se le ha pegado el pañal.

    Por incitar su caída   45
mucha tentación carnal
fue su desgracia en comedia,
caer para levantar.[73]

    Nada se le daba a Juana,
cuando pudiera en verdad   50
dársele, por descubrir
las cosas por qué se dan.

    Un remedio y un achaque
se vio en su caso fatal,
si enseñó el ojo y la higa   55
por delante y por detrás.

    Muchos antes ganó Juana
y así no le ha estado mal,
pues como el juego la vieron,
la trataron de envidar.   60

    Remediaráse cayendo,
porque una dama que va
a vista de tantos ojos
presto se puede casar.

Notaron las servidumbres 65
del uno y otro albañal;
uno que sirve al vivir,
y otro que sirve al mascar.

Las fiestas de la Guaquilla [74]
fueron con gran propiedad, 70
porque Juana, con caer,
plaza hizo de un muladar.

Desgraciada fue la pobre,
si hubo tal celebridad
la primer vez que a caer, 75
Juana se fue a remangar.

En la cuenta cayó allí,
si sumó diez veces más,
negocio que sólo es uno
enseñando el cero atrás. 80

Aunque ha habido otros sucesos
como él fue particular,
pues siendo el culantro especia,
ha sido vista especial.

De mil que estaban presentes 85
fue la desgracia ocular
tanto que ojos les faltaban,
teniendo allí un ojo más.

Remedio para su caída
en junta de risa dan, 90
si con gestos de doctores
le olían el orinal.

Complicaciones la notan
y se les oyó admirar
cosa grande en cosa poca, 95
breve herida y mucho mal.

Del nombre con que los bravos
suelen los mandrias llamar,
no mostró Juana ni un pelo
por ser lampiño rapaz. 100

Todos volvían a vello
sin hartarse de mirar,
que no era vello aunque lindo
y querían vello más.

Con la vista se quedaron, 105
aunque fue la ceguedad

tan grande que el desengaño
los vino más a engañar.
Caiga Juana cuantas veces
se le antoje este desmán,   110
que quien a todos cae en gracia
por su desgracia caerá.

54. (MSS: ABCDEFGH): 1 G: Tropezó *tu ana* y. 3 A: *y* enseñó; F, G: *y* enseñó a
quien *las* miraba. 4 A: muchos *cega*; E: a *mucho* cegar. 5 H; la *viña*. 11 F, G: melón *se
abre*. 12 B, H: damas *huelen* mal; D, E: hieden *más*. 19 C: puede *describir*; F: lo *pudo*
escribir; G: lo *puedo* escribir; H: nadie *la* puede. 20 D, E: puede *contar*; H: aunque *lo*
puede *asentar*. 21 H: *El* Paraíso. 22 E: las *sugestiones* de. 26 B, F, G, H: *dicen* que.
27 E: *y* aunque. 36 C: donde *ha* de; H: donde *se ha* de. 37 F, G: [_____];
H: Indias *éstas*. 38 F, G: [_____]. 39 D, E: de *Ver-aguas*; F, G: [____
_____]. 40 F, G: [_____]. 42 B: la *miró* todo; E: la *vio* todo.
43 B: de *ellas*. 48 H: cae para. 53 H: *En* remedio. 55 B: *que* enseñó; D, E: la *llaga*.
57 F, G: Muchos *amantes* ganó [____]; H: *Mil amantes* ganó. 59 D, E, F, G: juego *le*
vieron. 65 E: las *certidumbres*. 67 F, G, H: al *beber*. 70 C, D, E: fueron *en* gran; H:
fueron con *grande* propiedad. 74 H: [_____]. 75 C, F, G: la *primera* vez;
D, E: que *al* caer; H: [_____]. 76 H: [_____]. 77 G: cayó
ahí; H: [_____]. 78 H: [_____]. 79 H: [_____
_____]. 80 H: [_____]. 81 F, G, H: [_____]. 82 F, G, H:
[_____]. 83 C, D, E: culantro *especie*; F, G, H: [_____].
84 F, G, H: [_____]. 85 H: [_____]. 86 H: [_____
_____]. 87 E: ojos *le* faltaban; H: [_____]. 88 G: teniendo *ahí* un;
H: [_____]. 89 B: Remedio *de* su; H: [_____]. 90 H: [____
_____]. 91 B: *y con*; H: [_____]. 92 B: le *ojean* el; C: le *vían* el;
D, E: le *vieron* el; F, G: le *veían* el; H: [_____]. 93 C, E: Complicaciones
le notan; H: [_____]. 94 C, F, G: *si* se; D: *si* se les oyó *amirad*; E: *si* se
les oyó *al mirar*; H: [_____]. 95 H: [_____]. 96 H: [____
_____]. 97 H: [_____]. 98 G: *sueles* ver; H: [_____].
99 H: [_____]. 100 H: [_____]. 101 D, E, F, G: a *verlo*;
H: [_____]. 102 H: [_____]. 103 H: [_____].
104 H: [_____]. 105 H: [_____]. 106 H: [_____
_____]. 107 H: [_____]. 108 D, E: *le* vino; H: [_____].
109 H: [_____]. 110 H: [_____]. 111 E: a *todo* cae; H:
[_____]. 112 F, G: desgracia *caerán*; H: [_____].

55

A UNA DAMA QUE PARÓ EN EL HOSPITAL DE LA CARIDAD

ROMANCE

Purgando estaba sus culpas
Anarda en el hospital,
que estos pecados en vida

157

y en muerte se han de purgar.
Como a plata con azogue   5
beneficiándola está
un mal médico a repasos
de sobar y más sobar.
De amor no escarmienta viendo
que es la causa de su mal,   10
si todavía la baba
a la pobre se le cae.
De la cabeza a los pies
de sudor baja un raudal,
que siempre en los cuartos bajos   15
asiste mucha humedad.
Sudando está y trasudando
por delante y por detrás,
sin que extrañe en sus bureos
que se le pegue el pañal.   20
Un mal francés le da guerra,
gabacho tan militar
que cercó a Fuenterrabía
y entró por el arrabal.
Dos mil monsiures dolores   25
rindiendo su plaza están,
porque dispara muy flojos
sin poder baquetear.
Siendo el pedir quien la ha puesto
en tanta necesidad,   30
aun a sus dolores pide
si está repitiendo el ¡ay!
Los enredos del amor,
que es preciado de enredar,
la han metido en una zarza   35
que mala espina me da.
A fuerza de papelillos
dicen que le han de sacar
de los huesos los billetes
que escribió a tanto galán.   40
Los polvos que por remedio
bebiendo la pobre está,
viniéndole de sus lodos
son al revés el refrán.
Las que se pasean dicen   45

que corren de calidad
que van a la posta en potros
que mil tormentos le dan.

En la Caridad se halla
por su mucha caridad, 50
si a ningún amor mendigo
negó limosna jamás.

Vivirá de su sudor
si viviere de hoy ve más
la que de ajenos sudores 55
vivía antes de enfermar.

Las que de amor se resfrían
es el remedio eficaz
sudar un francés que es de
picardía natural. 60

No extrañará sudadero
quien tanto se ha hecho ensillar,
copla que en la matadura
de medio a medio le da.

Dicen que la campanilla 65
sin remedio se le cae,
o se le raja, a los golpes
de tanto badajear.

Pero no siento esta falta
porque en sus voces tendrán 70
ganga [que] todos los frailes
no la tuvieron jamás.

Parece se solicita
por gusto la enfermedad,
si le han venido a medida 75
las llagas del paladar.

Un clavo tiene de bubas
remachado el carcañal,
y es mucha dicha que en uno
parase tanto clavar. 80

Su naturaleza prueba
venir del árbol de Adán,
porque en amantes resinas
purgando gomas está.

Bermejo puede curarla, 85
que en los achaques de amar
sabrá el remedio quien tanto

159

estudia en la enfermedad.

Llámenle, diciendo al tiempo
de la ocasión de pagar,   90
si por donde dan las toman,
tome usted por donde dan.

Del hospital de las damas
es fundador singular,
si es la Caridad, y a todas   95
les hace la caridad.

En este achaque ninguno
le ha igualado, porque es tan
medicazo por delante
como Vásquez por detrás.   100

No llame a Machuca que es
Galeno de honestidad,
y mata a las damas su
bárbaro doncellear.

Sólo curará sus potros   105
la grande incapacidad
de Castro, porque es albéitar
y aquésta es cura animal.

Pero si un contrario a otro
cura, el achaque ha de hallar,   110
porque es símil de los potros
tan gran caballo bausán.

Quitarle a Bermejo aquesto
es quitarlo del altar,
si es en cantáridas docto   115
y cura sin flojedad.

55. (MSS: ABCDEFG): 2 E: *Arnando* en. 4 C, D, F, G: de *pagar*; E: [l.d.].
6 C, D, E: beneficiándola *están*. 7 D, E: a *remedios*. 10 C, D, E, F, G: que *la causa es*
de. 11 B: *pues* todavía. 12 F: pobre *han de cobrar*; G: pobre *han de cortar*. 19 B: que
extrañen [___] sus. 27 B, C, D, E, F, G: muy *flojo*. 28 C, E: Sin *poderla* baquetear;
D: sin *poderla baquentar*; F, G: *y* sin. 32 E: *y está*. 34 F, G: preciado *en* enredar. 35 D:
le han; E: en *un zarzal*. 44 D, E: revés *del refrán*. 45 C: pasean *dice*. 46 B: de *caridad*;
G: que *corre* de. 47 D, E: en *postas*. 48 G: tormentos *les* dan. 53 E: *viveza* de; F, G:
viviera de. 54 D, E: si *viviera* de; F, G: hoy *de* más. 57 D, E: *Los* que. 58 C: es [___]
remedio; D, E: *ese* es [___] remedio. 61 C, D, E, F, G: extrañará *el* sudadero. 62 D: se
hizo aensillar; E: se *hizo* ensillar. 64 D, E: de *médico* a. 65 D: que *en* la. 66 F, G: sin
duda se le *caerá*. 67 F, G: *pues se rajó* a. 69 D: no *siente* esta. 70 B: voces *tendrá*. 71 A,
C: ganga [___] todos; D, E: *gran* ganga [___] todos; F, G: ganga [___] todos
los *galanes*. 72 C, F, G: tuvieron *por tal*; D, E: *si la tuvieren por tal*. 78 F, G: remachado
al carcañal. 80 D, E: tanto *alabar*. 89 F, G: *llámele* diciendo. 90 D: ocasión *del* pagar.

91 D: donde [_____] las; E: donde *otros* las; F: dan *los* toman. 95 B: *que* es; F, G: a *todos*. 101 D: Machuca [_____]; E: *que* no *llamen* a Machuca [_____]. 103 E: *que* mata. 104 C, G: bárbaro *doncellar*; D, E: *muy* bárbaro. 105 G: Sólo *cura* sus. 109 G: contrario *al* otro. 110 F, G: de *errar*. 115 B: *que* es; E: [_____] es.

56

REMEDIO PARA SER LO QUE QUISIERES, QUE SON OBSERVACIONES DEL AUTOR

A LOS HIPÓCRITAS

Quien tratare fingirse virtuoso,
que es ejercicio grave y provechoso,
póngase gran sombrero y zapatones,
aunque otra cosa digan los calzones,
que a pálidos truenos amarillos   5
nadie va a consultarle los fundillos.
Procure conocer la gente rica,
que estos son la botica
donde el récipe está de su remedio,
y adúlelos y apláudalos sin miedo,   10
de esta suerte tendrá capellanías,
legados que le dejen y obras pías.
Ancho el cuello traerá con un rosario
que parezca en las cruces un calvario;
un denario en la mano de continuo   15
de unas cuentas tan grandes, que el vecino
al pasarlas, las oiga, y sea testigo,
que tiene, «Amén, Jesús», de cabe [75] digo.
En su estilo usará muy cuotidiano
la voz, o de hermanita, o ya de hermano,   20
aunque en tal trato son impropiedades
que busque el que es ladrón las hermandades.
Cogerá algún pretexto de mandante,
porque es muy socorrido un petulante;
tratará con palabras generales   25
profecías de males,
como que sabe bien lo que se dice,
porque así con misterios se predice;
y en pescando un muy rico albaceazgo,
vístase de mocito mayorazgo,   30

161

diciendo a su quebranto:
«¿Hasta cuando? Ya basta para santo;
porque ya yo he pescado,
sea mi Dios bendito y alabado.»
Una mula aderece con decencia   35
con sus lacayos negros de la herencia;
ajústese el zapato, achique el cuello,
pues ha llegado el tiempo del degüello;
quítese de cilicios tanta enjalma;
vístase verde el cuerpo como el alma.   40
Y si le censurasen los parientes
del muerto, que entre dientes
le traerán por la herencia,
culpándole su obra y su conciencia,
por no haber dado justo cumplimiento   45
a las mandas que tiene el testamento,
ni una misa le ha dicho al tal difunto.
Respóndales barrunto,
«Como el teólogo quede aprovechado,
no importa que esté el otro condenado,   50
porque hacerme albacea es testimonio
que en el infierno no está con el demonio,
y no cumpliendo misa ni memoria,
él tendrá menos pena y yo más gloria.»
Y si por su ventura se fue al Cielo   55
no ha menester sufragios ni consuelo;
y si al presente está en el purgatorio,
es lugar accesorio
a la gloria, y en él no gasta reales;
purgue, y venga a salir por sus cabales.   60
    Si es mujer la que de estas cosas trata
con lo preciso, vístase de beata—
hábito, sombrerón y zapatones
con cinta de correas y ramplones,
su rosario en el cuello muy cumplido,   65
de medallas de azófer guarnecido
que unas con otras vayan resonando
a todos avisando:
por esta calle abajo va la santa,
la que en virtud a todas se adelanta,   70
resonando cencerros, por memoria
de que es mula de recua de la gloria.

Si alguna cosa le es encomendada
de la otra vida, diga desmayada
con un suspiro grande y muy profundo: 75
«¡A mí que la más mala soy del mundo!»
Y dirá una verdad sin preguntarla,
porque es cierto merece encorozarla.
Traerá un Niño Jesús en su cunita
y en viendo la esmeralda y la perlita   80
dirá muy afligida:
«¡Ay Niño de mi vida!
si tuviera esta piedra el acerico,
que bordándote estoy, fuera muy rico
porque estuviera en ti muy bien empleada.»   85
Y la dueña, mujer al mundo dada,
pensando que por esto sus pecados
conque aquesto ganó son perdonados,
siendo mejor camino confesarse,
arrepentirse de ellos y apartarse,   90
sin darle tal alhaja a la bëata
que, continuando más la patarata,
dice que sabe está predestinada
y la deja en su vicio condenada.
Arróbese un poquito, que no ignoro   95
el que vale el robarse otro tanto oro,
pues quien tantas rapiñas así ensaya
no será mucho que a robar se vaya.
Si por alguien le fuere preguntado
de alguna alma el estado,   100
si rico fuere, diga que está en pena
y que era una alma buena;
y pida plata, o cosa que lo valga
para hacerle sufragios y que salga
del purgatorio al punto su alma.   105
Si por alma de pobre es preguntada,
respóndale, «De esa alma no sé nada,
aunque tengo por público y notorio
que al Cielo no se fue ni al purgatorio,
y, por no haberla visto, he sospechado   110
que el maldito Patón se la ha llevado.»
Y dígale, volviendo los talones,
«De muertos pobres no hay revelaciones,
que esos son condenados

163

porque tienen pobreza sus pecados;
al infierno los pobres van a cargas
a todos se los lleva el Uñas Largas.
Para los ricos sólo se abre el Cielo,
sus espadas llevamos en un velo,
porque en ellos tenemos nuestros pastos
y nos creen las espadas por ser bastos.
La virtud nos aumenta su comida,
pues con ella tenemos buena vida,
y mi espíritu hambriento de estudiante
en viendo una pechuga por delante,
me eleva, me transporta y me arrebata
porque tengo canina *gratis data*.
El pobre llega con exclamaciones
a pedirnos milagros y oraciones
y a saber de sus muertos el estado,
sin pagarnos un real por el recado
de tantas leguas como caminamos,
y vestimos, comemos y calzamos,
y así les digo, "El Cielo los socorra
porque a nadie revelo yo de gloria".
Cuando hablare de Dios o de su Madre
por hacerse exquisita y más cuadre
a la gente vulgar que aquesto ignora,
llámeles mi Señor y mi Señora
y no nuestro, porque es de pecadores
decir que son señores
en general del mundo y de las gentes,
y con esto no hace diferentes.
Cuando se ofrezca hablar de los demonios,
levánteles cuarenta testimonios,
confirmando sus nombres;
no como el común dice de los hombres,
demonio, porque es nombre escandaloso,
sino a cualquiera llámele el Tiñoso,
el Patón, el Patillas, el Maldito,
el Rabón, el Chivato y el Precito,
el Enemigo, el Grifo, el Uñas Largas,
y de estos epítetos le dé a cargas.
Cuando a alguno le oyere decir Diablo,
hágase de mil cruces un retablo,
diciendo con asombro y agonía,

115

120

125

130

135

140

145

150

155

«¡Jesús! ¡Jesús me ampare! ¡Con María!
¡Sea conmigo! ¡Ay, mi Dios! ¡Lo que ha nombrado!
¡Más no le nombre, llámele el Pecado!»
Y vaya prosiguiendo en su aspamiento,   160
que importa la virtud ciento por ciento,
y porque de latín no quede avaro
remate el verb[o] allí con *verbum caro*.
Sin reparar se opone a la Escritura
que diablo llama a aquesta criatura.   165
No es mi intento el hablar de los estados
de la iglesia aprobados,
ni de justos, que en ellos considero
virtud; mas sí del embustero
que, con fiera malicia,   170
nos vende por virtud lo que es codicia,
dejando a miserables pecadores
más ciegos y enterrados en errores.
Sin hacer sus conciencias
las más ciertas, verdaderas diligencias   175
para haber de salvarse en confïanza
de la alhaja que dieron sin substancia,
porque el remedio quita la dolencia,
la medicina, no, que es apariencia.
Soy de sentir que en poco los aprecien   180
a los que en lo exterior buenos parecen,
porque los justos que obran inocentes
tienen siempre el aprecio de las gentes,
y no siendo de nadie venerados
son los siempre de todos despreciados.   185
Y el hipócrita que obra con malicia,
viendo que el ejercicio a su codicia
no le da logros, mudará destinos,
y se hará salteador de los caminos,
que es menos, más que no la hipocresía,   190
porque ésta roba a aquél que se confía.
Y si a hipócritas Dios ha perdonado,
doctores y escribanos se han salvado.

CABALLEROS CHANFLONES

El que hacerse quisiere caballero
póngaseme muy grave y muy severo

y aprenda muy de espacio
las que son etiquetas de palacio.
Si nombrare al Virrey, diga, Su Esencia,   5
y no como la plebe, Su Excelencia;
al título lo trate de Usiría,
y que le nombra así de cortesía
y que a no hablarlo más ya se resuelve
porque no se la vuelve.   10
Entra aquí el alegar ejecutorias,
el suponer hazañas y memorias
heroicas de ascendientes,
y el hacerse a diez grandes sus parientes.
Si este tal caballero fuere pobre,   15
porque todo le sobre,
a una iglesia se vaya y, por dos reales,
que a un cochero le dé para tamales,
por este corto logro que interesa
le meterán el coche o la calesa   20
y abrirá las cortinas.
Por las calles remotas y vecinas,
cuantos fuere por ellas encontrando
los irá saludando,
llamándole de vos al mal vestido,   25
y al galán poderoso y engreído
de tú porque les oigan tutearse
y así piensen que llegan a igualarse.
Si el tal le preguntare adónde ha estado,
le dirá que ocupado;   30
Su Esencia le ha tenido
en consulta, cansado y aburrido,
porque el gobierno todo lo ha fiado
de su corto discurso limitado,
y que nunca le deja aunque él se excusa   35
y murmure algo de lo que allí se usa.
Cuidará sobre todo que el mulato,
llamado Alonso, el que tiene el trato
de convidar a todas las funciones
de entierros, casamientos y lecciones   40
en el papel que asienta caballeros,
le tenga escrito a él de los primeros,
porque esto cuesta un peso para vino,
y es grande desatino;

166

cuando está en el arbitrio de un mulato,   45
hacer un caballero tan barato,
el andar con los moros a lanzadas
que cuestan vidas cuando son bien dadas
y tanto monta falso o verdadero
si todo para el mundo es caballero.   50
Si fuere rico, esto está en su mano,
pues no hay rico villano,
ni pobre bien nacido,
por más noble que tenga el apellido.
Adviértoles aquí que, en la patraña,   55
el que fuere de España
si en lo noble tratare de su aumento
que puede mentir más ciento por ciento,
pues en larga distancia
se emplean las mentiras a ganancia;   60
porque una mentirilla
urdida en una aldea, viña o villa
de ilustre calidad, esta patraña
se vende por tejida en la montaña.
Usará de ordinario muy frecuentes   65
los términos siguientes:
punto, garbo, valor, obligaciones,
mis servicios, mi casa, mis acciones,
mi médico, mi sastre, mi abogado,
mi mercader, mi coche, mi crïado,   70
el alazán, el grifo, el aguililla,
pistoleras, tapafunda y rica silla,
la estribera dorada, el jaez rico,
aunque rocín no tenga ni borrico,
ni el noble caballero por sus daños   75
espere tener esto en dos mil años.
Si fuere por papel desafiado,
déle poco cuidado,
y con muy grande aliento y mucho espacio,
métase en el concurso de palacio   80
donde, de su temor bien advertido,
arrojará el papel como caído.
Iráse y de allí a un rato apresurado
entraráse, diciendo, «¿Quién ha hallado
un papel?» y andará mirando al suelo   85
por aquí, por allá; «yo me recelo,

167

se cayó ¡vive Dios! hay tal enojo;
más quisiera el haber perdido un ojo;
mas, supuesto que sé lo que contiene,
ajustarlo cuanto antes me conviene».   90
Saldráse con aquesto demudado
y el bien intencionado
que se ha hallado el papel y le ha leído,
le detendrá, diciéndole, advertido,
«Ya sé de este disgusto   95
y sabiéndolo ya no será justo
que adelante se lleve la pendencia
de que se ha dado parte a Su Excelencia».
Aquí entra el hacer demostraciones,
levantando del suelo los talones,   100
parándose en puntillas
como que desafía a las cabrillas.
Aquí halla un noble y prodigioso asumpto
de sacar lo del garbo y lo del punto,
con alta voz y acciones denotadas,   105
porque vayan viniendo camaradas
que informados de caso y calidades
se le ofrecerán a hacer las amistades.
Aquí dirá que de atención las hace
que a no hacerlas el *requiescant in pace*   110
se tenía seguro mi enemigo;
porque Dios le es testigo
que llevaba en su cólera, estudiada
la postura de Rada
con la cual no hay atajo ni más medio   115
que matar al contrario sin remedio.
Y si enemigo hubiere luego al punto,
se me vista al traje del asumpto
que será de soldado
o con vestido suyo, o ya prestado;   120
y a ofrecérsele irá a Su Excelencia
y éste con advertencia,
que este es acto que en todas ocasiones
de caballeros es de obligaciones.
Entrará en el salón muy denodado,   125
y en mitad de su paso acelerado
se parará y hará tres reverencias,
de aquellas que se llaman continencias,

168

que son bajar humilde y con presteza
de *gloria patri* al suelo la cabeza;   130
y luego, de repente, enderezarse
con indicios, cobardes de turbarse;
elevarse, y por últimos debates
contemplará virrey de *orate fratres,*
que el valor español que de antes vías   135
está ya reducido a monerías.
En aquesto han parado las fierezas
de Bernardo del Carpio y las proezas
del Cid, el que no tuvo semejante.
Y llevando los siglos adelante,   140
las de un Gran Capitán,[76] las de un Paredes [77]
quien sirvió sin pedir jamás mercedes;
las de Alarcón y Leiva, a quien señores
llama el Emperador de Benditores;
las del Marqués del Vasto y de Pescara,   145
que en bronce eterno el mundo las repara;
las de un gran Duque de Alba en que no hay suma
si a su espada no alcanza mayor pluma;
las de un fuerte Cortés cuyo desvelo
reinos le supo dar al Rey y al Cielo;   150
las de Maestre que fue de Santïago,[78]
que morirán los moros de su amago;
y otros muchos que nombro aquí de paso,
como el valiente jóven Garcilaso,
y el invencible y gran Portocarrero;   155
Céspedes, el que llaman el ollero;
las de Ponce de León que siempre fuerte
era el *nemini parco* de la muerte;
el señor de Aguilar, Pulgar, Aldana,
cuyos hechos apunta Mariana.   160
Dejo de referir otros de fama
porque mi caballero ya me llama
del éxtasis cortés de que ya ha vuelto,
quien prorrumpe, diciendo muy resuelto
para aquestas marciales oraciones,   165
«Los caballeros son de obligaciones;
a mí me asisten, y a ofrecerme vengo
con cuanto soy y valgo y cuanto tengo».
Si el Virrey conoce, es embustero
y lo arroja de sí grave y severo,   170

169

sálgase como perro con vejiga;
pero aqueste desprecio no lo diga.
Y a quien le preguntare, «Cómo le ha ido?»
responderále, tieso y muy erguido,
la mano puesta al pecho,   175
«De pésame, Señor», contando el hecho;
«El Príncipe me ha hecho mil favores,
porque estaba asistido de temores
de esta nueva invasión y lo he alentado
con el grande valor que Dios me ha dado».   180
Aqueste caballero que aquí pinto
es de los verdaderos muy distinto,
que de uno y otro clima
son el lustre de Lima,
cuyos nobles y graves apellidos   185
de la fama se ven engrandecidos.
Hablo de estos que aprenden la nobleza
que no les concedió naturaleza;
y como esta ciencia no se estudia,
del villano repudia   190
las obras de lo mismo que apetece,
porque no es caballero y lo parece,
con supuesta quimera,
hidalgo solariego por de fuera;
pero mirando al centro   195
es un pícaro por adentro,
adulador, cobarde, mentiroso,
tirano con los pobres y obsequioso
con los ricos de quienes hace aprecio,
porque ninguno dél haga desprecio;   200
soberbio con humildes y abatidos,
sus viles pensamientos presumidos;
porque es intolerable
un villano aprendiz de condestable,
oficial de nobleza y practicante   205
de duque, de marqués y de almirante,
sin mirar que no puede ser honroso
adular y mentir al poderoso;
pues no hay caballería
en quien dispuesto está, de noche y día,   210
a mentir por comer sus liviandades

sin poder tolerar necesidades;
pues todo pretensor, todo sirviente
jamás consigue nada si no miente.

Doctos de chafalonía

Si quieres ser docto en todas ciencias,
en púlpitos, en cátedras y audiencias,
pondrás [muy] gran cuidado
en andar bien vestido y aliñado
de aquella facultad que representas,   5
que de esta suerte ostentas
lo que ignoras y nunca has aprendido,
que es ciencia para el vulgo el buen vestido.
Si gordo fueres, para tu decoro
importa lo marrano otro tanto oro,   10
si ven los más con ojos corporales,
y en mirando hombres gordos y bestiales
a la carnaza dan sabiduría,
aunque es ciencia de rastros, a fe mía.
Traerás anteojos, viendo más que un Argos,   15
con sus tirantes largos
de cerdas que en la cola como en ceja
te estuvieran más propias que en la oreja,
porque anteojos en cara de pandero,
arma al idiota como al majadero   20
de Séneca acreditan
como aquéllos que ven y no meditan.
Si sintieres en ti corto talento,
harás de la memoria entendimiento
y darás un gatazo de entendido,   25
siendo un asno incapaz de ser oído.
Sé loquaz sin saber lo que te dices,
que la loquacidad le da matices
al mayor disparate de sentencia,
que hay mucho oído y poca inteligencia;   30
por lo cual me colijo
que el ingenioso Lope [79] atento dijo.
Oígase la campana en el oído
que parece concepto y es sonido
en la gente de enjalma   35

171

que ciega y sorda tienen siempre el alma;
ojos todo con oído corporales,
de [bodrio] de carnaza y de animales,
y el que sueña a su pulpa es el perito,
y el que a espíritu sueña es imperito.   40
Tendrás plebe de negras y mulatas
que te aplaudan tus tontas pataratas,
diciendo tienes rara suficiencia
que eres pozo de ciencia;
y opondráste a las cátedras con esto,   45
y que supla el talego lo supuesto
de la ciencia, si en todas ocasiones
el más docto es quien tiene patacones.
Y si sobre lo docto pobre fueres,
que aquesto es ser dos tontos, y aún más eres;   50
válgante los favores
de virreyes y oidores,
de mujeres y damas de votantes,
que la Venus también hace estudiantes;
y más vale aspirando a beneficios   55
alegar bacinicas que servicios,
porque siempre la orina
es el sana-lo-todo en medicina;
el orín al latón le da colores
de un oro de quilates superiores   60
tan natural que aquéllos no versados
con el oro-latón son engañados.
Y si el orín transmuta los metales
insensibles agrestes materiales,
porque de mi discurso más te asombres   65
que mudara en los hombres
la infusión amorosa de la orina.
Si al más cuerdo y capaz lo desatina
cuando leas, harás tu alegacía
lacrimosa y humilde en demasía.   70
Si eres casado, alegarás por fijos
de una parva de hijos,
porque aunque ésta no es ciencia en sus rigores
para oponerse a cátedra de hechores,
sin embargo enternece a los casados,   75
que están en hacer hijos graduados.
Y si hijos no tuviere, alegue hermanas,

172

y si viejo potrilla, alegue canas;
si clérigo, soltero virginato,
que aunque es cátedra honrosa este recato   80
de virtud que a muy pocos se le fía,
y la sabe premiar la compañía
para elegir más bien procuradores
si los más atacados son mejores.
Alega una virtud que a ciencia [sabe],   85
pues es docto el que sabe no ser malo.
Procura ser rector en todo caso
y vivirás sobrado, en nada escaso;
mira que en una obra hay materiales
de ahorrar muchos reales,   90
pues aunque en esas cuentas después caigas
que hay vigas sobre vigas,
clavos que son de clavos y albañiles;
son puntos tan civiles
que pocos o ningunos los repugnan.   95
Y si acaso lo impugnan,
imitarás a otros de tus greyes,
que allá van leyes donde quieren reyes.
No niego yo que cuantos hoy obtienen
las cátedras que tienen   100
de méritos no estén calificados,
para tan corto ascenso muy sobrados;
y con aquesta salva a [todos] pido
me digan si el ascenso que ha tenido
por sus méritos sólo han alcanzado   105
porque el mérito a nadie ha gradüado.
Pues si el gran Salomón resucitara,
toda su ciencia infusa malograra,
si con sólo las letras se opusiera,
y este infame camino no anduviera,   110
porque es ciencia el saber introducciones,
y el que mejor acierta estas lecciones,
haciendo a la virtud notable agravio,
es docto, necio, ignorante, sabio.

MÉDICOS IDIOTAS

Si de médico intentas graduarte,
importa para aquesto trasquilarte

173

la barba, como pera bergamota,
porque esto es lo que en ellos más se nota;
y si cual pera te saliera vana,
póntela de membrillo o de manzana,
porque lo muy barbado aquí es la traza,
y así puedes barbar en calabaza.
En el doctor la barba es seña externa
como poner un ramo en la taberna
o en la que es chichería un estropajo,
denotando este ramo y este andrajo,
lo que dentro se encierra son licores;
y así tienen la barba los doctores
de estropajo que a todos dicen graves
aquí hay purgas, jeringas y jarabes.
Pondráste anillos con disformes guantes
que son signos patentes de estudiantes;
pondráste erguido, grave y estirado,
imitando a Bermejo en lo espetado;
hablarás de golpete, y a los fines
la parla concluirás con dos latines.
A la primera visita del enfermo
te quedarás un rato de estafermo,
hasta que al cabo de él, venga o no venga,
les irás ensartando aquesta arenga.
Aquésta es una fiebre perniciosa,
maligna en cuarto grado y muy dañosa;
porque esto está muy mal apartado;
el ventrículo seco y arrugado,
la virtud espúltriz algo viciada,
la concótriz no puede coser nada,
la renténtriz se afloja, y hecha trices,
porque son terminillos de aprendices.
Y prosiguiendo en otros relevantes,
los músculos dirás y los tirantes,
el esternón, la pleura y las membranas
que son voces galanas;
y si añades a esófago y vértebras
escuchándote, como que celebras
tu saber, quedarán atolondradas
mil mujeres que te oigan admiradas.
Después de haber muy bien encarecido
el achaque, del cual no has entendido

y que ya tu idiotismo tiene a cargo,   45
echarásles un pero; sin embargo,
cuantas pestes tienen los veranos
no me le quitarán de entre mis manos.
Recétale, aunque tenga hidropesía,
que le den agua fría,   50
queso, miel con natillas, requesones,
sandillas, pepinos y melones,
porque el crédito tuyo así se aumente;
que curar al paciente
al gusto de su antojo es grande treta,   55
pues si sana sin dieta
un aplauso inaudito el tal te labra,
y si muere, no puede hablar palabra.
Al enfermo, que trate de alegrarse,
le dirás, y con él luego tutearse   60
para pegarle un chasco de dinero
antes de echarle al pobre en el carnero.
Con mujeres también harás lo mismo,
y después de haber dicho el aforismo
de su mal, con arengas rutilantes   65
le darás por la cara con los guantes
o con un ramillete de sus flores,
que ésta es la introducción de los doctores.
[Y dirás por segura contra seña,]
sea vieja, muchacha, o sea düeña,   70
«Niña mía, has tenido grande suerte
de que yo te visite, que a la muerte
daré vida, y es cierto lo que tratas
porque vive la muerte cuando mata[s].
Si un Hipócrates fueras, si un Galeno,   75
no fueras doctor bueno,
pues si resucitar te vieran muertos,
no aplaudiera ninguno tus aciertos.
Si no, verás del arte las destrezas
de vender necedades por llanezas;   80
y siendo idiota, zafio conocido
serás con los que [mates] aplaudido.
En las familias matarás al padre;
[llamaránte] después para la madre,
al hijo luego, al primo y al crïado;   85
y médico conozco que ha birlado

los linajes enteros, uno a uno,
sin que escarmiente alguno,
y se consuelan luego en la desgracia
con que tiene el doctor muy buena gracia,   90
porque es cura que agrada a majaderos
a quien mata con gracia cual carneros.
A los médicos no los satisfago,
pues cualquiera es aciago;
y a todos, por idiotas, los condeno   95
porque ninguno hay bueno,
desde Bermejo, tieso y estirado,
hasta el giba Liseras y agobiado.

CHAUCHILLAS [80]

Si quisieres ser dama,
lo primero que importa es tener fama;
pues no hay dama sin ella venturosa,
aunque sea una diosa,
porque de la fortuna la torpeza   5
siempre opuesta se ve a naturaleza.
Pues si en el garbo tienes mil tarascas
de aguillas de dar bascas
con nombre que te da el vulgo postizo,
serás Venus con cara de mestizo.   10
Si pobre fueres, sobra un aposento
que por palacio tengas del contento,
con cuatro sillas y una tinajera
y antiguo escaparate de madera;
cuatro lienzos, tu mesa, tu tarima   15
con alfombra de estera por encima;
limpia, aunque pobre, ostentarás la cama,
porque ésta es la herramienta de la dama.
Si algún vestido tienes de prestado,
lúcelo bien y ténlo asegurado,   20
aunque esto es al contrario, si tu talle
sabes lucir en casa y en la calle.
Tendrás grande cuidado en la andadura,
que es herida sin cura
a los livianos ojos,   25
que a la verdad lo miran con antojos.

Mucha tierra no salves con tus pasos,
sino cortos y escasos,
que lo largo es de mulas de camino
y estas damas no valen un pepino,
que a todos causan risa.   30
Anda tú menudito, nada a prisa,
con hipócrita pie martirizado,
pues, siendo pecador, anda ajustado;
usarás al andar muchas corvetas,   35
meneos y gambetas,
que es destreza en la dama que se estima
imitar los meneos de la esgrima,
fingidas las palabras de ceceosa,
[con una tonadilla algo graciosa,]   40
sincopando las frases que repites
con unas palabritas de confites.
Y aunque tengas la boca como espuerta,
frúncela por un lado un poco tuerta
y harás un hociquito   45
de un ángel trompetero tan chiquito
que parezca una boca milisendra,
que no cabe por ella ni una almendra.
Procura granjear una tercera,
de las que, en su florida primavera,   50
fueron damas y, ahora jubiladas,
como las puntas de oro acicaladas
que se queman, el diablo las inquieta
a que abracen tal treta,
avarientas de vicio que señalo   55
porque no se les pierde nada malo,
sacando con ultrajes
pocas onzas de plata a sus encajes.
Así, cual mercader que son sus flores
en quebrando meterse a corredores,   60
ajustando los precios de otra hacienda,
ya que no venden nada de su tienda.
De esta vieja te vale y te confía
a quien tú le darás nombre de tía,
alguacil del amor que, a tu mandado,   65
los galanes te ponga a buen recado.
A ésta darás las sayas desechadas,
zapatos viejos, medias apuntadas,

177

su pan de a medio, vela y plato de olla,
y ostentas de alcahueta la bambolla.   70
Nunca te pagues de estos pisaverdes
que con ellos te pierdes,
pues si de alguno de estos te enamoras,
te quitarán por horas,
y a ser vendrás en casos tan infieles   75
pastelero que come sus pasteles,
pues toda la que trata
de hacer caudal, si tiene amor pirata,
mercader que se venda a precio injusto
sin poner un retazo para el gusto.   80
Agarra un vejarrón que tenga renta
y que corra su gasto por tu cuenta,
que los viejos le pagan a la dama
lo cortos que anduvieron en la cama.
Si vendieres tu amor por otras partes   85
y a tu viejo le das con la del martes
y te pidiere celos,
levántale el chillido hasta los cielos;
los brazos le pondrás en alcarraza
para acertar así mejor la baza   90
de que estás inocente y es manía
lo de sus celos; y saldrá la tía,
haciendo sacramentos,
ponderaciones, autos y aspamientos,
diciendo eres honrada a todas luces,   95
«Sí, por mis antiguadas y estas cruces!»
Y que tu calidad es muy notoria,
como dirá mejor la ejecutoria
de letras de oro, escrita en pergaminos,
que no es más caballero el gran Calaínos;   100
y que eres la sobrina de un hermano
de un cura, buen cristiano,
que si vive, tuviera una prebenda,
por tener mucha hacienda.
Dios te haya perdonado,   105
pues si este tiempo alcanza el licenciado
la matara cien veces desde luego.
Por la niña las manos en el fuego
meteré sin temor y sin reparo.
¡Dios nos libre del diablo! *¡Verbum caro!*   110

Y si entrare en aquesto una mulata
que tendrás por amiga y siempre grata,
la cual coja la mano con refranes,
tonadillas de monjas y [ademanes],
que abone tu inocencia,   115
darás por acabada la pendencia;
porque dirá [resuelta] y desgarrada,
«¡No hay niña tan honrada
en el mundo, porque es una inocente!»
No sé con qué conciencia aquesta gente   120
se confiesa y levanta testimonios
porque llévenme a mí dos mil demonios
si hay en Lima una dama
que le iguale en tener cómo-se-llama.
Y si acaso, Señor, cuando eso fuera   125
y otro amor admitiera,
ni con eso no basta,
porque es un laberinto lo que gasta
una mujer, de invierno y de verano;
si está enferma, el ungüento, el cirujano,   130
pues de servir le duelen los pulmones
y tísica se vuelve en dos razones,
hecha un calabre, estatua o esqueleto,
que con ello no hay hombre que ande inquieto.
Y si prosigue más la calentura,   135
las visitas del médico en la cura,
ya tiene cancrio o trópica se vuelve,
ya le faltan los reales y no vuelve,
el irse al hospital, porque está pobre,
donde por medicina no hay quien sobe;   140
si el estómago duele o la cintura
y, en muriendo, tan sólo con el cura
y el sacristán, la hacen un entierro
aún peor que si un cristiano fuera un perro,
sin túmbulo, ataúd y sin ufragios   145
conque el ánima salga de naufragios.

---

56. (MSS: ABCDEFG): 2 D: y *presuroso*; E: [l.d.   ]. 3 F, G: póngase
[_____] *sombreros* y. 5 F, G: pálidos *truecos* amarillos. 6 C, F: a *consultarles* los; D: los
fondillos. 9 G: está *a* su. 10 B: sin *medio*; D: [.] *adúlalos* y; E: y *adúlalos* y; F, G: [.]
adúlelos y apláudalos sin *medio*. 14 B: que *parezcan* las. 17 E: al *pasar* las oiga; G: pasarlas, [_____] oiga. 18 C: que *tenga*, «Amén; D: *de que va diciendo*, Jesús *sea conmigo*;
E: que *va diciendo*, Jesús *sea conmigo*. 19 F, G: usará *de canto llano*. 20 D, E: voz [.]

de hermanita, o [-] de hermano; F, G: *de la hermana,* hermanita, *y el* hermano. 27 F, G: sabe *algo y no* lo. 29 D, E: en *pillando* un muy rico *hallazgo*; F: un [_____] rico *alvaciazgo*; G: un [_____] rico *albaceazgo*. 38 C, D: pues *se* ha; E: pues *se* ha llegado *ete*; F: pues *se* ha llegado el tiempo del *desvello*; G: pues *se* ha llegado el tiempo *de desvello.* 39 B: tanta *jalma*; C, F: quítese *del cilicio* tanta; D, E: de *cilicio* tanta. 40 D, E: vístase *de* verde el cuerpo y alma. 41 F: le *sensuraren* los. 43 F: traerán *para* la. 44 D, E, F, G: su *obrar* y. 47 B: ni *haber* dicho *una misa* al; D: *no* una misa; E: [l.d.]. 48 F, G: respóndales *atento.* 49 D, E: el *talego* quede; F, G: teólogo *suele* aprovechado. 50 F, G: *que está ese pobre hombre* condenado. 51 D, E: porque *hacer mal* albacea. 52 D, E, F: infierno [_____] está. 55 C, D, E: ventura *fuese* al; F, G: ventura [_____] fue. 56 F, G: menester *sufragio* ni. 59 B, C: no *gasto* reales. 61 D, E: de *esas cosas.* 62 F: con *los aperos se arme* de *viata*; G: con *los aperos se arma* de *viata.* 63 C: hábito *zapatón* y *sombrerones*; D, E: y *sombrerones.* 64 D: de *correa* y; E: de *correa* y *remplones*; F, G: con *cintas* de. 67 D: que *a más* con otras vayan *resongando*; E: que *una* con; F: con *otra* vayan. 70 F: virtud *de* todas [_____] adelanta; G: todas [_____] adelanta. 72 B, F: de *regua* de. 75 D: con [_____] suspiro. 77 D: sin *preguntarlas.* 78 F: cierto *merecen corozarla*; G: merece *corozarla.* 79 D, E: [_____]. 80 B: esmeralda *o* la; D: y la *perla.* 82 B: de [_____] vida. 84 C, D, E: que *bordándole* estoy. 85 C: y porque; D, E: y porque estuviera en ti [_____] bien; F, G: ti [_____] bien. 86 C, D, E: [-] la dueña; F, G: la *dueño,* mujer. 88 F: con [_____] aquesto; G: con [_____] aquesto ganó *ser* perdonados. 91 F, G: *la alhaja rica dona* a la *viata.* 92 F: más *su* patarata. 96 B, D, F, G: [_____] que vale el *arrobarse* otro; E: el *arrobarse* otro. 97 C, F, G: quien *santas* rapiñas. 98 D, E: a *arrobarse* vaya. 103 F, G: [-] pida. 104 D, E: [_____]. 105 B: punto [_____]; C, D, E, F, G: [_____]. 105a B: *porque Dios siempre acepta el santo asunto.* 107 F, G: *respóndales* de. 110 F, G: no *haberle* visto. 111 B: maldito *Plutón* se; C: se *le* ha; D, E: se *lo* ha. 112 C, D, E, F, G: Y *dígales,* volviendo. 116 C, D, E: y al infierno; F: infierno *van* los; G: pobres [_____] a cargas. 117 D, E: *que* a todos. 119 C: en un *vuelo*; D, E: y sus espadas llevamos en un *vuelo*; F: *las* espadas; G: *los* espadas. 120 B: nuestros *gastos*; F: en *ellas* tenemos. 121 F, G: y *no* creen. 123 F, G: con *ellas* tenemos. 126 G: me *aleva,* me. 128 D: con *aclamaciones*; E: llega *solo* con *aclamaciones*; F, G: con *solo* exclamaciones. 130 G: de *sufrimientos* el. 131 F, G: por *un* recado. 135 B: de *gorra*; C, D, E: nadie *revuelvo* yo. 136 B: cuando *hablaren* de; F, G: Dios y de. 138 D: que *esto* ignora. 139 C, D, E: *llámelos* mi. 143 D: y *que* esto; E: *que* [_____] esto; F, G: esto *los* hace. 144 D: de [_____] demonios. 148 D, E: es [_____] escandaloso. 150 B: el *gatón,* el. 151 B: el *ratón,* el; G: Chivato [-] el. 153 F: estos *espíritus* le. 154 C: Cuando [-] alguno; D: Cuando [-] *alguna* le. 155 F, G: hágase de [_____] cruces. 157 F, G: Jesús [_____] María. 158 F, G: hay [_____] lo que. 160 B: su *aspaviento.* 161 D: importa *a* la *salud* ciento; E: importa *a* la. 163 A: el *verb* allí; D, E: el *verso* allí; F: el *acto* allí; G: *remata al acto* allí. 164 C: opone *al* Escritura. 165 C, D: llama [-] aquesta; E: a *toda* criatura; F: llama [-] *esta infeliz* criatura; G: llama [-] *esta enfelva* criatura. 166 D, E: intento [_____] hablar. 168 D: que *de* ellos. 169 C, D, E: *alta* virtud; F, G: *del hipócrita trato y* embustero. 171 C: *no venden* por; D: nos *venden* por. 173 D, E, F: y *enredados* en; G: y *enredadores* en. 174 F, G: hacer *en* sus. 175 B, F, G: las [_____] ciertas; E: ciertas, *seguras* diligencias. 176 F, G: salvarse *con* confianza. 177 B: sin *tardanza.* 179 D, E: no *es,* que. 180 G: los *aprecio.* 182 D: porque *a* los. 183 F, G: *ven* siempre. 185 B: *parecen* siempre; C, D, E: son [_____] siempre; F, G: *hallando lo que ven son* premiados. 188 B, C: da *logro,* mudará. 189 E: y *será* salteador. 190 B, C: menos *mal* que; D, E: menos *mal* que [_____] hipocresía. 191 B: esta *arroba* a. 193 B: *médicos* y. CABALLEROS CHANFLONES [MS G: se omiten los 214 versos de esta sección]. 1 D, E: que *quisiere hacerse* caballero. 3 D, E: muy *despacio.* 4 D, E: *lo* que; F: las [_____] etiquetas. 5 D, E: nombrare *el* virrey; F: *Cuando nombraren* al. 7 B, F: título *le* trate. 8 B: y *diga lo hace* así; F: le *nombre* así. 9 D: que [-] no. 11 D, E:

aquí *a* alegar *de* ejecutorias; F: el *alegato* y ejecutorias. 13 F: *heroicidades* de. 14 B, C,
D, E: el *hacer* a diez: F: a *decir* grandes. 15 C, F: caballero *fuese* pobre. 18 B: para
ramales; E: que *a un casero* le. 20 B: le *meterá en* el; D, E: *lo* meterán el coche *y* la;
F: meterán *en* el. 21 B: abrirá *luego al punto* las; C, D, E: *porque abra* las; F: *donde
abriendo del todo* las. 22 B: *y por* [___] calles. 23 D, E: cuantos *fuese* por; F: *a* cuantos.
25 D, E: llamándole [___] vos. 27 D, E: porque *le* oigan; F: porque *los* oigan. 29 B: *y*
si el tal le *pregunta* adónde; F: preguntare *dónde has* estado. 31 D, E: Esencia *lo* ha.
32 F: en *consultas,* cansado. 35 D, E: aunque [___] se. 36 C, D: algo *del* que *así* se;
E: de *él y así* se; F: *o mormure* algo *del* que *así* se. 37 F: *cuidado* sobre. 38 C, D: Alonso
que es el; E: Alonso *que es* el que tiene [___] trato; F: Alonso *que es quien* tiene.
39 D, E: a *todos* las. 41 E: papel *en* que. 43 F: porque *eso* cuesta. 47 E: los *mozos* a.
48 D, E: que *cuesta* vidas. 50 D: mundo *para el mundo*; E: mundo [_____]. 50a D,
E: *es caballero.* 51 B: rico, *todo* está. 57 C: [___] en lo; D, E: [___] en [___] noble *trate*
de; F: *y* en lo. 58 B: *bien* puede. 59 C, D, E, F: *porque* en. 62 B: aldea, *ciudad* o;
D, E: *pulida* en; F: aldea, [_____] o *una* villa. 68 F: servicios, *mis casas,* mis.
72 B: *pistolera,* tapafunda; C: [_____]; D: *la yegua, el potro* y rica; E:
[l.d.   ]; F: *mi mula, pies de plata, mi tordilla.* 76 F: en [___] mil. 79 C, D: y *muy
despacio*; E: con *un* grande aliento y *muy despacio.* 83 C: allí [-] un rato. 84 D, E:
entrará diciendo. 85 B, E: mirando *el* suelo. 86 D: me *resuelvo*; E: allí *ya no me vuelo.*
88 D, E: [_____]. 89 C: que *es* lo. 91 C, D, F: aquesto *denodado*; E: con
esto denodado. 93 D, E, F: y *lo* ha leído. 94 F: le *tendrá* diciéndole. 95 F: *esto y* de.
96 E: sabiéndolo *yo*, no. 97 F: se *lleva* la. 99 C: aquí *debe* el; D, E: aquí *debe* [___]
hacer; F: aquí *dentra* el. 103 D, E: *y* aquí halla un [_____] prodigioso; F: halla *en*
noble y *famoso* asunto. 104 E: de *sacarlo* del; F: [_____]. 105 B, D, E:
acciones *denodadas.* 106 F: vayan *viviendo* camaradas. 107 C: informados *del* caso y *habilidades*; D: que *informadas del* caso y *habilidades*; E: informado *del* caso y *artificio.*
108 B: se [___] ofrecerán [-] hacer; C, F: se [___] ofrecerán; D: se [___] *ofrezcan* a;
E: se [___] *ofrezcan* a hacer *buenos oficios.* 110 D: no *las haría requien cadi* pace; E: no
las haría requiescat in. 111 C, F: seguro *su* enemigo; D, E: *que* tenía seguro *a* su enemigo.
112 B: Dios *me* es. 113 B: en *mi* cólera; F: que *lleva* en. 114 C: de *errada*; D: la *portuna*
de *errada*; E: la *portura* de *errada.* 115 D, E: hay *tajo* ni más *medio.* 116 F: *con* matar.
117 F: [-] si *enemigos* hubiere. 118 B: me *vestirá* al; C: vista *del* traje; D: al *traere* del;
E: vista *del* traje; F: vista *el* traje. 119 F: que *era* de. 120 D: o *que* con; E: *que* con.
121 B: a ofrecerse irá *luego* a. 124 D: *es* de caballeros [___] de; E: *es* de caballeros [___]
de *sus* obligaciones. 128 F: que *le* llaman. 133 B: elevaráse y. 134 B: contemplará *el*
virrey; D: de *orates frates*; E: orate *frates*; F: *contemplar al* virrey de *orates* fratres.
135 D: valor *español* que [___] antes *veías*; E: que [___] antes *veías*; F: español *por todas*
vías. 136 D: está [___] reducido *ya* a *monería*; E: está [___] reducido *ya* a. 137 E: *En
cuanto* han. 138 F: y las *fierezas.* 139 E: Cid, [___] que; F: tuvo *las fierezas semejantes.*
141 D: Capitán, *la* de [___] Paredes; E: las de [___] Paredes. 142 C, D, E: *que* sirvió.
144 C: de *Vendidores*; D: de *bemedores*; E: de *vencedores*; F: *llamó* el emperador *por
vencedores.* 146 D: el *bronce* las *reparta*; E: el *bronce* las. 149 F: un *Hernán* Cortés.
150 D, E: Rey *del* Cielo. 151 C, D, E: las *del* Maestre. 152 B, D, E, F: que *morían* los.
155 D, E: [-] el invencible y gran *Pizarro*; F: [-] el invencible. 156 E: llaman el *bizarro.*
157 F: *Don Manuel* Ponce de León *quien* fuerte. 158 D: el *nemine* parco. 159 D: Aguilar,
Purgar y Aldana; E: [l.d.   ]. 160 B: apunta *María Ana.* 164 E: [_____] prorrumpe.
165 B: marciales *ocasiones*; D, E: para *que estas* marciales. 166 D, E: [_____].
168 D, E: *en* cuanto soy [-] valgo; F: valgo *inquanto* tengo. 169 C, D, E, F: Virrey
reconoce, es. 173 B: cómo [___] ha ido; F: le *pregunta* cómo [-] ha ido. 174 D, E: *respóndale,* tieso; F: muy *engreído.* 175 D, E: puesta en el pecho. 179 D, E: invasión [-]
le he. 182 C, D, E: es *a* los. 183 F: y *de* otro. 184 E, F: *con* el. 189 C, D: esta *gran*
ciencia; E: [l.d.   ]; F: esta *nase y* no. 190 C, D, F: *al* villano; E: [l.d.   ]. 194 F:

181

hidalgo *soldadiego* por. 195 B, C, D, E: pero *mirando* al. 196 A: es un pícaro, *es un pícaro* infame; D, E: por *de dentro*. 199 F: *de* los ricos de quienes hace *aprecios*. 200 E: [——————————]; F: *por interés sufriendo menosprecios*. 201 F: *soberbios* con. 202 B: *vendiendo* pensamientos. 204 C: de *conde estable*. 206 F: de *admirante*. 208 D, E: mentir *el* poderoso; F: *mentir y adular* al. 210 F: en *el que en el impuesto* de noche. 211 D, E: a *comer* por *desmentir* sus. 212 C: tolerar *sus* necesidades; D, E: tolerar *sus necedades*. 214 E: sino *muerte*. DOCTOS DE CHAFALONÍA: 2 D: púlpitos y cátedras. 3 A: pondrás [——] gran; D, E, F, G: pondrás *grande* cuidado. 4 D, E: *el* andar. 7 D, E: has *entendido*; F, G: que *no sabes ni* nunca. 9 D, E: gordo *fueses,* para. 11 B: *pues* ven; C, D, E: *y* si ven. 14 F, G: de *rastro,* a. 15 B: *Pondráste* anteojos. 16 D, E: sus *tiranas largas*. 17 D, E: de *cerda* que; F, G: cola *a ti se aneja*. 18 E: en [——] oreja. 19 F, G: en *caja* de. 20 B: *arman tanto* al; C, D, E: *al más* idiota *y aun* al; F, G: *al más* idiota, *tonto y* majadero. 22 D, E: *con* aquéllos. 23 D, E: [————————————————]. 24a D, E: *Si sintieres en ti corto talento*. 27 D, E: *Si logras* sin. 28 D, E: [——————— ———————]. 33 D, E: *oirse* la; F, G: *hiere* la. 34 F, G: *y* parece. 35 B: de *jalma*. 36 B, F: sorda *tiene* siempre; G: sorda *tiene* siempre *la* alma. 37 B: *toda* ojos [——] con *oidos* corporales; C, D, E: con *oidos* corporales; F: ojos *todos y* oído; G: ojos *todos y* oídos corporales. 38 C: de *carnazas* [—] animales; D, E: de *carnazas* [—] animales; F, G: de *brodios y carnazas* [—] animales. 39 B: sueña [-] su. 40 D, E: y *al* que [-] espíritu. 41 B: y *multas*; D, E: Tendrás *pase* de. 42 D, E: tus *tantas* pataratas. 44 F, G: *que* eres. 46 D, E: [———————————————]. 47 B: ciencia *que* en; D, E: [————————————]. 48 D, E: [————————————]. 49 C: lo *idiota* pobre; D, E: [—————————————]; F, G: sobre *la idiota* pobre. 50 D, E: [————————————————]; F: ser [—] tontos; G: ser [—] *tonto* y. 51 D, E: [—————————]. 52 D, E: [————————————]. 53 D, E: [————————————]. 54 D, E: [————————————]. 56 C, G: alegar *bacenicas* que; D, E: [————————————]. 57 D, E: [————————————]. 58 D, E: [—————— ———————]. 59 D, E: [———————————————]. 60 D, E: [———————————————]. 61 B: tan *naturales* que aquéllos no *versadores*; D, E: [————————————]. 62 D, E: [—————— ———————]. 63 D, E: [————————————————]. 64 D, E: [————————————]. 65 D, E: [————————————]; G: te *asombre*. 66 D, E: [————————————————]. 67 D, E: [————— ———————]. 68 D, E: [————————————————]. 69 D, E: [————————————————]. 70 D, E: [————————————————]. 71 D, E: [————————————————]; F: alegarás *cogijos*; G: casado, *alegrarás cojijos*. 72 B: [—] una; D, E: [————————————————]. 73 B: *pues* aunque; D, E: [————————————]; F, G: ésta [——] ciencia *es* en [—] rigores. 74 B: para *oponerte* a; D, E: [————————————————]. 75 D, E: [————————————————]. 76 D, E: [————————————————]. 77 B: no *tienes, alega* hermanas; C, G: alegue *hermanos*; F: si *hijo* no tuviere, alegue *herm*. 78 B: potrilla, *alega* canas; D, E: [————————————]. 79 C, F, G: clérigo *o soltero* virginato; D, E: [————————————————]. 80 D, E: [————— ———————]. 81 D, E: [————————————————]. 82 D, E: [————————————]. 83 D, E: [————————————————]. 84 D, E: [————————————————]. 85 A: ciencia [——]; D, E: [————————————————]; C, F, G: ciencia *igualo*. 86 B: *que el que no es malo* es docto *en lo que cabe*. 87 D, E: *Primera* ser *doctor* en. 88 A: sobrado, *en todo caso*; C, D, E, F, G: sobrado, *y* nada. 89 C: una *hora* hay; D, E: una *hora* hay *materialidades*. 91 B: cuentas *seas cogido*; C: después *digas*; D: en *estas* cuentas después *digas*; E: en *estas* cuentas después *digan*; F, G: en *las* cuentas después *digan*. 92 B: vigas *di frucido*; F, G: [——] vigas *y más* vigas. 94 C, F, G: son *pleitos* tan; D, E: son *pleitos* tan *sutiles*. 95 D, E: o *ninguno* los. 96 F: lo *pugnan*; G: acaso *los pugnan*. 97 D, E: otros *en* tus; F, G: imitarás [-] otros. 99 F: cuantos *hay* obtienen. 100 F: las *cátredas* que. 101 C, E: no *están* calificados. 103 A: a *todo* pido; E: [l.d.   ]. 109 F, G: *y* si. 111 F, G: ciencia [—] saber. 112 C, D: mejor *hiciere* estas; E: mejor *hiciese* estas; F: mejor *leeyere* estas; G: mejor *leyere* estas. 113 B: hacindo [-] la. 114 B: necio, [————————]; E: necio *e* ignorante; F, G: *el* docto. 114a B: *e ignorante sabio*. MÉDICOS IDIOTAS: 5 B: si *la* pera. 6 C: *póntele* de. 9 D: seña *eterna*; E: [___] el doctor la barba es seña *eterna*; F: seña [l.d.]. 13 B: [___] que *allí* dentro se *encierran los* licores; F, G: encierra *de* licores. 14 C, D, E: tienen *las barbas* los. 15 D, E, F, G: de *estropajos* que. 17 F, G: pondráste *anillo* con. 19 F: pondráste *ergido, grave*. 21 D, E, F, G: de *golpe* y. 25 G: él, *vega* o. 26 D: *le* irás; E: ensartando *esta* arenga; F: les *irá* ensartando. 29 D, E: porque *este* está. 30 C, D, E: y *corrugado*; F, G: *en* ventrículo seco y *corresgado*. 31 D: *y* la virtud; E: [_____]; F, G: algo *viciado*. 32 D: [_____]; F: la *concogtris* no; G: la *concogtis* no. 32a E: *la virtud espultriz algo viciada*. 33 D: la *reteriz* se afloja, y hecha *trisis*. 34 F, G: *que* son. 39 B: a *eséfago* y; D, E, F, G: añades [-] esófago. 40 G: como [-] celebras. 41 F: quedarán *atonlodradas*. 44 D, E: achaque, *el* cual. 46 C: *echaráles* un; D: *echarásle* un; E: [l.d.]. 47 C: pestes *encierran* los; D, E: los *serranos*; F: pestes *encierran* los *Botaños*; G: pestes *encierran* los *Bolaños*. 48 C: *le han de dejar la vida en tus* manos; D: *le ha de dejar la vida en tus* manos; E: *te han de dejar* la; F: *no le han de quitar de* entre; G: *no le han de quitar dentre* mis. 52 B: *sandías,* pepinos; C: *pepinos con sandillas* y; D, E: *pepinos con sandías* y; F: *pepinos, sandillas* y; G: *pepinos, sandías* y. 54 D, E: al *presente*; F: que *curas* al. 55 D, E, F, G: es *brava* treta. 56 F, G: si *sanas* sin. 57 F, G: inaudito *a ti* te. 60 C: luego *tutiarse*; F: y *si rico tutiarse*; G: y *si rico tutearse*. 62 B: de *echar* al; D: de *echarlo* al; F: al *podre* en; G: al *poder* en. 65 D, E: *con arengas rutilantes de su mal*. 66 D, E: le *darán* por. 67 D, E: de [___] flores. 69 A: [_____]; F, G: *diciendo con voz muy halagüeña*. 70 B: *cual* sea. 72 D, E: te *evitase de* la; F, G: [___] que. 73 D, E: *dále* vida, y es cierto lo que *tratas*. 74 D: la *vida* cuando *matas*; G: vive *de* muerte cuando *matas*. 75 C, F: fueras *y* un; D, E: fueras *o* un; G: un *hipócrita* fueras *y* un. 77 D, E: resucitar *le* vieran. 78 F: no *aplaudirá* ninguno. 79 B: *no usando* del; C, D, E: arte *y* las; F, G: *no usarás* del arte *y* las. 82 A: que *matastes* aplaudido; C, E: con *lo que matas* aplaudido; D: *que matas aplaudido*; F, G: [_____]. 83 D, E: En *la familia* matarás. 84 A: *llamarán* después. 86 C, D, E, F: *Si* médico; G: *Su* médico. 89 D, E, F, G: *Si* se. 90 C, D, E: *en* que. 91 D: *por* es; E: *por oscura* que. 92 F, G: cual *carnero*. 94 C, F, G: *si* cualquiera; D, E: [_____]. 98 B, C: Liseras [-] agobiado; D, E: hasta [___] *Liseras giba* y. CHAUCHILLAS: 1 D, E, F, G: Si *quieres* ser. 7 C: en *alguno* tienes; D: en *alguna* tienes; E: [_____]; F, G: garbo *eres* mil. 8 C, D, E: de *aquellas* de; F: de *aquello* de. 9 F, G: te *dé* el. 11 D, E: fueres, *labra* un. 16 G: de *esteras* por. 19 A: *Y* si; F: si *mal* vestido tienes *a* prestado; G: si *mal* vestido tienes *o* prestado. 19a F, G: *saldrá a lucir tu talle engringolado*. 19b F, G: *porque una pobre dama así se aliña*. 19c F: *el manto de una y de otra la barquiña;* G: *el mano de una y de otra lo barquiña*. 19d F, G: *mercachifla de amor que de fiado*. 19e F, G: *arma su mercancía y de prestado*. 20 C: bien [-] ténlo; F, G: [_____]. 21 F, G: si *su* talle. 22 F, G: *echas obras no faltas* en. 23 D, E: tendrás *gran* cuidado. 26 C, D, E: verdad *la* miran. 29 E: de *mula* de; G: es *a* muchas de. 32 D, E: menudito *muy* a; F, G: menudito *y aprisa*. 33 F, G: con *hipócrito* pie. 39 B: *fingirás* las palabras de *ceciosa*; D: de *ceciosa*; F: *fingiraste en el hablar* ceceosa; G: *fingiráse en el hablar* ceceosa. 40 A: [_____]; C, E, F, G: tonadilla *a lo* graciosa. 42 F, G: [_____]. 47 C, F, G: boca *melisendra*; D: que *parecer* una boca *melisendra*; E: que *parecer* una boca *melisendra*. 52 F, G: oro *desechadas*. 53 D, E: se *cuentan y* el. 54 F, G: abracen *lo dama en alcahueta*. 55 D, E, F, G: avarientas *del* vicio. 58 C, D, E: plata [-] sus. 62 C, D, E: no *vende* nada. 63 F, G: vieja *valete* y [___] confía. 66 D, E: buen *estado*. 67 G: sayas *derechas*. 68 E: medias *puntadas*. 71 B: de *los* pisaverdes; D, E: de *unos* pisaverdes; F: *huye de los mozitos* pisaverdes; G: *huye de los mocetos* pisaverdes. 73 E: de *ellos* te. 74 B: te *inquietará* por. 75 D, E: en *caso* tan. 76 D, E: que *vende* sus. 77a D: *pues toda la que trata*. 78 D, E: caudal *se* tiene. 79 C, D, E: se *vende* a. 81 D, E: *a gozar a* un; F, G: un *vejancón* que. 82 E: por *la* cuenta. 84 C, D, E: lo *corto* que. 90 D, E: para *sentar* así. 91 D, E: que *estáis* inocente; F: y *que* es. 92 C, F, G: y *saltará* la; D: *la* de sus celos; y *saltará* la;

E: *la* de sus. 93 D, E: haciendo *sentimientos.* 94 B: y *aspavientos*; F: *ponderación,* autos. 96 B: *y esto lo jurará a dos mil* cruces; C: por *mi santiguadas* y; D, E: por *mi santiguada* y. 97 D, E: que *en* calidad. 98 D, E: mejor *tu* ejecutoria. 99 F, G: oro, *escritas* en *pergamino.* 100 F, G: caballero [_____] Calaínos. 101 E: eres [___] sobrina; F, G: que *eras* la. 103 B, D: si *viviera,* tuviera. 105 D, E: Dios *le* haya; F: Dios *lo* haya. 106 B: si *ahora viviera* el. 107 B: la *mataría* cien. 109 C: temor *las manos en el fuego* y. 112 D, E: que *tendrá* por. 113 B: cual *tome* la; D, E: cual *coge* la. 114 A: y *refranes.* 117 A, C, D, E: dirá *suelta* y. 122 B, C, D, E: porque *llévenme* a. 123 F, G: Lima [___] dama. 124 D: como *ella fama*; G: que *se* iguale. 127 B: [.] con. 130 D, E: ungüento *y* cirujano. 131 C, F, G: servir *la* duelen. 133 D, E: un *cadáver,* estatua; F: un *cadáver estaba* o; G: un *cadáver estaba* u esqueleto. 134 D, E: [_____]. 136 D, E: en *las curas*; F, G: visitas *al* médico. 137 B: tiene *cancro* o *drópica* se; D: tiene *canero e hidrópica* se; E: tiene *cancro e hidrópica* se; F: tiene *cancro* o; G: tiene *canero* o. 138 C: reales *ya resuelve*; D, E: [_____]; F: y *resuelvo*; G: y *resuelve.* 139 B: al *espital,* porque. 140 C, D: quien *sobre*; E: [l.d.]. 141 B: si el *estómago* duele. 143 F, G: sacristán, *le* hacen. 144 D, E: fuera [___] perro; F: [___] peor; G: [___] *por* si un. 145 C, D, E, F, G: sin *sufragios.*

57

A UNA DAMA A QUIEN PRENDIERON POR SERLO CON DEMASÍA

ROMANCE

Pagando culpas de dama
de amantes dorados yerros,
presa está la que prendía
a los mozos y a los viejos.
Muy apretada la tienen 5
porque en contrarios efectos
tienen negocio muy malo
por tener negocio bueno.
Rigor de justicia ha sido,
pues bien mirado su pleito 10
no ha habido causa a quien más
favorezcan los derechos.
De criminales le acusan
las plumas de su tintero,
y es verdad si ha sido causa 15
de muchos levantamientos.
Cuantos hacían sus partes
y aun cuantos las han deshecho
no hurgan su pleito, y así
es válido su proceso. 20

Un memorial presentó
y fue contrario el decreto,
porque sólo en peticiones
ha tenido buen suceso.

Dióle el virrey una mano   25
y aun no quedó satisfecho,
que hubiera dádole dos,
mas no fue posible hacerlo.

Tratóla de desollada,
teniendo un rostro alfareño,   30
pues no le faltaban ollas
si estaba haciendo pucheros.

Salió a visita de cárcel
adonde sin cumplimientos,
los estrados sin cojín,   35
ni chocolate le dieron.

Con su manto se cubrió
y su culpa acordó en esto;
cita a los jueces si todo
su delito es lo cubierto.   40

Sábado de Ramos [82] fue
por lo cual no la absolvieron,
que para causas carnales
es la cuaresma mal tiempo.

Dicen que han de desterrarla   45
y fuera justicia hacerlo,
si algún lugar de capones
hubiera en aqueste reino.

Pues a cualquiera que fuere
puede decir por consuelo   50
Omnia mea mecum porto,
llevándose su *omnia meo.*

Mas si yo allá gobernara
la volviera aquí, diciendo,
«Sustente cada ciudad   55
la ramera de su suelo».

Que por acá hay las bastantes
para una posada al vuelo,
aunque es parvedad de culpas
carne más o carne menos.   60

El desterrar a las damas
no es más que hacer galanteos

185

caminantes y traer
peregrinando a la Venus.

Ninguna de ellas se admire   65
de tan largo prendimiento,
ni diga, «En aquesta cárcel
no me verán mis bueros».

Porque de la carne se hacen
las presas y ésta se ha hecho   70
presa de pulpa de pierna
que es un bocado sin hueso.

Su hermosura se adelanta
con tan larga prisión, puesto
que da con lo muy prendido   75
a su gala más asco.

Sólo su buen parecer
aboga por ella, siendo
su belleza en tal conflicto
su culpa y disculpa a un tiempo.   80

Con esta prisión añade
a los galanes deseos,
porque hay otro amor segundo
de la fama y del estruendo.

A muchas quieren por fama   85
de ser hermosas, sin serlo,
porque también los oídos
vendados tiene el Dios Ciego.

Miren qué harán con aquésta
que es donairosa en extremo,   90
sino el hacer la justicia
más achaques del remedio.

57.   (MSS: ABCDEFG): 2 D, E: amantes *de todos* yerros. 7 B, D, F, G: *tiene* negocio;
E: [l.d.]. 11 B: no *hubo* causa. 13 C, D, E: De *crimen lese* le; F: De *crimen leza* le.
14 F: plumas *en* su. 15 F: [-] es verdad si *a todos chupa*; G: [-] es verdad si *andar
chupa*. 16 F: *las bolsas con el dinero*; G: [l.d.]. 18 D, E: y [___] cuantos. 20 C: *va
delatado el* proceso; D, E: *dilatado va el* proceso; F: *va dilatado el* proceso; G: [l.d.].
22 D, E: contrario *en derecho*. 27 F, G: que *le* hubiera *dado* dos. 30 F, G: *diciéndola mil
desprecios*. 31 F, G: *y no*. 33 D, E: a *vista* de la cárcel. 34 C, D, E, F, G: sin *cumplimiento*. 36 C, F: chocolate *la* dieron. 37 C, D, E, F, G: con *el* manto. 39 B: [___] a los
jueces, *porque* todo; F, G: [___] a los jueces, *pues si*. 49 F, G: [___] a cualquier *lugar*
que. 50 F, G: decir *con* consuelo. 56 C, D, E: *las rameras* de; F, G: *las putas que da* su.
57 F, G: [_____]. 58 F, G: [_____]; D, E: una *pasada* al.
59 F, G: [_____]. 60 F, G: [_____]. 61 D, E: El *destierro*
a. 67 D, E, F: diga *de* aquesta. 68 F, G: me *beberá ni el viento*. 73 F, G: [_____

————]. 74 C, E: con [—] larga *precisión* puesto; D: con [—] larga; F, G: [————
————]. 75 F, G: [————————————]. 76 C: más *aseo*; F, G: [————
————]. 83 D, E: hay [—] *amores segundos.* 84 G: [————————————]. 85 G:
[————————————]. 86 G: [————————————]. 87 G: [————————————]. 88 D,
E: tiene *al* Dios. 91 D, E: *sino en hacerla* justicia. 92 D, E: achaques *de* remedio; F: más
achaque del.

58

A UNA DAMA QUE POR SERLO PARÓ EN LA CARIDAD [83]

ROMANCE

Tomando está las unciones
en la Caridad Belisa,
que la caridad le vale
por ser tan caritativa.

Dicen que tiene unas gomas; 5
sin duda se pegarían
del árbol de las ciruelas,
que son las que goma crían.

Si a coyuntura le vienen,
no las tenga por desdicha; 10
que aunque a bulto la matraten,
bien saben lo que lastiman.

Tiene dolores vasallos
del Conde de las Canillas, [84]
que aunque más les da de codo, 15
no se apartan de afligirla.

Si bien son tan sus criados
que la asisten de rodillas,
y como a gritos los manda,
al instante se le hincan. 20

De pies a cabeza le andan
el arrabal y la villa,
y es porque enfadada de ellos
a pasear los envía.

El amor cobra en dolores 25
lo que le prestó en cosquillas,
conque a pagar viene en llanto
deuda que contrajo en risa.

Muy mala espina le dan

a veces sus espinillas,   30
si con espinas la curan,
pues a la zarza la aplican.

De su estrella se lamenta
porque en luceros peligra,
si cuanto causó la Venus   35
con el Mercurio no quitan.

Como gusanos de seda
babas por la boca hila,
que el andar con dos capullos
no ha olvidado todavía.   40

La boca tiene llagada,
y es admiración precisa
que tenga llagas quien tantos
callos de pedir tenía.

A muchos supo vencer   45
no por valor, por marica,
con cuya belleza amor
a todos se la tendía.

Un esqueleto es su cuerpo,
de tantas anatomías,   50
como las tientas le han hecho
en el mondongo y las tripas.

No extrañará la flaqueza,
pues cuando estaba rolliza
era su flaqueza tanta   55
que caía de costillas.

Hoy se halla con más parches
que tocan en la milicia,
que quien con pífanos anda
a los parches se dedica.   60

Mas qué mucho, si su seso
de tantos caños corría
que le salía agua al rostro
por rebosar la vasija.

La costumbre del pedir   65
su propio dolor la imita
porque en un continuo 'ay'
está de noche y de día.

Purgar le hace sus pecados
el médico y sus visitas,   70
si por el curso le cura

lo que enfermó por la orina.

Esperanza la van dando
de la salud y la vida;
y como aquéstas son verdes   75
con sus abriles relincha.

No hay hueso que bien la quiera,
que esta enfermedad maldita
que por la carne se adquiere
siempre a los huesos se libra.   80

A puro azogue presume
la tiene de volver pina,
la cual tiene más estacas
que todas las de las Indias.

De familias y con villas   85
la trabajan a porfía,
y de un ojo de negrillos
sale un humo que fastidia.

Venganza es de las estafas,
si a sus amantes decía   90
el alma den, cuyo azogue
lo venga Huancavelica.

Los billetes se le han vuelto
papelillos de botica,
y sus continuas ayudas   95
en costa de otras jeringas.

El Cid era de las damas
y el Bernardo de las lindas,
si es la mayor peleadora
que lanza de amor enristra.   100

Siempre triunfaba de cuantos
más tiesos se las tenían,
que en amor la flojedad
es la mayor valentía.

Ella tiene un mal francés,   105
tan hijo de estas provincias,
que es nacido en la ciudad
que llaman de Picardía.

Para que sane la pobre,
Dios ponga tiento en Rivilla,   110
que en estos lances es donde
se doctora en medicina.

189

58. (MSS: CDEFG): 4 D, E: *a quien es* caritativa. 5 E: tiene *una goma*. 7 E: de *la ciruela*; F: del *álbol* de las *sirguelas*. 8 D: son *los* que; E, F, G: son *los* que *gomas* crían. 11 E: a *vuelto le* maltraten; F, G: bulto *lo* maltraten. 12 G: que *lastima*. 13 E: *Tienes* dolores. 15 E: más *le* da [___] codo; F: *y* aunque. 17 F, G: [_____]. 18 F, G: [_____]; D, E: que *le* asisten. 19 F, G: [_____]. 20 F, G: [_____]. 21 E: De *pie* a. 22 G: y [___] villa. 24 D, E: a *pasearlos* los; F, G: a *pasearse* los. 25 G: amor *obra* en. 30 D, E: a *voces* sus. 31 D: espinas *le* curan. 36 D, E: Mercurio *lo* quitan. 37 F, G: como *gusano* de. 43 F, G: quien *tanto*. 47 F, G: por cuya. 48 F, G: la *atendía*. 50 F: tantas *anotomías*. 51 D: tientas *la* han. 52a F, G: *A todos cuantos le daban*. 52b F, G: *era tan agradecida*. 52c F: *que por los suelos se echaba*; G: *que por los sueltos se echaba*. 52d G: *al primero vida mía*. 61 F: su *sed*; G: que *muchos* si su *sed*. 63 D, E: le *salió* agua; F, G: *salía el* agua. 65 D, E, F, G: costumbre *de* pedir. 66 F, G: *con dolores* la *acredita*. 69 G: le *hacen* sus. 70 G: y *su* visita. 71 D: le *causa*. 72 F, G: que *enferma* por. 73 E, G: esperanza *le* van; F: *esperanzas le* van. 75 E: *y* como *aquestos* son *verdes*; F, G: aquéstas *están verdes*. 77 G: que *la* bien. 79 D, E: *Lo* que por [___] carne. 80a F: *cuando en las piernas la tienen*; G: *cuando en las piernas los tienen*. 80b F, G: *tanto el rigor acrimina*. 80c F: *que dice que no hay achaque*; G: *que dio que no hay achaque*. 80d F, G: *que a éste le llegue a la liga*. 80e F, G: *la pobre tuvo las fiestas*. 80f F, G: *primero que las vigilias*. 80g F, G: *si está ayudando su achaque*. 80h F, G: *con una tienta continua*. 81 F, G: azogue *presumo*. 82a F: *pues si no es peña es pelleja*; G: *pues si no es pella, es pelleja*. 82b F, G: *que es pella diminutiva*. 82c F: *de andar el azogue en ella*; G: *de familias y cambillas*. 82d F: *tiene la culpa su mina*; G: *la trabajan a porfía*. 82e G: *y de un ojo de negrillos*. 82f G: *sólo un humo que fastidia*. 83 D, E: la *que* tiene; G: [_____]. 85 D, E, G: [_____]. 86 D, E, G: [_____]. 87 D, E, G: [_____]; F: de *negrillas*. 88 D, E, G: [_____]. 89 F: [_____]. 90 F: [_____]. 91 F: [_____]. 92 D, E: le *vengó* a; F: [_____]. 94 G: *papelitos* de. 95 F, G: sus *avidas de costa*. 99 D: *y* es. 106 F, G: de *esta provincia*. 108 F, G: de *picardías*. 111 F, G: en *aforismos de gestos*. 112 F, G: se *doctoró* en *medicinas*; D, E: *él doctora* en.

59

PINTURA DE UNA DAMA CON LOS MÉDICOS Y CIRUJANOS QUE EN LA OCASIÓN MATABAN EN LIMA. LLEVA CADA COPLA UN ESTRIBILLO DIFERENTE

ROMANCE

Licis mía, ya mi amor,
pues hoy busca en ti el remedio,
y cual médico me matas,
hoy te he de pintar con ellos.
   Pues, según flechan,   5
tienen tus perfecciones
dos mil recetas.
   Anegado en azabache

de las ondas de tu pelo,
siendo negro, mata tanto   10
como si fuera Bermejo.
    Porque éste es cierto
que de doctor no tiene
siquiera un pelo.
    Tu frente es Yáñez, que mata   15
a pausas por el ingreso,
si con espacios de plata
mata tanto como él mesmo.
    Pero se advierte
que hallan en sus espacios   20
muerte más breve.
    Tus cejas para flecharse
hechas dos arcos contemplo,
que matan como Liseras
que es doblado curandero.   25
    Pero éste yerra
tanto como tus arcos,
flechando aciertan.
    Por ser grandes matadores
en tus ojos estoy viendo   30
al uno y al otro Utrilla,
y porque también son negros.
    Teniendo en ellos
municiones y tiros
y perdigueros.   35
    Por ser de azucena y rosa
y mejillas pienso
que Miguel López de Prado
me da en sus flores veneno.
    Si matan bellas   40
con jarabes de rosas
y de mosquetas.
    Dos Rivillas traes por labios,
que es cirujano sangriento,
y aunque me matan de boca   45
yo sé que muero de cierto.
    Si muchas vidas
se ven quitar sangrientas
con breve herida.
    Junta de médicos forman   50

tus dientes y, por pequeños,
practicantes de marfil
matadorcillos modernos.

    Si a quien los mira
le dan los accidentes   55
de perlesía.

    No es de médico la barba,
porque en lampiños trofeos
traen en viña de cristal
hoyo para los entierros.   60

    Ella es la pira
donde amor con incendios
vuelve en cenizas.

    En garganta y pecho hallo
piélago de marfil terso,   65
navega matando Barco,
hidrópicos de su aliento.

    Si a pechos se echan
un diluvio de nieve
con que se anegan.   70

    Si cuantos caen en tus manos,
han de morir sin remedio,
por idiotas de alabastro
son Armijo y Argumedo.

    Porque el fracaso   75
lo tienen tan seguro
como en la mano.

    El talle es de Pico de Oro,
que Narcisillo Galeno
mata mucho y tiene talle   80
de matar al mundo entero.

    Pero, al contrario,
porque no mata idiota,
por ser delgado.

    De Carrafa, el italiano,   85
tiene las muertes tu asiento,
que doctores de esta casta
matan y mueren por esto.

    Que es la visita
de extranjero muy propia   90
la que le aplican.

    De Ramírez y Avendaño

muslos y piernas contemplo,
que si aquí mata la carne,
éstos son doctores gruesos.   95
　　Y tú recetas
con doctitud gordura
para flaquezas.
　　El pie es flecha de Machuca,
pues siendo en la ciencia el menos,   100
es el mayor matador
y tiene punto con serlo.
　　Y tu pie tiene
buleto, cual Machuca,
porque es el breve.   105

59.　(MSS: ABCDEFGH): 1 C, D, E: *Lici, mi achaque es* amor; F, G: *Lisis, mi achaque
es* amor; H: *Lise, mi achaque es* amor. 2 C, F, G, H: *y* pues [—] *busco* en; D, E: *y*
pues [—] *busca*. 4 H: *si te*. 5 C, D, E, H: [————————————]. 6 C, D, E, H:
[————————————]. 7 C, D, E, H: [————————————]. 8 E: *Anegada* en. 10 E:
negro, matas tanto. 11 E: si *fueras* Bermejo. 12 C, D, E, H: [————————————].
13 C, D, E, H: [————————————]. 14 C, D, E, H: [————————————]. 15 F, G:
es *Ñañez, que.* 16 C: *de paseo* por; D, E, H: *despacio* por. 19 C, D, E, H: [————
————————]. 20 C, D, E, H: [————————————]. 21 C, D, E, H: [————————
————————]. 22 C, D, E: *las* cejas para *flecharme*; F, G: para *flecharme*. 24 H: *y* matan.
26 C, D, E, H: [————————————]. 27 C, D, E, H: [————————————]. 28 B:
flechando acierta; C, D, E, H: [————————————]. 30 B: *y porque también son negros*;
H: *ojos estás* viendo. 31 H: *el* uno y [—] otro. 32 B: *en tus ojos estoy viendo*; D, E:
[-] *porque*. 33 C, D, E, H: [————————————]. 34 C, D, E, H: [————————————].
35 C, D, E, H: [————————————]. 36 D, E: ser [—] azucena; F: azucena *airosa*;
G: azucena *aurora*. 37 B: *tus bellas* mejillas; C, D, F, G, H: *nariz* y; E: *nariz y mejilla,
pienso*. 39 H: en *su* flores. 40 C, D, E, H: [————————————]. 41 C, D, E, H: [————
————————]. 42 C, D, E, H: [————————————]. 43 E: Dos *Rivilla trae* por.
45 D, E: me *matas* de; H: aunque [—] matan. 47 C, D, E, H: [————————————].
48 C, D, E, H: [————————————]; F, G: *saben* quitar. 49 C, D, E, H: [————
————————]. 54 C, D, E, H: [————————————]. 55 C, D, E, H: [————————
————————]. 56 C, D, E, H: [————————————]. 58 C, D, E, H: *por más perfección,
pues veo*. 59 C, D, E: *que en ellas las tuyas tienen*; F, G: *tiene* en urna de; H: *que en
ella las tuyas tienen.* 60 C, D, E: para *hacer entierro*; H: para *hacer* entierros. 61 B: es
la *pista*; C, D, E, H: [————————————]; F, G: *También* es [—] *pira*. 62 G: con
incendio; C, D, E, H: [————————————]. 63 C, D, E, H: [————————————].
64 D: pecho *albo*; H: pecho *alto*. 66 B: *Barco navega matando*. 67 C, D, E: *hidrópico
de su hielo*; H: de su *yelo*. 68 F, G: a *pecho* se; C, D, E, H: [————————————].
69 C, D, E, H: [————————————]. 70 C, D, E, H: [————————————]. 71 H:
cuantos *comen* tus. 73 H: de *alabestro*. 74 G: y *Arguemedo*; H: son *Arniejo* y. 75 C, D,
E, H: [————————————]. 76 C, D, E, H: [————————————]. 77 C, D, E, H:
[————————————]. 78 C: El talle [—] de; D, E: *En* talle [—] de; G: es *el* Pico.
79 E: *el* Narcisillo; H: que *narisillo* Galeno. 81a H: *Muerte de Antonio García*. 81b H:
es el tesoro encubierto. 81c H: *porque éste se tapa mucho.* 81d H: *y cura a fuerza de
ruegos.* 82 C, D, E, H: [————————————]. 83 C, D, E, H: [————————————];

F, G: mata *de* idiota. 84 C, D, E, H: [_____]. 84a C, D, E: *Muerte de Antonio García.* 84b C, D, E: *es el tesoro encubierto.* 84c C, D, E: *porque éste se tapa mucho.* 84d C, D, E: *y cura a fuerza de ruegos.* 85 B: De *Carraza,* el. 86 C: *tienen* las; D, E: *tienen* las muertes *por cierto;* H: [_____]. 87 C, D, E: *que éste habla entre culo y calzas;* H: *Y éste habla entre culo y cabeza.* 88 C, D, E, H: *y es visita de extranjeros.* 89 C, D, E, H: [_____]. 90 C, D, E, H: [_____]. 91 C, D, E, H: [_____]. 92 F: De *Plamires* y *Alvendan;* H: [_____]. 94 H: *y si.* 96 C, D, E, H: [_____]; F, G: Y *tus* recetas. 97 C, D, E, H: [_____]; F, G: doctitud, *gorduras.* 98 C, D, E, H: [_____]. 100 H: ciencia el *menor.* 102 C: punto *de hacerlo;* D, E: punto *de* serlo. 103 C, D, E, H: [_____]. 104 B: *vuelto,* cual; C, D, E, H: [_____]. 105 C, D, E, H: [_____]. 105a C: *Este es, Lisi, tu remedio;* D, E, H: *Este es, Lisi, tu retrato.* 105b C, D, E, H: *mírate bien al espejo.* 105c C, D, E, H: *verás que te copio al vivo.* 105d C, D, E: *pareciéndome un lucero;* H: *con lo mismo que me has muerto.*

60

ROMANCE ALEVOSO A TRAICIÓN A LOS CURSOS DE UNA DAMA

ROMANCE

Si es celebrar vuestro achaque
a mi obligación preciso,
por ejercitarme en cosas
que son de vuestro servicio.

Enfermasteis por la parte,   5
mas a lo oculto me aplico,
por donde el melón da olfatos
y acíbares el pepino.

Por donde es azar la taba
cuyo nombre es parecido   10
a la semilla redonda,
parienta de los cominos.

Por aquí vino la muerte
a entrarse en el entresijo
vuestro, y por no hallar la puerta   15
se os coló por el postigo.

Empezó a arrojar inmundos,
imaginados hastíos,
si de amor imaginados
son ascos del apetito.   20

Empezó a ensanchar los cuartos
de vuestro humano edificio

con recámaras, haciendo
mil aposentos continuos.
　　Las cataratas se abrieron,　　　　　　　25
y fue tanto lo llovido
que muchas veces de inmunda
dio el arca ciertos indicios.
　　Continuóse la tormenta
con truenos y torbellinos,　　　　　　　　30
aumentando la borrasca,
las aguas y los granizos.
　　Parecías regidor
o alcalde, recién ministro,
según de mantenimientos　　　　　　　　　35
tantas posturas hizo.
　　Achaque tan mercader
ninguno lo ha padecido,
si hacía estruendos rompiendo
creas o lienzo crudío.　　　　　　　　　　40
　　La vida estaba en un tris
y en un tras, porque el peligro
de tristrás era igualando
las nueces con el ruido.
　　La muerte al ojo teníais　　　　　　　45
aunque aliviaba el conflicto
el correr con viento a popa
tormenta vuestro navío.
　　En el golfo de los cursos,
bien que ya iba sumergido,　　　　　　　　50
por socorro disparaba
grande cantidad de tiros.
　　Quiso arribar, y halló el puerto
vuestro con tantos bajíos,
que encalló en lama amarilla　　　　　　　55
que se abrió de todo el pino.
　　Aún más que no de accidente
de indulto daba el indicio
vuestro achaque, con soltar
tantos presos oprimidos.　　　　　　　　　60
　　Pero Ochandiano, piloto
del mal de los aforismos
quien los acierta encontrados
y los yerra discurridos,

al socorro vino con   65
tan encontrados auxilios,
que os aumentó con su ayuda
tacos, balas y estallidos.

Milagros os hizo obrar
el dotor y aun basilisco   70
si los pollos y gallinas
volvíais en palominos.

De aquestas aves le diera
un regalo al doctorcito,
porque ponga punto y coma   75
en su latín de idiotismo.

Y porque no cure lindas
como vos, siendo florido,
no sabe achaques de rosas
sino tan sólo de lirios.   80

Si érais divina dudaba,
y ahora que eres, lo confirmo,
que quien libra de Ochandiano
tiene mucho de divino.

Si no, dígalo la Parca,   85
que aun al roeros con el pico
de su guadaña el mondongo,
hecha el águila de Ticio,

encontró que era de versos
discreto vuestro librillo,   90
de los cuales copió el vientre
las seguidillas que hizo.

Porque al que muere se dice
que cerró el ojo, advertido
vuestro discurso en el caso   95
nunca cesaba de abrirlo.

La rinconada de Late
vuestra tendrá el campo optimo
con la abundancia de guano
y sobra de regadíos.   100

Perdonad de este romance
el ser puerco por ser vivo,
que a ser puerco y muerto no
lo aplaudiera de cochino.

Y pues gastáis del humor   105
vuestro, yo gasto del mío,

196

que tengo cursos de versos
porque estoy de ellos ahíto.
Estos sucios me influyeron
los ingenios poco limpios   110
de una Elvira Musa y un
Apolo Vásquez su hijo.

60. (MSS: ABCDEH): 3 D, E, H: por *ejercitarse* en. 7 C, D, E, H: da *olfato*. 12 D, E: de los *caminos*. 15 D, E: *nuestro, y* por. 17 D, E: arrojar *inmundas*. 19 B: *que* de; D, E: amor *imaginado*. 20 C, D: son *asco* del; E: son *asco de* apetito. 33 D, E, H: *Parecisteis* regidor. 36 B: *tan grandes posturas* hizo; C: posturas *hiciste*; D, E: posturas *hicisteis*. 40 D, E: *crea* o. 44 C: *a* las nueces; D, E, H: *a* las nueces *por* el. 45 D, E, H: ojo *tenéis*. 47 B, D, E, H: viento *en* popa. 50 D, E, H: ya *era* sumergido. 56 B, C, H: *y* se; D, E: *y* se abrió de todo [___] pino. 63 B, H: *que* los. 65 C, D, E: socorro *viene* con. 67 D, E: que [___] aumentó. 70 B, D: *tal* Doctor. 72 D, E, H: *volvisteis* en. 81 D, E: Si *eras* divina. 82 C, D, E: ahora *este ser os* confirmo. 83 B: de *Ochandeano*. 90 C: *discretos* vuestro; D, E: discreto *nuestro* librillo. 98 D: *vuestro* tendrá el campo *opinio*; E: *vuestro* tendrá. 99 D, E: *en* la abundancia. 100 D, E: de *regadío*. 102 C, H: por *servicio*; D: por *ser vicio*. 103 D: que *hacer* puerco. 105 D: pues *gustáis* del; E: pues *gustáis de* humor. 106 D, E, H: yo *gusto* del. 110 D, E: ingenios, *pero* limpios. 111 E: de *un* Elvira.

61

PREGUNTA QUE HACEN ALGUACILES Y ESCRIBANOS SOBRE LA PESTE DE LOS PERROS, TEMEROSOS DE QUE NO SE LE PEGUE A LOS GATOS

Romance

A un médico preguntaban
alguaciles y escribanos
si la peste de los perros
se pegaría a los gatos.
Esta primera pregunta   5
se la hizo Basarrato,
que por mulato y corchete,
estaba medio apestado.
«Este lado», prosiguió,
«Señor, que tengo de zambo,   10
está muy pesado y
este otro está muy liviano.»
Díjole el médico, «Amigo,
no es novedad que la extraño,

si traéis de las dos especies   15
que es gatuno mixto en galgo.
　　El de gato tenéis bueno
y ligero; pero el lado
de mulato lo tenéis
comprendido del contagio.   20
　　Haced medio testamento
y la mitad confesaos,
aunque por entero juzgo
que os ha de llevar el diablo.»
　　«Gracias a Dios», respondió   25
un escribanillo chato,
que en el cañón de la pluma
gatillo era examinado,
　　«que no tengo de Guinea
cosa alguna». Y era claro   30
porque era en todo y por todo,
descendiente de romanos.
　　Otro que estaba muy gordo
por no estar arratonado,
dijo, «Yo, tampoco, amigo,   35
corrí en mi vida venados».
　　Todos dijeron lo mismo
y es cierto porque este trato
no es de cazadores sino
de pecadores honrados.   40
　　El médico satisfizo
esta duda, asegurando
que esta peste no podía
contaminar a los gatos.
　　Porque el perro era caliente   45
con exceso y al contrario
el gato frío, y aquí
le replicó un escribano:
　　«Pues si es frío, ¿cómo yo
aun en invierno me abraso?»   50
Y el médico respondió
«Será por enero, hermano».
　　Y prosiguiendo el discurso
dijo, «Amigos, que por cuanto
son calidades contrarias   55
las de unos y de otros hallo,

que cuando enferman los perros
han de estar ustedes sanos;
además que en siete vidas
halla una peste embarazo.   60

A las damas solamente
alcanza esta peste en chascos,
porque tanto perro muerto
a todos habrán de darlos.

Coman ustedes claveles,   65
porque los humores malos
purguen de sus flores con
esta purga que es de gatos.

Se curaron en salud,
porque estén desvalijadas,   70
que el curarse en salud no
será en ustedes extraño.

Y si murieren, al Cielo
se irán luego de contado,
que escribanos y alguaciles   75
siempre mueren sin pecados.

Porque niños inocentes
son todos los de estos tratos,
si gatean unos y otros
de continuo están mamando.»   80
Pagáronle la visita
al médico que, taimado,
la recibió con el guante,
recelando los araños.

---

61. (MSS: ABCDEFG): 2 D: *si la peste de los perros.* 3 D: *alguaciles y escribanos.*
7 F, G: *porque* mulato. 12 G: *esta otra está.* 15 B: de [___] dos; C, D, E: si *traís* [___]
las; F: si *sois de los* dos; G: si *sois* de. 16 D, E: mixto *el* galgo. 20 F, G: comprendido
el contagio. 27 D, E, F, G: cañón de *una* pluma. 32 G: de *Romano.* 36 D, E, F, G: vida
venado. 38 D: [_____]. 39 D, E: [_____]; B: cazadores *si
no.* 40 D, E: [_____]. 41 D, E: [_____]. 42 D, E: [____
_____]; C: *y es cierto porque este trato;* F, G: esta *deuda* asegurando. 43 D:
de *esta* peste; E: [l.d.]. 50 F: aún [___] el Ibierno me. 54 B: *digo,* Amigos; D, E: dijo,
Amigo que. 60 E, F, G: peste *embarazos.* 62 G: esta *parte* en. 64 F, G: a *todas* habrán.
67 F: *purgen* de. 68 D, E, F, G: esta *que es purga* de. 69 B, C: Se *curarán* en; D, E:
Se *curarán con* salud. 70 D, F: porque *están* desvalijadas. 71 E: que *en curar* en; G: en
salud [___]. 72 E: será *de* ustedes. 78 D, E: los de *este trato.* 79 B: *que gatear* unos.
81 D: al *médico.* 82 D: [_____] que taimado. 83 D: *lo* recibió. 84 C: *resalando* los.

62

A UN POETA QUE DE HACER VERSOS LE DIERON CURSOS

ROMANCE

Enfermo estás de tus obras
puesto, Vicente, que miras
que adoleces por detrás
de unas malas seguidillas.
    No son más limpias tus coplas   5
que el mal de tu rabadilla,
porque tus cursos son cacas,
tus coplas cacafonías.
    Serás un poeta perdido
si ahora los desperdicias,   10
pues pueden aprovecharte
si es que con ellos te limpias.
    Mas nunca te han dado enojos
versos que tú tanto estimas,
que siempre vas a alabarlos   15
no a henchirlos de porquería.
    Límpiate con la comedia
que hicistes el otro día,
que más parecía toro
según chiflaban y huían.   20
    También te puedes limpiar
el rabo con las quintillas
de ciego; serán de tuerto
si tu ojo a ellas aplicas.
    No dirán ya que los poetas   25
sin fruto a escribir aspiran,
si tantas necesidades
socorren tus obras mismas.
    Si el ojo del amo engorda
el caballo, ¡qué rollizas   30
estarán tus coplas, si
tú con tu ojo las miras!
    Lee tus obras y no harás
penosas las medicinas,
que aquél que una copla aguarda   35
sufrirá dos mil jeringas.

Pon en consejo tu rabo,
te curará el camarista
Vásquez, que de todos lo es
hasta en la Cámara de Indias[85].   40
    No te cures con su madre,
que sus ayudas malignas
son de costas, si por ellas
se quedan los que jeringa.
    Tus seguidillas imprimen   45
el pañal de tu camisa
con tinta rubia, porque
no merecen otra tinta.
    Milagros dicen que haces
con puerca volatería,   50
si en palominos conviertes
los pollos y las gallinas.
    Tus obras y lo que obras
todo es una cosa misma,
pues son tus letras tan sucias   55
que me parecen letrinas.

62. (MSS: ABCDEFGH): 2 B: puesto *que,* Vicente. 4 D, E: de *unos males* seguidillas. 5 F, G: tus *obras.* 7 C, D, E: son *caca;* F, G: tus *versos* son *caca.* 8 C, D, E: tus *versos cacafonía;* F, G: tus *cursos cacafonía.* 9 B: serás [—] poeta. 10 E: ahora *las* desperdicias. 12 E: es [—] con. 13 B: *y* nunca te han dado *en glos.* 15 D, F: vas a *lavarlos;* E: siempre *vais* a *lavarlos;* G: vas [-] alabarlos. 18 B: que *habéis hecho* el; C: que *hiciste los otros días;* D, E, F, G: hicistes *los otros días.* 20 D, E: y *reían;* F: según *chillaban* y; G: según *chivaban* y. 23 F, G: serán *o* tuerto. 29 C, F: Si *al* ojo; G: Si *al* ojo del amo *engordan.* 30 D, E, G: *al* caballo; F: el caballo, que *rozillas.* 35 C, D, E, F: si aquél; G: *si* aquél que una *clopa* aguarda. 37 F, G: tu *culo.* 38 B: *que* curará. 39 D, E: que [—] *todo* lo. 40 F, G: hasta [—] la Cámara. 43 B: costas *y* por. 44 C, E: que *jeringan;* F, G: que *jeringas.* 45 C, D, E: seguidillas *imprime.* 50 C, D, E, F, G: *en* puerca. 56 D, E: parecen *letrina.*

63

AL GUARDIA DE LAS TIENDAS DE LIMA QUE RODÓ POR UN TECHO Y QUEDÓ ENFERMO

ROMANCE

Una noche más oscura
que la boca del hidalgo
tropezó el dicho con viña,

tropezón suyo ordinario.

De un techo cayó en el suelo,   5
el cual se debió volando,
si para el parrazo el polvo
lo tuvo allí preparado.

Con linterna, capa, espada
y broquel iba rodando,   10
soldado del prendimiento,
sayón, corchete de Malco.

Y sin oir el *ego sum,*
dio el mísero el barquinazo
sin ocasión, porque vino   15
este suceso rodado.

Que el tino perdiese es cosa
que en el suyo mucho extraño,
porque es su tino de suerte
que pega siempre en el blanco.   20

Pero no tuvo remedio
que fue preciso el fracaso,
pues el caer de techos es
cosa que viene de lo alto.

Si andar de capa caída   25
en los hidalgos es malo,
más malo será caer
la carga con el hidalgo.

Ya el velodar de Ledesma
se mira desencajado,   30
sin demonio los pestillos
si los andaba tentando.

Ya la llave del comercio
está sin su guarda Pancho,
que hay guarda Pancho, que siempre   35
no ha de ser el guarda Pablo.

Ya los ladrones nocturnos
sin susto andarán robando,
sin el temor de que silbe
quien siempre andaba silbando.   40

Ya los portales están
sin lechuzo cotidiano
que con desvelos de grullo
dormía en un pie parado.

Ya el murciélago de rondas   45

se ha recogido a sagrado
del hospital de poetas,
porque en él tienen un patio.

Si la caída el pellejo
Piojito, en el vicio hermano,　　　　　　　　　50
con costo de un solecismo
cogiendo por hembra el macho.

Si la caída el pellejo
le cuesta, le cuesta caro,
porque el pellejo es caudal　　　　　　　　　55
de quien hace mucho caso.

Buscando iba ladrones
en latín cinco jugando
el buscar por *quero queris*
iba al hallar su fracaso.　　　　　　　　　　60

Contra principios de ciencia
se vio estaba argumentando,
porque cuando está más lleno
es cuando se halla más bajo.

La culpa tiene el vallico　　　　　　　　　　65
que en el pan causa embriagos,
y añade a lobos bebidos
segundos lobos mascados.

La verdad del caso ha sido,
si el suceso he de contarlo,　　　　　　　　70
pan por pan, vino por vino,
que iba de todo enlobado.

Pensando pisaba techos
halló del viento lo bajo,
y cayó diablo de Pisco　　　　　　　　　　75
porque oyó *quis sicut Bacuus*.

Vinagre con agua dicen
que a su mal le recetaron,
y él dijo no se curaba
con vino que era dañado.　　　　　　　　　80

En efecto él lo bebió
antes de ponerse agrio
con intención de torcer
el vino al irlo tragando.

Desaforado fue el golpe,　　　　　　　　　85
aunque en él mucho lo extraño,
ser desaforado el mosto

cuando siempre está forrado.
　　De humanidades hediondas
dio al caer indicios claros,　　　　　　　　　　90
por ser el estar hediendo
derecho suyo ordinario.
　　Confesión pidió contrito
y la hizo como un santo,
si de su pasada vida　　　　　　　　　　　　95
lo halló el confesor trocado.
　　El porrazo fue su enmienda,
pues vomitó sus pecados
tan bien, que por ser tan vistos
no era posible el callarlos.　　　　　　　　100
　　Aunque fue tan grande el susto
nadie le miró turbado,
que hasta los tragos de muerte
no los teme por ser tragos.
　　Si de éstas escapo y no muero　　　　　105
es de las zorras adagio;
pero Pancho se irá al Cielo,
que es ángel que está mamando.
　　Pues sus orejas ha visto
en los riesgos que ha notado,　　　　　　110
excuse que de la frente
le quite un pelo el fracaso.
　　Yo confío estará bueno
breve, por su propia mano,
porque Pancho hace saludes　　　　　　　115
y así siempre está curado.
　　Déjolo porque no digan
que es vileza maltratarlo,
que dar tanto en el caído
cosa es de ingenios villanos.　　　　　　　120

　　63. (MSS: AA¹BCDEFG): 2 C, D, E, F, G: boca *de un* hidalgo. 7 B: *que* para el *porrazo* el polvo. 8 D, E: *le* tuvo *ya aparejado;* G: tuvo *hay* preparado. 9 F, G: con *la terna,* capa. 10 A¹: [-] broquel; F, G: iba *rondando.* 13 A¹, C, F, G: oír [-] ego; B: [-] sin. 14 D, E: el *mismo* el. 18 A¹, C, D, E, F, G: suyo *bueno* extraño. 23 B: pues [＿] caer; C, D: *si* el caer de *techo* es; E: *si* el caer *del techo* es; F, G: *si* el caer. 24 C, D, E, F, G: que *está* de. 26 A¹: en [＿] hidalgos. 28 E, D: carga *en* el. 32 D, E: *que* los. 33 A¹: la *guarda* del. 34 C: su *guardia* Pancho. 35 C: hay *guardia* Pancho. 36 D, E: el *guardapalo.* 37 B: ladrones *noturnos.* 39 C, D, E, F, G: que *chifle.* 40 C, D, E, F, G: andaba *chiflando.* 42 B: lechuzo *cuotidiano.* 43 A¹: de *grillo;* D, E: con *resuellos* de. 44 D, E: *dormita* en. 45 B: el *morciélago* de. 46 A¹, F, G: recogido *al* sagrado. 50 C: en

evicio hermano. 51 D, E: con *coto* de. 53 F, G: [_____]. 54 D: cuesta *lo que está* caro; E: [l.d.]; F, G: [_____]. 55 F, G: [_____]. 56 F, G: [_____]. 57 B: [_____]. 58 A¹: latín *sin conjugarlo*; B: [_____]; C, D, E: latín *si conjugando*; F: latín *sin conjugando*; G: latín *sin conjurarlo*. 59 B: [_____]. 60 B: [_____]; D: iba [.] hallar *en* su; E: iba *a* hallar *en* su. 64 A¹, F, G: más *vaco*. 65 C: tiene el *ballco*; D, E: tiene el *bellaco*. 68 B: *según dos* lobos. 72 D, E: iba *del* todo. 75 B: de *piso*. 76 C, F, G: oyó *quid* sicut; D, E: oyó *quid super* Bacuus. 77 G: agua *nieve*. 79 C: curaba *con el da*. 80 A¹, F, G: con *el dañado, un* dañado; C: con *el dañado*; D, E: *tan presto con el* dañado. 81 G: el [___] bebió. 82 C: ponerse *agro*. 83 C, D, E: de *volver*. 84 C: vino *de* tragando; D, E: vino *después de aguado*. 86 D, E: aunque *no* [___] mucho. 90 F, G: caer *indicio claro*. 91 A¹, F, G: el *mojón del vino*; C: ser el [_____]; D, E: por *asegurar* ser el [_____]. 96 F, G: *se halló*. 99 A¹, F, G: *también* que. 100 B: posible [___] callarlos. 102 B: le *ha visto* turbado; D: le *mira* turbado; E: nadie *lo mira* turbado; F: *naide* le. 105 B, D, E, F, G: de *ésta* escapo. 109 A¹, C, D, E, G: orejas *se han* visto; F: orejas *se ha*. 113 D, E: yo *confieso* estará.

64

COLOQUIO ENTRE UNA VIEJA Y PERIQUILLO
A UNA PROCESIÓN CELEBRADA EN ESTA CIUDAD

Peri:	Segun el infiel orgullo	
	con que el misterio celebran	
	las tapadas, pues me digan	
	tarascas de aquella fiesta;	
	sopilforas, insolentes	5
	que a la herejía asemejan	
	como cubiertas del velo,	
	pierden el de la vergüenza.	
	Con los bárbaros barbados	
	andaban de chanzoneta	10
	muy preciadas de letradas,	
	ignorantes bachilleras;	
	que aunque al Christus no conocen	
	en medio de tantas letras,	
	por hacer más execrable	15
	su desenvuelta insolencia,	
	hacían del sambenito	
	la gala más deshonesta;	
	esto es, prescindiendo el poco	
	esmero en que degeneran	20
	de católicos fervores	

las descuidadas tibiezas.
En el adorno de altares
y calles se manifiesta
de favores el *non plus*,   25
el rey de cielos y tierra.

Vieja: ¿Que me cuentas, Periquito?
Mira, niño, no me mientas,
porque dudo que pudiese
suceder más en Ginebra.   30

Peri: No, Señora, que en los niños
y los locos son cosecha
las verdades; y aunque amargue,
la verdad es evidencia.

Vieja: Oh ¡qué claro es el chiquillo,   35
en medio de su simpleza:
A fé que para escribano
es el muchacho una perla.

Peri: También ví en la Compañía
por adorno de la iglesia,   40
colgados muchos rebozos
de brocato y de bayeta,
porque femeniles galas,
a desplegadas banderas,
hagan de profanidades   45
aun en los templos ostenta.

Vieja: Mira, Perico, que ya
pasan de raya tus pepas;
habla claro, que aun yo misma
imagino que te juegas.   50

Peri: Pasa *in verbo motilonis*
y créame usted siquiera,
porque todos me despachan
a mi abuela que me crea.
Es tan fiero el huracán   55
de ventosas volumeras,
tan feroz el torbellino
de vanas prosopopeyas,
que, si por muerte de un rey,
hay sermones dondequiera.   60
Aquí, por lo que se mira,
predican dos mil arengas,
siendo abuso tan común,

que si Dios no lo remedia,
tendrán ya panegiristas,   65
pulperos y verduleras.
Porque a todas luces luzga
de vanidad la quimera,
que dizque en el Purgatorio
también se alivian de penas   70
las almas de este país
con aparentes exequias.

Vieja: Gentil alivio por cierto,
encender al humo hoguera,
habiendo efectivas llamas,   75
siempre de Dios más aceptas,
como si ante la infalible
verdad de infinita ciencia,
vanos desvanecimientos
dignos holocaustos fueran.   80

Peri: Esa es la supersticiosa
ilusión que a muchos ciega;
juzgan que aun en cultos sacros
profanos humos prefieran.

Vieja: ¿Que es tanta la vanidad   85
de la mundana demencia
que aun de lo sagrado abusa
la profanidad grosera?
Más ¿dónde dejas las gracias
que de sus hidalgos cuentan?   90
Dizque ya de hijos de Adán
sus prosapias degeneran.

Peri: Todo el mundo es Popayán
y pasa lo que pudiera
dondequiera que hay campanas;   95
y así te suplico, Abuela,
que no me importunes más
con preguntas y respuestas;
que aunque a las reglas comunes
no hay particular ofensa,   100
habiendo perrogativas
que mi respeto venera,
no es justo el hacer agravio
por las malas a las buenas.

Vieja: Ni es de mi genio tampoco   105

207

profanar las excelencias
de tantos gloriosos héroes
que ilustran su alta nobleza.

Peri: Pues ya guardando el decoro
con debida reverencia   110
a tanto noble esplendor,
excepción de aquestas reglas,
hablaré con solo aquéllos
que por meterse en docena,
siendo de miserias flujo,   115
se introducen a primera:
caballeros sólo *in voce*
de su jactanciosa lengua,
hidalgos sin más informe
que un don de bastardas letras,   120
cuya ambición vinculada
en falsas sevillanetas
a ilustres categorías
aspira en basas plebeyas.
Como unos pavones reales   125
muy erizados se encrespan
sin atender a que estriban
en unas patas muy feas;
y como firmen el *don,*
aunque de donado sea,   130
les basta sólo el firmarlo
para su información plena;
que en esta Babel, con solo
el contacto de la huella,
se constituyen los sastres   135
en potentados de Grecia,
los galafates en condes,
duquesas las taberneras,
principotes los arrieros
y las gorronas princesas.   140
De suerte que el que quisiere
exaltar su descendencia,
en jurando el domicilio
no necesita más prueba.
Y es cosa muy singular   145
que aun sin saber formar letra
sino caracteres griegos,

siempre aquellas tres primeras,
que constan en solo el *don,*
con gran claridad expresan,   150
pero todas las demás
su abuela que las entienda.

Vieja: ¿Viste algunos gamonales
de seriedad circunspecta,
muy estíticos de bolsa,   155
muy estirados de ceja,
de aquéllos que, si se ofrece
la cuestión, primero niegan
doce artículos de fe
que uno de caballeresca;   160
de aquéllos de quitasol
de angaripola y cenefa,
rapacejos de algodón
en vez de flecos de seda?

Peri: No, Señora, que no pude   165
elevarme a tanta esfera,
si no es ya que de mal vistos
ninguno hay que verlos pueda.
Sólo si unos aéreos diablos
de tan vana ventolera   170
que del propio torbellino
camaleones se alimentan.
Otros duendecillos vanos,
muy sin forma ni manera,
por suponer entidad   175
forman varias apariencias,
ya de fantasmas galanes,
don Guindos de la comedia;
ya de familiares trasgos
metidos en sus carretas;   180
ya de súcubos maricas
o hermafroditas diablescas,
con más afeites y aliños
que una doña Melisendra;
mucho capote de franja,   185
pañuelo a la picaresca,
metidos entre cortinas
como en jaula cotorrera:
por un lado marimachos,

por otro lado machihembras,   190
las cabezas circundadas
con cintas de raso o tela;
mas con todo este fán fán,
con la transformación quedan
en entrando al vestüario   195
don Peroliños de Jerga.
Y en volviéndose a sus casas
toda grandeza depuesta,
la mazamorra en persona
sazonan sus excelencias   200
y acabándose la farsa
de los Príncipes de Tebas
hacen a don Gerineldos
su mojiganga burlesca.

Vieja: ¿No hacéis conmemoración   205
de las femíneas bellezas,
que ya por hijas del aire
juzgo se miran muy bellas?
Dizque son unas jeringas
altas, delgadas y secas,   210
preciadas de pocas carnes
son patas, barriga y tetas.

Peri: No me toques ese punto,
Señora, porque me pesa
que así carguéis la romana   215
a matronas tan honestas,
cuando por romanas pueden
blasonar de muy Lucrecias
esas ilustres matronas
que mi decoro venera,   220
cuyo prudente recato,
virtud, cordura y modestia
a la veneración toca
y no a censura grosera.

Vieja: No por ésas te pregunto,   225
que fuera necia imprudencia,
cuando sus fueros excemptos
viven de toda sospecha,
sino por aquellas otras
charlatanas damiselas,   230
que Laídas, Lamias o Floras

son de esa Roma moderna.

Peri: Como en la fragilidad
de nuestra humana miseria,
por dolencia universal   235
es la más común flaqueza,
siempre de inmundas, mundanas,
profanas, ninfas venéreas,
suele ser en todo el mundo
la más corriente moneda.   240
Y así noto en este informe
una sola diferencia,
que otras caen de rogadas
y éstas de caídas ruegan.[86]
Vi exhalaciones con manto   245
o fantasmas corpulentas,
andan por calles y plazas
jugando gallina ciega;
unas son topa-con-todos
por ver si pega, o no pega;   250
sin ser de peso pesadas,
livianas, sin ser ligeras;
y aunque desbarbadas no,
son muy rapantes barberas,
que a los míseros barbados   255
desuellan que se las pelan.
Otras, más chulas o soeces,
entrando a las casas mesmas
por echar el resto al saque
con todos pelota juegan;   260
sin que a su desenvoltura
o liviandad deshonesta
aun sirva la inmunidad
de sagrado a las iglesias.
Mas en medio de tan varias   265
ilícitas diligencias,
más eructan de gazuza
que bostezan de repletas.
Preciadas de doña Urraca,
de picudas cotorreras,   270
por cuatro bachillerías
de memoria mal impresas,
tan superficiales que

a dos silogismos queda,
con un beso a usted la mano   275
concluída toda la arenga.

Vieja: ¿Ese es todo el saine o filis
que a tanto bauzán eleva?
¡Tan poca actividad tienen
los encantos de Medea!   280

Peri: Todos sus donaires fundan
en insolencias perversas
y así al punto semitonan
en pulsándose otra tecla.

Vieja: ¿Luego todas las plausibles   285
pompas, que el vulgo celebra
de esta confusa Babel,
de esta fabulosa Creta,
de esta imaginaria Menfis,
de esta fantástica Atenas,   290
son, según la descripción,
que tu relación expresa,
perspectivas aparentes
de humo que el viento subleva
en ficticios obeliscos   295
a desvanecida esfera?

Peri: Son eructos sin sustancia
en los faustos que bostezan,
oropel sin fundamento
el del relumbrón que afectan: 300
todo paja, ningún grano,
cascos vanos, tripas huecas,
mucho ruido, pocas nueces,
muchos dones, pocas rentas.
Y perdonad, que yo no   305
sé más que estas menudencias,
que acaso se han prevenido
sin hacer reflexión de ellas.
Pues sólo sé que no sé
y aun si el no saber supiera,   310
ya eso fuera saber algo,
y eso mi ignorancia niega.

Vieja: Digo que de hoy adelante
doy por falsas, por siniestras,
por nulas, por atentadas,   315

por patrañas, por novelas,
a todas o cualesquiera
relaciones o gacetas,
informes o descripciones,
o manuescriptas o impresas,   320
maldiciendo a los perjuros
informantes, con aquéllas
que las viejas acostumbran
y hasta con las de anatema;
y a los tales ateístas,   325
por incursos en la pena
de falsarios, de embusteros,
o de perjuros babiecas.

64. (MSS: ABCDE): 1 E: el *fiel* orgullo. 3 B: tapadas, *me parecen.* 7 B: *cuando*
cubiertas. 9 D, E: los *barberos* barbados. 10 D, E: *siempre andan* de. 11 D: muy *preciados*
de *letrados*; E: [l.d.]. 13 B: aunque *el* Christus; C, D, E: que *aún el* Christus. 24 D, E:
se *manifiestan.* 27 D, E: cuentas, *Periquillo.* 45 B: *huyan* de. 46 B: templos *se obstentan.*
48 D, E: *pasando* raya. 49 D: yo *mismo.* 51 E: verbo *motilones.* 52 E: usted *si quiera.*
58 D: vanas *prosopollas.* 66a C, D, E: *aun los entierros nocturnos.* 66b C, D, E: *su gran
fantasía observa.* 69 B: [___] *dicen que* en. 70 B: alivian *las* penas. 75 C: habiendo *afectivas*
llamas; D, E: *haciendo* efectivas. 76 B: más *afectas*; E: Dios [___] aceptas. 79 B: *vano*
desvanecimientos. 81 D, E: *Esta* es la *superstición.* 83 B: *y* juzgan que [___] en. 85 E:
[_____] ¿*Qué.* 89 E: las *glorias.* 91 B: *después que* de. 99 E: reglas *camines.* 101 D, E:
habiendo *prerrogativas.* 102 D, E: respeto *veneran.* 105 C, D, E: es [___] mi *designio*
tampoco. 113 D, E: solo *aquéllas.* 115 D, E: de *miseria flus.* 117 D, E: *Caballero* solo.
119 D, E: *hidalgo* sin. 123 E: a *ilusiones categóricas.* 124 B: aspiran [___] basas. 133 D,
E: Babel *tan* solo. 134 D, E: *al* contacto. 137 D, E: los *calafates* en. 139 D, E: *en príncipes* los. 142 B: *ensalzan* su. 145 D, E: es *caso* muy. 149 D: que *lo están* en. 150 D, E:
claridad *expresa.* 156 C, D, E: de *cejas.* 161 D, E: de *aquéllas* de. 164 C: de *fluecos* de.
165 D, E: no *puede.* 167 D, E: mal *visto.* 169 D, E: sólo *vi* unos. 178 C: don *Gindos* de.
181 A: de *subeabos* maricas; D: súcubos *marciales*; C: de *súbcubos* marciales; E: de
sacudos marciales. 182 C: hermafroditas *diablesas.* 183 B, C, D: con *más* afeites. 188 D, E:
[___] en. 193 B: este *fau fau*; C: este *fao fao.* 194 B: *en* la. 195 B: entrando *a* vestuario.
196 D, E: don *Peroleño* de. 200 C: *sazona a* sus. 204 D, E: *en* mojiganga. 208 C: se *mira
mis* bellas; D: se *mira* muy. 213 B: toques *a* ese; C, D, E: me *toquéis a* ese. 218 D, E:
blasonar *por* muy. 222 B: *muestra* cordura. 223 B: *que pide* veneración [___]. 224 B: no
[___] censura. 231 B: que *raídas,* Lamias; C, D, E: Lamias *y* Floras. 237 E: inmundas
mudanzas. 239 E: ser [___] todo *en* el. 245 C, E: *Vieja exhalación* con; D: *Vieja exhalación*
con *mantos.* 247 B: *andar* por. 248 D, E: jugando *carnes tolendas.* 264 B: sagrado *en* las.
267 C: más *erutan* de; B: más *se* eructan de *gatusa.* 274 C, D, E: silogismos *quedan.*
275 D, E: usted *las manos.* 276 C: concluída [___] la *talega*; D, E: *bien* concluída [___]
la *talega.* 277 D, E: ¿*Esto* es todo el saine *a* Filis. 287 C, D, E: de *esa* confusa. 288 C,
D, E: de *esa* fabulosa. 289 C, D, E: de *esa* imaginaria. 290 C, D, E: de *esa* fantástica.
293 D, E: *perceptibles* aparentes. 296 D, E: *o* desvanecida *estrella.* 297 D, E: Son *estruc-
tos* sin. 300 B: *de aquel* relumbrón; C, D, E: *en el* relumbrón. 301 C: todo *pasa,* ningún.
307 C, D, E: se *me previenen.* 317 B: todas *las relaciones*; D, E: todas *y* cualesquiera.
318 B: *mentirones* o. 320 B, E: o *mano escritas* o; D: *a mano escritas* o. 324 E: [___]
hasta. 327 D: de *farsarios* de.

65

RETRATO A UNA BELDAD LIMENSA USANDO DEL COMÚN EMBUSTE DE LOS PATRICIOS DE AQUEYA CIUDAD DE LA «Y» EN LUGAR DE «ELLE»

Un retrato a mi Inesiya
quiero bosquejar; mas hayo
imposible el bosquejayo
por singular maraviya.
Si en su rizado cabeyo   5
ofir con ondas bataya
con doradas hebras, haya
que el oro llega a excedeyo.
Cándida en su frente beya
la nieve su afrenta caye,   10
que pues no puede evitaye
será en vano su quereya.
Sus cejas, sólo al mirayas,
con mil flechiyas y arpones
logran triunfos a miyones,   15
sin que precedan batayas.
Como dos luceros beyos
son sus ojos dos estreyas,
más que el alba hermosas eyas,
más que el sol briyantes eyos.   20
En su linda nariz hayo
una proporción más beya,
mas siempre se miró en eya
de imperfecciones el fayo.
Su boca, sin que sea puya,   25
joya tan beya atesora,
que el coral aljófar yora
o el rubí perlas arruya.
Es su mano un juguetiyo
de cristal, tan liso y yano,   30
que el alabastro es viyano
para poder competiyo.
Y en su ayuno beyo taye
se llega a ver el garbiyo,
se haya tal garabatiyo   35
que no hay quien ose a tocayo.

Es su pie tan pulidiyo,
tan gayardo y orguyoso,
tan beyo, tan puntijoso,
que mantiene su puntiyo.   40
    Disculpad ya, mi Inesiya,
el retrato que al copiaye
aun no osará retocaye
mi beyaca redondiya.

65. (MSS: ACDE): 1 D, E: mi *Inesilla*. 2 E: mas *hallo*. 3 E: el *bosquejallo*. 4 E: singular *maravilla*. 5 C, D: *y* en; E: *y* en su rizado *cabello*. 6 D: *ofil* con; E: ondas, *batalla*. 7 E: hebras *halla*. 8 C: oro *yega* a; E: a *excedella*. 10 D, E: nieve *en* su *frente* caye. 11 C: puede *imitaye*. 14 D, E: mil *flechillas* y. 19 C, D, E: alba *hermosa eyas*. 20 D, E: sol *briyante eyos*. 22 C, D, E: proporción *muy beya*. 23 C: se *admiró* en; D, E: se *admira* en. 26 D, E: *jolla* tan. 27 E: aljófar *llora*. 28 D, E: o *en* rubí. 33 C: *Si* en su *ayroso beyo*; D: su *airoso beyo*; E: su *airoso lindo taye*. 34 C: se *yega* a; E: el *garbillo*. 35 D, E: tal *para batiyo*. 36 D, E: quien *no se atocaye*. 39 C: *beyo* tan *puntiyoso*; D: *beyo* tan *denairoso*; E: *beyo* tan *donairoso*. 41 D, E: *Discúlpame* [_____], mi. 42 D: al *espiaye*; E: al *expiaye*. 44 E: *el poeta más tarabiya*.

66

OTRO A LA MISMA, USANDO EL TRUECO DE AMBOS ABUSOS DEL FINGIDO EMBUSTE

    Mi Ynesiya, dizque aller
te asustó el cabayo ballo
y te dio tan gran desmallo
que hubiste de fayecer.
    Sintieron tanto el sabeyo   5
de mis ojos los apollos
que yoraban como arrollos
como yoraron al veyos.
    ¿Es posible que Ynés beya
de su cabayo calló,   10
quedando con vida llo
sin desmallarme con eya?
    ¿Posible es, mi beya Ynesa,
que tan fatales desmallos
lleguen a eclipsar los rallos   15
de ese sol de tu beyeza?
    Y mi fineza al oyllo
por estar mal ensallada

no se quedó desmallada;
de aquesto me maraviyo.   20
   Mas llo prometo ensallarme
con ansias, soyozos y alles;
para cuando te desmalles
saber también desmallarme.
   Que llo no soy de balleta,   25
ni gallo, ni papagallo,
para no sentir del rallo
la beyaca morrisqueta.
   Y así te ruego Ynesiya,
te excuses de otro desmallo,   30
por amor de don Pelallo,
restaurador de Castiya.
   Y al ballo antes de montaye,
por probar la furia sulla,
haz, Ynés, por vida tulla   35
que otro llegue a paseaye.
   Pues no es razón arriesgaya,
porque si otra vez callera
no dudéis que me hullera
a Seviya o Tafaya.   40

66. (MSS: ACDE): 1 D: Mi *Ignacilla* dizque. 4 D, E: que *hubistes* de. 8 D, E: como *llorarán* al *vello*. 10 D: caballo *cayó*. 17 D: Y *tu* fineza *hallo llo*; E: Y *tu* fineza *hallo yo*. 21 D, E: mas *yo* prometo. 34 D, E: la *fuerza* sulla. 37 D: razón *aresgalla*; E: razón *arresgalle*. 39 C: me *lo llera*; D: no *dudes* que me *lo ollera*; E: no *dudes* que me *ollera*. 40 C, D: o *a Tafalla*; E: *desde Sevilla a Tafalla*.

67

A UNA DAMA QUE SE SACÓ UNA MUELA POR DAR A ENTENDER QUE LAS TENÍA

   Que el que vieja te llamase
tan fuertemente sintieses
que te saques una muela
porque digan que las tienes,
   ¿Cómo ha quedado la encía?   5
¿quedó muy gustosa? ¿duele?
Pero no, que la sacaste
porque ella no se cayese.

216

Y no duda que tendría
profunda la raíz que crece,   10
sabiendo que es después de
cuarenta y cinco septiembres.
   Sin embargo yo que admiro
tu boca de clavel breve,
sé que a cualquiera hermosura   15
la podrás mostrar los dientes.

67. (MSS: ABCDE): 1 B, C: te *llamasen*; D, E: te *llamen*. 2 D: fuertemente *sentistes*; E: fuertemente *sentiste*. 3 D, E: te *sacastes* una. 6 C, D, E: muy *quejosa?* duele? 7 D, E: la *sacastes*. 9 C: *Yo* no dudo. 10 B: profunda [__] raíz. 11 D, E: que [__] después. 15 B, D, E: a *cualquier* hermosura. 16 D, E: *le* podrás.

68

A UN NARIGÓN DISFORME

ROMANCE

Tu gran nariz, don Antonio,
del tribu de Benjamín,
me está tentando a un romance
agudo acabado en y.
   Yo las tengo de pintar,   5
y si por feo el país,
no es pintar como querer,
es pintar como reír.
   Tan reparable es por larga,
que más parece ojo, si   10
la nota de su largueza
a todos da qué advertir.
   Sin ser blanca me parece
un colmillo de marfil
pardo de los elefantes   15
que rumean en Medellín.
   Tu cara parece esquina,
que está junto a San Martín,[87]
si la apuntala un gigante
del porte de tu nariz.   20
   Casa es de la Compañía,[88]
y te enteatinaste allí,

217

de quien aprendió Larreño
los reparos de albañil.

    Por tu nariz te saliste,   25
porque da tanto en salir,
que no sobresale más
el Cerro de Potosí.

    Ella es nariz perdurable
y en larguna tan sinfín,   30
que nadie la ve llegar
y todos la ven partir.

    Su pico largo y feroz,
puesto en cañón de alcribís,
no fue escogido a su moco,   35
sino a moco de candil.

    Por pico de papagayo
ha de hablar y ha de decir
que, como cautivo y solo,
está en rostro de machín.   40

    Nariz mensajera es, puesto
que embajadas da de ti
en las visitas; si antes
te salen a recibir,

    «Don Antonio viene», dicen,   45
y hay tiempo de prevenir
el chocolate una hora antes
que entre tu cuerpo ruín.

    ¡Cara con asa! El demonio
más sayón no encara así,   50
pues por olla o alcarraza
cualquiera la puede asir.

    Cara con timón es popa
de fragata o bergantín,
si no proa de estos vasos   55
con dos letrinas al fin.

    Cara con tabique es cosa
que se puede presumir,
que empareda las mejillas
por apostatas de abril.   60

    Cara con tollo de canto
es apodo tan feliz,
que para cara de viernes
no deja más que decir.

Retraído estabas, cuando
pasando iba un alguacil
por la calle, y tú en la iglesia,
te agarró de la nariz.

    Y hecho anteojos agarrantes
la pescó diciendo, «Aquí
del rey». Y tú, «Aquí de la iglesia»,
empezastes a decir.

    El alguacil replicaba,
«No, porque yo te prendí
la nariz en la ora cera,[89]
y no la he de desasir.»

    Porque en sagrado no estaba,
porque hay desde aquí a allí,
con muy poca diferencia,
doce varas de medir.

    Y siendo la mayor parte
de ése tu cuerpo flauchín,
por parvidad retraída,
de la iglesia has de salir.

    Si vas por alguna calle,
hay mil choques sobre sí;
has de cejar a los coches
que acertaren a venir.

    Nariz que por caballete
trae ensillado un rocín
con bigotes, arritrancas,
cejas, pretal, tahalí.

    Si comes, comen primero
o no tienes de engullir
cabizbajo, sino alzados
los ojos hacia el cenit.

    Cara con mosquete tienes,
si en narigal serpentín
traes cañón y sacatrapos
con tabaco polvorín.

    Narigón de quien Anás
fue narigal aprendiz;
si Caifás parece romo,
mirado junto de ti.

    Toda la naricería
no llegan al escarpín

de tu nariz con juanetes,
que es más pie que no nariz.
　　Ni en andas de la Pasión
el sayón más baladí　　　　　　　　　　　　110
ha sacado en jueves santo
tan gran trompa de nariz.
　　Ni las doce tribus juntas,
desde Adán hasta Leví,
han narigado tan largo,　　　　　　　　　　115
si eres narigón sinfín.

68.　(MSS: ABFG): 3 F, G: tentando [—] un. 4 F, G: agudo *y acaba* en. 5 F,
G: *Ideas* tengo. 10 F, G: *la torre de su nariz.* 11 F, G: *que notan todos lo largo.* 12 F, G:
y a todos. 15 F, G: *parto* de. 16 F: que *rumian* en. 19 B: *y* la apuntala; G: apuntala *en
gigante.* 21 F, G: [―――――――――――――]. 22 F, G: [―――――――――――]. 23 F, G: [――――
―――――――]; B: aprendió *Lañero.* 24 F, G: [―――――――――――]. 33 F, G: largo [-]
feroz. 38 F, G: y [—] de. 50 G: sayón [—] encara. 51 F: olla *balearrasa;* G: pues *con*
olla *tal carrasa.* 52 F: *cualesquiera* [—] puede; G: cualquiera [—] puede. 57 F, G: con
tubos que. 59 G: que *amparadas* las. 69 F, G: anteojos *agarrastes.* 71 F, G: Aquí [—]
la. 78 B: *puesto que* hay *de* aquí [-] allí; F: aquí [—] allí; G: aquí *hay.* 79 G: poca
diferiencia. 82 G: de *éste* tu. 88 F, G: *o te pisan la nariz.* 89 F, G: por *caballera.* 92 B:
cejas, *petral,* tahalí. 96 B: el *ceniz;* F, G: ojos *viendo* el *senid.* 97 F, G: con *mosquetes*
tienes. 98 B: *y* en. 103 B: *Y* Caifás. 108 F, G: que [—] nariz. 110 F, G: *ningún* sayón
[—] baladí. 112 F, G: de *París.* 113 F: Ni *los* doce tribus *juntos.* 114 F, G: Adán *al de*
Leví. 116 B: *que* eres.

69

AL DOCTOR FUENTIDUEÑAS[90] PORQUE REPLICANDO
A UN GRADO DE BACHILLER EN LA FACULTAD DE MATANZA
DIJO QUE HABÍA VAGUIDOS DE ESTÓMAGO

ROMANCE

El médico Matasiete,
que siete, ciento y cincuenta,
pues de una pulsada sólo
se los birla a la primera;
　el doctor de granjería,　　　　　　　　　　5
científico de por fuerza,
porque la Universidad
le dio grado de muleta.
　El que por acreditarse,
tanto en la mula se espeta,　　　　　　　　　10

220

que estiradamente imita
a Bermejo, alhaja tiesa;
   aquél, que de donde diere
las medicinas receta
y en latín de solecismos   15
ciegamente aforismea;
   aquel intruso doctor,
que regoldando Avicenas,
aún no sabe el mentecato
cuál es su mano derecha;   20
   el grande doctor Palito,
en lo afilado de lezna,
el que anda sobre una aguja
como rejón, siendo flecha;
   éste, perdiendo el respeto   25
a la sala de Minerva,[91]
abriendo la boca echó
un rebuzno entre su recua.
   Presidía el gran camote
de Avendaño, en calaveras   30
gradüado y catedrático
de sepulturas funestas.
   Y él, replicándole al punto,
que a matar mejor se ordena,
de estómago bachiller   35
habló mal y de cabeza.
   Que había vaguidos, dijo,
de estómago, ¡Qué insolencia!
doscientos le habían de dar
azotes por tal simpleza.   40
   Ven acá, doctor Terciana,
con récipes de escopeta,
cimarrón de medicina,
matante a diestra y siniestra;
   señor de horca y cuchillo,   45
que, aunque esto no es por herencia,
lo haces tú con tal primor
que parece que lo heredas.
   Vaguidos quieres de estómago,
ahí sólo estriba tu ciencia,   50
y no sé cómo digieres
crasedades tan grüesas.

Quédate para una enjalma,
que puede ser que te venga,
que el capirote es muy corto   55
para una tan grande bestia.

69.   (MSS: AB): 2 B: *o siete*. 3 B: *pulsada sola*. 37 B: *había vahidos dijo*. 49 B:
Vahidos quieres. 50 B: *en eso estriba*. 52 B: *tan groseras*. 53 B: *una jalma*.

70

ESTRIBILLO

¡QUE TEMAN A LOS TEMBLORES
Y NO TEMAN A LOS DOCTORES!

El temblor viene avisando
que huyan de su rigor,
lo que no hace el doctor,
porque éste mata callando;
y cuando uno está pensando   5
que está su vida segura,
viene el sacristán y el cura
con la cruz y los cantores,
¡que teman a los temblores,
y no teman a los doctores!   10
Lo mismo hace un jarabe
del médico maleficio
que el caer un edificio
para que la vida acabe;
el médico es temblor grave,   15
un terremoto barbado,
un Vesuvio licenciado
del cual viendo los rigores,
¡que teman a los temblores
y no teman a los doctores!   20
Cuanto más machucará
Machuca con su [pandilla]
que la torre de Sevilla,[92]
cayendo demolerá;
de aquésta se guardará   25
el que su cimiento escarba,
pero no de aquella barba,

222

que el verla da trasudores,
¡que teman a los temblores
y no teman a los doctores!   30

Un Bermejo que a sí mismo
se matará, si se cura,
porque tan gran matadura
no ha tenido el idiotismo;
porque es todo un barbarismo   35
cuanto dice y [cuanto sabe,]
de su necia parla suave
es mata-obispos y oidores,
¡que teman a los temblores
y no teman a los doctores!   40

Un Yáñez tan memorión
cuanto inútil de talento,
y precia de entendimiento
el memorista entablón;
en nada halla solución   45
a Hipócrates ni a Galeno
a pausas habla, relleno
de aforismos embaidores,
¡que teman a los temblores
y no teman a los doctores!   50

Un Rivilla charlatán
que si el curar, gestos fuera,
en toda su vida diera
derechos al sacristán;
porque es tan grande el desmán   55
con que gestea Machín
el orinal y el bacín,
que da risa a los hedores,
¡que teman a los temblores
y no teman a los doctores!   60

Un Avendaño perplejo
en la ciencia que no alcanza,
albóndiga Sancho Panza
del Quijote de Bermejo
su mal talle da al gracejo;   65
que reír siendo un lechón
con bragas y camisón,
bastó de los matadores,
¡que teman a los temblores

y no teman a los doctores! 70
    Un Vásquez, gran majadero,
quien ya por segundo lado
mata, después de casado,
al mundo de caballero;
de San Andrés carnicero, 75
mata con ejecutoria
de albarda hidalga notoria
si emparienta con señores,
¡que teman a los temblores
y no teman a los doctores! 80
    Un Ramírez elefante,
grasa de la medicina,
mundo de pulso y orina
si es una bola arrogante;
de la salud es farsante, 85
porque representa hazañas
de curaciones extrañas
hechas con gruesos primores,
¡que teman a los temblores
y no teman a los doctores! 90

70. (MSS: ABFG): 15 F, G: [_____]. 16 F, G: *y* [__] terremoto. 17 F: un *Betrubio* licenciado; G: un *Belsubio* licenciado. 18 B: *de quien vienen* los. 21 F, G: *Cuando* más *Machuca hará*. 22 A: su *enpandilla*. 25 F, G: aquésta *su guarda hará*. 36 A, F, G: y *lo suave*. 37 F, G: parla *grave*. 38 G: es *mata-obispo* y. 42 B: *como* inútil. 43 B: *que* precia. 48 F, G: aforismos *y de errores*. 52 G: curar *gastos* fuera. 58 F, G: los *oidores*. 72 B: *que* ya. 78 B: *que* emparienta; F, G: *se impacienta* con. 82 G: *granea* de. 84 G: bola *arrogante*.

71

HABIENDO ESCRITO EL EXCELENTÍSIMO SR. CONDE
DE LA MONCLOVA UN ROMANCE, LOS INGENIOS DE LIMA
LO APLAUDEN EN MUCHOS Y EL POETA EN ESTE

ROMANCE

    Excelentísimo Conde,
que para honor del pobrismo,
por justos juicios de Apolo,
honráis los flacos jüicios.
Ser poeta y ser virrey, 5

desinteresado y pío,
como lo sois, se complica
si uno es puerco, lo otro es limpio.
    Mirad, Señor, lo que hacéis,
que con el vulgo imperito   10
pierde por la vena siempre
la sangre lo esclarecido;
    porque en dando en ser poeta,
os concederán vestido
como a mí y a otros ingenios   15
de andrajos del baratillo;
    con un ropillón muy largo
del tiempo del Rey Pepino [93]
de *ante secula,* faldones
y faldillas de *ab initio;*   20
    golilla, capa y sombrero
de los siglos de los siglos,
con unos calzones vueltos
de puro ser ya traídos;
    las medias y los zapatos   25
corcucidos y teñidos,
que por el cordobán miran
los poetas, que es prodigio.
    Considéranos comiendo
de olor de los cochifritos   30
que salen del bodegón
en olfato de chorizos;
    sustos de los mercaderes,
elogiadores de ricos,
gorras de todo banquete,   35
barbas de a real los domingos.
    Y que os ven como me ven
cercado de poetitos,
que me están pidiendo pan
en consonantes caninos,   40
    los cuales hago callar,
valiéndome del arbitrio
de tocarles una flauta
con que los meriendo a silbos.
    Y si sobre lo poeta   45
entra el sinónimo o ripio
de minero, que es de pobre

confirmación del bautismo,
esto es parar ya en las gradas
entre Bachán y Palito,   50
siendo de todos los muertos
roto candelero vivo.
    Y en poder de los muchachos,
que me consumen a gritos,
me considero tirando   55
pedradas como granizo.
    A todos los reverencio,
los aplaudo y gratifico,
porque son de la pobreza
pueril juguetón conflicto.   60
    Qué nombre habrán de ponerme
discurro a solas conmigo
y, hallando me adecuan muchos,
aun de mí propio me río.
    Luego el ser enamorado   65
al genio es correlativo,
si amor y versos es numen
que no lo advierto distinto.
    Aquesto es de la pobreza
tercer grado de mendigo,   70
siendo versista descalzo,
poeta de San Francisco;
    porque es tercer profesión
como hacen los teatinos;
pero aquéstas son de pobres   75
como las otras de ricos.
    Esto es echar la miseria
el resto de lo abatido,
si es pobreza de pobrezas
como siglo de los siglos,   80
    siempre en ayunas de dama,
celoso y contemplativo,
de perfecciones que adora
con imposibles continuos;
    pues como en el garabato   85
mira el gato los chorizos,
ven a la dama en el suyo,
diciendo a lo ajeno «mío».
    Si la escribe, no responde,

malogrando en sus escritos 90
cien romances gerineldos
con mil conceptos narcisos.
    Si responde, son desprecios
¡Oh malhaya el hado impío!
que para más desgraciados 95
de inclinación de entendidos,
    tanta hambre por un aplauso;
tal desnudez por un vítor;
necedad es ser discreto;
locura es tener jüicio. 100
    Esto es, Señor, ser poeta,
por amor de Jesucristo,
porque os curéis de aquesta peste,
pues estáis a los principios.
    Mas, tratando del romance 105
que escribisteis, certifico
que es muy bueno y muy rebueno,
por señas que no le he visto.
    Basta saber que lo hicisteis
para ser por fe aplaudido, 110
que examinar vuestro ingenio
es atrevimiento indigno.
    Nadie ignora sois poeta
y el mayor de los nacidos,
si componéis todo un reino 115
con raro numen divino.
    De vuestro grande gobierno
providencia ilustre ha sido,
divertir con la virtud
del avaro el torpe vicio; 120
    porque anda en esta tierra
lo racional muy perdido,
muy ajado lo discreto
y lo ingenioso malquisto.
    Ser soldado y ser poeta 125
en Vuecelencia es preciso,
porque Palas y Minerva
no son objetos distintos;
    porque es Palas en las lides
y Minerva en silogismos, 130
y así el acero y la pluma

227

vienen a ser uno mismo;
   conque se puede decir
que escribe el alfanje invicto
de Vuecelencia y la pluma   135
hiere escuadras de enemigos.
   Pero, vamos a otra cosa,
Señor, ¿qué razón ha habido
que sin pagar la patente
os metáis a mi ejercicio?   140
   Los aguadores la pagan
a los otros más antiguos;
hoy vos lo sois de Helicona
y su raudal cristalino.
   Y pues dais en ser poeta   145
por Apolo, que os suplico
le hagáis al doctor Bermejo
un par de satironcicos
   a cuenta de los salarios
de lo matado o morido,   150
porque no he de ser yo siempre
el vengador de idiotismos.
   Probad a satirizar
[en él], pues os mató un hijo,
pero quien mata a su padre   155
no es mucho que haga homicidios.
   Si tal hacéis por Apolo,
que os venerare Virgilio,
pues no es poeta el que no
satirizare aforismos.   160
   Pero haced lo que quisiereis,
porque yo quiero pediros
perdón de haber intentado
aplausos que no consigo.

71. (MSS: AB): 6 B: desinteresado, *digo*. 18 B: Rey *Perico*. 20 B: de *aveinicio*. 26 B: *corcosidos* y. 27 B: *pues* por. 53 B: *Ya* en. 67 B: *que* amor. 108 B: no *lo* he. 153 A: satirizar *en él*. 154 A: [_____] pues.

HABIENDO COBRADO DOCE PESOS EL CANÓNIGO CAPÓN
DE LA LIMOSNA DE UNAS MISAS EN HUEVOS
LE SALIERON GÜEROS; SUCESO QUE DIO ASUMPTO
A ESTE ROMANCE

Unas misas cobró en huevos
el canónigo castrado,
porque hay misas de capón
como hay las misas del gallo.
Cobró en lo que deseaba,   5
aunque [es] ocioso embarazo,
si es especie de caudal
que no tiene de embolsarlo.
Mucho mejor que los huevos,
dice el refrán, que es el caldo,   10
pero él nada de esto dice,
porque nunca lo ha estilado.
Hágalos sin caldo fritos,
porque en él no será extraño
que quien de raso está en esto   15
tiene huevos estrellados.
Huevos molles podrá hacer,
mas no pueden ser, si en tantos
años de caponería
ningún almíbar le han dado.   20
Hilados los puede hacer,
ya que tiene para el caso,
si no los copos, el uso,
y los dedos para hilarlos.
Hágalos de faltriquera,   25
que así se irán acercando,
pues de esa manera están
junto a la manera al salto.
Asados los puede hacer,
por si fuere preguntado   30
si tiene borlas, que diga,
«No, sino huevos asados».
Echelos sobre las brasas
sin escupir ni mojarlos,
y hágalos huevos perdidos,   35

supuesto que no ha de hallarlos.
Nunca los pase por agua,
que le darán mil quebrantos,
si tiene penas presentes
siempre con huevos pasados.   40
Ni aun el huevo de Juanelo [94]
tiene de hacer entre tantos,
porque no empina los huevos
quien ni dar puede un porrazo.
Huevos de carnes toleradas   45
hacerlos puede por vanos,
que carnes quitadas son
huevos que no la han probado.
El que huevos le saliesen
no es mucho, si les dio pasmo,   50
porque del nido en que estaban,
se los sacaron debajo.
Si son del gallo los huevos,
basiliscos empollados,
de los huevos del capón   55
saldrán en pollos los diablos.
No extrañe que este suceso
se escriba y publique tanto,
porque es de capón y huevos
han de ser muy cacareados.   60

72. (MSS: ABFG): 4 G: hay *la misa* del. 6 A: aunque [——] ocioso; F, G: aunque *fue* ocioso. 15 F: de *roso* está. 17 B: Huevos *moles* podrá; F, G: Huevos *moyes puede* hacer. 18 F: no *puede* ser. 37 B: los *pasa* por. 39 B: *pues* tiene. 44 F, G: quien [——] dar *no* puede. 60 B: *que* han; F, G: *y ha* de ser *bien cacareado*.

73

MEMORIAL QUE DIO UN BORRACHO GRACIOSO AL SEÑOR ARZOBISPO, PIDIÉNDOLE UN VESTIDO DE LOS DOCE QUE DA EN EL LAVATORIO DEL JUEVES SANTO, EN ESTE ROMANCE

El portugués Juan González,
pobre antiguo, solariego
que aunque actualmente mama
es añejo y tras añejo;
descendiente de Noé   5
que fue su cincuenta agüelo,

230

cuyo mayorazgo hereda
en posesión de majuelos;
dice que es del lavatorio
devoto, porque es compuesto   10
de aguapiés, aunque ésta en él
siempre es agua de celebro;
en el cual pretende entrar
con gran devoción, haciendo
el papel del que racimo   15
murió y vivió despensero.
No [lo] hace por el vestido
sino por el acto opuesto,
que el portugués suplicante
gusta más de andar en cueros.   20
Hácelo por devoción
y dar un público ejemplo
de que a las cosas devotas
pretende ser el primero.
Por pleito sacar pretende   25
la gala usual, supüesto
que un baño le cuesta y Juan
anda con el agua a pleito;
mas, si le laváis con vino
o aguardiente, desde luego   30
perdona el vestido, si
para vino ha de venderlo.
Hacedlo con un licor
de los dichos, por recelo
de un torozón, si le dáis   35
agua sobre pies de puerco.
Atento a lo cual y que
los príncipes dan fomento
al caído, y Juan es hombre
que se anda siempre cayendo;   40
a Vuecelencia suplica,
con mil azumbres de ruegos,
la gracia que no ha tenido
en el brindis de estos versos.

73. (MSS: ABFG): 3 B: *pues* aunque. 6 B, F, G: cincuenta *abuelo*. 11 F, G: de
aguapie, aunque. 12 F, G: de *cerebro.* 17 A: No *no* hace. 18 F, G: acto, *puesto.* 22 F:
dar *a* un; G: dar *a* un *pueblo* ejemplo. 27 F, G: le *gusta* y. 36 F, G: sobre *pie* de. 37 F, G:
y *a* que. 41 F, G: su *Ilustrísima* suplica. 44 F, G: en *los* brindis.

HABIÉNDOLE VESTIDO SU EXCELENCIA ILUSTRÍSIMA, LE DIO ESTE SEGUNDO MEMORIAL EN AGRADECIMIENTO

ROMANCE

El portugués importuno,
por ser pobre, hecho y derecho,
y acreditarse de tal,
da en pedir limosna en verso.
De por Dios coplas me pide   5
y a negárselas no acierto,
pues si el ingenio da Dios,
el pobre es mi pobre ingenio.
Y aunque sátira y piedad
se contradicen, advierto   10
que la abeja en la retama
saca la miel de lo acerbo.
Ruégame que del vestido
os dé el agradecimiento,
y mis musas que son uvas   15
borrachas quieren hacerlo.
Dos gallinas me ofreció
por paga, que no le acepto
ni un pelo, aunque el refrán diga:
del portugués lobo un pelo.   20
Cual bajel en calma, dando
balances en mar tudesco,
con los ojos muy dormidos
y el gaznate muy despierto,
vi que el portugués estaba   25
hecho un Baco Gerineldos,
pensando en qué pulpería
poner la gala en empeño,
vestido más remojado
ha sido que un abadejo;   30
vos con agua por los pies
y él con vino por los sesos,
una gran complicación
se vio en la gala, supuesto
que ella a su cuerpo no vino,   35

ella sí vino a su cuerpo.
Ajustada al talle vino,
porque vino el ferreruelo
cumplido, y el gabán vino
largo y todo vino bueno.   40
El calzón tan solamente
le vino algo imperfecto,
porque con un buche solo
tiene muchos bebederes;
Mas, no es mucho, si no fue   45
sastre quien le cortó diestro;
que hacer de vestir al vino
se queda para el botero.
Cuando por pastor debíais
ser enemigo estupendo   50
del portugués, que es gran lobo,
le amparáis como a cordero.
Por un memorial borracho
le vestís, y él con aquesto
dice que no ha de perder   55
los memoriales de serlo.
El se remedia cual otro
Aristómenes mesenio,
si los dos cogiendo zorros
dan a sus males remedio.   60
De puro seco tenía
pegado por el pescuezo
su odre, que remojado,
anda con el agua a pleito.
Al Virrey apuntó el tiro   65
y dio en vos que, como es cuero,
de puro dar en el blanco
dio ahora en el blanco mesmo.
Como preparado estáis
a ser siempre limosnero,   70
por lo preparado, Juan
al punto os bebió el intento.
La vida y alma dará
él por vos, y lo primero
es más fineza, si el dar   75
la vida es dar el pellejo.
Dejo al portugués, porque

233

de andar con él me recelo
que aprenden a aullar mis musas
a poto en Baco con versos.   80

74.   (MSS: ABFG): 14 F, G: *hoy dé.* 15 F, G: *son unas.* 28 B: *pondría* la. 31 A: *los
pies pies.* 34 F, G: *se dio en.* 36 F, G: *de ella sí vino* [-] su. 37 F, G: [_____].
38 F, G: [_____]. 39 F, G: [_____]. 40 F, G: [_____
_____]. 42 B: *vino un poco* imperfecto. 46 F, G: quien *lo* cortó. 55 G: *diré* que.
57 F, G: [_____]. 58 B: Aristómenes *menesio*; F, G: [_____].
59 F, G: [_____]. 60 F, G: [_____]. 63 F, G: *ordre y* que.
63a F, G: *por vos abrió el tragadero.* 63b F, G: *por pleito sacó el vestido.* 63c F, G:
porque no hubo gracia en esto. 63d F: *si un baño se le dio, y Juan;* G: *sino un baño se
le dio, y Juan.* 64 F, G: *a pleitos.* 65 F, G: [_____]. 66 F, G: [_____
_____]. 67 F, G: [_____]. 68 F, G: [_____]. 69 F, G:
[_____]. 70 F, G: [_____]. 71 F, G: [_____].
72 B: *os bebió al punto* el; F, G: [_____]. 80 B: *andando con* Baco *en
versos*; F, G: *Apolo* en Baco con *verso.*

75

MEMORIAL QUE DIO UN REPRESENTANTE AL SEÑOR VIRREY EN OCASIÓN QUE HABÍA DE REPRESENTAR EN PALACIO LA COMEDIA DE TETIS Y PELEO [95]

Cristóbal de Virués, el
representante primero
os representa en aquéste
sus quebrantos y desvelos.
       Dice que de puro pobre   5
da en poeta y con aquesto,
si no lo prueba realmente,
lo acredita con efecto.
       Representante de hacha
está para ser, haciendo   10
con Bachán y el Portugués
el papel de entierra-muertos.
       Tan roto está y tan rasgado
que siempre se está zurciendo,
pues desde el temblor acá   15
le dura un vestido negro;
       con el cual se halla en pelota,
tan desnudo que ha dispuesto
hacer un saco tan largo
que no haya falta en hacerlo.   20

234

No es papel éste que hace
sino verdad tan en cueros
que, por desnuda, la saca
a la vergüenza el remedio.

En la comedia de amor,   25
mejor que en la de Peleo,
saca su papel de encajes,
pues por lo roto es chambergo.

¿Cómo hará un dios el que no
vale cuanto tiene puesto;   30
un diablo, el más poca-ropa
y andrajoso del infierno?

Y dirá la diosa Tetis,
viéndole dios de mal pelo:
«Nada de esto es dios, si aquéste   35
es pobre dios pordiosero.»

Atento a lo cual y por
lo mucho que aquí no alego
de arambeles y retazos,
de roturas y remiendos,   40

a Vuecelencia suplico,
desde este punto habla él mesmo:
«Señor, porque el memorial
en petición se le ha puesto,

que en honra del dios que, indigno,   45
en la fábula presento,
no sea fábula un vestido
que muy de veras pretendo.

No en relación me le déis;
bástame el estar comiendo   50
romances, sin que también
me haya de vestir con ellos.

Dádmele, así os libre Apolo
de simples poetas necios,
que es cuanto hay que desear   55
a un príncipe tan discreto.»

75. (MSS: AB): 19 B: un *saqué* tan. 46 B: en [_] fábula *represento*.

PINTURA DE UN BORRACHO GRACIOSO

A la copia se atienda,
que de Piojito
en cueros va el retrato
por parecido.
Al óleo va y no al temple,   5
que es circunstancia
si pinturas como éstas
despinta el agua.
El me da los colores
tan preparados,   10
que está rojo su rostro
de puro blanco.
El pelo, como es odre,
trae por adentro,
y por eso no copio   15
del lobo un pelo.
Es su frente preñada
de calabazo,
que es apodo que vino
propio a sus cascos.   20
Son sus cejas tan arcos
como su cuerpo.
porque está de ordinario
un iris hecho.
Son sus ojos dormidos   25
por accidente,
si en mamando las niñas
luego se duermen.
Su nariz, chimenea
de humos de mosto,   30
sube el vino por ellas
lo vaporoso.
A sus mejillas nadie
llama carrillos,
porque éstos suben agua,   35
aquéllas vino.
Con su boca, asustados

trae los poetas,
porque en bocas que chiflan
tienen su pena.   40
    Como hipócrita es siempre
cuelli-torcido,
porque los odres andan
del modo mismo.
    Por ropilla una cuba   45
al talle pone,
y a sus muslos dos botas
en los calzones.
    Dos botillas por calzas
trae en las piernas,   50
porque en cosas de vino
nunca anda a medias.
    Son sus pies, con que coma,
dos cucharetas,
porque no ha de ser todo   55
para que beba.
    El retrato propuesto
va muy sucinto;
no es pesado, si todo
queda embebido.   60
    Al más serio no dudo
le causa risa,
porque aun hasta en tenerla
su copia brinda.
    A podarle sus manos   65
fácil lo tengo,
si son hojas de parra
con diez sarmientos.

76. (MSS: AB): 7 B: *que* pinturas.

A UN CORCOVADO HOJALATERO QUE SE CASÓ CON UNA MUJER
MUY ALTA Y LE DIERON EN DOTE UNAS ARROBAS DE PLOMO,
ESTANDO TRATADO DE CASAR CON OTRA CORCOVADA
ALFAJORERA, LA CUAL LE ESCRIBE CELOSA ESTE

ROMANCE

Fementido corcovado,
cuyos torcidos amores
son engibados cariños
aun más que tu cuerpo dobles;
    ven acá, retrato feo   5
de Judas Iscarïote,
si no figura de risa
del cuadro de los ratones;
    melón de capa y espada,
sapo introducido a hombre,   10
galápago de maridos,
bragado novio camote.
    ¿Qué vistes en mí que no
ves en ti de tolondrones?
siendo un vinagre torcido   15
en esa giba de odre.
    Cuanto mejor pareciera
a Dios, al mundo y los hombres
que, juntando nuestras gibas,
hiciéramos niños dobles.   20
    Conmigo vivieras más,
que no con ella conforme,
que es perfección de lo feo
concordar imperfecciones.
    ¿Por otra mujer me dejas,   25
por la codicia del dote
de plomo, siendo mejor
el que tengo de alfajores?
    Si el dote es el contrapeso
de la mujer, tu consorte   30
es lámpara, si de plomo
el contrapeso le pones.
    Poco amor puede tener

una mujer de alto borde
a un maridillo, que apenas   35
es de tal galera el bote.
    De ella he sabido que anda
de bascas, y tú dispones
decir que es preñado, siendo
bascas de ver tal sucio hombre.   40
    Plegue al Cielo que las ollas
se le quiebren a las doce
a tu mujer, porque a palos
como estamos la encorves.
    Quédate para quien eres,   45
corcovado matalote,
maridillo cinco cuartas,
con tu mujer doña Estoque.

77. (MSS: ACDEFG): 1 G: *Femenino* corcovado. 2 C, D, E: cuyos *mentidos* amores.
4 D, E: *conque más* tu. 5 D: acá, *retrata* feo. 6 C, D, E: *no* de; F, G: de *aquel* Judas.
10 F, G: *saco* introducido. 13 C, D, E: ¿Que *viste tú* en; F, G: *a* que vistes. 17 C, F:
mejor *parecieras*; D: mejor *parecerán*; G: *cuando* mejor *parecías*. 18 E: mundo *a* los.
27 F, G: *del* plomo. 29 C, D, E, F, G: el *plomo* es. 32 C, D, E, F, G: le *ponen*. 34 D:
a una mujer de alto *bordo*; E, G: alto *bordo*. 38 C, D, E, F, G: *con* bascas. 40 D, E: ver
tan sucio; F, G: ver *tan mal* hombre. 41 D: *Pliega a Dios pues* que; E: Plegue *a Dios el*
que. 44 D: estamos *las* encorves; F, G: *y* como estamos la *encorves*.

78

AL MISMO ASUMPTO DE ESTE CASAMIENTO

ROMANCE

    Otra corcova le nace
a Mejía en ser casado,
que los lados de mujeres
son corcovas de dos lados.
    Con un sí sobra a la novia   5
y él con dos no tiene harto,
porque ella es novia sencilla
y él es novio muy doblado.
    El dote le dan en plomo,
que puede sufrirlo el diablo,   10
¿no basta mujer pesada
sino dote tan pesado?

Araña parecerá,
consumando boca abajo,
porque es tolondrón de espaldas,   15
con largar piernas y brazos.
    El que ande hombre con ella
dificultan del velado,
y que no lo andará es cierto,
si es como el cuchillo el cabo.   20
    Que la traerá muy lucida
ninguno llegue a dudarlo,
pues tiene el novio costillas
para cualesquiera gastos.
    Para en uno dicen son   25
y yo dificulto el caso,
que medio hombre y mujer una
hacen uno y medio entrambos.

78.   (MSS: AB): 16 B: *bola con* piernas.

79

AL MISMO ASUNTO EN LENGUA DE INDIO

ROMANCE

    Balca il diablo, gorgobado,
que osasti también ti casas,
sin hallar ganga in so doti,
sino sólo mojiganga.
    Parici osti jonto al novia   5
tan ridondo y ella larga,
como in los trocos di juego,
taco, bola in misma cama.
    Ella dio el sí con so tiple,
osti con voz retumbada,   10
qui los gorgobados siempre
hablan dintro dil tinaja.
    Pensáis qui hacer embodos
el hacer bodas, malayas,
quien casas sin qui primiro,   15
la mojer llegue a probarla.

240

Mera osti, siñor Mijía,
da con plomo qui osti daban
in caguesa di moger
y virís como descansas.   20

80

AL MISMO ASUNTO EN ARRIMADOS

Érase un giba novio más doblado
que un obispo que muere en su obispado,
más que capa de pobre el mes primero,
y que naipe en mano de fullero;
con más vueltas que en vago da un cohete   5
y que vara en pretina de corchete,
con más gibas y vueltas que morcilla,
y revueltas las calles de Sevilla;
y con más tropezones que hay de sobra
en calle donde hay obra.   10
    Erase un retazo tosco de marido,
sobrado de algún corte de Cupido,
que amor sastre, por no desperdiciarlo
se le antojó casarlo.
    Con una novia fea, seca y alta,   15
dotada en plomo, que es la mayor falta,
para darse las manos a él lo alzaron,
y también a la novia la agraviaron;
y por ser la del novio tan pequeña
no pudiendo abarcar la de la dueña,   20
porque el matrimonio no quedase vano,
ella dio el dedo y él le dio la mano.
    Para conseguir poder besarla,
trató el marido giba de escalarla,
porque era novia, en fin, tan atalaya   25
que por las picaduras de la saya
el giba la subió hasta la cadera,
y para más subir pidió escalera.
    Ella, viendo así a su amante ovillo,
una trenza ensartó por un carrillo,   30

241

por donde tiró al mozo
como cubo que sacan de algún pozo;
bajó al suelo el retrato de marido;
dejó la trenza y hallóse tan perdido,
que para poder mejor buscarlo,   35
en zarandas lo cierne para hallarlo.
    Halló al giba por granza de la tierra
y en la manga lo encierra,
que un marido gibado
es para todo bien acomodado   40
    Gózate, Giba, los años del mochuelo,
fénix de corcovados hasta el vuelo;
pues, tirando respingos con desaire,
todo es hacer corcovos en el aire.

80.   (MSS: ABFG): 4 B: que *naipes* en; F: en *capa* de; G: en *capa* de *un* fullero. 6 G: de *un* corchete. 10a F, G: *Erase un novio corto y atenuado.* 10b F, G: *como fortuna en fin de desgraciado.* 11 F, G: *Era* un. 15 F, G: novia, [——], seca. 18 B: la *agobiaron.* 21 F, G: el *consorcio* no. 29 B: *Viendo ella* así. 33 F, G: el *retazo* de. 34 F, G: y *vióse* tan. 36 F, G: en *zaranda* lo cierne *por* hallarlo. 38 F, G: en *el seno* lo. 39 F, G: marido *engibado.* 42 F, G: fénix *el corcovado* hasta.

81

MEMORIAL DE LOS MULATOS PARA REPRESENTAR UNA COMEDIA AL CONDE DE LA MONCLOVA EN OCASIÓN DE HABER QUITADO A UNO DE LA HORCA

    Excelentísimo Señor:
    Los pardos de esta ciudad,
que por guineo Cupido,
son revoltosos conceptos
de amores blancos y tintos.
    Gente del amanecer,   5
pues traen lo pardo indeciso,
de quien cogieron el nombre
los días buenos de estío.
    Partos que hacen opinable
el árbol del Paraíso,   10
pues todos los padres de estos
prueban que Adán pecó en higos.
    Dicen que haceros intentan
un festejo de ellos mismos,

haciendo un pardo de muchos 15
que es propio en vos un real sitio.
　　Para lo cual tienen una
comedia, que han aprendido
con feliz memoria, por
las pasas que traen consigo. 20
　　Y aquésta representaros
intentan con regocijo
y alegría, aunque veáis
que están todos con hocico.
　　Nos convidan la atención, 25
que os quieren tan divertido,
que penséis en picos pardos
porque penséis en sus picos.
　　Sólo una seña pretenden,
que es aplomado cuartillo, 30
hecha por voz, cuando estén
requebrando el Santo Cristo.
　　Que ya saben que es caudal,
que de ahogos sacó a un su amigo,
cuando Virrey San Blas fuisteis, 35
milagroso en su galillo.
　　Y para, en llegando el caso,
quieren teneros propicio,
pues todo pardo está en cierne,
granando para racimo. 40
　　No al pie de la horca, como
al de la letra, os suplico
lo entendáis, que en esta farsa
no os represento delitos.
　　Porque ninguno ser puede 45
el animal su enemigo;
y de ratones y liebres
hay cazadores distintos.
　　Atento a lo cual y a que
lo sois con los más indignos, 50
pues siempre aprecia lo humilde
quien sabe abatir lo altivo.
　　A Vuecelencia suplican
los dichos no susodichos,
porque esta gente azuzada 55
os mostrará los colmillos.

Que admitáis de estos humildes
este rato entretenido,
que todo os costará cuatro
perdones en Paralvillo.   60
    No los desairéis, que son
fama vuestra en plebe oído,
que no oye discretas voces
sino discordes ladridos.
    Admitidlos y tendréis   65
en farsa que no habréis visto,
de aquestos cómics musgos
un honesto regocijo.

81. (MSS: AB): 34 B: de *ahogo* sacó. 37 B: [-] Para *cuando llegue* el. 40 B: *graznando* para. 45 B: ninguno *sera* puede.

82

PINTURA DE UNA FEA BUSCONA EN METÁFORA DE GUERRA, EN COPLAS DE PIE QUEBRADO

    En la milicia de amor,
soldado sin paga eres,
que ni de balde tu cara
        nadie la quiere.
    General tendrás, si pides   5
como toda chula suele,
porque el pedirlo es en todas
        las mujeres.
    Oficiales tienes muchos
porque si fregona eres,   10
no te pueden faltar cabos
        de sartenes.
    En variedad de soldados
tendrás de todas especies,
pues siempre te harán infantes   15
        los jinetes.
    Tendrás en tu compañía
gente que levantes y eches,
pues todo cabe en las muchas
        levas que tienes.   20

244

Artillería tendrás
tan sólo con que te lleves,
pues saben todos la buena
    pieza que eres.
Municiones habrá muchas   25
porque en ti misma las tienes,
si te sobran pies de cabra
    con juanetes.
Si por palanquetas tiras
las piernas, yo sé que aciertes,   30
que la carne flaca pega
    en las paredes.
No tiene cuerpo de guardia
la que lo trabaja siempre,
cuartel sí, mas [copien] sombras   35
    mis pinceles.
El talle te servirá
de cestón que te abroquele
y de caja lo que atrás
    tambor parece.   40
Bombas tienes en los pechos
porque revientan de leche,
por pezones, infiernillos
    de pebete.
La metáfora a las manos   45
en las tuyas se me viene,
porque son grandes manoplas
    las que tienes.
Cuerda tendrás como saques
las que en tu pescuezo tienes,   50
y aun una pica harás de él
    largamente.
Por muchas causas soldado
es tu boca, porque siempre
cuanto pide se le niega   55
    y está a diente.
Adarga con mascarón
es tu cara con afeite,
y los carrillos de almagre
    dos broqueles.   60
La nariz es [sacatrapos]
que el garabato que tiene

no saca telas, sino
    con que remiendes.
Pólvora te falta, mas   65
en ti hay algo de qué hacerse,
que del carbón de las cejas
    bien se puede.
La frente es cordón de zanja
aunque hacerla campo quieres,   70
cosiéndole al pie del monte,
    gran ribete.
El pelo te he de aplicar,
aunque de rabia te peles,
por estar lleno de horquilla   75
    de mosquete.

82. (MSS: AB): 27 B: *que te.* 35 A: mas *copia en* sombras. 61 A: es *sacatrapo.*

83

HABIÉNDOSE GRADUADO DE DOCTOR UN ABOGADO MUY PEQUEÑO Y FLACO, ESCRIBIÓ EL AUTOR ESTE ROMANCE

Bachiller diminutivo,
licenciado tanto-cuanto,
que a parvidad de doctor
te metes con todo un grado.
    ¿Para qué pagas propinas   5
como doctor gordo y alto,
si para vestirte de esto,
te sobra con un retazo?
    Cógele a tu grado alforzas
o lo traerás arrastrando,   10
que no entra en un doctorcillo
lo que entra en un doctorazo.
    Tanto caso hará de ti,
doctor como licenciado,
que quien tiene carne poca,   15
nadie le estima en un cuarto.
    Cuña barbada pareces,
cuando te miro sentado
en el banco con los otros,
que los estás apretando.   20

Eres de procuradores
tropezón de los estrados
y el ay y perdone usted,
pues siempre te están pisando.
    Contigo la campanilla
no suena, aunque estés gritando,
que abogado que es chiquito
no es posible que hable alto.
    En un libro grande un día
dizque estabas estudiando
sentado en el margen por
alcanzar a repasarlo.
    Y te dormiste por ser
de noche y hizo el acaso
que voló el aire una hoja,
la cual te dejó tapado.
    Llegó tu pasante en esto,
alzó el libro sin reparo,
y si reparo, pensó
que eras de un pleito el legajo.
    Puso en el estante el libro,
fuése, y llegó el tiempo, cuando
para cenar tu mujer
te buscaba con cuidado.
    Solícita, y tu dormido
estabas, cuando los pasos
dirigió al estudio y, viendo
que no hallaba a su velado,
    dijo: «¿Adónde está este hombre?»
Oístelo, despertando,
y respondistes: «Aquí
estoy, mujer, en librado.»
    Pensó, oyendo hablar el libro,
que oía de Alberto Magno
la calavera que habló,
cuando un libro iban buscando.
    Asustada y temerosa
echó a correr como un rayo
y, a la novedad del libro,
parlero se juntó el barrio.
    Entraron y al cabo de
mil sustos y sobresaltos

25

30

35

40

45

50

55

60

que tuvieron con el libro,
abrirlo determinaron.

Y entre párrafos y textos   65
te vio el concurso empañado,
hecho pichón de las leyes,
si no jurista gazapo.

La risa que hubo contigo
la dejo para los labios   70
de quien leyere, si es que
la idea merece tanto.

Sólo digo para prueba
de esta verdad que he contado,
que en la manga de una niña,   75
te estuvistes ahogando.

Porque pensó la rapaza
que eras muñeco barbado,
y para jugar contigo
llevaba tu cuerpo enano,   80

que es más corto muchas veces
que de un miserable el gasto,
más que dicho de entendido,
y conciencia de escribano.

Los pleitos de los menores   85
defiende y podrás ganarlos,
pues, para menores pleitos,
es bueno un menor letrado.

En audiencia de pigmeos
fueras famoso abogado,   90
donde fueran relatores
machines y papagayos.

Poca justicia tendrá
quien tuviere tan menguado
defensor, porque no cabe   95
la mucha en cuerpo tan bajo.

Si médico hubieras sido,
vaya con todos los diablos,
pues fueras del mal el menos,
con récipes atenuados.   100

Quédate para chiquito,
que ya de escribir me canso,
pues para tan corto asunto
hay mucho versificado.

248

83. (MSS: ABFG): 10 G: o *la* traerás. 17 F, G: Cuña *bárbara* pareces. 20 F, G: los *están* apretando. 26 B: [___] suena. 27 F, G: abogado *tan* chiquito. 33 F, G: te *dormistes* por. 34 F, G: y *fue* el. 38 F, G: *halló* el. 39 F, G: y *sin* reparo. 46 F, G: *estabáis,* cuando. 53 F, G: hablar [_____]. 54 F: *el libro,* que; G: *el libro* que oía de *Alberta* Magno. 58 F, G: *echa* a. 68 G: jurista *gazapayo.* 71 F: *que* quien leyere; G: *que* quien leyere, si es *quien.* 93 G: Poca *justicio* tendrá. 98 F: con *todo* los. 102 B: que *yo* de.

84

MEMORIAL QUE DIO UN CORCOVADO AL VIRREY, PIDIENDO SOLTURA PARA UN HERMANO SUYO, ZAPATERO SENTENCIADO A CHILE

QUINTILLAS

Lorenzo, un buen corcovado,
tiene un hermano inocente,
para Chile sentenciado
y, aunque el hermano lo siente,
él lo ha sentido doblado.   5
    Por un mandamiento expreso,
soltad este preso hoy día,
que no será nuevo exceso,
pues será una niñería
soltar Vuecelencia un preso.   10
    Si no alega bien fundado
en las leyes y en el hecho,
Lorenzo, en lo suplicado,
por no fundarlo en derecho,
él lo funda en corcovado.   15
    Como tiene por afán
ser zapatero, os invoca
por mí, en aqueste desmán
que a un zapatero le toca
mirar por el cordobán.   20
    Su corcova revejida
la sustenta con la tienda,
si para pasar la vida,
uno pone la merienda
y otro pone la comida.   25
    El delito a lo que infiero
fueron unas estocadas,

que el hermano niega, pero
el cosido a puñaladas
dicen que fue el zapatero.   30
    El hermano lo reprueba
por cuero y, en tal conflicto,
lo mismo el herido lleva
que el zapatero, delito
su cuero roto lo prueba.   35
    Soltadle, porque se allana
a curarle con gran tino,
pues no será cura vana,
si a cada herida de vino
puede coser su botana.   40

---

84.   (MSS: ABFG): 2 F, G: hermano *ignocente*. 7 F: *soltar* este. 8 F, G: será *mucho*
exceso. 16 F, G: [—————————]. 17 F, G: [—————————]. 18 F, G:
[—————————]. 19 F, G: [—————————]. 20 F, G: [—————
——]. 29 F, G: el *corrido* a. 30 F, G: *dice* que. 33 B: *el* mismo *camino* lleva. 36 F, G:
Soltadle, *pues que* se. 37 G: a *curarlo* con.

85

A UN POETA DISPARADO QUE ANDABA RECITANDO SUS VERSOS QUE DEDICABA A QUIEN SE LO PAGABA

ROMANCE

    Con lengua y voz de estropajo,
cuando recitas tus obras,
no parece que las dices,
sino que friegas las coplas.
    Tan puercas deben de ser,   5
como versos de la sopa,
que es todo mugre y cochambre,
nabos, cortezón y moscas.
    Mas qué mucho si tu ingenio
anda pidiendo limosna   10
de conceptos chabacanos
y de erudiciones tontas.
    Y, como los pobres suelen,
los mendrugos que les sobran
venderlos para alfajor,   15

así tus versos los compran.

Y en juntando una talega
de versos de carambola,
a ricos tontos los vendes
con simples dedicatorias. 20

Si tú fueras ingenioso,
no obraras de aquesa forma,
que los versos dedicados
más es ultraje que honra. 25

La poesía, si es mala,
es irrisión; si ingeniosa,
es desgraciada, conque
a ser viene inútil cosa,

La fortuna no se halla
con ingenio, porque es loca 30
y tan sólo favorece
obras y palabras toscas.

Sólo esta prenda ser puede
premio justo de ella propia,
y por eso no le tiene 35
para hacer mayor su gloria.

No son los poetas locos
como el vulgo lo pregona,
los que quieren serlo sí,
como tú, que tal no logras. 40

Muchos hacen versos, pero
hay muy pocos que los oigan,
porque de hacer a entender
es la distancia muy corta.

En fin, sólo con las perlas 45
puedo comparar las coplas,
que vale más una neta
que muchas hechas de aljófar.

Tus loas disparatadas
más son sátiras que loas, 50
porque un aplauso mal dicho
más es afrenta que honra.

Pero tratarte de veras
será darte vanagloria,
¿quién para un tonto de chanza 55
hallará una chanza tonta?

Mas ya en la mía está hallada,

porque si aplaudo mis obras,
seré como tú que en lo
que te alabas, te baldonas.   60

85. (MSS: ABFG): 3 G: no *pareces* que. 14 B, F, G: que *le* sobran. 18 F, G: de *carambolas*. 19 F, G: los *venden*. 22 B: de *aquesta* forma; G: no *obras* de. 25 F, G: es *muy* mala. 29 G: [————————]. 30 G: [————————]. 56 F, G: chanza *loca*. 58 F, G: *pues* si.

86

A UNA VIEJA DEL CUZCO, GRANDE ALCAHUETA
Y REVENDEDORA DE DOS HIJAS MESTIZAS COMO ELLA,
LE ESCRIBIÓ ESTE

ROMANCE

Una mestiza consejos
estaba dando a sus hijas,
que hay de mestizas consejos
como hay el Consejo de Indias.
Al diablo se estaban dando   5
todas en cosas distintas:
la vieja se da por tercios,
por cuartos se dan las niñas.
«Cuando era dama, muchachas»,
dijo la vieja maldita,   10
«cualquier galán me soplaba,
aunque con todos comía.
Nunca tengáis fe con uno,
que las damas unitivas
ayunan luego al instante   15
que llega la primer riña.
Tened siete que otros tantos
tiene la semana días,
y al que no da, sea el suyo
de viernes o de vigilia.   20
Caballeros no queráis
tan sólo por hidalguía,
que en vuestro trato tenéis
sobra de caballería.
A nadie admitáis por versos,   25

252

porque es todo chilindrina,
pues más vale un real en prosa
que en versos todas las Indias.

Por valiente a ningún jaque
habéis de dar ni un mi vida,   30
que es de poco acuchilladas
el querer por valentías.

Dáme y daréte ha de ser
el juego de vuestra esgrima
y a los que heridas os dieren,   35
les daréis vuestras heridas.

Nunca os fiéis de palabras
ni de esperanzas marchitas,
porque nunca dio alcanzada
el que no dio pretendida.   40

Sabed que Cupido es ya
el eco de su voz misma,
y el que no admitiere el eco
ni aun la C ni B consiga.

A la dádiva primera   45
no os mostréis agradecida,
que el Amor se juega como
la veintiuna en que envidan.

Al primer favor que quieran,
envidad una mantilla;   50
si la dan y piden otro,
envidad manto y basquiñas.

Si se consigue al tercero,
envidad joya y sortija;
al cuarto envidad el resto   55
del caudal de la rapiña.

Y si dijere no quiero,
no os tendáis, porque no obliga
el juego enseñar el punto
al que no quiere al que envida.   60

No tengáis gusto en amantes
porque os hallaréis perdidas,
que amor deja de ser trato
haciéndolo golosina.

Con los más ricos y feos,   65
haréis vuestra mercancía,
que los lindos quieren siempre

que les ferien las caricias.
    Estos dan su amor en cambio
del amor de las más lindas,   70
y los otros desairados
dan el suyo y algo encima.
    Nunca desprecies los viejos,
[que estos son] famosa mina,
pues nadie os ha de pagar   75
más caras las niñerías.
    No desechéis los capones,
porque mejor que la risa
de las delicias de amor
paga un capón las cosquillas.   80
    Peje o rana a la capacha
sin elección, hijas mías,
que a más moros, más ganancia
y a más amantes, más ricas.»

86. (MSS: ABFG): 9 FG: dama, *muchacha*. 21 F, G: no *querráis*. 24 F, G: de *caballerías*. 26 F, G: todo *chilindrinas*. 30 F, G: *le* habéis. 37 G: os *fies* de. 41 F, G: Cupido
ya es. 46 B: mostréis *agradecidas*. 48 F, G: la *veinte una* en que *se envida*. 52 F, G: y
basquiña. 57 F, G: si *dijeren* no. 59 B: juego *a* enseñar. 60 F: que *obliga*. 62 F, G: hallaréis *perdida*. 64 F, G: *haciéndole* golosina. 68 F: que *los* ferien. 73 B: Nunca *despreciéis*
los. 74 A: [――――――] *es* famosa; F, G: *que un viejo es* famosa. 81 B: *Pez* o rana. 83 F, G:
más *mozos,* más. 84a F, G: *A nadie desprecien cuando*. 84b F, G: *trajeren la golosina*.
84c F, G: *ellos dando las monedas*. 84d F, G: *y vosotras las coninas*.

87

A UNO QUE SE PRECIABA MUCHO DE POETA POR HABERLO SIDO SU MADRE

Romance

    Poeta como su madre
es Antandro y aun no tanto,
pues, como ella, malo fuera,
pero, como él, es más malo.
    Sin duda entienden que Apolo   5
tiene algunos mayorazgos
en las fincas ingeniosas
de los versos del Parnaso.
    La sangre se hereda, pero

254

la vena es un soberano   10
don, que el cielo comunica,
que nadie llega a heredarlo.

El da en que ha de ser poeta
de galera, si remando,
trae sus versos galeotes   15
con sus conceptos forzados.

Ni aun para coplas de esquina
valen las suyas un clavo,
si a ser vienen como aquéllas
del testamento del asno.   20

Más ripios usa en sus coplas
que las de albañiles cantos;
todas son en ques y porques,
aunques, conques, sinques, trancos.

En loas profanas saca   25
al Arcángel soberano,
San Miguel, que no sé cómo
no le ha dado con un diablo.

Con los vulgares se entabla
por ingenio adicionado   30
cuantos, estatua de pluma
a sus escritos, se han dado.

Tal mequetrefe de genio
jamás ha visto el Parnaso,
teniendo en punta de loco   35
guarnición de mentecato.

La simpleza es natural
y lo entendido estudiado,
por parte de madre, burro,
por la de padre, caballo.   40

Tan preciado es de entendido
cuanto ignora este menguado,
que se puede con sus sesos,
a tentar hombres casados.

Sus uñas pueden servir   45
por drogas de boticarios,
pues tanto monta decir,
la gran bestia o el gran macho.

Este priva con los tontos,
y como en el mundo hay tantos,   50
tiene séquito di[s]forme

de necio, bárbaro aplauso.
El es hombre de oropel,
que con ingenio de talco,
lo que es rebuzno en su voz,   55
concepto es para los asnos.
El es el mayor ingenio
entre los sueltos caballos,
aunque también puede serlo
por loco entre los atados.   60

87.   (MSS: ABFG): 1 F, G: *Es* poeta. 2 F, G: es *Antrado* y. 3 F, G: ella, *mala* fuera.
15 G: versos *galeotas*. 17 B: Ni [__] para. 19 B: *que* a ser. 21 B: ripios *usan* sus; F, G:
más *ripio* usa en sus *obras*. 28 F, G: le *han* dado. 29 B: vulgares [__] entabla. 31 F, G:
cuantos *estatuas* de. 32 F, G: *en* sus. 33 F, G: de *ingenios*. 44 B: *atontar* hombres. 46 F,
G: de *boticario*. 48 F, G: *el* gran. 51 A: séquito *diforme*.

88

QUINTILLAS EN EL CERTAMEN QUE SE DIO
POR LA UNIVERSIDAD A LA ENTRADA DEL CONDE
DE LA MONCLOVA.[96] FUE UN COLOQUIO QUE DOS POBRES
DE LAS GRADAS TUVIERON, CELEBRANDO LA ABUNDANCIA
DE MANTENIMIENTOS QUE CON SU GOBIERNO HABÍA,
Y LLORANDO LA ESTERILIDAD DE TIEMPOS PASADOS

El Portugués y Bachán,
capitanes del pobrismo,
discurrían en su afán
con propiedad de lo mismo,
vino a vino y el pan por pan.   5
«Buen Virrey a Lima ha entrado»,
dijo el Portugués, sin pena;
«pues al día de llegado,
hubo carne mucha y buena,
no teniéndole obligado.   10
Cuando antes, con desmesura
de regatona fiereza,
haciendo la carne usura,
el pecado de flaqueza
nos vendían por gordura.   15
Ambicioso el vulgo avaro,
todo bastimento, en fin,

con desvergüenza y descaro,
lo hizo carne en latín,
si todo en Lima era caro.»   20
    Bachán dijo: «Compañero,
el temblor, si bien reparas
los cuartos, cual monedero
rebajó en Lima a las casas
y subió los del carnero.   25
    La manteca en blanca pella
nos sobraba y con espantos,
ser sobrada y ser tan bella
y tan linda que los Santos
podían pecar con ella.   30
    El pan, en onzas menguadas
los panaderos vendían
con rapiñas amasadas,
aunque otras se les hacían
de algunas burlas pesadas.   35
    Por caminos y arrabales
a mojicones se abrían,
por las papas en costales.»
Dijo el Portugués «Traerían
más que papas, cardenales.   40
    Ni una olla yo pude haber
en tal tiempo.» «Son bambollas»,
Bachán dijo, «a mi entender,
porque están demás las ollas
adonde no hay qué comer.   45
    Tales fueron los rigores
que hasta la muerte marchita
encareció sus furores,
si a seis pesos por visita
mataba con los doctores.   50
    Aunque ésta fue conocida
piedad del criminal trato,
ser la ciencia encarecida,
pues si visitan barato
no queda pobre con vida.   55
    El carbón extravïado
andaba con mil aprietos.»
Aquí el Portugués airado,
dijo: «Ahora trae coletos

257

y no estará atravesado,   60
   pues para que todo sobre,
el Cielo Santo previene
que esta tierra se recobre
por un Príncipe que tiene
por peto piadoso al pobre.   65
   Tan empeñado en la acción
que en justicia de soldado
con celo y santa intención
por los pobres ha clavado
la lanza hasta el regatón.   70
   Con caridad los quebrantos
socorre al pobre importuno,
que es un santo.» Aquí hizo espantos
el Portugués y dijo: «Uno
no es, sino quinientos santos.   75
   Por santos, es el primero
día de noviembre, pues
otros más le considero,
si en rigor con santos es
más santos que el mantequero.   80
   Todo hipérbole a barrisco
saco con este quebranto;
oíd, Bachán, que no me trisco,
más santo es que mi devoto
el Santo Niño de Pisco.[97]   85
   El Cielo permita que uno
de su iglesia llegue a ser,
que no está mal a ninguno
que santo que hace comer
no traerá día de ayuno.   90
   De mi Talía reniego
si el premio no veo al punto,
pues si no me dan luego,
sin verle, será el asunto
de quintillas y yo el ciego.»   95

88. (MSS: AB): 5 B: y [-] pan. 24 B: Lima [-] las. 41 B: pude [___] haber. 42 B: tal *tiempos.*» «Son. 49 B: *que* a. 70 B: el *recatón.* 81 B: hipérbole *aborrisco.* 83 B: *Ve, Bachán.* 84 B: es, *si me adelanto.* 85 B: *que* el. 89 B: *que el* santo.

89

PINTURA DE UN BORRACHO QUE SE PRECIABA DE POETA

Segundo pincel, la pluma
pintar pretende la idea
con tinta, un original
a quien la tinta le adecua.

En blanco quiero dejar   5
sus perfecciones, si aquéstas
dan en el blanco, dejando
embebidas todas ellas.

Su pelo me está brindando
a la pintura y lo hiciera,   10
pero el pelo su pellejo
lo tiene adentro y no afuera.

Anda su espaciosa frente
con evidentes sospechas
de preñada, con un grande   15
calabazo en la mollera.

Con grande facilidad
haré arcos iris sus cejas,
porque siempre ven sus ojos
estos arcos en tormentas.   20

Siempre los tiene dormidos,
porque les da adormideras,
conque arrullando las niñas
después de mamar las echa.

Su nariz es un embudo   25
conque el cerebro se llena,
a veces de esencias primas
y otras de quintas esencias.

A sus mejillas no llaman
carrillos, pues saben éstas   30
colores puros y aquéstos
suben agua y no pureza.

Porque es ingenio, su boca
asusta malos poetas,
porque siempre está él chiflando   35
aun en sus propias comedias.

De hipócrita tiene el cuello,
porque pez con pez lo pega,

cuelli-torcido como estos
porque si no, le saliera.   40
El talle es de calabaza,
aunque no es legumbre fresca,
porque no es fría una cosa
que de continuo calienta.
Sus palmas y dedos son   45
hidalgos de buena cepa,
pues son hojas y sarmientos
lo que por manos nos muestra.
Sus piernas y muslos son
dos botas rotas y viejas,   50
según se ve en las botanas
de los calzones y medias.
En los pies trae dos cucharas
que le dio naturaleza
para que coma, que todo   55
no ha de ser para que beba.

89. (MSS: AB): 35 B: porque *él* siempre está [___] chiflando.

90

AL DOCTOR BERMEJO POR HABERLO HECHO RECTOR [98]

SONETO

Aquí yace un idiota señoría
de un médico rector disparatado,
que antes de un mes lo hubiera ya acabado
si la cura su necia fantasía.
Por uso duró un año a su manía   5
este título grave y estirado,
que a no durar, por uso, sepultado
le tuviera su ciencia al primer día.
Lima, ¿de qué te alabas, qué blasones
son los tuyos, si a un necio introducido   10
pones a presidir doctos varones?
¿Si está el mérito y ciencia en el vestido,

un almacén, Rector, por qué no pones?
que es más galán, más sabio y más lucido.

90. (MSS: AA¹FG): 3 F, G: ya *cavado*. 4 A¹: si *lo* cura; F, G: si *lo* cura su necia [_____]. 6 A¹: *ese título*. 9 G: qué [__] alabáis, *de qué blasonas*. 10 G: si [.] un.

91

AL CASAMIENTO DE UN SECRETARIO DEL CRIMEN [99] CON UNA MOZA LLAMADA CLARA

QUINTILLAS

Clara hermosa, en mi conciencia
que mal empleada que estás
con tu novio pestilencia,
que está sin potencia y das
en quererle de potencia.   5
    Repara, tén entendido
que tienes grande trabajo
con ese viejo podrido,
si todo en él es gargajo
lo que parece es Cupido.   10
    No aquese amor te divierta,
que tiene intentos villanos
y te ponen como muerta,
pues que te ves de gusanos,
hermosa Clara, cubierta.   15
    No creas, no, del orgullo
los alientos juveniles,
que amor te finge en arrullo,
si la flor de tus abriles
nunca sale de capullo.   20
    Éste engañó con riqueza
supuesta, siendo un mendigo,
pobre de naturaleza,
y ahora más porque contigo
no ha de levantar cabeza.   25
    Al pegarte el primer bote
no anduviera el novio parco
pues te daba hasta el cogote,

261

si como te puso el arco
te hubiera puesto el virote.   30

De hacerte otro tiro trata
y aunque apuntó con destreza
por poquito no se mata,
pues al dar fuego la pieza
reventó por la culata.   35

En tu blanco en quien desflema
la munición que dispara;
limpiando estabas con flema
poco de tu nombre, Clara,
y muchísimo de yema.   40

El ejercicio corsario
de secretario enemigo
vio el novio temerario,
pues se signó el papahígo
de Cámara el secretario.   45

Ni contigo anduvo fiel
porque no te signó ahí
como manda el arancel;
porque no puso ante mí
como usa, sino tras él.   50

A lo contrario se inclina
del crimen de su ejercicio,
que es alusión de letrina;
pues si es Cámara su oficio
¿cómo quiere hacerle orina?   55

Que en su remedio consiga
un daño parece antojo
o no sé lo que me diga,
que le diese mal de ojo
por arrimarse a la higa.   60

Si ha sido desatención
contar tu boda enmerdada,
soy de contraria opinión,
que a una novia tan cagada
dársele puede un jabón.   65

Y con él en las corrientes
te lava de tu marido,
el cual por sus accidentes
tiene un raudal muy crecido
que le manan cuatro fuentes.   70

262

De orina padece el mal
que pudiera darte medras,
y en ti es contra natural;
pues meando siempre piedras
no te raja el orinal.   75

Además de sus carcomas
gomas tiene por añejo,
tamañas como unas pomas,
que siempre el ciruelo viejo
está cargado de gomas.   80
Con asma tose y es tanta
la música que alborota;
por desusada garganta
que órgano el rabo le toca,
a la potra que le canta.   85

Quiso prender el vejete
lo que el conyugio le dio,
y cuando a hacerlo se mete,
en la hembra no agarró,
teniéndolo hecho corchete.   90

Dióle rabia y con rencilla
usó el criminal rigor
con su reo que se humilla,
a quien por ser mal hechor
metió luego en la capilla.   95

Colgólo donde se vio
como el verdugo inhumano
cuando al suplicio subió;
le alentaba con la mano
y aun así se le cayó.   100

Que mi decir no te enoja
con razón he discurrido,
si no es el darte congoja
negocio de tu marido
porque no hay quintilla floja.   105

91. (MSS: ABCDEFG): 3 D: novio *pestilente.* 6 C: *Repasa,* tén; F, G: *Si apara,* tén.
7 D: que *tienen* grande. 10 B: parece *es-cupido.* 11 G: amor *le* divierta. 13 G: y *le* ponen
como *muerto.* 16 D, E: No *creáis,* no. 18 C, F, G: finge *ese* arrullo; D, E: finge *este*
orgullo. 19 B: *pues* la; D, E, F: de *sus* abriles; G: de *esas* abriles. 20 B: sale *del* capullo.
21 F, G: *El te* engañó. 28 C, F, G: te *clava* hasta. 30 C, D, E: el *picote.* 31 C: hacerte
a otro; D: otro *tira* trata. 36 D, E: En *mi* blanco. 40 F, G: de *llama.* 43 B: *puso* el;
D, E: *hizo* el; F: el *crovio* temerario. 44 G: se *siguia* el. 47 F, G: signo *allí.* 54 D, E:
si [-] cámara. 55 D, E: quiere *hacer* orina. 56 B: *Quien* en; D, F, G: en *un* remedio.

59 G: le *diere* mal. 62 C, D, E: *contra* tu boda *ensuciada*; F, G: boda *enmendada*. 64 C, D, E: tan *tiznada*. 67 F: de *su* marido; G: te *luba* de *su* marido. 71 D, E: padece *un* mal. 72 C, D, E: darte *medias*; F, G: darte *medra*. 74 F, G: pues *miando* siempre. 85 G: le *cante*. 86 F, G: quiso *aprender* el. 87 F, G: el *cónyugo* le. 88 D: cuando [__] hacerlo. 89 G: no *agarra*. 90 E: *teniéndole* hecho. 99 D, E: le *asentaba* con. 101 G: Que *de* mi. 103 D, E, F, G: es *en* darte.

92

CONJURABA A UNA MUJER ENDEMONIADA UN EXORCISTA TONTO Y PRESUMIDO DE POETA Y EL AUTOR LE ACONSEJA LO QUE HA DE HACER EN ESTAS

COPLAS

Si intentáis de esa mujer
echar el diablo perverso,
conjuradla, Padre, en verso
y luego echará a correr.
    Pues, aunque yo en la poesía   5
no soy, Amigo, muy diablo,
huyo de vos, por San Pablo,
a la primer copla fría.
    Conjuradla en arrimados
si diablos como ellos son,   10
y a puro gazapatón
sacaréis estos malvados.
    Porque, por Apolo, os juro
que aquél que os llegare a oír
y luego no parte a huir,   15
sufrirá cualquier conjuro.
    Con verdad de ingenio hablo
porque en mí y vos considero
que a un poeta majadero
no puede aguantar el diablo.   20
    ¿Quién diablos ha de sufrir
que le encontréis y al instante
os hagáis representante
de obras vuestras que ha de oír?
    Yo con atención forzosa   25
sobre ascuas estoy oyendo,
y el demonio, a lo que entiendo,

264

nunca está sobre otra cosa.
       Y ascuas por ascuas condeno
y doy claro testimonio,   30
que es un borracho el demonio
si no se fuere al infierno.
       Porque con vos lo acrecienta
y el que lo negare, sé
que no sabe el tal lo que   35
un majadero atormenta.

92.   (MSS: ABFG): 14 B, F: os *llegase* a. 17 B: de *ingenuo* hablo. 20 F, G: puede
aguardar el.

93

VEJAMEN AL DEMONIO Y A TODOS CUANTOS LE IMITAN
EN SU MAL OBRAR

ROMANCE

       Quiso el demonio poner
sobre el Aquilón su asiento,
pero Miguel valeroso
le dijo « ¡Vaya al infierno!
       Bárbaro, ¿quién como Dios?»   5
prorrumpió Miguel tan diestro
que en dos palabras no más
mil heridas dio al soberbio.
       Cayó Lucifer debajo
y Miguel encima, siendo   10
espíritu vano el uno
y el otro de mucho peso.
       « ¡Ahí con todos los diablos! »
dijo Lucifer, cayendo,
y fue así porque él con todos   15
y todos con él cayeron.
       Dio un porrazo el mayor diablo
sobre otro su compañero,
que fue con un pie quebrado
el pobre diablo cojuelo.   20
Lucifer, me admira, puesto
       Como tan feo quedó

265

que era hermoso como un ángel,
ángel bajado del Cielo.
Incurable fue su daño,   25
porque las caídas, entiendo,
es éste un mal de los diablos
que nunca tendrá remedio.
Algunos de ellos quedaron
en la tierra y en el viento,   30
que los ven de frailecitos,
mas yo por los frailes vuelvo.
Todo trasgo o todo duende
le ve el vulgo novelero
vestido de fraile y siempre   35
traen hábitos en los cuentos.
Y no sólo hay diablos frailes
porque fuera impropio en ellos
que los diablos de alcahuetes
no anduviesen de terceros.   40
Como el diablo de las damas,
de pescador y barbero,
pues con los afeites rapan
y pescan con los anzuelos.
El diablo de los corchetes   45
anda de francés vendiendo
ratoneras, fuelles, porque
de soplo y trampa da el tiento.
Como el de los escribanos,
de corredor, persuadiendo   50
a que vendan por algalia
su sudor en los procesos.
El diablo de los letrados
anda de galán, vendiendo
buen parecer por de fuera   55
y muy malo por adentro.
El que es de procuradores
anda de redes cubierto,
tentando de pesquería
las dos partes en un pleito.   60
De aguador el diablo anda
que tienta a los taberneros,
porque es aguar el pecado
que los lleva al puro fuego.

El de pretendientes anda   65
cortesano zalamero,
vendiendo necias lisonjas
a quien se las compra necio.
El diablo de los tahúres
se viste de carnicero   70
al revés, pues gente matan
para que coma el carnicero.
El diablo de los tahures
trae dos trajes, si en perdiendo
de raso anda y engañando   75
de felpa y de terciopelo.
El de los sastres, aquí
vestirles un diablo pienso
de retazos, si en hurtarlos
siempre no hay diablo como ellos.   80
El diablo de las fruteras
es un diablo arrabalero
peor que el del paraíso
si en toda fruta da tiento.
El demonio de las dueñas   85
se viste su traje mesmo,
porque el diablo no es posible
que invente otro más perverso.
El diablo de las doncellas
es un diablo muy honesto,   90
que anda siempre con las pobres
tentando de casamientos.
El que es diablo de estudiantes
es el peor del infierno,
tan diablo como cualquiera   95
aunque es mucho encarecerlo.
Sólo para los poetas
no hay un diablo porque aquestos
por no tener, aun no tienen
un diablo entre todos ellos.   100
Y si le hay, no les tienta
por no ser capaz de hacerlo,
pues siendo diablo tan loco
¿cómo puede tener tiento?
Quizá será porque huye,   105
como de [la] cruz de versos,

267

que hay diablos poco versados
que no gustan de conceptos.

93. (MSS: ABCDEFG): 11 C: espíritu *bajo* el. 18 C, D, E, F, G: *encima de un* compañero. 23 B, F, G: como un [_____]. 24 C, D, E: *y ángel*. 26 B: *que* las; D: porque *la* caídas; F, G: *que yo en* las. 33 D: todo *trago* o; F, G: [_____]. 34 F, G: [_____]. 35 F, G: [_____]. 36 F, G: [_____]. 40 D, E: no *anduvieran* de. 42 G: de *pecador y*. 46 D, E: *ratoneras, fuelles, porque*. 47 C: *ratonera*, fuelles; D, E: *anda de Francia vendiendo*. 48 C: *son* soplo y trampa *del tiempo*; D: *son* soplo y trampa *del tipo*; E: *con* soplo y trampa *del tiempo*. 49 C, D, E: *Con* el. 60 D, E: *a* las [___] partes *de algún* pleito; F, G: *a las dos* partes *de* un. 66 C, D, E, F, G: *cortesano y zalamero*. 69 F, G: [_____]. 70 F, G: [_____]. 71 F, G: [_____]. 72 F, G: [_____]; C, E: *coma* el *carnero*. 74 B: trajes *que* en. 76 F, G: de *lamas* y [-] terciopelo. 83 D, E: *aun peor*; F, G: *aun es* peor. 84 B: *que* en; D, E: da *el* tiento; F, G: en *todas frutas* da *el* tiento. 88 C, D, E, F, G: que *otro invente* más. 88a C, D, E, F, G: *El que es diablo de alcahuetas*. 88b C, D, E, F, G: *coge la forma de arriero*. 88c C: *y siempre las tienta con;* D, E: *y siempre las tiene con;* F, G: *si siempre las tiene como*. 88d C, D, E, F, G: *cabalgaduras y tercios*. 91 B: con *los pobres*. 94 F, G: *aun es* el. 101 C: si *ése* le; D, E: si *éste* le hay, no *le* tienta. 102 E: no *hacer* capaz. 103 F, G: *que* siendo. 105 E: [l.d.]. 106 A: de [___] cruz. 108 C: no *gastan* de.

94

A UNA QUE SE AJUSTABA LOS PIES DE MODO QUE NO PODÍA ANDAR

Décimas

Por calzar pie para ver
no le calzas para andar;
el mío te he de prestar
que es menor en mi entender;
porque me le hace perder   5
imaginar el dolor
con que aumentas un primor
que aunque pequeño se ve,
y así es más corto mi pie
si el que se pierde es menor.   10

    Por dar ajenos agrados
no se dan propios tormentos,
que dan muchos sentimientos
los zapatos apretados.
De más que pocos cuidados   15

da el pie corto, porque hallo
que amor en lo que aquí callo
poco caminante fue,
si apenas va un poco a pie
cuando se pone a caballo.   20

Rayado el pie te pondrá
el lienzo en los escarpines,
si acortándole los fines
lo estrecho le imprimirá
hipócrita así estará   25
pasándolo con rigor,
amargura y sin sabor,
que es hipocresía aquí
andar justo, porque así
es tu pie más pecador.   30

El ídolo de afición
abreviándose el pie campa,
si en él la menor estampa
causa más adoración.
Tu pie tiene en conclusión   35
imperio tan soberano,
que al amor le manda ufano,
si en negar o dar tu fé
a quien quieres dar de pie
y a quien no quieres de mano.   40

Si en él fundas la hermosura
por ser breve, yo colijo
que al nacer de pies, se dijo
a los que tienen ventura.
El que esto, es cierto, asegura   45
tu pie que te ostenta hermosa,
porque la fortuna es cosa
que de tu planta es trasumpto,
porque consiste en un punto
y ése tiene de dichosa.   50

Mal en ajustarlo haces,
si por lo corto es constante
le vendrá a cualquier amante
muy ancho aunque ancho le calces.
Con él puedes hacer paces   55
y librarla de ese afán
si cuantos viéndole están

en aprieto tan crüel
dicen que jamás en él
anda holgado el cordobán.   60
    Por no poder dar de sí
el cordobán atenuado,
tu pequeño pie ajustado
estaba dando de tí.
Tan encogido le vi,   65
tan pusil, corto y poquito,
de verte en tan gran conflicto
que aunque así campaba airoso
de tanto rigor medroso
le tenías tamañito.   70
    Al discurso da carcoma
el que una planta de nieve
que lleva un pie, jazmín breve,
no tenga nada de Roma.
Aguda a matar se asoma,   75
neutral en sí o no se ve
porque tan sólo por fé
entre vista y ceguedad
si es pie, o no es dificultad
que siempre se estará en pie.   80
    Con poético rigor
cadente tu pie se estrecha,
pues le haces verso de endecha
para ser de arte mayor.
Descalzo estará mejor,   85
pues no gasta pundonores
un pie que, por más primores,
descalzo tiene de andar,
si el calzarlo es quebrantar
la regla de los menores.   90
    Perdona la necedad
con que tan claro te arguyo;
si al pie de la letra al tuyo
diciendo estoy la verdad.
En poco tu gran beldad   95
muertes de amantes perdiga
en pie que el amor maldiga
pues digo a cuantos le tocan

si con pie de amigo azotan
ahorcarán con pie de amigo.   100

94. (MSS: ABCDEFG): 1 D, E: calzar *pies* para. 2 E: no *les* calzas. 5 D, E: me *lo* hace. 21 G: te *pondrás*. 23 B: *que* acortándole. 24 D: le *oprimerá*; E: estrecho *lo* imprimirá. 31 B: de *aflicción*. 32 D, E: *abreviándole* el. 33 B: *que* en; C, D, E, F, G: *siendo* él. 37 D, E: que *el* amor. 38 B: *que* en. 39 F, G: dar *el* pie. 40 F, G: [-] a quien no quieres *la* mano. 43 C: que *ése es el punto más fijo*; D, E: que *es ése el punto más fijo*; F, G: que *el* nacer de *pie* se. 44 C, D, E, F, G: *de* los. 45 C: esto *ha escrito* asegura; D, E: esto *escribe* asegura. 47 D: es *casa*. 50 D, E: y *eso* tiene. 56 B, C, D, E, F, G: y *librarle* de. 57 B: *que* cuantos. 66 C: *asustado,* corto y [_____]; D, E: *asustado* y corto y [_____]. 67 C, D, E, F, G: de *verse* en. 67a C, D, E: *estrecho y tan poco invicto*. 68 D: así *campeaba hermoso*; E: campaba *hermoso*; F, G: así *campeaba* airoso. 71 C, F, G: discurso *de* carcoma. 75 C, D, E, F, G: *Ayuda* a matar. 76 D: sí [-] no se *quede*; E: no se *queda*; G: en *ti* o. 77 D, E: sólo *se cebe*. 79 C: *ésta* gran dificultad; D, E: *en tan gran* dificultad. 80 C, D, E: [—] siempre se *ha de estar* en. 81 C, D, E: Con *bien* poético. 83 C: haces *versos de endechas*; D, E: le *hace versos* de; F, G: verso *en* endecha. 89 B: *que* el; F: el *calsado* es; G: el *calsado* es *que* quebrantar. 93 C: letra *el* tuyo; E: letra *es* tuyo. 95 D, E: gran *deidad*. 96 C: *muerte* de; D, E: *muerte* de amantes *pródiga*. 98 C, F, G: *y* digo; D: *y diga* a; E: *y diga* a cuantos le *notan*. 100 C, F, G: pie de *amiga*.

95

A UNA DAMA PEDIGÜEÑA

ROMANCE

Tu boca por pedigüeña
es en labios de carmín
si cuanto hay que desëar
todo cuanto hay que pedir.
Boquilla tan pedigüeña   5
en toda mi vida vi,
si lenguas se hace pidiendo
y manos en recibir.
A todas las bocas lleva
la gala en esto y a mí   10
me la saca en la basquiña
el jubón y el faldellín.
¿Cómo en boca tan pequeña
tantas varas de medir
caben en ella de tela,   15
felpa, cambray y clarín?
No basta matarme sino

que salteadora de abril
me robas con una boca
de fuego por ser carmín.   20
   Si la tuvieras cerrada,
como oigo al refrán decir,
no entrara en ella la mosca
que me estás quitando a mí.
   Ya tu boca la provoca   25
a mi caudal a morir,
si está dando boqueadas
el postrer maravedí.
   Yo le pido que no pida,
si en su demanda gentil   30
es de suerte lo que pide
que ya no hay más qué pedir.
   Tú te quedas con la boca
y yo triste y infeliz
con la llaga que del darte   35
el golpe resulta en mí.
   Bien ha menester tu boca
un amante Potosí,
que en menos cerro no cabe
con qué poderla medir.   40
   Mi cuadal, ni yo por ella,
no batemos un tomín,
que cuanto enriquece el no
empobrece a un hombre el sí.
   Después que pedir no tienes   45
me tratas de despedir,
que lo que doy solo vale
y no vale lo que di.
   Y pues pobre me has dejado
sabré a las bolsas decir   50
para ejemplo del no dar,
aprended bolsas de mí.

95. (MSS: ABFG): 3 F, G: que *desean.* 7 B: *que* lenguas; F, G: se *hacen* pidiendo.
10 F, G: la *gana* en. 16 F: cambray y *taví*; G: cambray y *lave.* 19 F, G: me *robe* con.
21 F, G: la *tuviera* cerrada. 22 G: como *hoy* al. 34 B, F, G: triste *e* infeliz. 40 F, G:
poderla *decir.* 42 F: no *vale más de* un; G: no *batemos de* un. 52 F: *aprender* bolsas.

A UN AMIGO DEL POETA QUE TENÍA UNA YEGUA
SUMAMENTE PEQUEÑA Y FLACA Y LA ALABABA MUCHO

ROMANCE

Tiene una sombra de yegua
el gran don Juan Delgadillo
tan alezna en lo afilado
que es propia de su apellido.
Tabla aserrada parece   5
del paladión vengativo
que fue caballo de Troya,
porque es un griego artificio.
Según está de matada
la aparejan de continuo,   10
cirujanos por albardas
y doctores por lomillos.
Siendo armatoste de tabas
toda de fin a principio,
por ser un viviente osario,   15
carne ni culo le han visto.
Si el ejemplo en el camello
fuera en esta yegua, fío
que entrara en el cielo holgado
todo gordo cebón rico.   20
Mas que no yegua parece
pensamiento de entendido,
que lo delgado en lo bruto
parece que está postizo.
Ella no come ni sirve   25
conque estáis los dos desquitos,
pues le viene a salir lo
comido por lo servido.
Para ladrón cicatero
buena es vuestra yegua, hijo,   30
porque lo sutil en esto
vale más que lo macizo.
Si Babieca la encontrara,
hiciera en ella rocinos,
porque la mucha flaqueza   35

motiva siempre a relinchos.
Que jaca o que yegua es
la que no es jaca, ni ha sido,
porque ni este nombre a cuestas
lo puede llevar consigo.   40
Engordadla, don Juan, con
estos versos que la escribo,
que la que come romances
bien puede comer el mío.

96.   (MSS: ABCDEFG): 3 B: *y es* tan *lezna* en; D: tan *aleita* en; E: tan *alerto* en;
F: tan *alestra* en; G: tan *alestia* en. 4 C, F, G: es *propio* de. 6 B: del *paladeón* vengativo.
12 F, G: por *lomillo*. 13 C, E: Siendo *armatroste* de *taba*; D: de *taba*; F: de *tabla*;
G: Siendo *armateroste* de *tabla*. 15 C: un *viente* osario. 16 B: culo *la* han. 19 D, E: cielo
holgada. 21 C: Mas, *quien* yegua. 25 C, D, E: ni *anda*. 26 F, G: *porque está como un
sentido*. 27 C, D, E: pues [-] viene a salir lo *mismo*. 30 D: yegua, *hilo*; E: *vuestra* es
buena yegua; F, G: *tiene* vuestra yegua, *hilo*. 37 D, E: o [—] yegua. 38 D, E: es *gacha*,
ni. 39 D, E: nombre *aquietas*; G: nombre *aquesta*. 40 D, E: *le* puede. 42 D, E: que [-]
escribo; F: que *le* escribo; G: que *le he escrito*. 44 F, G: *puede bien* comer.

97

A UN CORCOVADO QUE CASÓ CON UNA MUJER LARGA DOTADA EN PLOMO

Esdrújulos

Mejía, corcuncho acérrimo,
se casó con doña Lánguida
por andar hecho galápago,
haciendo cháncharras, máncharras.
En plomo fue el dote pródigo,   5
que con su novia carátula
siendo tan soga es un címbalo,
de contrapeso de lámpara.
Él es un novio cernícalo
que sigue a una novia águila,   10
porque es muy pequeño pájaro
para tan disforme pájara.
Las dos figuras ridículas
lo pueden ser de una máscara
en los entremeses cómicos   15
la risa de la farándula.

97.   (MSS: AB): 15 B: *y* en los.

DEFENSAS QUE HACE UN VENTOSO AL PEDO

Porque conozcas, amigo,
que es bueno largar ensanchas
y cuando oyeres un pedo
no hagas tantas halaracas.
Te mostraré con razones   5
evidentes, puras, claras,
que tu discurso indiscreto
peca de crasa ignorancia.
Es más de una exhalación
del ventrículo dañada,   10
que impedida hacia lo *sursum*
deorsum sale por las ancas.
Hipócrates y Galeno,
en sus aforismos, mandan
usar de la pëonía   15
que es medicina aprobada.
Los quirúrgicos peritos
y físicos de importancia
estudian por sus principios,
y por ella ganan fama.   20
Los truenos en esa sierra
¿son más que pedos con agua,
arrojados de las nubes
porque se ven empachadas?
Los pífanos y atambores,   25
las trompetas y las cajas,
¿no son pedos que al sonido
sólo mudan circunstancia?
Amigo, todos son pedos
y la diferencia se halla   30
ser unos de pergamino,
cuando otros son de badana.
Que son contra la tristeza
la experiencia lo declara,
pues así que se oye un pedo   35
se larga la carcajada.
¿Cuándo ha parecido mal
dar a un preso puerta franca

y en pago de la soltura
que le refresque las ancas?   40
     El olerlo es saludable,
con más ventaja que el ámbar,
pues da dolor de cabeza
y mal de madre a las damas.
     ¿Hay cosa más aplaudida   45
entre las letras profanas,
que aquel pedo de Pamplona
que se oyó en la Gran Bretaña?
     Aquel gran pedo de Muza
que tanto sonó en la Arabia,   50
¿no fue asumpto a los poetas
de sonetos y epigramas?
     Cuando lo ventoso aflige,
cuando las tripas regañan,
¿hay remedio como un pedo   55
que alivia aquesas borrascas?
     ¿Qué músicos instrumentos
ni qué jilgueros se igualan
a los gorjeos de un pedo
tirado al cuarto del alba?   60
     En un dolor de barriga,
¿hay cosa más apreciada
que después de cuatro pedos
se siga la mermelada?
     ¿De qué vienen las jaquecas,   65
flatos, ahogos y ansias?
De los vapores que suben,
pero no de los que bajan.
     ¡Cuántas personas han muerto
de ventosidades varias   70
y cuántas por espelerlas
quedaron buenas y sanas!
     Pues si traen tantos daños
y si tantos males causan
retenidas ventoleras   75
por no poder arrojarlas,
     digo que es sano el peerse,
aunque esté delante el Papa,
a todas horas si pueden
y buen provecho les hagan.   80

El descarte no es peor
y se toma por trïaca;
mejor es un pedo pues que
de las narices no pasa.

Soy de parecer que un pedo   85
tirado a tiempo y con gracia
se había de celebrar
con repique de campanas.

No hablo yo de los follones,
propio canto de las ranas,   90
porque molestan y son
precursores de la caca.

Los degollados tampoco
entran en esta colada,
porque son pólvora sorda   95
que sin hacer ruido matan.

Menos aplaudo los pedos
de huevos duros o papas,
por ser flojos y colados,
sacados por alquitara.   100

Todos son muy provechosos;
mas estos de que se trata,
no son célebres porque
aunque aprovechan, enfadan.

Pero un pedo trompetilla   105
[con sus pasos de garganta]
a mi fe que hará a cualquiera
de risa echar las entrañas.

Todo lo que siento he dicho
y si mi sentencia abrazas,   110
a tu salud y a la mía
prometo hacer una salva.

Pero si no te reducen
mis razones y eficacia
y es el pedo tu enemigo,   115
hazle la puente de plata.

Sobre todo mi amistad
piadosamente te encarga,
que si te viniere alguno
aprietes bien las pestañas.   120

Y cuidado no suceda,
viendo la puerta cerrada,

lo que no sale por ella
pueda salirte a la cara.
　Y a costa de tu salud　　　　　　　　　　125
confesará tu ignorancia
que *ventus est vita mea*
como a los muertos se canta.

98. (MSS: ABCDE): 3 D, E: oyeres *el* pedo. 4 B: tantas *algazaras*. 7 C: *de* tu. 8 C, D, E: de *ignorancia crasa*. 9 B, C, D, E: *más que* una. 11 B: que *impelida* hacia; D: que *impide* hacia; E: que *impide desde* [＿] sursum. 12 D, E: sale *hacia* las. 15 E: de *lo poenía*. 19 B: *la* estudian. 20 C, D, E: por *ellos* ganan. 26 D: *los* trompetas; E: [l.d.]. 28 C, D, E: mudan *circunstancias*. 40 C: refresque *las nalgas*; D, E: le *refresquen* las. 43 C: *pues* da. 45 C, D, E: Hay *más aplaudida cosa*. 58 C: que *silgeros* se. 59 D: los *goljeos* de. 70 D, E: de *ventosedades* varias. 76 D, E: poder *aflojarlas*. 77 B: *dije* que; C: sano [＿] *perse*; D, E: sano *y parece*. 80 B, C: les *haga*. 83 C, D: pues [＿＿]; E: [l.d.]. 96 B: ruido *mata*. 106 A, B: *tirado al cuarto del alba;* (Repite el verso 60). 107 C: *por* mi fe *para a* cualquiera; D, E: *por* mi fe *para* cualquiera. 108 D, E: risa *echa* las. 109 C, D, E: *siento* digo. 112 E: [l.d.]. 113 E: [l.d.]. 116 D, E: la *punta* de. 120 D, E: las *entrañas*. 122 D, E: la *puente* cerrada. 124 D, E: puede *salir por* la. 127 C: *quia* ventus *es* vita; D, E: *quia* ventus *et* vita.

99

A UNA DAMA QUE ESTABA AMANCEBADA
CON UN MERCADER CAPÓN

　Dos ciudades del gran turco
tienes en quien te enamora,
si es capón y mercader,
Capadocia y Trapisonda.[100]
　En tiple dicen que canta　　　　　　　　　5
en tu facistol la solfa,
pues nunca ha hecho contigo
para tener la voz ronca.
　Poco en su amor interesas,
pues no te puede dar cosa　　　　　　　　　10
aquél que ordinariamente
tiene vacías las bolsas.
　Para substancia es muy bueno
de tus flaquezas que monta,
más un capón para ella　　　　　　　　　　15
que diez gallos porque montan.

Por cordobán el pellejo
de un galán capado apropia,
mas no tiene cordobán
quien tiene vaqueta sola.   20

El libro de su cariño
es todo dedicatoria,
tasa, prólogo y licencia,
pero la historia es historia.

Reloj del sol es contigo   25
que sólo apunta la hora,
si por faltarle las pesas,
nunca la campana toca.

Comer a secas el pan
comida ha sido capona,   30
bizcocho de amor que nunca,
aunque moja, no remoja.

Pleito te hace de acreedores
cuya universal discordia
por más que el pleito se juzga,   35
la conclusión no se logra.

Mal mercader es de amor,
si en sus cosas y en tus cosas,
todo es entrar y salir,
y nunca jamás negocia.   40

Aunque cabes de apalera,
con sus cariños te ponga,
y los tires, has de errarlos,
porque nunca ves las bolas.

Tu honestidad nunca mancha,   45
porque aunque tercia blasona
casa de aceite en España,
no hay alcuzas que lo cojan.

La que es dama de capón
tendrá cojines sin borlas,   50
zarcillos sin calabazas,
punzón sin perlas ni aljófar;

sin diamantes los anillos,
las arracadas sin gotas,
si el requesón del amor,   55
no hay suero que se componga.

Son celosos espantajos,
gente inútil chilladora,

279

porque a su vergüenza falta
la mitad que a otros le sobra.   60
    Zancas, todos huesos,[101]
que al paso que el pollo engorda,
capado, el hombre enflaquece
de ver sin cubos la soga.
    Gózate con tu capón   65
los años que él no te goza,
jugando a la argolla y trucos
con toca, pala y sin bolas.

99. (MSS: FG): 20 G: tiene *vaquela* sola. 41 G: de *apaleta*. 60 F: a *otras* le. 61 F: Zancas *todo* huesos.

100

PREGUNTAS QUE HACE LA VIEJA CURIOSIDAD A SU NIETO
EL DESENGAÑO, NIÑO PERICO, HIJO DE LA EXPERIENCIA,
DE LAS GRANDEZAS DE UNA CIUDAD DE LOS REINOS YERMOS,
ANDURRIALES [102]

            La anciana curiosidad,
        frágil, femenil dolencia,
        fatal, prolijo cuidado
        de las sucesoras de Eva,
            pregunta al niño de guacos,   5
        bobo de Coria[103] en simpleza,
        hijo de madre arrullona,
        nene por niño de teta.
            Perico es de estos palotes[104]
        y, aunque periquitos le echan,   10
        cuenta todo de pe a pa,
        al pie de su inculta letra.
Vieja: Niño Perico, pues vienes
        de aquella Cairo suprema,
        con quien son corto arrabal   15
        las cortes más opulentas;
        con quien Roma es un cortijo,
        Nápoles una aldehuela,
        Londres un zaquizamí,
        París una choza yerma;   20

280

digo de aquel maremagnum,
cuya desmesura inmensa
consta ilustre imperio y gloria
de la vanidad li[mensa].
Contadme, Niño, contadme,   25
sin que la pasión te mueva,
sus progresos, sus trofeos,
sus máquinas y grandezas.

Perico: Abuelita mía, yo,
aunque contártelas quiera,   30
no está muy a cuento, y temo
de darte muy mala cuenta.
Demás que yo, divertido
con los niños de la escuela,
juga jugando, ví sólo   35
unas niñerías meras.

Vieja: Decidlas, Niño, decidlas;
no te hagáis tan de las huevas.
En notar su fantasía,
¡mira, Niño, que ésa es vieja!   40

Perico: Sí, y aun por eso, sin duda,
atribuyéndolo a pepa,
comúnmente dicen: ésos,
vaya y cuéntelo a su abuela.
Sólo temo, Abuela mía,   45
que si a conocerme llegan,
me destierren de los reinos
como extraño en tal esfera.

Vieja: ¡Tal simpleza de muchacho!
Discúlpete tu edad tierna,   50
que el desengaño conozcan
los limeños tú recelas.
Cuando su vana ilusión
tanto sus troneras ciega
que jamás pudieron verte   55
ni aun conocerte por señas.

Perico: Acuérdome haberme dicho,
mi mamita, la experiencia,
que fue siempre en tales casos
la más cuerda consejera;   60
que el ascenso peligraba
de una realidad ingenua,

cuando se ponía ilusa
la incredulidad proterva.

Vieja: Acaba de despenarme.   65
¿Háse visto mayor flagma
de chiquillo? Dílas ya;
no hagáis burlas de mis veras.
Pues vuela por esos reinos
una fama tan parlera   70
que, atragantando embelecos,
me almarean la cabeza.

Perico: Siempre la fama, Señora,
fue campana vocinglera;
suena más de lo que es   75
y es menos de lo que suena.

Vieja: Bien haya quien te parió
y no algunas paparretas,
que me faltan al respeto
con apócrifas quimeras   80
de asombros, monstruosidades,
maravillas, conveniencias,
de delicias, de recreos,
de regalos y riquezas.
Que a no ser tan conocidas   85
sus falacias, ya creyeran
tierra de pipiripau,
los bausanes de Batuecas.
Y así, Periquillo mío,
te pido individual cuenta   90
de todo lo que observaste
en la Babilonia nueva.

Perico: Bosquejaré, ahora, en tipos
las más exquisitas muestras,
para que, por los indicios,   95
las consecuencias se infieran.

Vieja: ¿Qué me cuentas del celaje
que, según lo que exageran
sus patricios, el Empírio
aún no llega a su belleza?   100

Perico: Del dicho al hecho hubo siempre
muy notable diferencia
y en cualquier tierra de Babia
suelen mentir sus babiecas.

Y más, éstos, que por dar   105
a sus errores más fuerza,
dirán que el cielo es pintado
sobre cristalino néctar;
que es de tela de cebolla,
bordada de lentejuela;   110
que hay en cada nube un astro
y es un sol cada planeta.
Siendo así, que las más veces,
cubierto de opaca niebla,
puede competir al limbo   115
o apostar con la Noruega.

100. (MSS: CDE): 3 E: [l.d.]. 10 D, E: le *echen*. 15 D, E: *que* son *cortos arrabales*. 23 D, E: *corte* ilustre. 28 D, E: máquinas, *sus* grandezas. 65 E: de *penarme*. 66 D, E: mayor *flema*. 68 D, E: no *hagas* burlas. 72 D, E: me *marean* la. 78 D, E: no *algunos paporretas*. 83 D, E: delicias *y* recreos. 84 D: regalos, *de* riquezas; E: [l.d.]. 86 D, E: ya *creyera*. 91 D, E: que *observastes*. 97 D, E: cuentas *de* celaje. 99 D, E: patricios *del* Empírio. 104 D: mentir *su babieca*. 110 E: bordada *en* lentejuela. 115 D: puede *compatir* al *Imbo*.

101

A LOS AZOTES Y JERINGA QUE LOS COLEGIALES REALES PEGARON AL RECETOR GIRALDO

QUINTILLAS

En junta de colegiales
a un recetor con gran trasa
le levantan los pañales
adonde el pobre hizo plaza
de lo que eran arrabales.   5
A dos[c]ientos el rigor
de la gavilla crüel
condenan al Pecador
y por no tenerlos él
pegaron del fïador.   10
El cual pagó de contado
sobre tabla en la trasera
el decreto promulgado
sin excepción, porque era

283

lego llano y abonado.   15
    Y aunque duró la tarea
de los azotes gran rato
extraño cosa tan fea,
porque es muy propio del gato
andar por la azotea.   20
    Pues aunque afrentado estaba,
en tanto afán parecía
que del caso se burlaba,
porque nunca se corría
si la azotea duraba.   25
    Antes llegó a [e]nfajinar
que era suerte milagrosa
tal dádiva sin pensar,
porque ésta es la primera cosa
que le han dado sin hurtar.   30
    A una jeringa pujante
le sentencian donde vino
despúes de disciplinante
el regidor Palomino
tras el regidor Cascante.   35
    Y porque tan mal despacho
ser correntón le durase
dispusieron que un muchacho
aquesta ayuda le echase
para quitarle el empacho.   40
    Empezó a ventisquëar
lo que una ayuda revuelve
en las tripas, y el cuajar
echó un marzo según vuelve
el rabo para tronar.   45
    Cuando dado a Barrabás
estaba, dijo un botado
que le urgaba por detrás:
«Nada, Amigo, es lo mëado,
porque lo cagado es más.»   50
    El que no cague la estera
lo condenan, conque fue
ayuda de costa fiera
muy natural, porque de
penas de cámara era.   55
    Chiste fue que le dio enojo

sin la cagada tragedia;
era de la risa antojo
y entremés de la comedia
que llaman abrir el ojo.   60

Para hacer sus suciedades
por que el rabo recobre,
caga con mil propiedades
su bolsillo que por pobre
no extrañó necesidades.   65

Que reiría la cuadrilla
al ver que estaba cagando
en un bacín de holandilla
y la arritranca colgando
con que a la mulata ensilla.   70

La ayuda propia ocasión
fue que el tal se resuma,
que no es mucha admiración
que el que come de la pluma
venga a cagar del cañón.   75

Sucio el pobre hasta los codos,
el puesto de recetor
cambió por cagados modos,
haciéndose Regidor,
si regía más que todos.   80

Soltáronle aunque se ve
que estuvo de más aquesto
de la soltura, por qué
el que se fue como un cesto,
estando preso se fue.   85

No hay vida que se le escape,
soplando más que al[c]ribís,
pues no hay bolsa que no cape
porque al dar tiene porniz
y al no dar tiene por zape.   90

Si bien mirado en rigor
un santo parece, pues
aunque es grande pecador
causa de las causas es
por imitar al Criador.   95

No le darán más cuidado,
que aquí acabó su pesar,
si no le falta al cuitado

el rabo por desollar,
teniéndole desollado.   100

102

PRIVILEGIOS DEL POBRE

El pobre es tonto, si calla,
y si habla es majadero;
si sabe, es sólo hablador,
y si afable, es embustero.
    Si es cortés, entremetido,   5
cuando no sufre, soberbio;
cobarde, cuando es humilde,
y loco cuando es resuelto.
    Si es valiente, es temerario,
presumido, si discreto;   10
adulador, si obedece;
y si se excusa, grosero.
    Si pretende, es atrevido,
si merece, es sin aprecio;
su nobleza es nada vista,   15
y su gala sin aseo.
    Si trabaja, es codicioso,
y, por el contrario extremo,
un perdido, si descansa.
¡Miren que buen privilegio!   20

102. (MSS: ABCDE): 2 C: es *un* majadero; D, E: [-] si habla es *un* majadero.
3 D, E: es *un* hablador. 5 C, D, E: cortés, *entrometido*. 9 B, D, E: Si [——] valiente.
10 D, E: si *es* discreto. 20 B: buen *privilegios*.

103

A UN MULATO QUE·DECÍA QUE DE ÉL HABÍA APRENDIDO, CUANDO IBA A VERLO

Cuando hacer versos cursé,
sin ser el único y sólo,
llegué a la casa de Apolo
no a la de Canis [105] entré;

y así, Luis, claro probé   5
que mi musa nunca vio
tu casa, ni la miró,
que haberla ido a cursar
sólo aprendiera a ladrar,
que hacer buenos versos no.   10

103. (MSS: ABCDE): 1 D: Cuando *a* hacer; E: [l.d.   ]. 8 D, E: que *a* haberla.
10 B, D, E: que *a* hacer.

104

FÁBULA DE NARCISO Y ECO [106]

Romance

Canto de aquel bello joven
que en el espejo del agua,
sin sucederle fracaso,
se veía y se deseaba.
De aquél que fue de Cupido   5
flecha y blanco a quien dispara,
pues las heridas de amor
eran con sus mismas armas.
Asomábase a las fuentes,
y era cosa bien extraña   10
el ver en agua asomado
cuando aquésta no emborracha.
Tanto el amor le seguía
que por llanos y montañas
era Cupido su sombra   15
por dondequiera que andaba.
Con agua le introducía
sus abrasadoras ascuas
y aun con aire, si su voz
era eco en él cuando llama.   20
Aqueste nombre tenía
una ninfa, que habitaba
a las faldas de los montes
que son quien la voz rechazan.
Aquésta se enamoró   25
del joven con tantas ansias

que lo adoraba rendida
y él a ella lo gritaba.

Era airosa con extremo
porque del pelo a la planta   30
era en buen aire compuesta,
si era de voces la dama.

Grandísima respondona
fue sin reparar en nada,
porque a su galán Narciso   35
le volvió allí las palabras.

En los estanques y pozos
buscaba una ninfa aguada,
y el gozo en el pozo era
porque nunca la encontraba.   40

La mano por los cristales
metía por agarrarla
y estando en el agua nunca
el pobre pudo pescarla.

Por más tiento que ponía   45
cual trucha se le escapaba
con gran pesar, si en la mano
los contentos se le aguaban.

Dos mil gracias le decía,
pero como era pintada   50
la ninfa por cada una
luego le daba su estampa.

«Ninfa, no estés», le decía,
la boca abierta y callada
sin reparar que era sombra   55
de su labio el que miraba.

Favores le daba el joven
que le niega sus palabras
si de cuanto le decía
él mismo se retrataba.   60

Sol le llamaba a la sombra,
complicación temeraria
y disparate, que yo
lo sustentaré en su cara.

«Hermosa deidad», decía,   65
«cuyo brinquillo de plata
por ser tan pulido puede
beberse en un jarro de agua.

Mira, que de amores muero,
no andes conmigo tirana,   70
que es impropia la dureza
en ninfa tan remojada.

En la Troya de mi pecho
introduces fuego y agua;
mas como estás en las ondas   75
piedra eres siempre a mis ansias.

Acaben ya de tirarme
contigo, porque maltrata
amor con palo de ciego
mucho más que con pedrada.»   80

Tan ciego estaba de amor
que en su aplauso le llamaba
cara de rosa a la que
era de Narciso cara.

La hermosura de la ninfa   85
no me es posible copiarla,
porque sólo tengo sombras
y los colores me faltan.

Mas esta pintura es
de imprenta y era de estampa,   90
que en mirándose Narciso
se imprimía en tinta blanca.

Que el fuego en el agua hallase
no es mucho cuando miraba
que el incendio de su amor   95
era a la lumbre del agua.

Es cierto que para un pobre
era esta famosa dama,
porque ni viste, ni come,
ni tiene dame ni daca.   100

No era muy extraña aquésta
de las que eran cortesanas,
pues mil caravanas tienen
y ésta es una cara vana.

Queríala el joven tanto   105
que, en sus perfecciones raras,
el errado y divertido
siempre en ella se miraba.

Engañábale su sombra
porque no llegó a mirarla   110

con calzones, porque siempre
se veía Narciso en aguas.
    Y aunque se los viese, hay
machorras ninfas bragadas
que los traen, como también   115
hay Narcisos que traen saya.
    Si de Vulcano la red
la echa, llega a pescarla,
que quien deidades de espuma
coge, se moja las bragas.   120
    Cual buzo se zambullía
por la perla imaginada,
mas ¿qué mujeres no echan
a pique a cuantos las aman?
    Si era su sombra, imagino   125
que sin duda era mulata
la ninfa, si en agua vista
es cualquiera sombra parda.
    Y no es mucho que hay Narcisos
que son golosos de pasas   130
y en las cepas del amor
se mueren por vendimiarlas.
    Nunca se vio en ese espejo
aquéste de quien se trata,
no en el de verla sino en   135
el espejo de gozarla.
    Y fue mucho, cuando el joven
siempre que iba a pescarla,
el cuerpo no le cogía,
mas cogíale las aguas.   140
    Andaba Eco tan celosa
que a Narciso no dejaba
a sol ni a sombra; mas ¿cuándo
los celos no son fantasmas?
    Quisiéronle también otras   145
ninfas que él las despreciaba;
por su copia y a las vivas
no podía ver pintadas.
    Y esta sombra le traía
tan fuera de sí, que andaba   150
suspenso, como poeta
cuando un concepto no halla.

Pero a él no le era posible,
que como era sombra honrada
no le ponía conque   155
topar no pudo toparla.
   Si se miraba en el vino
a encontrar lo que buscaba
porque con este licor
no hay ninfa que no esté hallada.   160
   Viendo no la conseguía
el joven desesperaba,
y murió de amores propios,
porque ignoraba la causa.
   Enterráronle y nació   165
entre otras flores hidalgas,
dígolo porque no entiendan
que fue nacido en las malvas.
   Todos en el mundo son
Narcisos de cosas varias,   170
pues todos tienen amor
porque éste ciega y engaña.
   Narcisos son de grandeza
los Príncipes y Monarcas,
pues no es otra cosa el cetro   175
que una sombra imaginada.
   Narcisos de ciencia son
cuantos hinchados la tratan,
que piensan que presumirla
es lo mismo que alcanzarla.   180
   Narcisos son de nobleza
los que, alegando montañas,
ásperos hidalgos son
cuando la hidalguía es llana.
   También de ingenios narcisos   185
son todos los que se agradan
de sus obras y se miran
en ellas para estimarlas.
   En fin, ésta es flor de todos,
cuya hermosura gallarda   190
la mira la necedad
y la huele la ignorancia.

104. (MSS: ABCDE): 10 C: y *fue* cosa. 12 D, E: cuando *aquesto* no. 14 C: y *por* montañas. 18 D, E: sus *abrasadas* ascuas. 19 D, E: con *aires y* su. 24 D, E: la voz *rechaza*.

26 C, D, E: con *tanta ansia*. 32 D, E: voces la *llama*. 42 D, E: por *apararla*. 43 E: en *la* agua. 45 C, D, E: que *tenía*. 47 B: pesar, *que* en. 52 D: su *estampada*; E: luego [___] daba su *estampada*. 64 D, E: *le* sustentaré. 77 D, E: *Acábenme* [___] de *tirar*. 90 C, E: imprenta *si* era. 93 D, E: agua *ya hace*. 96 D, E: era [___] la lumbre. 99 C, D, E: porque *no* viste. 103 D, E: caravanas *tiene*. 107 B: y *advertido*; C, D, E: *elevado* y. 108 B: en *ellas* se. 115 D: los *trae,* como; E: [l.d.]. 118 B: *le* echa. 119 D, E: deidades [___] espuma. 120 D: coge *y* se. 121 D, E: se *zambullea*. 123 D, E: *pues ¿qué*. 125 D, E: sombra, *imagina*. 129 D, E: hay *novicios*. 131 D, E: cepas *de* amor. 134 D, E: de *que* se. 135 D, E: el *brindis* de *beberla*. 136 D, E: *si en* espejo. 139 D, E: no *la* cogía. 142 C, D, E: que [___] Narciso. 149 D, E: *Pues* esta. 152 D, E: concepto *le falta*. 153 B: no [___] era. 154 D, E: sombra *errada*. 155 D: ponía, *ponía,* conque. 156 C: [_____] no pudo; D, E: *no pudo jamás* toparla. 157 C, D, E: se *mira* en el *que* vino. 158 C, D, E: *encuentra* lo. 165 C, D, E: *enterrábala* y. 168 E: en *la malva*. 171 D, E: tienen *de* amor. 172 B: y *éste a todos los* engaña. 174 D, E: [_____]. 175 D, E: [_____ _____]. 176 D, E: [_____]. 177 D, E: [_____]. 178 C: cuantos *hincadas* la. 191 D: *admira* la; E: *admira* la *necesidad*.

105

FÁBULA BURLESCA DE JÚPITER E IO [107]

Erase una ninfa hermosa,
más pulida y más peinada
que otro tanto que éste fue
un hombre de mucha gala.
Era blanca y pelinegra   5
para ser más agraciada,
que morena y pelirrubia
no vale lo que una blanca.
Tan espaciosa la frente
tenía, que por dejada   10
era la más pretendida
de mil que la celebraban.
Tenía en las cejas dos
escopetas apuntadas,
que el matar con flechas y arcos   15
es muerte de coplas rancias.
Salgamos ya de un Amor
con arco, arpones y aljabas
y tengamos un Cupido
con mosquete y bala rasa.   20
Los ojos influjos [son]
de Marte y Venus, pues daban
vida y muerte sus luceros,

292

embajadores del alba.
Era la nariz (aquí   25
todo el Parnaso me valga,
si el mismo Apolo tropieza
en las narices más chatas),
era un carámbano terso
que por las cejas colgaba   30
de la nieve derretida,
de la frente tersa y clara.
Que a dividir las mejillas
bajó en arroyo de plata,
floreciendo en su frescura   35
dos primaveras de nácar.
Sus labios, en lo sangriento,
neutrales se acreditaban,
porque mataban de boca
cuando de veras mataban.   40
Al mismo Cupido pudo
mostrarle dientes, airada,
muelas, colmillos y encías,
coral que perlas engasta.
Que esta beldad no se pinta   45
como a otra ninfa ordinaria,
que me han de deber las muelas
y encías que en coplas andan.
Repartiendo nieve Amor
a las diosas soberanas,   50
en que entró la de mi copia,
les cupo a pella por barba.
En la garganta tenía
puesto un pero por manzana,
y era el pero que era hermosa,   55
tersa pero tornëada.
Por ser tan delgado el talle,
nunca ballenas gastaba
sino sardinas, porque una
sin mascar se tragaba.   60
Las manos de cera virgen
eran porque el cristal cansa,
que he de hacer cera y pabilo
todo concepto de blancas.
Lo que el retrato encubría,   65

colores imaginarias
la retraten, porque de esto
mis pinceles se retractan.

Era el pie de punto y medio,
que por ser ya cosa usada   70
lo de un punto, quiero yo
echarle a su horma una larga.

Llamábase aquesta ninfa
Io, cuyo nombre anda
hecho ABC de las lindas   75
y be a ba de las damas.

Vióla Júpiter, un dios
que en las celestes estancias
es la tronera mayor
en los trucos de borrascas.   80

Vióla, pero cegó al verla
tan del todo que buscaba
para verla más algún
batidor de cataratas.

Quedó tan perdido amante,   85
que por esquinas y plazas
con hallazgo equivalente
su albedrío pregonaba.

En lo que toca a explicar
de aqueste amor la eficacia   90
en Júpiter, paso, porque
no hay conceptos con qué entrarla.

Ablandóse, pues la ninfa,
porque entonces era blanda,
si de por fuerza es ternera   95
la que ha de volverse vaca.

Entrada le dio y salida
a cualquier hora en su casa
y con tanta puerta abierta
la hicieron los dos cerrada.   100

Holgáronse algunos días,
pero el diablo que lo traza
a Juno le dio noticia
de que por Io era cabra.

Montó en ira y en un carro   105
pavonado como espada,
por ser de pavo las ruedas,

tiros y mulas de pavas.
Partió en busca de la ninfa,
que la encontró sin tardanza,   110
por estar con su galán
en la ocasión bien hallada.
Y sin darles queja alguna
ni hablarles una palabra,
pareció estudiante huido,   115
según hizo allí una vaca.
Convirtióla en este bruto
y a Argos, su pastor, le manda
que la apaciente en el campo
donde rumie su desgracia.   120
Argos tenía en su cuerpo
más ojos que las lavazas
dan a la ropa y que un libro
de partidas anotadas.
Noventa y ocho de sobra   125
tenía, porque contaba
ciento que miraba como
por los ojos de la cara.
Para espantajo en sembrados
valía lo que pesaba,   130
pues las aves no tenían
otro que más ojëara.
Unos tenía pequeños
y otros rasgados, por causa
que siempre se le rompían   135
con los que más trabajaba.
Ignorante parecía
cuando está viendo una alhaja,
que el que lo es se hace ojos,
admirándose sin causa.   140
Todos los ponía en Io,
teniéndola tan ahojada,
que ocupaba cuatro viejas
bostezando en santiguarla.
No la perdía de vista   145
por dondequiera que andaba,
leyéndole siempre el nombre
a la ninfa en las pisadas.
Porque la I y la O

ponía adonde pisaba,
que esto al pie de la letra
fue refrán que hizo su planta.

Amábanla muchos toros
que por ella retozaban,
y con torunas pendencias
se daban mil testaradas.

De los novillos tenía
muchos amantes jaranas
mas que mucho si encendía
hasta los bueyes de arada.

En esta vida vacuna
de ordinario lo pasaba
como mal poeta, porque
de ordinario la chiflaban.

Dos mil riesgos de comida
tuvo siempre por la salsa
de amostazada con Juno,
por ser carne de mostaza.

Hasta que Mercurio, el dios
del comercio, cuyas trazas
son tales que vende el cielo,
hurtándole las pulgadas.

Se disfrazó de pastor
con zurrón y con abarcas
y a ojos vistas de tantos
vino el astuto a pegarla.

Argos era de los hombres
que veían y no miraban,
porque el que ve no discierne,
pero el que mira repara.

Y al tiempo cuando la aurora
despierta en lecho de plata,
que dama tan entendida
nunca se duerme en las pajas.

Con Argos se fue a encontrar
que en la ocasión dormitaba,
cerrando y abriendo a un tiempo
las oculares ventanas.

A unas echa y a otras quita
los cerrojos de pestañas,
unas a medio cerrar

150

155

160

165

170

175

180

185

190

y otras del todo cerradas.

A almorzar le convidó
de lo que el zurrón llevaba
y el pastor vio el cielo abierto   195
con los ojos de la panza.

Aceptó al punto y sacóle
una bota tan preñada,
que la barriga a la boca
tenía sin contar falta.   200

Detrás de aquésta sacó
un perfil, con tanta gracia,
que dos mil sales tenía,
anís de zorras mamadas.

Apenas comió un bocado,   205
cuando empinando la gaita,
Argos le empinó de suerte
que le chorreó por las barbas.

Tres veces hizo lo mismo
con la limpieza aquí usada   210
de chuparse los bigotes
por beberse las zurrapas.

Alzó Mercurio la mesa
y con corteses palabras,
el dios de los mercachifles   215
pidió perdón de las faltas.

Tiróle Argos otro tiempo
a la bota y con mil ansias,
quejándose de los dioses,
prorrumpió en estas palabras: 220

«Que pudiendo haberme dado
cien bocas con que tragara,
me fueran a dar cien ojos
que no me sirven de nada.

Sin más ver, por otra boca,   225
la más puerca y la más mala,
diera los ojos por ella,
las cejas y las pestañas.

¿Para qué quiero yo ver
sin mi gusto cuánto pasa,   230
sino pasar lo que gusto
sin ojos y con gargantas?

Pudieran darle estos ojos

al veedor de las armadas
o a las vistas, a que ciegos   235
van los novios que se casan.»
    En aquesto estaba cuando,
recostándose en la grama
y aplicando a la cabeza
la bota por almöhada,   240
cerró de una vez los ojos
desde el cogote a la planta
y, para arrullar sus niñas,
tocó Mercurio una flauta.
    Empezó a cantarle un rorro,   245
y a sus dulces consonancias
de la flauta se durmió,
que fue famosa enflautada.
    Sacó Mercurio al instante
un cuchillejo sin cacha,   250
y en el mollejón de un rico
le afiló, escupiendo el agua.
    Cególe el pescuezo y
sarmientos segó y no pajas,
que al cuero se le vendimia,   255
porque no es mies sino parra.
    Sabiendo la muerte Juno,
lloró tanto esta desgracia
que en los de Argos y los suyos
no hubo ojos para llorarla.   260
    Los del pastor los traía
en su pavón a las ancas
detrás de otro que en la silla
no vía con él palabra.

105. (MSS: AB): 21 A: influjos [_____]. 44 B: perlas *engastan*. 46 B: como [-] otra. 52 B: *le escupo* a. 60 B: se *la* tragaba. 62 B: cristal *cansan*. 65 B: el *recato* encubría. 142 B: tan *ajada*. 150 B: ponía *donde* pisaba. 178 B: que *vían* y. 217 B: otro *tiento*. 223 B: me *fueron* a. 246 B: a *las* dulces.

106

FÁBULA DE POLIFEMO Y GALATEA.[108] BURLESCA ASUNTO ACADÉMICO

Gracias a Apolo que llega
la hora de hablar un rato
de Polifemo, que en esto
va todo muy a lo largo.
Invoco al Dios de Poetas   5
como a primer boticario,
porque con su ayuda pueda
burlarme aquí sin empacho.
Señor Sol, Febo y Apolo,
no me dé ripio a la mano   10
con sus nombres, que esto es
de ingenios de cal y canto.
Erase el tal gigantón
jayán tan desmesurado
que no ha habido en las mentiras   15
ninguna de su tamaño.
Medíase con el cielo
o poquito más abajo,
mil leguas, porque no digan
que yo le quito ni añado.   20
Copiaréle en embrïón
porque no hay para pintarlo
de todo punto pincel,
lienzo, colores ni espacio.
Cáñamo sería el pelo,   25
donde los mechones lacios
eran cordeles torcidos,
hacían ondas trenzados.
Por la vega de la frente
pasaré sin dilatarlo,   30
pero ya he llegado a un ojo
donde es preciso el reparo.
Ojo de puente ha de ser,
visto está, pues para un casco
tan disforme y para sólo   35
otro menor es cegarlo.

Tenía por niña de él
una vieja de cien años,
que la puericia en la vista
es para ojos ordinarios.   40

La nariz era disforme,
pues, además de lo largo
eran las ventanas puertas
y el pescuezo un campanario.

Por hombros tenía las   45
peñas de Francia y de Martos; [109]
los brazos eran de mar,
y dos ínsulas las manos.

Un cable de capitana
con dos anclas en los cabos   50
ceñía por cinto, y
la abrochaba reventando.

Las demás partes del cuerpo
denotaban que su garbo,
de puro bien repartido   55
pasaba a desperdiciado.

Desde que era muy chiquito
fue muy gran enamorado
de Galatea, giganta
que moría por enanos.   60

Así, pastorcillo humilde
era también su cuidado,
que el amor más llano y firme
tiene sus altos y bajos.

A los dos quería a un tiempo   65
y eran sus amortelados;
uno, por razón de burla,
y otro, por razón de estado.

En el rostro de la ninfa
eran, para darla abasto,   70
el pastorcillo, el Cícero,
y el gigante, el obligado.

Acis era el del gusto
y Polifemo el del gasto;
el de éste era amor vendido   75
y el del otro, amor comprado.

Desesperaba el jayán
de mirarse tributario,

siendo alteza cien mil veces
de un mozuelo siete palmos.   80

No hacía el pastor con él
buenas migas y era el caso
que Acis en las de los celos
le hacía morder del ajo.

A solas consigo mismo   85
premeditaba su engaño,
que al jayán se le alcanzaba
todo como era tan largo.

En sus celosos discursos
estaba dando y cabando   90
y hecho de hieles azules,
así decía rabïando,

«Que compre un hombre una polla
y la coma solitario;
y que una mujer no pueda   95
cenarla sin convidados!

Las ninfas y las conservas,
en poder de los muchachos,
son relamidas, y el dueño
come lo golosineado.   100

Yo he de perder el jüicio
con este amor o este emplasto.
¡Válgate Dios por Acis
lo que me das de cuidado!
Trocárame yo por él,   105
aunque fuera un jayán bajo,
que en amor lo que se hurta
sabe más que lo comprado.

¿Hay gusto que se le iguale
a un favor con sobresalto   110
de una mano por detrás
del pobre que paga el pato?

¿Gorras conmigo? ¡Al infierno!
Ni pido ni doy barato;
cuerpo de Apolo, con todo,   115
quien quisiera amor, ¡pagarlo!

Ah ingrata enemiga mía,
causadora de estos daños,
¿qué has visto en un pastorcillo
como del codo a la mano?   120

¿No soy más hermoso que él?
Pues mi rostro, por ser alto,
en un lado tiene el sol
y la luna en otro lado.
　　Ya no seré Polifemo,　　　　　　　　　　125
el que escribe con la mano
su nombre en el cielo, si
ya lo escribo con los ganchos.
　　A la luna me parezco,
pues que de un modo encornamos,　　　　　130
que un agravio manifiesto
también tiene cuernos claros.
　　¿Qué dirá la ley del duelo
de los gigantes honrados?
Mueran Galatea y Acis,　　　　　　　　　　135
la carne, el mundo y el diablo.
　　Esta es ya resolución,
por los dioses soberanos.
¡Cuernos fuera!» dijo, y
tiró el sombrero por alto.　　　　　　　　　140
　　Entró en esto Galatea
que le venía buscando,
más hermosa y más florida
que un año entero de mayos.
　　Pero ¿cómo, sin copiarla,　　　　　　　145
por menor su beldad saco?
Corto el hilo de la entrada,
que después volveré a atarlo.
　　Tres varas como tres puntos
con una larga de un palmo　　　　　　　　　150
calzada la ninfa, siendo
los polevíes dos zancos.
　　Las columnas del *non plus*
eran piernas, y quitando
el *non,* proseguían más　　　　　　　　　　155
las Indias de lo tapado.
　　El talle ni una ballena
era bastante a tragarlo,
que para tan gran carnada
era pequeño pescado.　　　　　　　　　　　160
　　Lo demás no admite copia,
porque era tal su recato

que los altos los tapaba
y descubría los bajos.
Medio jayán, media ninfa   165
copio no más, por juntarlos
y hacer novedad de uno,
hermafrodita retrato.
Esta es Galatea o la
parte que aquí es más del caso.   170
Junto el hilo de la entrada
y así prosigo anudando.
Díjole, «Amado, querido,
mi bien, mi gusto y regalo».
Y el gigante la responde,   175
«Mi mal, mi rabia, mi daño».
Azoróse Galatea
y, con semblante admirado,
torció a un lado la cabeza,
[bien disgustada del caso].   180
Paséábase el gigante,
vueltas hacia atrás las manos,
a ratos dando patadas
y de continuo bufando.
Al cabo de una gran pieza   185
que se estuvieron callando,
dijo la ninfa al jayán,
«Parece que estás borracho.
¿Qué tienes?» Y Polifemo
la respondió, «Tengo al diablo   190
que la lleve y tengo más
astas que treinta venados».
Apenas las pronunció
cuando alzó la ninfa el brazo,
y se le plantó delante,   195
en alcarraza los brazos.
Alzó la agraviada ninfa
el grito, con tal desgarro
que Polifemo la oía,
teniendo oídos tan altos.   200
Juntóse un grande concurso
de las gigantas del barrio,
que en unas casillas bajas
vivían junto del rastro.

Con el favor que la dieron   205
se aumentó su desenfado,
y le amagó dos cachetes,
escupiéndose la mano.

Metiéronse de por medio
las cíclopas, sosegando   210
al gigante, que de enojo
estaba hecho un borracho.

«Dejen que pague», decía
el pícaro bestionazo;
ronca gritaba la ninfa,   215
toda anegada en catarro,

«¿Pegarme a mí? No ha nacido
ni nacerá en dos mil años»,
insinuaba Galatea,
entre gimiendo y llorando.   220

«No lo ha conmigo», decía
otra de muy buen fregado,
gigantilla, grande chula,
hermosa y de pocos años.

«Con todas y más lo habrá»,   225
Polifemo, amostazado,
le respondió con furor,
jurando a tantos y a cuantos.

Tomó la mano por todas
una giganta de garbo,   230
amiga de Fierabrás,
que la estaba consolando.

«Tratar tan mal a las ninfas
no es de gigantes honrados,
si esto hace don Polifemo   235
¿qué hará un cícople villano?

¿Por qué es el enojo?» Y él
le respondió muy airado,
«Por Acis, este mozuelo,
pastorcillo renacuajo».   240

Así que nombró el pastor,
dio Galatea en el caso,
y volviendo a alzar la voz
así dijo sollozando:

«Ahora se hace de nuevas   245
cuando sabe que ha dos años

que mi amor, él y el pastor,
le han partido como hermanos.
  ¡Venga acá! Cuanto mejor
le está a su gusto y regalo   250
tenerme con otro a mí
que no ser solo con cuatro!
  Para mi bambo, ya es bueno
que mi amor no tenga gasto;
quiera feas que con uno   255
alzan al cielo las manos.
  ¿Cotufas pide al amor?
Ya es eso mucho lilao.
¿No le basta buena moza,
sino también ser honrado?   260
  Si me anda con amenazas,
sepa que me están rogando
Goliat y Briareo,
y haré que le dén de palos.
  Yo no ando por circunloquios,   265
que me precio de hablar claro,
señor Polifemo mío,
¿esto es beberlo o vaciarlo?
  El pastorcillo ha de entrar
por encima del más alto,   270
y con esta condición
me tendrá por suya a ratos.
  Que a medio amor le quería,
fue lo que los dos tratamos,
y lo que él quiso, que yo   275
quería quererle al cuarto.»
  «Razón tiene que le sobra
por encima del tejado»,
dijo una giganta vieja
que fue alcahueta de entrambos.   280
  «Porque pasó como dice
ante mí doy fe del trato
como latamente costa
en mi oficio de recados.»
  Sosegóse la pendencia   285
porque entre todas mediaron
lo que diré en otra copla
que en ésta no cabe tanto.

El trato fue que la ninfa
al pastor diese de mano
y a ella el gigante por esto
un cuantioso regalo.

Aceptaron el partido,
ella astuta y él muy asno,
pues de contado la dio
y la pagó de contado.

En una danza del Corpus
le dio celos declarados
Galatea, porque vio
que la andaban por debajo.

Fuése del valle y a ella
le escribió con desenfado
en pergamino de toro,
con unas letras de a palmo,

«Trinquintaria Galatea,
que viene a ser siete grados
más que ramera, ya he visto
tu amor y tu aleve trato.

Bien sé que a ese pastor quieres
porque te guarde el ganado
cabrío, que estás haciendo,
pero no he de ser yo el manso.

El, sí, guárdese de mí,
que si le cojo a las manos
he de cascarle, además
que ya conmigo ha quebrado.

Una gala que tenía
que darte en el octavario,
la he de dar a la tarasca,
que me hace más agasajo.

Yo te cortaré la cara,
aunque no quede vengado,
que para tantos reveses
es poco despique un tajo.

Quédate para quien eres
y quiere al pastor villano
muchos años; y los dioses
te guarden mientras te mato.

Polifemo.» Luego al punto
que hubo leído el despacho,

rompió la piel Galatea
como si fuera de trapos.

   Enternecióse la ninfa
y para el gigante llanto;
puso en tinaja la boca,   335
que en puchero es poco barro.

   Lloraba tan gruesas perlas
como unos huevos de pato,
que aljófares en giganta
dirán que es menudo llanto.   340

   «¿Tajo en mi cara?» Y con esto
creció tanto lo llorado,
que hizo los ojos dos ríos
solamente con un tajo.

«¿Trinquintaria yo? que ha visto   345
más que a otro el mentecato,
tres que no saben los dos
y seis que me están rogando.

   Y la honestidad no pierdo
con cinco, que hasta el octavo,   350
es amor parva materia
que no quebranta el recato.»

   Respondióle a su papel
otro tan desvergonzado
y disoluto, que por   355
el honor del jayán, callo.

   Envióselo y entró
el pastor, con cuyo agrado
el invierno de sus ojos
pasó con verle de marzo.   360

   Dejemos estos amores
de los dos, y doy un tranco
a contar de Polifemo
que estaba dado a los diablos.

   Luego que vio en la respuesta   365
que se la había llevado
sólo al pastor de codillo,
se determinó a matarlo.

   Cogióle un día en la playa
y arrojóse al mar volando   370
Acis, que de un gran peligro
es propio salir a nado.

Como le cogió de susto,
discurrió mal en su amparo,
porque en el agua le daba
más ocasión de pescarlo.

Entró tras él Polifemo,
tan ciego y apresurado,
que por no dar vaho a cosa
se zambulló en un remanso.

Tentó un peñón con el pie
y, pasándole a la mano
con el canto le mató
y lloró la ninfa el canto.

Sentidos los dioses de esto,
trajeron, para vengarlo,
unos derrotados griegos
que los condujo un fracaso.

En la cueva del gigante,
que estaba sola, se entraron,
cuando tocando un albogue
llegó a encerrar su ganado.

Entró y entornó la puerta
de un remontado peñasco,
que en tan deforme portada
eran los pinos enanos.

Echó al bastidor un risco,
al cerrojo de alabastro,
y en la chapa de una loza,
cerró con llave de mármol.

Mas ¿qué es lo que dices, Musa?
¿No adviertes que nos burlamos?
De veras quiere el asunto
y da las muestras del paño.

Encontró con la cuadrilla
y, cual si fueran gazapos,
se merendó en un instante
dos vestidos y calzados.

«¿Qué comida griega es ésta?»
dijo el jayán, regoldando.
«Ah, griegos crudos, curadme
vosotros de aqueste empacho.»

Sacó Ulises una bota
y convidándole un trago,

375

380

385

390

395

400

405

410

la empinó de calidad   415
que andaba calamuqueado.
  Subiósele el vino arriba
y tardó dos o tres años,
que había muchos repechos
y era el camino muy largo.   420
  Alegróse y preguntóle
por su nombre, y él taimado,
haciéndose bobo dijo,
«¿Quién? ¿Yo? *Yo mismo* me llamo».
  Tendió el gigante la raspa   425
sobre un mullido peñasco,
que la lana de su aprisco
aún no la había esquilado.
  Viendo Ulises la ocasión,
le sacó la punta a un palo;   430
y emprendió un hecho, que yo
también lo haré a ojos cerrados.
  Pególe en el singular
tan grandísimo porrazo
que le hizo ver las estrellas   435
con dejársele nublado.
  Dio tal grito Polifemo
que al eco ronco temblaron
los montes y las encinas
que le estaban escuchando.   440
  Cueva abajo y cueva arriba
el Cíclope hecho un trasgo,
buscando a Ulises, que estaba
metido tras un garbanzo.
  Andaba como unicornio,   445
el asta fija en los cascos;
y si tuviera más ojos,
tuviera cuernos doblados.
  Conociendo Polifemo
que era imposible el hallarlo   450
y que llegaba la hora
de apacentar su ganado,
  abrió la puerta y plantóse
en el quicio, examinando
las cabezas que salían,   455
haciendo informe del tacto.

Desolló al punto una oveja
Ulises y éste fue el caso,
porque si fuera carnero
iba a punto de toparlo.   460

La piel se vistió y la testa;
la tentó con tanto engaño,
que lo pasó por vellón
cuando no le halló cornado.

Así que fuera se vio,   465
le dio gran vaya, gritando
al gigante que las barbas
se las arrancó a puñados.

Brincaba con el enojo
el jardín y a pocos saltos,   470
exprimiendo las estrellas,
cogió el cielo con las manos.

Llamó a los cíclopes todos
que eran allí sus vasallos
y aun sus grandes, que también   475
tenían muchos estados.

Pregúntanle lo que tiene,
y él dijo por abreviarlo,
«Aqueste palo en mi frente
dirá lo que me ha pasado».   480

«¿Quién te dio así?» Y Polifemo
les respondió, renegando,
«Yo mismo», y todos dijeron
«Debías de estar borracho,

pues así te das tú propio».   485
«No yo propio, mentecatos,
sino yo mismo, esto es griego»,
les respondió en castellano.

«Todo es uno», replicaban
los cíclopes, y era el caso   490
que allí el nombre de yo mismo
era griego confirmado.

Por no andar a mojicones
se fueron, y lo dejaron
dado a un millón de demonios   495
porque pudieran cargarlo.

Conociendo Polifemo
que quedaba en tal estado

310

sin Galatea, sin vista,
sin ínsula y sin vasallos,   500
    a la corte se fue adonde
con perro, grita y muchachos,
estas quintillas de ciego,
así cantaba llorando:
    «Ulises vio que el poder   505
de Cupido me cegó;
pues cuando llegué a perder
el ojo que me quitó,
entonces lo eché de ver.
    Mas no quede satisfecho   510
el traidor de quien reniego;
hizo hazaña de provecho,
que el hacer de un tuerto un ciego
se tiene la mitad hecho.
    Galatea fue el despojo   515
de mi frente, y esto infiero
de que le puso su antojo
tanta higa del matadero,
que vino a quitarle el ojo.»
    Aquí la Musa impaciente   520
conceptos me niega avara,
pues no los hallo al presente,
por un ojo de la cara
para un ojo de la frente.

---

106. (MSS: ABCDE): 12 C, D: ingenios *desatinados*; E: [l.d.   ]. 20 D, E:
quito *o* añado. 21 C, D, E: *Copiarlo* en embrión *pretendo*. 25 D: *Cáñomo* sería. 27 B:
que eran. 28 D: *para tus* ondas; C, E: *para ser* ondas. 34 C: está [_____] para; D, E:
está, *que* para. 37 C: *Tenía allí* por. 43a C, D, E: *y el caballete, caballo*. 43b C, D, E:
Era la boca una gruta. 43c C, D, E: *los dientes eran peñascos*. 43d C, D, E: *la barba era
de ballena*. 46 C, D, E: *y de Matos*. 48 C, D, E: *siendo dos remos* las. 56 B: pasaba [-]
desperdiciado. 58 C, D, E: muy *grande* enamorado. 61 B: *Así, un* pastorcillo; C: *Acis,*
pastorcillo; E: *A su* pastorcillo. 63 C: llano *ay* firme; D, E: el *autor* más. 66 C, D: sus
amartelados; E: [l.d.   ]. 69 D, E: el *rastro* de. 70 D, E: para *darle* abasto. 73 C:
era *allí* el; D, E: el *de su* gusto. 79 C, D, E: *con altura de cien varas*. 83 C, D, E: *que
en el plato* de. 84 B: morder *el* ajo. 86 C: premeditaba *en su agravio*; D, E: premeditaba
en su. 87 D: le *alcalzaba*. 88 C, D, E: todo *porque* era. 91 D: *y entre sus celosas guerras*;
C, E: *y entre sus celosas quejas*. 97 C, D, E: *ninfas como la miel*. 99 C, D, E: *y dulces*.
100 B: lo *golosinado*; C, D, E: *que están al gusto inquietando*. 103 D, E: *Válgate el
diablo* por. 104 C, D, E: *de cuidados*. 105 D, E: *trocaréme* yo. 110 D, E: un *gusto* con.
117 D, E: [__] Ingrata. 123 D, E: tiene *al* sol. 125 D, E: no *será* Polifemo. 128 C: ya
le escribo. 130 C, D, E: *porque* de un modo *encarnamos*. 135 C, D, E: *Muera* Galatea.
148 D: volveré [-] atarlo. 152 B: los *Polibíes* los zancos; D: los *ponlebíes* dos; E: los
ponlebíes dos *arcos*. 156 E: de *los tapados*. 160 C, D, E: *es muy* pequeño. 168 D: *hermo-*

frodita retrato. 170 D, E: que *es aquí* [——] del. 175 C, D, E: gigante *le* responde. 176 C, D, E: mi *ruina,* mi daño. 180 A: [————————————]; C, D, E: *y así se paró a mirarlo.* 185 D, E: gran *pausa.* 186 D, E: estuvieron *mirando.* 188 E: que *está borracha.* 190 D, E: *le* respondió. 191 D: *y que la.* 192 D: *asta* que; E: *asta* treinta *mil* venados. 196 C, D, E: *echándole atrás* los brazos. 199 D, E: la *oyó.* 202 D, E: las *gitanas* del. 207 D, E: y *él* le amagó *de* cachetes. 210 C, D, E: las *zagalas,* sosegando. 219 E: [————————————]. 220 E: [————————————]. 221 E: [————————————]. 222 E: [————————————]. 223 E: [————————————]. 224 E: [————————————]. 225 C, D, E: todas *allí* y con *todos.* 229 C, D, E: *Cogió* la. 230 D, E: una *gitana* de. 235 D: *y si;* E: *y si* esto hace [————] Polifemo. 236 C, D, E: un *cíclope* villano. 239 D, E: Acis, *ese* mozuelo. 245 C, D, E: de *nuevo.* 247 C, D, E: amor *y el del* pastor. 253 D, E: mi *bambilla* es. 255 D, E: con *una.* 257 E: pide *el* amor. 258 B: mucho *lilado;* C: *Eso es mucho desacato;* D, E: *Ese es mucho desacato.* 260 C, D, E: ser *cansado.* 263 C: y *Barriero a un tiempo;* D: *Golear y Barreño a un tiempo;* E: *Golea y Barreño a un tiempo.* 273 C, D, E: a *mí como* le. 280 D, E: de *entre ambos.* 281 C, D, E: como *dicen.* 282 D, E: del *caso.* 283 B, C, D, E: latamente *consta.* 284 C, D, E: de *recaudos.* 289 E: fue *el* que. 292 C: *diese* un; D, E: le diese presto un regalo. 293 C: *acetaron* el. 295 C, D, E: contado *le* dio. 296 C: y *la pegó* de. 300 D, E: que *le* andaban. 301 D, E: del *baile* y. 302 C: *la* escribió. 305 D, E: *trinchintaria* Galatea. 307 B: ramera *y* he. 310 D, E: *para que* guarde. 315 D, E: de *causarle* además. 327 C: años, *que* los. 329 B: *Galatea.* Luego. 332 C, D, E: de *trapo.* 333 D, E: *Entrometióse* la. 334 D, E: gigante *el* llanto. 336 C, D, E: que [——] puchero. 338 D: *que* como; E: *que* como [————] huevos. 339 D: *de* aljófares en *gitana;* E: en *gitana.* 341 D, E: en [——] cara. 344 D, E: con *el* tajo. 345 C: Trinquintaria, *aunque* ha; D: *Trintiquitaria? a quien* ha; E: *Trinquitaria? ¿A quién* ha. 346 D: a *otra* el; E: a *otros* el. 349 D: [——] La honestidad; E: [——] La honestidad no *pierde.* 356 C: del *galán,* callo; D, E: del *galán lo* callo. 357 C, D, E: *Envíósele* y. 360 C, D, E: con *muerte de malco.* 365 D, E: vio [——] la. 366 C: se *le* había. 367 B, C, D, E: sólo *el* pastor. 370 E: mar *blando.* 372 C, D, E: salir *nadando.* 373 C: como *él* le; D, E: como *a él* le. 381 D, E: peñón *Polifemo.* 386 C: *trujeron* para. 390 D, E: estaba *a solas,* [——] entraron. 391 D: tocando [——] albogue; E: [l.d.   ]. 397 C: Echó *un* bastidor; D, E: Echó *un* bastidor *a* un risco. 398 D: *el* cerrojo. 402 C: que *no* burlamos. 411 C: Ah, *huevos* crudos; D: *A huevo* crudos *curarme;* E: *A huevos* crudos. 413 D, E: Sacó *una gran bota Ulises.* 414 C: convidándole *a* un. 415 C: *le* empinó. 416 B: andaba *calamoqueado;* D: andaba *calamuquendo.* 418 C: dos [——] tres. 423 C: haciéndose *el* bobo. 424 C: ¿Quién? [——] Yo mismo. 426 D, E: un *molido* peñasco. 428 C, D, E: había *trasquilado.* 432 C, D, E: a *ojo cerrado.* 435 C: ver [——] estrellas. 436 C: con *dejárselo* nublado; D, E: con *dejárselo clavado.* 440 C: que *lo* estaban. 442 D, E: *parecía* el Cíclope [————] un. 444 C: tras *de* un; D, E: tras *de un guijarro.* 445 D: Andaba con unicornio. 454 D: quicio, *examinado.* 456 D, E: del *caso.* 458 C, D, E: Ulises, [——] éste. 459 D, E: fuera *del caso.* 460 D, E: a *riesgo* de. 462 C, D, E: *tan lento y* con. 463 C: que *lo puso* por; D: la *puso* por. 465 B: *Luego* que. 470 B: pocos *altos;* C, D, E: el *jayán* y. 473 B: los *cicoples* todos; C, D, E: *cíclopes dos.* 476 B: muchos *criados;* C, D, E: *tenía* muchos. 477 C: *Pregúntale* lo. 480 D, E: que [——] ha. 482 D, E: *le* respondió. 486 D, E: propio, *mentecato.* 488 C, D, E: *le* respondió. 491 D, E: de *ello* mismo. 499 C, D, E: Galatea, *y* sin. 592 C: con *perros,* grita. 504a D, E: *«Quintillas».* 505 C, D, E: Ulises *no,* que. 509 C: lo *echó* de. 510 C, D, E: no *quedó* satisfecho. 512 B: *que* hizo; D, E: *no* hizo. 513 D, E: [————] el hacer. 514 D, E: mitad *de* hecho. 516 D, E: y *de eso* infiero. 522 D, E: los *halla* al.

107

A UNA DAMA SUMAMENTE PEDILONA

Soneto

Mil abogados tienen tus razones,
procuradores más, pues son sin cuento,
porque es cada palabra un pedimento
con querellas que das en peticiones.
No hay en Las Indias para ti millones,   5
si es tu pedir canino tan hambriento
que tienes más demandas que un convento
en donados arroja y motilones.
Si se usara el pedir el que no diesen,
por pedir, también esto lo pidieras   10
a cuantos el feriarte algo quisiesen,
    porque tienes tan grandes pedideras
que cuando a darte, sin pedir, viniesen,
porque no se pidió, no lo quisieras.

107. (MSS: ABFG): 2 G: son *cincuenta.* 4 G: con *queras quedas* en. 5 G: las *pidias* para. 6 G: pedir *camino* tan. 11 B: el *feriante* algo; F, G: algo *lo* quisiesen. 13 F, G: cuando [-] darte.

108

PARA SER CABALLERO

Soneto

Para ser caballero de accidente[s]
te has de vestir en voces y mesura,
sacando el pecho, derecha la estatura,
hablando de hidalguías y parientes,
    despreciando linajes entre dientes,   5
andando a espacio, grave y con tesura,
y aunque venga o no venga a coyuntura,
usará de las cláusulas siguientes:
    el punto, el garbo, la razón de estado,
etiquetas, usía, obligaciones,   10
continencias, vuecencia, mi crïado,

mis méritos, mis tardas pretenciones;
y caballero quedas entablado
desde la coronilla a los talones.

108. (MSS: ABFG): 1 A: de *accidente*. 6 F: andando *despacio*, grave y con *ternura;* G: andando *despacio*, grave. 7 G: venga a *coyentura*. 8 B, F, G: *usarás* de. 10 B: etiquetas, *usías*, obligaciones. 11 F, G: continencias, *vuecencias*, mi. 12 G: tardas *pretensión*.

109

REMEDIO PARA LO CABALLERESCO

Soneto

Un mulato por hijo es el más bravo
blasón, que a la nobleza da fomento,
porque éste guarda el cuarto mandamiento,
quebrantando por el todo el octavo.
    Con honrar a su padre, encubre el rabo,   5
aplaudiéndole de alto nacimiento,
primos, duques, le aplica, que es contento,
y un rey que, por contera, pone al cabo.
    Si tras de esto añadiere a su decoro,
crïado y quitasol el caballero,
es para la nobleza otro tanto oro;   10
    y si miente, porfía y es parlero,
hallo de ejecutorias un tesoro,
porque es gran calidad ser embustero.

109. (MSS: ABFG): 4 B: quebrantando *a porfías* el. 7 G: es *contente*. 8 F, G: tras [—] esto. 10 F, G: tanto *de* oro.

110

PARA LABRARSE FORTUNA EN LOS PALACIOS

Soneto

Para hallar en palacio estimaciones
se ha de tener un poco de embustero,
poco y medio de infame lisonjero,

y dos pocos cabales de bufones,
   tres pocos y un poquito de soplones   5
y cuatro de alcahuete recaudero,
cinco pocos y un mucho de parlero,
las obras censurando y las acciones.
   Será un amén continuo a cuanto hablare
al señor, o al virrey a quien sirviere;   10
y cuando más el tal disparatare,
   aplaudir con más fuerza se requiere;
y si con esta ganga continuare,
en palacio tendrá cuanto quisiere.

110. (MSS: ABFG): 2 F, G: de *embusteros*. 3 F, G: de *infames lisonjeros*. 6 F, G: de *alcagüetes recauderos*. 7 F, G: de *parleros*. 10 F, G: *el* señor o *el* virrey.

111

A UN ABOGADO NARIGÓN

Soneto

   Narigón y letrado, se concibe
que no tendrá en sus leyes la desgracia,
porque nariz tan porra es muy reacia,
y así sólo en la escrita solo escribe.
   Autos forma y el simple no percibe   5
que su nariz arriesga en contumacia,
pues puede sucederle la desgracia
que en alguno la queme el Dios que vive.
   Como en fin su nariz en todo es previa,
sobre pasar riñendo anda a porrazos,   10
si en la calle más ancha no se abrevia.
   Pues son tantos sus nudos y sus lazos
que se parece a un tomo de Juan de Hevia,
nombrado dilaciones y embarazos.

111. (MSS: AB): 2 B: no *tendrán* sus.

A OTRO NARIGÓN

Soneto

Tu venera desmienten tus narices,
porque traes *aliquando* la venera,
y tu nariz en ristre siempre espera
lo que en ella parece que predices.

Con la nariz desmientes lo que dices,   5
porque es nariz de sábado quimera,
[y no será festividad primera,]
que por ella sospecho solemnices.

Coroza me parece que en tu cara
la formaron cartones de ternillas,   10
tan feroz, tan disforme que por rara

a un tiempo te encoroza ambas mejillas;
y aun de su atroz grandeza sobrepasa,
llegar a encorozarte las rodillas.

112. (MSS: AB): 1 B: desmienten *en* tus. 7 A: [_____]. 13 B: grandeza *se repara*. 14 B: *llegará* a.

113

DÁNDOLE A PEDRO DE UTRILLA EL PARABIÉN DE UN HIJO QUE LE NACIÓ

Soneto

Dos mil años logréis el cachorrito,
aunque el estéril parto no me agrada,
pues entendí que fuera una camada,
para pediros de ella un barcinito.

Porque de vuestra casta un gozquecito   5
le quisiera crïar para la espada,
pues de ayuda será cosa extremada
de las que vos echáis, aunque imperito.

Veáisle con carlanca de golilla,
con cadena y tramojo en sus venturas,   10
descuartizando más que no Rivilla

despedaza con gritos y figuras,
porque en tanto mondongo al gozque Utrilla
sobren callos, piltrafas y gorduras.

113. (MSS: ABFG): 1 F, G: logréis *de cachorrillo.* 3 G: una *camarada.* 4 F: un *basarnito.* 9 F, G: *Véanle todos* con. 10 F: en *su ventura;* G: y *tramoje* en *su ventura.* 12 F, G: *despedazando* con. 13 G: tanto *mondengo* al.

114

A UN MULATO COHETERO QUE DEJÓ DE SERLO
Y SE HIZO MÉDICO

Soneto

Perdiguero y podenco de la muerte,
docto en cohetes, sabio en triquitraques
¿qué conexión el azufre, los achaques
o salitre tendrá? de esto me advierte.
Mas, tú responderás de aquesta suerte   5
que lo digan Bermejo y sus pistraques,
si es volcán graduado en los ataques
de la salud que en males la convierte.
Yo, aunque pardo, en mis obras soy Bermejo,
pues dispara también si yo disparo,   10
conque así recetamos por parejo;
si del mal ignoramos el reparo
y a él lo estiman los hombres sin consejo,
porque el matar los tontos vende caro.

114. (MSS: ABFG): 2 F: en *cochetes,* sabio en *triquitaques.* 3 B: azufre *y* los; F, G: conexión [——] azufre, *a* los. 4 B: *y* salitre; G: o *salitren* tendrán? de esto me *advierta.*

A UN HIJO DE UN SASTRE METIDO A MÉDICO

Soneto

Tu padre de coser con sus puntadas
te sustentó en su pobre sastrería;
su oficio te enseñó, si con sangría,
hombres andas cosiendo a puñaladas.

Tus récipes son fieras tijeradas   5
que cortan la salud con agonías,
cercenando las horas y los días
con tijera, segur de dos cruzadas.

Si de tu padre usas el oficio
¿cómo, físico idiota, no percibes   10
que no siendo distinto el ejercicio,

por el injusto logro que recibes,
mal sastre de orinal y de servicio
más que de sastre de desastre vives?

116

A UN DESAFÍO QUE TUVIERON LOS CORCOVADOS LISERAS Y MEJÍA

Soneto

Dos tortugas salieron a campaña
con armas defensivas tan iguales
que llevaban sus petos naturales
y por las ofensivas su guadaña.

Viendo Liseras la figura extraña   5
de Mejía, cargado de atabales,
y él, o Liseras, ratón con sobornales,
se rieron y aquí acabó la hazaña.

Las manos se ofrecieron y los brazos
y al dárselos, toparon los melones   10
de los pechos, viviendo de embarazos;

pues, ¿qué hicieron? juntaron los talones,
y por detrás tan poco estrechan lazos,
por encontrar los mismos tolondrones.

116.   (MSS: AFG): 7 F, G: él, *a* Liseras. 8 F, G: y *acabaron sin sentir todos los males.*
11 F: pechos, *sirviendo* de; G: pechos, *sirviendo a* embarazos. 12 G: ¿*Por qué* hicieron.

117

SONETO

Créditos de Avicena, gran Bermejo,[110]
récipes de tu ciencia te están dando
en tus raros discursos, si indagando
accidentes, los sana su consejo.
Naciste sabio, niño fuiste viejo,   5
médico que, advertido, especulando,
en la física curia adelantando,
de los modernos quitas lo perplejo.
Excelsas ciencias, obra sin segunda,
vocea en el tratado peregrino   10
en lo agudo, en lo docto si secunda.
Rinde la pestilencia en lo maligno;
así es, en fin, tu doctitud profunda,
San Roque de los médicos benigno.

118

A UNA FEA

Tú no eres cara, Fili desdichada,
porque de ningún hombre eres amada,
ni a otro sentido yo caro te aprecio,
porque a todos te das por bajo precio.
Ni cara en rostro, dando al verte enojos,   5
que tu fealdad no tiene cara ni ojos,
conque si bien lo advierto
tres veces descarada te concierto.
Y tres veces no cara, Fili ingrata,

por fea, aborrecida y por barata;   10
mas, ¡ay! que en lo barato se repara,
que, por más que lo seas, eres cara.

118. (MSS: CDE): 8 D, E: veces *descara* te.

119

A UNA VIEJA QUE HABIENDO SIDO DAMA PARÓ EN SER ALCAGÜETA

SONETO

De las beldades fuistes la primera,
mas el tiempo que de esto siempre aparta,
marchitándola, andabas a la cuarta,
por lo cual andas hoy a la tercera.
    Memorias te han quedado de lo que era   5
tuyo, que era belleza, que ya ensarta
muchos años, que de ella te descarta,
quedando pobre y rota recaudera.
    De las telas preciosas de que vana
en tu puericia hacías tus vestidos   10
los recados te quedan y la gana,
    mas los brocados no, porque son idos,
si en corredor cambiaste la ventana,
que usaste en tus años más floridos.

119. (MSS: ABFG): 1 B: beldades *fuiste* la. 4 F, G: andas *ahora* a. 6 F: *tú lo quiera* belleza; G: *tú lo quera* belleza. 8 B: rota *recadera.* 10 F: hacías *los* vestidos; G: en [——] puericia hacías *los* vestidos. 11 F, G: los *recaudos* te. 13 F: corredor *cambeaste* la. 74 F, G: que *usastes* en.

120

A UNO QUE TENÍA MUCHOS LIBROS

SÁTIRA

Sólo por buen parecer
tiene Mario muchos libros,
y mejor que en el estante
estarán en su estantino.

121

SÁTIRA

Habla mucho en lo matante
el doctor don Esculapio,
pero todo es de cabeza
y así es doctor Papagayo.

122

SÁTIRA

Que es su padre caballero,
dice Mendo, porque trae
medias blancas y de seda,
y él en el blanco no da.

123

AGUDA

Si te faltaren corderos,
estiércol, dados o cuerdas,
come cuero, lana, leche;
todo lo hallas en la oveja.

123.   (MSS: ABCDE): 2 D, E: dados *y* cuerdas. 3 C, D, E: *carne,* cuero. 4 D: lo
hallarás en; E: lo *hallarás todo* en *ovejas.*

124

AGUDA

Aunque mi madre la cera
fue, en mi impresión considero
que en el privilegio de hombre
tengo por mi padre el sello.

A DOS PADRES LINDOS QUE TUVIERON UN HIJO FEO

Lo que a los dos os sucede
es del barajar acaso;
haced cuenta que a un dos de oros
se le sigue un tres de bastos.

125. (MSS: ABDE): 3 D: que [—] un. 4 D, E: un *dos* de.

126

AGUDA

¿Por qué al recibir o al dar
alargo la diestra sola?
Y que lo que hace una mano,
¿no lo ha de saber la otra?

126. (MSS: ABCDE): 3 C, D, E: *porque* lo que.

127

AGUDA

El dar publicando es golpe
dar callando es beneficio,
que es dar el dar con silencio,
y es pegar, dar con ruido.

127 (MSS: ABCDE): 4 C: es *pagar,* dar; D, E: es *pagar el* dar.

AGUDA

Todas las mujeres mandan
sobre lo que dan los hombres;
por [eso] ellas son las doñas,
por [eso] ellos son los dones.

128. (MSS: ABCDE): 3 A: por [_____] ellas; D, E: son [___] doñas. 4 A: por [_____] ellos.

129

AGUDA

Siendo hueso la mujer
que del costado ha salido,
en ella tiene el marido
muy buen hueso que roer.

130

AGUDA

Con las armas del dinero
quien pretende ha de vencer,
que escudos, barras y cruces
son armas de la merced.

131

AGUDA

No teme Paula al francés,
al portugués, al romano,
al inglés, al persa, al medo,
solamente teme al parto.

131. (MSS: ABCDE): 1 D, E: No *temo,* Paula. 2 D, E: al *español,* al. 4 D, E: solamente *temo* al.

AGUDA

Vendes tu amor y es fingido;
das el cuerpo y lo retienes;
¡cuánta culpa has cometido!
pues quedas con lo vendido
y vendes lo que no tienes.   5

AGUDA

Ut, re, mi, fa, sol, la, alegre
cuando sube, el uno canta;
la, sol, fa, mi, re, ut, triste,
dice el otro cuando baja.

AGUDA

La piedra que buscas, Pedro,
no es piedra filosofal,
es piedra de toque, pues
descubre tu necedad.
Es diamante por el fondo   5
a que nunca llegarás
y esmeralda verde, pues
es su color esperar.

134.   (MSS: ABCDE): 5 D, E: por el *toque.*

AGUDA

Después de abrasada Troya,
los troyanos fueron sabios,

AGUDA

Todas las mujeres mandan
sobre lo que dan los hombres;
por [eso] ellas son las doñas,
por [eso] ellos son los dones.

128. (MSS: ABCDE): 3 A: por [——] ellas; D, E: son [——] doñas. 4 A: por
[——] ellos.

129

AGUDA

Siendo hueso la mujer
que del costado ha salido,
en ella tiene el marido
muy buen hueso que roer.

130

AGUDA

Con las armas del dinero
quien pretende ha de vencer,
que escudos, barras y cruces
son armas de la merced.

131

AGUDA

No teme Paula al francés,
al portugués, al romano,
al inglés, al persa, al medo,
solamente teme al parto.

131. (MSS: ABCDE): 1 D, E: No *temo*, Paula. 2 D, E: al *español*, al. 4 D, E: solamente *temo* al.

132

AGUDA

Vendés tu amor y es fingido;
das el cuerpo y lo retienes;
¡cuánta culpa has cometido!
pues quedas con lo vendido
y vendes lo que no tienes.　　　　　　　　5

133

AGUDA

Ut, re, mi, fa, sol, la, alegre
cuando sube, el uno canta;
la, sol, fa, mi, re, ut, triste,
dice el otro cuando baja.

134

AGUDA

La piedra que buscas, Pedro,
no es piedra filosofal,
es piedra de toque, pues
descubre tu necedad.
　　Es diamante por el fondo　　　　　　5
a que nunca llegarás
y esmeralda verde, pues
es su color esperar.

134.　(MSS: ABCDE): 5 D, E: por el *toque*.

135

AGUDA

Después de abrasada Troya,
los troyanos fueron sabios,

¿quién en esto del después
no se confiesa troyano?

135.   (MSS: ACDE): 2 D, E: *fueron los troyanos* sabios. 3 D, E: del *despacho*.

136

AGUDA

Siempre repite el ser largo
de azumbres nuestro extranjero;
la muerte quita este estrago,
porque hasta el trago postrero
no llegará el postrer trago.   5

136.   (MSS: ACDE): 3 D: muerte *gusta es* estrago; E: quita *es* estrago.

137

AGUDA

Si la cabeza es simpleza
y los pies del mismo modo,
disparate será todo
de los pies a la cabeza.

138

AGUDA

La medicina continua
es de la salud carcoma,
si cual manjar se destina;
y es gran salud, si se toma
el manjar cual medicina.   5

138.   (MSS: ACDE): 2 C: de [___] salud.

AGUDA

Compra, si quieres tener
mayor gusto en los manjares,
no la hartura del sainete,
sí, el sainete de la hartura.

139. (MSS: ACDE): 4 C, D, E: *sea el* sainete *del hambre.*

140

AGUDA

Primero, antes que la [lengua],
dientes y muelas están,
porque lo que he de decir
primero lo he de mascar.

140. (MSS: ACDE): 1 A: que la *tengas.* 3 D, E: que *ha* de.

141

AGUDA

Si como en un muro, en mí,
vil ratón, quieres entrar,
tierra soy y tierra fui;
de esta humildad contra ti
sea el polvo rejalgar.   5

141. (MSS: ACDE): 1 D, E: como [———] muro. 4 D: contra *mí*; E: [l.d.   ].

142

AGUDA

Tu frente es desnuda y fría,
corona sin orden buena,

cielo raso, luna llena
y calavera vacía.

142. (MSS: ACDE): 1 D: *Su* frente.

143

AVARIENTO

Hebra su ropa raída,
punto delgado el sustento,
nadie más que el avariento
tiene en un hilo la vida;
pero de Judas infiel,   5
siguiendo el estrecho estilo,
lo que cuando vive es hilo
cuando se muere es cordel.

143. (MSS: ACDE): 1 C: ropa *rayada*; D, E: *Obra* su *rayada ropa*. 4 E: *la vida* en un hilo *topa*. 7 C, D, E: *la* que.

144

AL MUNDO

Bola es el mundo que sola
ella nos echa a rodar,
no hay cosa como escapar,
huïr y escurrir la bola.

144. (MSS: ACDE): 4 D: escurrir la *vida*.

145

MÉDICO MALO

Ni aun con la muerte escapar
podéis de pagar su yerro
del doctor, que ha de jurar
sobre la cruz de un entierro,
que se la habéis de pagar.   5

EL CABRÓN

Quien nadar ha de saber,
no hay duda y aun con destreza
buzo veloz ha de ser,
porque saca la riqueza
del fondo de su mujer.   5
    Y nadar es su decoro
pues real, ágil y fiero,
nada el grave buzentero
y nada de Europa el toro.

146. (MSS: ACDE): 1 C, D, E: *Que* nadar. 6 D, E: su *destino*. 8 D: el *gran* buzen-tero; E: el *gran brazentero*.

147

AGUDA

Obra de tinieblas es
la que en un mutuo ejercicio
es útil para la especie
y dañosa al individuo.

147. (MSS: ACDE): 2 C, D, E: un *mismo* ejercicio.

148

AGUDA

Si no pierdo la salud,
del médico la virtud
me la guarda, a fuer de alhaja,
como dentro de una caja,
mas la caja era ataúd.   5

148. (MSS: ACDE): 1 C, D, E: Si *yo* pierdo. 5 C, D, E: caja *es* ataúd.

de hierro la puerta escasa,
de hierro toda la casa
y el amo también de hierro.   5

155. (MSS: CDE): 1 D, E: hierro *frío* a. 4 D: de *hielo* toda; E: [l.d.].

156

AGUDA

Si a la templanza el desorden
y a la paz buscara el pleito,
fuera el letrado el perdido
y el doctor que fuera el muerto.

156. (MSS: CDE): 4 D, E: y *fuera el doctor* el.

157

AGUDA

Del sacro fuego, arcaduz
de la Escritura, presumo
que el hereje saca humo,
pero el católico luz.

157. (MSS: CDE): 1 D, E: fuego, *alcaduz*.

158

AGUDA

Creció de aplauso al compás
tu ignorancia con jactancia;
deja ya ese aplauso atrás,
que si es como tu ignorancia
ya no puede crecer más.   5

159

AGUDA

Maestro sin barba y bobo
antes fuiste, pero ya,
gracias a Dios, doctor eres,
más barbado y bobo más.

159. (MSS: CDE): 2 D: antes *fuistes,* pero.

160

AGUDA

Culpas los lascivos nombres
en mis libros por nocivos,
que tú no quieres lascivos
los libros sino los hombres.

161

AGUDA

Caerá el que en sus bolsones
quiere el oro fijo esté;
para que uno quede en pie
han de rodar los doblones.

162

AGUDA

Aunque Venus no se da
y el venderse le conviene,
según pobre el tiempo está,
mil veces cuando se viene,
como se viene, se va.   5

162. (MSS: CDE): 3 D: el *Apolo* está. 4 D, E: [_____]. 5 D, E: como
éste, se va, se viene.

MUERTE

Para vivir muerto importa
morir vivo, piensa el fin;
que es ensayo a eterna vida
antes de morir, morir.
    Son la cama y el sepulcro   5
hoyo en que todos caemos;
en la una mueren los vivos,
en la otra moran los muertos.

163. (MSS: CDE): 5 D, E: *Con* la.

cielo raso, luna llena
y calavera vacía.

142. (MSS: ACDE): 1 D: *Su* frente.

143

AVARIENTO

Hebra su ropa raída,
punto delgado el sustento,
nadie más que el avariento
tiene en un hilo la vida;
  pero de Judas infiel,   5
siguiendo el estrecho estilo,
lo que cuando vive es hilo
cuando se muere es cordel.

143. (MSS: ACDE): 1 C: ropa *rayada*; D, E: *Obra* su *rayada ropa*. 4 E: *la vida* en un hilo *topa*. 7 C, D, E: *la* que.

144

AL MUNDO

Bola es el mundo que sola
ella nos echa a rodar,
no hay cosa como escapar,
huïr y escurrir la bola.

144. (MSS: ACDE): 4 D: escurrir la *vida*.

145

MÉDICO MALO

Ni aun con la muerte escapar
podéis de pagar su yerro
del doctor, que ha de jurar
sobre la cruz de un entierro,
que se la habéis de pagar.   5

EL CABRÓN

Quien nadar ha de saber,
no hay duda y aun con destreza
buzo veloz ha de ser,
porque saca la riqueza
del fondo de su mujer.   5
  Y nadar es su decoro
pues real, ágil y fiero,
nada el grave buzentero
y nada de Europa el toro.

146. (MSS: ACDE): 1 C, D, E: *Que* nadar. 6 D, E: su *destino*. 8 D: el *gran* buzentero; E: el *gran brazentero*.

147

AGUDA

Obra de tinieblas es
la que en un mutuo ejercicio
es útil para la especie
y dañosa al individuo.

147. (MSS: ACDE): 2 C, D, E: un *mismo* ejercicio.

148

AGUDA

Si no pierdo la salud,
del médico la virtud
me la guarda, a fuer de alhaja,
como dentro de una caja,
mas la caja era ataúd.   5

148. (MSS: ACDE): 1 C, D, E: Si *yo* pierdo. 5 C, D, E: caja *es* ataúd.

AL AMOR

Venus, codiciosa y bella,
hija del mar inconstante,
para el pobre es astro errante,
[para el rico fija estrella].
El oro es sol para ella
y, pues, el oro la aplaca,
sale la estrella bellaca
de Venus y se dispone
al tiempo que el sol se pone,
que es cuando el oro se saca.

5

10

149. (MSS: ACDE): 1 D, E: Venus *adivina* y. 4 A: [⸺].

CASADOS

Todos son uno a un compás
y uno es dos en modos llenos,
que hace, en casados, verás
el consorcio, que sean menos
y ese menos que sean más.

5

150. (MSS: ACDE): 4 D, E: el *comercio,* que *ven* menos.

AGUDA

Cosa nueva en esta edad
difícilmente lo apruebo:
lo ya dicho hacerlo nuevo
es sólo la novedad.

152

AGUDA

El que ve el mal en aquél
y en sí no le ve, aunque grave,
éste para sí otro sabe
y no sabe para él.

152. (MSS: ACDE): 3 D: *ésta* para.

153

AGUDA

Dios de los libros te libre,
deja estudios, busca ciencia,
no tengas cuenta de libros
sino ten libros de cuenta.

153. (MSS: ACDE): 2 C, D, E: deja *estudio,* busca *hacienda.*

154

AGUDA

Cara la mujer se advierte
siempre, pues fue introducida
por ella la muerte fuerte;
ved, pues nos cuesta la muerte
si es cara toda la vida.   5

154. (MSS: ACDE): 3 D: *porque* ella la *mujer* fuerte; E: *porque de* la *mujer* fuerte.
4 D, E: *ve,* pues.

155

EPIGRAMA

De hierro duro a ser pasa
tu bolsa del oro encierro,

de hierro la puerta escasa,
de hierro toda la casa
y el amo también de hierro.   5

155. (MSS: CDE): 1 D, E: hierro *frío* a. 4 D: de *hielo* toda; E: [l.d.].

156

AGUDA

Si a la templanza el desorden
y a la paz buscara el pleito,
fuera el letrado el perdido
y el doctor que fuera el muerto.

156. (MSS: CDE): 4 D, E: y *fuera el doctor* el.

157

AGUDA

Del sacro fuego, arcaduz
de la Escritura, presumo
que el hereje saca humo,
pero el católico luz.

157. (MSS: CDE): 1 D, E: fuego, *alcaduz*.

158

AGUDA

Creció de aplauso al compás
tu ignorancia con jactancia;
deja ya ese aplauso atrás,
que si es como tu ignorancia
ya no puede crecer más.   5

159

AGUDA

Maestro sin barba y bobo
antes fuiste, pero ya,
gracias a Dios, doctor eres,
más barbado y bobo más.

159.   (MSS: CDE): 2 D: antes *fuistes,* pero.

160

AGUDA

Culpas los lascivos nombres
en mis libros por nocivos,
que tú no quieres lascivos
los libros sino los hombres.

161

AGUDA

Caerá el que en sus bolsones
quiere el oro fijo esté;
para que uno quede en pie
han de rodar los doblones.

162

AGUDA

Aunque Venus no se da
y el venderse le conviene,
según pobre el tiempo está,
mil veces cuando se viene,   5
como se viene, se va.

162.   (MSS: CDE): 3 D: el *Apolo* está. 4 D, E: [_____]. 5 D, E: como
éste, se va, se viene.

MUERTE

Para vivir muerto importa
morir vivo, piensa el fin;
que es ensayo a eterna vida
antes de morir, morir.
Son la cama y el sepulcro   5
hoyo en que todos caemos;
en la una mueren los vivos,
en la otra moran los muertos.

163.   (MSS: CDE): 5 D, E: *Con* la.

POEMAS RELIGIOSOS Y FILOSÓFICO-MORALES

ROMANCE A JESUCRISTO CRUCIFICADO

Crucificado Cordero,
cuyo poder infinito
dispensó en hacerse humano,
por parecer más divino.
  Nunca parecéis más Dios   5
que cuando pasible os miro,
pues sólo un Omnipotente
obrara en sí tal prodigio.
  Gozar, y no padecer,
fue siempre correlativo   10
a la deidad, y no fuera
aplauso un acto preciso.
  Pues al modo que al humilde
le ilustran los señoríos;
cuando se abate el Señor,   15
le hace mayor lo abatido.
  Humillarse al hombre, el que
de la nada al hombre hizo,
es el mayor lucimiento
que pudo intentar lo altivo.   20
  Vos, por mí, sin fama muerto,
yo, por Vos, con honra vivo;
parece que con lo ingrato
compitiendo estáis lo fino.
  Ajusticiar al Jüez   25
el que cometió el delito,
son andar equivocados
los cargos y los castigos.
  Vos atado, y vuestro rostro
de villana mano herido,   30
sacrilegio el más atroz
que se ha contado en los siglos.
  ¡Voz azotado, Señor!
Cielos, ¿estabais dormidos?
¿Para cuándo son los rayos,   35
si para entonces no han sido?
  ¿Cómo el eje imaginario
de ese globo diamantino

no se tronchó en sus lucientes,
constantes, eternos quicios? 40

Elementos ¿para cuándo
guardabais los torbellinos
de violencias, que despúes
no te ha admirado Dionisio?

¿No fuera mejor, que antes 45
rugierais embravecidos
en truenos, en terremotos,
volcanes y remolinos?

¿Cómo lo voraz del fuego
se mostró entonces remiso? 50
¿Adónde de sus prestezas
tuvo el polvorín activo?

¿Cómo el viento en huracanes
no arruinó los edificios,
gimiendo a silbos el Noto, 55
y el Aquilón a bramidos?

¿Cómo el globo de la Tierra
con intrépido ruïdo
no desquició de su centro
el duro peso nativo? 60

¿Cómo esa máquina errante
de luceros cristalinos
no cayó desengastado,
luz a luz y giro a giro?

¿Qué corazones de bronce, 65
qué entrañas duras de risco
cinco mil y más azotes
pudieron daros, Bien mío?

¿Cuándo fuera la calumnia
que os supuso el judaísmo, 70
cierta, con menos azotes
se acreditaran de impíos?

¿Cómo la inocencia vuestra
no vían por el martirio,
pues, siempre en el inocente 75
anda sobrado el castigo?

¿Cómo en no perder la vida
no os conocieron divino,
pues ninguno en carne humana
tan gran resistencia hizo? 80

No sólo el amor es ciego,
sino el rigor vengativo,
pues tiene la ira más gruesa
venda que tiene el cariño.

¿Quién a un cuerpo lastimado,   85
por tantas partes herido,
saliva le escupe al rostro,
que fue clavel y ya es lirio?

¿Quién en imperio tirano
os puso junco marino,   90
cruel diadema en esas sienes
del Monarca más invicto?

¡Oh sufrimiento de un Dios
tan sumamente infinito,
que excede al pensar más grande,   95
más alto y contemplativo!

¿Qué esclavo de sus esclavos
se haga y de sus indignos,
que ni adorarle merecen,
pretenda ser abatido?   100

¿Quién vio así que el acreedor
pagase a los inquilinos
lo que a él le deben? ¡Notable
ostentación es de rico!
¡Oh incomprensibles ideas   105
de mi Dios, que al sacrificio
un padre por deuda ajena
sacrificase su Hijo!

Si aquesta dita en Adán
el hombre la ha contraído,   110
pague Adán y pague el hombre
la deuda del Paraíso.

Y si todo el caudal de estos
no podía recibirlo,
por no alcanzar a la paga,   115
perdonárale propicio.

Pero, como hizo a los hombres,
cobró por ley de suplicio,
diciendo el pregón a voces,
que tal pague quien tal hizo.   120

¿Qué culpa tuvo la que
la original no ha tenido,

339

para que pague la Madre
con siete agudos cuchillos?
　　El caso fue que a María　　　　　　　　　　125
le dio tan del todo a Cristo
el Padre, que como a extraño
le miraba en los conflictos.
　　A su cuidado dejó
sus penas y regocijos,　　　　　　　　　　　130
y del mal y el bien partían
los dos amantes queridos.
　　De su purísima carne
le vistió, por darle abrigo,
y así María lastaba　　　　　　　　　　　135
las roturas del vestido.
　　Los dos santos inocentes
pagaban, donde colijo
el tormento de la Madre
en grado más excesivo.　　　　　　　　　140
　　Porque el rigor de los golpes
adormece los sentidos,
y en ella estaban despiertos
para velar y sentirlos.
　　¡Qué lágrimas, qué amarguras,　　　　　145
qué lástimas, qué suspiros,
lo muy poderado en esto
apenas llega a decirlo!
　　Tengan lo no exagerado
por lo más encarecido,　　　　　　　　　150
pues donde la voz no alcanza
con el silencio lo explico.
　　Sentía como entendida,
con esto todo lo digo,
que los sentimientos siempre　　　　　　　155
se miden con lo entendido.
　　¡Oh dulces amantes tiernos!
¿quién pudiera en tal conflicto
acompañar vuestras penas
con sentimientos tan vivos?　　　　　　　160
　　Mas ya que no puede ser,
atenedme, dueños míos,
que introduciros quisiera
el alma por los oídos.

Yo soy, divino Jesús,   165
de vuestras penas motivo,
hallando en mi ingratitud
tan grande asunto lo fino.
    Mas si esto no fuera así,
no luciera en Vos lo rico,   170
que el que da a un ingrato, da
y paga el que da a un propicio.
    Ser franco con liberales
es un pagarse en lo mismo,
o un prestarse que no deja   175
a lo liberal lucido.
    Quien da a quien le ofende, añade
generosos requisitos
a su magnánimo pecho
de liberal y sufrido.   180
    La sangre dan de las venas
unos por otros amigos;
Vos solo la dais de hecho,
que todos la dan de dicho.
    Porque luzgáis solamente,   185
me alegro de haber nacido
pecador, pero de serlo
contra Vos, siento infinito.
    Poco hace en querer bien
un noble a un correspondido,   190
y esto de hacer poco deja
el lucimiento indeciso.
    Pero el querer a un ingrato
es cosa, que os certifico,
que a poder hacerla yo,   195
sintiera hallar hombres finos.
    Vos solo podéis aquesto,
Vos sois clemente, yo impío;
y pues mi oficio hago yo,
haced también vuestro oficio.   200
    Cuando veo tantas ofensas,
más que me acorto, me animo,
porque el mucho material
hace mayor edificio.
    Ya sé, Señor, lo que os debo   205
¡Oh qué mal hago en decirlo!

que el agraviador no sabe
la ofensa, sino el sufrido.

Diré quién sois y quién soy,
y con aquesto averiguo
lo que os debo, regulando
vuestro amor por mis delitos.

Vos, el Todopoderoso,
yo, el todo pobre e inicuo,
Vos, el sumamente sabio,
yo, el sumamente imperito;

Vos, lleno de todas cïencias,
yo, de la ignorancia abismo,
Vos, quien todo lo sujeta,
y yo, el que a todo me rindo;

Vos, sin principio increado,
yo, con bajo y vil principio,
Vos, sin fin, siempre inmortal,
yo, mortal con ser finito;

Vos, dueño de Cielo y tierra,
yo, vil esclavo abatido,
Vos, inmenso, justo y santo,
yo, injusto, malo e inicuo;

Vos, el que da, yo, el que quita,
Vos, noble, yo, envilecido,
Vos, el todo, yo, la nada,
Vos, la gloria, yo, el conflicto;

Vos, el sosiego, yo, el susto,
Vos, el triunfo, yo, el vencido,
Vos, el fuerte, el flaco yo,
Vos, la razón, yo, el delirio;

Vos, la gracia, yo, la culpa,
y en fin, por abreviar, digo
que en criatura y Criador
hay un extremo infinito.

Y, pues, en el mal y el bien,
parece nos competimos;
cuando declino al extremo,
ya a hacerme vuestro declino.

¿Quién pidiera a la razón
sacrificar su apetito,
quitándole a las potencias
el riesgo de los sentidos?

210

215

220

225

230

235

240

245

342

Mas ya que no puedo daros
sino sólo afectos tibios,
en la voz tan puntüales
como en la obra remisos.

Recibídmelos sin cargo
de paga, que no os la pido;
que quiero ser liberal,
para ser con Vos bien quisto.

El albedrío os presento,
bienes libres que son míos,
pues aunque Vos me lo dísteis,
yo sólo tengo el dominio.

Y tanto es mía una cosa,
cuanto la uso a mi arbitrio,
y si no es cierto que escaso
tengo en ella el señorío.

Vos me la feriasteis libre
y yo os lo dono cautivo,
y no es volver sino dar,
porque cambio un requisito.

Con novedad os le doy,
y tenéis de recibirlo,
que aunque es una cosa misma,
yo os lo presento distinto.

Admitid de que os le doy
tan del todo, que os afirmo
que sólo albedrío tengo
de no tener albedrío.

¿Para qué quiero tener
tesoro tan grande y rico,
si le estoy gastando todo
en comprar mi precipicio?

Dos veces se quema el que
sopla las llamas él mismo;
bástame el incendio sin
la pena de que lo avivo.

No es por temor ni por premio
de ser salvo o ser precito,
que soy aprendiz de noble
después que soy vuestro amigo.

Pues si glorias o tormentos
dependieran de mi arbitrio,

250

255

260

265

270

275

280

285

290

343

y quisierais darme infierno,
me condenara yo mismo.
    Pero cuando no es así,
porque sois tan justo y pío
que me condenáis, el hombre   295
se condena por sus vicios.
    Gloria yo, sin gusto vuestro,
ni la quiero, ni la admito,
ni la hallara, pues sin Vos
¿qué puedo encontrar propicio?   300
    Si para ser condenado
nací, Vos seáis bendito,
porque se haga vuestro gusto,
me alegro de haber nacido.
    Tan conforme a vuestro gusto   305
estoy, Señor, que me miro;
y de ser quien fuí, ningunas
señas encuentro, ni indicios.
    Juzga en mí vuestra justicia,
pues que mi maldad lo quiso,   310
desluciendo a la piedad
tantas antorchas de auxilios.
    Yo soy mi fiscal, Señor,
¿cómo sufrís mis delitos?
¡Muera mil veces quien más   315
de un millón os ha ofendido!
    Tanto aborrezco el pecar,
que a ser virtud y no vicio
matarse, por no ofenderos,
diera mi vida a un cuchillo.   320
    Pero sé que en esta acción
más os ofendo que obligo,
porque ofendo vuestra sangre,
cuando la propia me quito.
    Si Avicena se sangró   325
y ungió con su sangre un hijo,
que de flaqueza moría,
y cobró el infante bríos.
    Y si Vos, Padre Avicena,
como médico perito,   330
a mis flaquezas humanas
aplicáis coral divino,

ociosa estará mi sangre,
puesto que en la vuestra miro,
que en récipe de piedades   335
se aplica a mi beneficio.
    Avicena se dio una
sangría, pero Vos cinco,
que el amor de un padre humano
excedéis con tercio y quinto.   340
    Y, pues, que yo de mí propio
por Vos, no he de ser cuchillo,
cuanto falto a los rigores,
a las ternuras remito.
    Sal corazón a los ojos   345
en lágrimas derretido,
para que así lavar puedas
tus pensamientos indignos.
    María, Abogada Nuestra,
en cuyos méritos fío   350
más piedades de la palma,
que de a la espada incentivos.
    Aurora Hermosa del Sol,
que a media noche propicio
alumbró en Belén tinieblas,   355
que aun dieran al judaísmo.
    Preciosísimo Lucero,
a cuyos intactos giros
no se le opone la sombra
de la culpa a deslucirlo.   360
    Norte sois de los mortales,
por cuyo rumbo divino
navegamos de la vida
tantas tormentas tranquilos.
    Vos sois la reportación   365
de la ira y el asilo
de atribulados que temen
de tanta ofensa el castigo.
    La vaina sois de la espada,
a cuyos airados filos   370
de justicia, al empuñarla,
os pegáis por resistirlo.
    Vos sois a la que se debe
estar poblado el empíreo

de espíritus que en aplauso   375
os cantan gloriosos himnos.
    Vos sois la que entre cristianos
tal devoción se ha adquirido,
que os llamamos en la angustia
primero que a vuestro Hijo.   380
    Bien hacemos, pues que sois
de la piedad el archivo,
acogiéndonos a Vos
como el cordero al aprisco.
    Así, como el niño al arca   385
le pide el sustento a gritos,
por saber que en ella está
depositado su alivio.
    Vos lo sois del Testamento
donde encierra Dios prodigios   390
y piedades, que de Vos
saca para repartirnos.
    Parece, según podéis,
que mandáis en lo divino
y no rogáis, porque excede   395
al ruego vuestro dominio.
    Por Vos se derogan leyes
de los astros y los signos,
ya dilatando las vidas,
ya estorbando precipicios.   400
    Los voraces elementos
por Vos se ven oprimidos,
enfrenando rayos, mares,
temblores y torbellinos.
    Vos sois la que altiva pisa   405
el áspid y el basilisco,
sin que el veneno de Adán
la planta os hiera nocivo.
    Vos sois quien sois, que no hay más
término de definiros,   410
pues no se asimila a nada
la que más que todo ha sido.
    Dios y Vos, Reina del Cielo,
sois solamente los dignos
de eterno aplauso, que os demos   415
por los siglos de los siglos.

164. (MSS: ABCDEFG): 10 B: siempre *correlacivo*; C, D, E, F, G: *es* siempre. 16 D, E: *lo* hace. 17 D, E: [los versos 17 a 112 de estos dos manuscritos se intercalan entre los versos 244 y 245; a continuación se comparan con los versos a que corresponden.] 18 F, G: nada *el* hombre. 20 F, G: lo *activo*. 21 D, E: mí, *te infamas* muerto. 23 D, E: que [___] lo. 25 D: *A justiciar* al; E: *A justiciar el* juez. 29 D: [_____]. 30 D: [_____]; G: de *villano* mano. 31 D: [_____]. 32 D: [_____]. 38 G: de *este* globo. 44 B: *no os* ha admirado; C, F, G: *notó* admirado; D, E: te [___] admirado. 46 F, G: *crujierais* embravecidos. 48a F, G: *¿Cómo el precepto la arena.* 48b F, G: *observó del mar el vidrio.* 48c F, G: *y no sepultó los montes.* 48d F, G: *en panteón de zafiros?* 50 C, E, F, G: entonces *omiso*. 55 D, E: silbos del *Norte.* 56 D, E: [-] el Aquilón. 60 F, G: peso *macizo*. 70 F, G: os *opuso* el. 72 C, D, E, F, G: se *acreditaban* de. 74 C, D, E: no *veían* por; F, G: no *huya* por. 83 D, E: tiene *de* ira. 91 F: cruel *deadema* en *las* sienes; G: en *las* sienes. 95 F, G: al *pesar* más. 98 F, G: de *unos* indignos. 101 D, E: que el *Hacedor*; F, G: vio [___] que. 106 B: que *el* sacrificio; F, G: de [-] Dios, que *dé* al. 108 C, F, G: *a su unigénito* hijo; D, E: *dé a su unigénito* hijo. 109 B: aquesta *deuda* en. 115 D, E: alcanzar [___] la. 116 B, F, G: *perdonárales* propicio; C, D, E: *perdonarle le es preciso.* 122 D, E: [___] original; F, G: no ha *contraído*. 125 D: que [-] María. 126 D, E: tan *de* todo. 127 D, E, F, G: como [-] extraño. 131 D, E: del *bien* y el *mal* partían. 133 D, E: De *esa* purísima. 139 D: de la *muerte*; E: [l.d.]. 142 F, G: *adormecen* los. 143 D: ella *estaba* despiertos. 147 C: muy *ponderado* en. 149 F, G: *Téngalo* no. 156 F, G: con lo *sufrido*. 162 F, G: *atendedme* dueños. 163 D, E: que *introducidos* quisiera. 168 E: [l.d.]; F, G: asunto *a* lo. 175 D, E: un *pagarse* que. 177 C, D: da *al que* le; E: da *al que lo* ofende; F, G: da *al que* le ofende, [_____]. 178 F, G: *añade* generosos. 184 B: *y* todos *los más* de. 185 D, E: porque *luzcáis* solamente; F, G: porque *juzgáis* solamente. 189 D, E: *Que* poco. 193 G: el *quieres* a. 194 G: que [___] certifico. 196 G: hallar *hombre fino*. 197a F, G: *y pues yo siendo un indigno*. 197b F, G: *deseo un lauro como éste.* 197c F, G: *¿Qué haréis Vos en conseguirlo?* 197d F, G: *Yo soy malo, Vos sois justo.* 198 D, E: sois *prudente*, yo. 201 C, D, E, F, G: veo *tanta ofensa*. 205 D, E: *Yo sé*. 206 C, D, E, F, G: O *lo* que *yerro* en. 214 B: pobre [-] inicuo. 216 E: yo, [___] sumamente. 217 C, E, F, G: Vos, *el* lleno de *las* ciencias; D: Vos, *el* lleno de [___] ciencias. 221 F: principio *incriado*. 228 F, G: malo *y* inicuo. 231 D, E: Vos, [___] todo *y* yo. 235 D, E: fuerte, *yo* el *flaco*. 238 F, G: fin, [___] *abreviando*, digo. 239 C, D, F, G: que *de* criatura *a* Criador; E: que *de* criatura *al* Criador. 240 C: un *estrecho* infinito; E: un *trecho* infinito. 241 D, E: *y* en el bien. 243 C, D, E: *y pues* declina el extremo; F, G: *y que* declina el extremo. 244 B: ya [-] hacerme; D, E: *yo* a hacerme vuestro *me inclino*; F, G: *yo* a hacerme. 245 C, D, E, F, G: ¿Quién *pudiera* a. 248 E: el *rigor* de. 252 C, F, G: en *las obras* remisos; D, E: en *las obras remiso*. 253 D, E: *Recibídmelas* sin. 259 B, C: me *le* disteis; D, E: *porque* aunque. 262 F, G: mi *adbitrio*. 263 F: que *es* caso. 265 D: me *le fiastes* libre; E: me la *fiasteis* libre; G: me *le* feriasteis. 266 E: dono *captivo*; F, G: os *la* dono *captivo*. 269 C, D, E: os *lo* doy. 272 F, G: os *la* presento. 273 B: *Advertid* de; D, E: *Admitidle* [___] que. 274 D: que *hoy* afirmo. 279 D: si *lo* estoy; E: [l.d.]. 283 D, E: *bastante* el. 284 D, E: que *le* avivo; F, G: que *sea vivo*. 287 D, E: aprendiz de *nobles*. 289 D, E: glorias *y* tormentos. 290 F, G: de mi *adbitrio*. 291 C, D, E, F, G: *y quisieras* darme. 295 B: que *no* condenáis; F, G: que *no* condenáis, *si* el. 302 D, E: Vos *seréis* bendito. 303 F, G: *que* porque se haga *tu* gusto. 307 F, G: fui, *sospechas*. 318 E: [___] a ser. 326 D, E, F, G: sangre *a* un hijo. 329 D, E: [___] Si Vos, *Verdadero Padre*. 332 D, E: *aplicas* coral. 334 F, G: *si en vuestra preciosa* miro. 336 F, G: aplica [___] mi. 339 C, D, F, G: que *al* amor; E: [l.d.]. 348 D: *mis* pensamientos; E: [l.d.]. 352 B: que *dé* [-] la; C, F, G: que *di* a la; D, E: que *dio* a la. 359 D, E: se *les* opone [___] sombra. 360 F, G: culpa a *deslucirlos*. 363 F: *navegábamos seguros*; G: navegamos *seguros*. 364 F: *y de tormentas tranquilo*; G: *y de tormentos* tranquilos. 366 D: *y del* asilo; E: [l.d.]. 367 B: de *tribulados* que. 370 D, E: cuyos *áridos* filos.

371 D: justicia *ha de empeñarla*; E: justicia *ha de* empuñarla. 372 F, G: os *cedís* por. 374 C: el *inpirio*; D: el *imperio*; G: el *impirio*. 375 C: espíritus *quien* aplausos. 381 B: hacemos, *porque* sois; F: pues *si* sois; G: pues *si soy*. 383 F, G: *nos acogemos* a. 385 F, G: niño al *ama*. 389 B: Vos *la* sois; D: Vos *sois la* del; E: [l.d.]. 391 F: que de *esos saca para repartirlos*; G: que de *estos saca para repartirlos*. 392 F, G: [———————————]. 398 F, G: y los *himnos*. 399 F: dilatando las *vida*. 408 F, G: *en nada os fuera* nocivo.

165

ACTO DE CONTRICIÓN

Señor mío, Jesucristo,
Dios y hombre verdadero,
Criador y Redentor mío,
del alma bien y consuelo.
A mí me pesa, Señor,   5
de los delitos y excesos
que contra tu ley divina
cometí, atrevido y necio.
Pésame de ello por ser
ofensas contra el inmenso,   10
perfecto, eterno y amable
Redentor del Universo.
Por ser quien eres, Señor,
y porque te amo y deseo
amar sobre cuantas cosas   15
se encierran en tierra y Cielo.
Y con tu gracia propongo
y firmemente prometo
de nunca más ofenderte,
por tú ser santo y eterno.   20
Como también apartarme
de ocasiones y de riesgos
que me puedan conducir
a cometer nuevos yerros.
Con mis obras y palabras,   25
malicias y pensamientos,
pequé, Señor, gravemente,
mi culpa humilde confieso.
Y así todas mis potencias,
alma, sentidos y afectos,   30

y obras, en satisfacción
de mis pecados, te ofrezco.
   Pues como te lo suplico
así confío y espero
que me perdones y admitas   35
piadosamente mi ruego:
   por tu santa humanidad
y por los merecimientos
de la sangre que vertiste
con dolorosos tormentos;   40
   por tu corona de espinas,
por el sagrado madero
de la Cruz en que moriste
para darme a mí remedio;
   por tu soberana Madre,   45
mi protectora, ya espero
me perdonarás benigno,
librándome del infierno;
   dándome gracia y auxilios
para que pueda con ellos   50
enmendarme y observar
tus santísimos preceptos;
   con perseverancia firme
hasta morir y que, puesto
en tu tribunal divino   55
seré de tu amor absuelto.
   Y conseguiré alabarte
dichosamente en el Cielo
donde reinas a la diestra
de tu amado Padre Eterno,   60
   en unidad admirable
del Santo Espíritu, siendo
un Dios los tres en esencia,
poderoso, fuerte, inmenso,
   sabio, justo, inexplicable,   65
porque tan alto misterio
es para amado del alma
y no para comprenderlo.
   Dulce Jesús, Jesús mío,
amado Señor y dueño   70
de mi alma, espero en ti
me llevarás a tu reino,

donde para siempre viva
con los ángeles y buenos
cristianos, tus escogidos,   75
tu grandeza bendiciendo.
    Dame, Señor, tu favor,
aunque yo no lo merezco,
para que jamás te ofenda
y guarde tus pensamientos,   80
    para ser manso y humilde,
devoto, piadoso, cuerdo,
liberal, firme en la fe
y sin mancha en el afecto;
    que a ninguno escandalice,   85
que aproveche el buen ejemplo
de los buenos y procure
de los malos el remedio.
    Dame en las penalidades
y en los acasos adversos   90
paciencia para servirte
con amor y rendimiento.
    Dame en las prosperidades
el justo conocimiento
de que son tus beneficios   95
más cuando merezco menos.

165. (MSS: ABCDE): 9 C, D: de *ellos* por; E: [l.d.]. 19 D, E: más *ofenderos*.
21 C, D, E: también *de* apartarme. 30 C: *almas*, sentidos. 39 D, E: que *vertisteis*. 43 C,
D, E: que *moristes*. 46 D, E: protectora, *yo* espero. 65 D: justo, *incomprensible*; E: [l.d.].
78 D, E: lo *merezca*. 80 C, D, E: tus *mandamientos*. 82 D: devoto, *piado, y* cuerdo;
E: devoto, *pido y* cuerdo. 89 C, D, E: *Dadme* en. 90 E: [——] en. 93 C, D, E: *Dadme* en.

166

LETANÍA DE DOS ESDRÚJULOS A MARÍA SANTÍSIMA

Óyenos, oh Padre piísimo,
de ínclito poder miráculo,
óyenos, Sabio unigénito,
óyenos, oh Amor Paráclito.
    Óyenos, María deífica,   5
máximo, celeste umbráculo,
sólido, del Trino artífico,

íntimo, fiel tabernáculo.
Oíd las súplicas de nuestro mísero cántico.
Pláceme, oh Hija electísima,   10
Puérpera del Padre oráculo,
lícito, de su Unigénito,
íntegro digno habitáculo.
Ruega Benévola en nuestro último tránsito.
Óyenos, Paloma humílima,   15
Tórtola que en casto tálamo,
cándida Esposa y recíproca,
víctima es al Dios paráclito.
Pláceme, oh Aurora fúlgida,
nítido lucero diáfano,   20
clásica luna pulquérrima,
plácido Sol sin obstáculo.
Óyenos, fuente clarísima,
líquido de cristal ráfago,
piélago de aguas vivíficas,   25
tácito pozo probático.
Pláceme oh Iris Pacífico,
próspero puerto a los náufragos,
áncora en fatal catástrofe,
rémora al infausto báratro.   30
Óyenos, oh vara arónica,
célebre de Jacob báculo,
délfica flor hermosísima,
rádica de Jesé en vástago.
Pláceme, ciprés bellísimo,   35
símbolo al fecundo plátano,
mística zarza que ignífera,
óptimo es e ileso sándalo.
Óyenos, mirra odorífica,
semilla al fragante bálsamo,   40
púrpura rosa castísima,
cándido lirio aromático.
Pláceme, Judie fortísima,
ínclita Belona en ánimo,
bélica Jael al Sísara,   45
máxima Palas al tártaro.
Óyenos, oh Ester benéfica,
Dálida, que al pueblo trágico,
árbitra vuelves en júbilos,

351

lágrimas del yugo en bárbaro. 50
Pláceme que en voz unísona,
músicos te alternen cánticos,
ángeles del sacro ejército,
mílites del santo almácigo.
Ruega Benévola en nuestro último tránsito. 55

166. (MSS: ABC): 4a C: *súplicas humildes.* 4b C: *óyenos, Tino, Dios Único.* 7 C: *solío* del. 13 B: digno *ebitáculo.* 22 C: sin *obstáculos.* 27 C: Iris *pacífica.* 30 C: rémora *a* infausto. 31 C: Óyenos, *obra* arónica. 35 C: *Plázame* ciprés. 37 C: que *unífera.* 40 B, C: *símile* al. 43 B: Pláceme, *Judit* fortísima; C: *Plázame,* Judie. 44 C: *inclina* Belona. 52 C: *mágicos* te. 54 B: santo *almánico.*

167

LA SALVE GLOSADA PARA NATIVIDAD
DE MARÍA SANTÍSIMA [111]

INTRODUCCIÓN

Saludes festivas
del nombre las laudes
con dulces requiebros
a la alba que nace.
Salve, salve, salve. 5
Que ilustra, que alegra
los montes, los valles
con luces que argenta,
con rayos que esparce
el alba María, 10
aurora flagmante.
Salve, salve, salve.
Saluden, festejen,
aplauden, obsequien
con dulces requiebros, 15
con himnos, saludos
festivos los hombres
al alba que nace.
Salve, salve, salve.

* * *

Salve Regina Mater, 20
de Dios trono admirable,
en quien *misericordiae*
los rayos celestiales
brillan propicios, lucen afables.

352

Salve, salve, salve.   25
    Por ser *vita et dulcedo*
del humano linaje,
spes nostra, vinculas
en tus nobles piedades
fiel patrocinio, luz favorable.   30
    Oye, que *ad te clamamus*
todos los miserables,
exules filii Evae,
como a Reina triunfante
del común yerro, fatal ultraje.   35
    Pues *ad te suspiramus*
con ansias insaciables,
ya *gementes et flentes*
in lacrimarum valle,
oye, Benigna, ruegos tan grandes.   40
    Eya ergo, advocata
nostra, en miserias tales,
los *tuos misericordes*
oculos, agradables,
ad nos converte, piadosa Madre.   45
    Et Jesum benedictum,
león de tribu inmutable,
que *fructum ventris tui,*
ya cordero humanaste,
nobis post hoc exilium.   50
    Ostende esa inefable
prenda de inmenso precio
que ofreciste en rescate,
del hijo ingrato, al Santo Padre.
    O clemens, o pia,   55
o aurora, *sine labe,*
dulcis virgo María,
haznos participantes
de las promesas de Cristo amables.
Salve, salve, salve.   60

167. (MSS: ABCG): 1-19 A, B: [_____]. 4 G: *al* alba. 6 G: Que *lustra, y* alegra. 9 G: con [_____] que. 10 G: alba *moría.* 11 G: aurora *llamante.* 13-19 C: [_____]. 22 B, C: quien, *misericordie.* 28 B: *espes* nostra. 31a C: *Salve, salve, salve.* 33 B, C: filii *Eve.* 35a C: *Salve, salve, salve.* 40 C: tan *graves.* 40a C: *Salve, salve, salve.* 45 C: nos *convertere,* piadosa. 45a C: *Salve, salve, salve.* 49a C: *Iris sagrada de eternas paces.*

A MARÍA SANTÍSIMA, EMPIEZA Y ACABA CON TÍTULO DE COMEDIA

La más constante mujer [112]
averigua hoy fruta augusta,
en quien no se halla aún por sombra
en los indicios la culpa.
Amistad y obligación   5
de Hijo, Dios y Esposo, juntas
le dan, por mujer y madre,
triunfos de amor y fortuna.
Industrias contra finezas
de amor el dragón procura;   10
mas, si las hay contra el odio,
contra el amor no hay industrias.
Lo que son juicios del Cielo,
pues hoy de la sierpe triunfa,
contra la miseria fea   15
la más hidalga hermosura.
Lo que puede un desengaño,
pues mira a María pura
preservada por la gracia,
el Burlador por su culpa. [113]   20

168.   (MSS: AC): 19 C: *perservada* por.

CONSEJOS POR LOS MANDAMIENTOS DE LA LEY DE DIOS

1.

Ama a Dios de corazón,
dando a su poder inmenso
gracias por los grandes bienes
que Su Majestad te ha hecho;
sea tu amor tal, de manera   5

que este tan debido afecto
prefieras a cuanto humano
propone amable el deseo.

2.

No jures su santo nombre
en vano, por el respeto   10
que a su ser divino debe
todo buen entendimiento;
    y si en justicia y verdad
se fundare el juramento,
siendo necesario, puedes   15
religiosamente hacerlo.

3.

Los días que son de fiesta,
dedicados a su obsequio
y adoración, no los pierdas
en mundanos devaneos,   20
    como que el mismo Dios
es el Señor de los tiempos,
santifica el que escogió
en los devotos empleos.

4.

A tus padres y mayores   25
procura humilde y atento
honrar, y la voluntad
de Dios ejerce con ellos;
    en lo que te pareciere
son injustos los preceptos   30
de tus superiores, busca
sabio y prudente consejo,
    y de lo que no es decente
te excusa, humilde y discreto,
que estando Dios de tu parte   35
siempre lograrás acierto.

5.

No quites la vida a nadie;
ni con ira ni desprecio
a tus prójimos ultrajes;
respeta a tu Dios en ellos.   40
    Mira que son sus hechuras
que es soberano su dueño;
lleva en paciencia sus faltas
por el divino respeto.

6.

No a la lujuria permitas   45
entrada en tu pensamiento;
huye de las ocasiones
de los lascivos objetos.
    Cuidado con tus potencias
y sentidos ten atento,   50
que en este vicio se unen
el peligro y el despeño.

7.

Liberal interiormente
serás y bienes ajenos
no con el deseo usurpes,   55
que es un pecado muy feo.

8.

Ni mientas, porque Dios ama
al sencillo y verdadero,
como que es suma verdad
y te puso este precepto.   60
    No murmures ni levantes
testimonio a nadie, puesto
que ofende las almas, quien
les descubre los defectos.

9.

Con templanza y continencia   65
en los humanos afectos,
no desees la mujer
ajena, que es grave yerro.
    Considera que pues Dios
le ha dado ya compañera,   70
no quiere que tú le pongas
estorbos a sus aciertos.

10.

No codicies temerario
los bienes que son ajenos
que si no tienes algunos   75
no te convendrá tenerlos.
    No juzgues si los demás
los tienen, no siendo buenos,
que no te toca inquirir
si son castigo o son premio.   80
    A Dios y a los demás hombres
amarás como a ti mesmo,
desëando a Dios su culto
y a tus prójimos el Cielo.
    Con la voluntad divina   85
conformarás tus afectos,
que donde su gracia asiste
todo lo demás es menos.
    Considera que en el mundo
buenos y malos sucesos   90
carecen muy rara vez
de algún superior misterio;
    obra bien y en lo que es justo
trabaja con el consuelo
que de Dios la providencia   95
es causa de los aciertos.
    Si pasas necesidades,
enfermedades, desprecios
y otros males temporales,

contempla los que hay eternos;   100
   que quizá por tus pecados
hubieras ido al infierno
y te lo conmuta Dios
en trabajos tan pequeños.

   Y para que a tus pasiones   105
sirva la razón de freno,
mira que no sabes cuándo,
aunque morirás de cierto.

   Mira que en todas tus obras,
en todo lugar y tiempo,   110
te mira Dios y es tu juez;
teme su poder inmenso.

   Amor y temor de Dios
sobre todo te encomiendo,
que son de la buena vida   115
los precisos fundamentos.

169. (MSS: ABCDE): 5 D, E: amor [——] de. 18 D, E: *dedícalos* a. 21 C, D, E: *y como*. 23 C: que *es colijo*; D, E: *sacrifica* el que *es festivo*. 24 B: en *tus* devotos. 28 D: Dios *ejerces en* ellos. 30 D, E: *ser* injustos. 38 D, E: ni *aún* con. 45 C: la *injuria* permitas. 50 D, E: ten *atentos*. 52 D: y el *desprecio*; E: [l.d.]. 56a C, D, E: *Conténtate con tener*. 56b C, D, E: *lo que por lícitos medios*. 56c C, D, E: *de tu sudor y tu industria*. 56d C, D, E: *resultare fruto cierto*. 61 D: no *mormurarás*, ni. 64 D, E: descubre *sus* defectos. 65 E: *Con templanza* y. 70 D: dado *su compañero*; E: dado *su* compañera. 71 E: no *quieres* que. 72 D, E: *estribos* a. 79 B: que *a ti* no; D: toca *inquerir*; E: [l.d.]. 81 D, E: y [-] los. 83 D, E: *deseándole* a Dios. 96 C, D, E: es *fuente de*. 99 D, E: males *corporales*.

170

OBRA POÉTICA EN QUE UN PECADOR DESDE LA CÁRCEL IMPLORA A DIOS SUS PIEDADES POR LA ORACIÓN DEL PADRE NUESTRO GLOSADO EN DÉCIMAS

   ¡O Dios! ¿por qué tan airado
con un pobre pecador?
¿y por qué tanto rigor
con un hombre tan desdichado?
Pequé, es verdad; si he pecado,   5
el rigor traigo conmigo,
la desdicha y el castigo;
y siendo mi obrar la causa,

358

hagan ya mis ruegos pausa,
implorando el perdón vuestro,   10
    Padre Nuestro.

En mi cuita al contemplarme
levanto, oh Señor, los ojos
pues que empiezan tus enojos
de esta suerte a castigarme.   15
Yo viví sin acordarme
de que hubiese Infierno y Gloria;
y hoy en prisión es memoria
lo que en libertad fue olvido;
y hoy es cuidado el descuido   20
para ver entre desvelos
    Que estás en los Cielos.

Gran locura y devaneo
por tanto tiempo fue el mío,
vendiendo el libre albedrío   25
al precio vil de un deseo.
Por haber dado este empleo
a mi libertad, soy preso
ya en mi pena, lo confieso,
que el hombre soy más atroz;   30
mas así puedes, mi Dios,
hacerme, siendo un malvado,
    Santificado.

Eres Jesús Salvador,
nombre que al abismo aterra,   35
a los Cielos y a la Tierra,
a todos dando temblor.
Como yo, ruín pecador,
injuriando osé alevoso,
no sea así, Dios Piadoso;   40
aclara mi ceguedad,
y quien de tanta maldad
salve a este mísero hombre
    Sea el Tu Nombre.

Si lo bueno y malo viene   45
de la Majestad Divina,
¿por qué me quejo en mi ruina
cuando Dios mi mal previene?
Pues me lo da así conviene,
y de todos solicito   50

alaben a Dios bendito
con ánimo tan igual,
que de su mano, o el mal
o el bien, uno de los dos
    Venga a Nos.   55

   No entra en el Cielo pecado,
pero sí entra el pecador
que se hizo por su dolor
de indigno predestinado.
Tan dichoso espera estado   60
un firme arrepentimiento;
yo, Dios mío, que no siento
¿qué he de esperar? Ya lo sé:
el que no mereceré
por culpas tantas que peyno   65
    El tu Reino.

   Siendo un hombre ba[l]a[d]í,
y Tú un Dios Omnipotente
¿cómo me atreví insolente
oponerme contra Ti?   70
Sin duda no estuve en mí
por error tan disonante,
sabiendo que en un instante
todo podrás arruinarlo;
al modo que para obrarlo   75
el decir bastante fue
    Hágase.

   No es la cárcel quien me asombra
con su tirana apariencia;
otra es mi mala conciencia   80
que al Infierno igual se nombra.
Aquélla, aún de ésta, no es sombra
que aflige el cuerpo al presente;
la otra al Alma eternamente
con que entre cárceles dos;   85
paciencia dame, mi Dios,
y que haga con humildad
    Tu Voluntad.

   ¿Por qué en dudas me desvelo
y entre discursos me atajo?   90
si el hombre nace al trabajo
como el ave para el vuelo.

Ya con esto me consuelo
que el delito cometido
es sólo de haber nacido   95
y ésta es del mortal la suerte;
pues de la cuna a la muerte
ha de andar en dura guerra
                    Así en la Tierra.
Todo en nada se convierte   100
el placer para empezar,
así como el agua a la mar
corre todo así a la muerte.
Este ahora que divierte
tiene un después muy amargo,   105
y en su duración tan largo
que es la misma eternidad;
conque visto en realidad
nada hay que dure en el suelo
                    Como en el Cielo.   110
     Toda esta vida es tormentos
que de Adán causó el pecado
y el remedio reservado
sólo está a los Sacramentos.
El grande entre estos portentos   115
de Dios, la sabiduría,
nos lo dio en la Eucaristía,
con tanta propiedad y acción
que entramos en la oración,
pidiendo al Divino Maestro   120
                    El Pan Nuestro.
     Siendo tan fácil el medio
que nuestras dolencias cura
por botarnos a la anchura,
nos desviamos del remedio.   125
La gracia nos causa tedio
porque previene pureza,
y no tedia la torpeza;
aunque como agua se tome
cuando aun de lo que se come   130
enfada la demasía
                    De cada Día.
     Dios dice ser dadivoso
que del verbo *do, das* viene;

361

conque según eso tiene   135
de esencia lo generoso.
Tu atributo tan glorioso,
Señor, a ejercer empieza;
dános según tu grandeza
no conforme a nuestra parte;   140
y a todos el alabarte
y a mí, que el más rudo soy,
    Dánosle Hoy.
Esclavos de un mundo errado
este tiempo hemos vivido;   145
ignorancia nuestra ha sido
no haber la verdad amado.
Tarde la hemos encontrado,
mas no es tarde al pecador
que contrito y con dolor,   150
cual Dimas y Magdalena,
piedad pide a boca llena;
dánosla a todos, mi Dios,
    Y perdónanos.
Debemos a Dios el ser;   155
le debemos la creación,
la vida y conservación
y cuanto hemos de tener.
Para tan sumo deber
no hay siquiera una virtud   160
por ser todo ingratitud,
y a tanta infidelidad
todo eres, Señor, piedad,
conque más y más adeudas
    Nuestras Deudas.   165
Nuestro vivir tan confiado
y nuestro poco temor
nos llevan alrededor,
dando vueltas al pecador.
La muerte en aqueste estado   170
¡si nos coge infeliz suerte!
y que se salvó en la muerte,
una la Escriptura asienta
para que tengamos cuenta,
el que no hubo otro, habiendo otros,   175
    Así como Nosotros.

Perdonar al enemigo
del hombre es noble proeza
al paso que es gran vileza
solicitar su castigo.   180
Dios en la Cruz muy amigo
se mostró a sus malhechores
y nosotros, pecadores,
con un exemplo tan sabio,
porque no cualquier agravio   185
que leve experimentamos,
          Perdonamos.
    El interés temporal
nos merece mucho anhelo
y no nos cuesta un desvelo   190
el provecho espiritual.
En un olvido total
lo que toca a Dios ponemos,
y así puntuales tratemos
pagar cuanto le debemos,   195
al modo que executamos
cuando somos acreedores
          A Nuestros Deudores.
    A la casa y la ciudad
(que el cuerpo y Alma retrata)   200
Dios la edifica y dilata
con su mano y potestad.
De David la autoridad
promesa nos dio tan alta
y pues, Señor, nunca falta   205
tanto auxilio soberano;
apelamos a tu mano
que de ella no nos alejes
          Y no nos Dejes.
    Caemos a cada paso   210
por ser de frágil materia
y expuesta nuestra miseria
al despeño está y fracaso.
Mas, Señor, tu excelso brazo
nos libra de otras caídas,   215
resguardando nuestras vidas,
porque según nuestro obrar
las tratamos de acortar

con el continuo querer
        Caer.   220

En la Oración soberana
del Padre Nuestro e inmensa
halla toda su defensa
la naturaleza humana.
Esta letra cuotidiana   225
con que el alma a Dios alaba
grandes dones le recaba;
y si no medra confieso
es por no haber fe y proceso;
aun estamos con la oración   230
        en Tentación.

Entre peligros mundanos
el hombre conversa y vive;
así el Apóstol lo escribe
aun de los malos hermanos.   235
Estos, pues, riesgos tiranos,
los que despachados aman,
ciegamente en ellos braman;
y así el remedio es el que huyamos
y que al Señor le pidamos   240
con la fe, y con la voz
        Mas líbranos.

De todos, Señor, te apiadas
también de nuestras oraciones;
recibe la petición   245
y otorga lo que te agrada.
Vida tengan dilatada
nuestro Pontífice y Rey
con el Pastor de esta grey;
la fé santa se sublime   250
y la paz reine, y exime
todo el mundo en general
        de Todo Mal.

¡Oh María en gracia abismo;
santa Abigail prudente;   255
bella Ester, Judit valiente
y gloria del cristianismo!
Si contigo es el Dios mismo,
no cabe más alabanza;
de tu Hijo pues nos alcanza   260

con tu ruego lo importante,
guiándonos a la triunfante
y feliz Jerusalén,
  Amén.

171

QUICUMQUE DE S. ATANASIO [114]

Cualquiera fiel que quisiere
ser eternamente salvo,
tener católica fe
ante todo es necesario.

En la cual quien no creyere   5
sus preceptos observando,
irá a perecer, sin duda,
en un eterno letargo.

La fe católica es ésta
que adoremos y creamos   10
a un Dios que, en personas trino,
es sólo un Dios soberano.

Ni se confunden personas
ni en sustancia es separado
el ser divino y perfecto   15
de aqueste misterio sacro.

Una persona es el Padre,
otra es el Hijo sagrado
y otra persona distinta
es el Spiritu [115] Santo.   20

Cual el Padre tal el Hijo,
tal el Spiritu Santo;
increado es Padre e Hijo
como el Hijo soberano,

Inmenso es y eterno el Padre   25
como el Hijo soberano,
eterno e inmenso es también
el Spiritu [in]spirado.

Mas no son tres los inmensos,
los eternos, ni increados,   30
sino un solo Dios eterno
inmenso, increado y santo.

En el Padre, pues, y el Hijo

365

y en el Spiritu Santo
como en Majestad coeterna   35
una es la gloria y el mando.

El Padre es omnipotente
como es el Hijo Sagrado,
y omnipotente también
es el Spiritu Santo.   40

Mas no es dable ni factible
en este misterio sacro
ser tres los omnipotentes
sino un poder solo innato.

Dios el Padre, Dios el Hijo,   45
Dios el Spiritu Santo,
mas no son los Dioses tres
sino un solo Dios trinado.

El Padre es Señor y el Hijo
como el Spiritu Santo,   50
mas no son tres los Señores
sino un Señor soberano.

Como por verdad cristiana,
compelidos confesamos
de por sí a cada persona   55
por Dios verdadero y santo.

Así en católicos ritos
es prohibido y vedado
el decir que son tres Dioses
sino un Dios el que adoramos.   60

El Padre en su inmenso ser,
infinitamente raro,
de nadie pudo ser hecho
engendrado ni crïado.

El Hijo viene del Padre,   65
intelectivo milagro,
sin ser crïado ni hecho
sino del Padre engendrado.

También del Padre y del Hijo
viene el Spiritu Santo,   70
no engendrado, criado ni hecho
sino procedido de ambos.

Uno es el Padre y no tres,
uno el Hijo santo y sabio
y es de la propia manera   75

uno el Spiritu Santo.
    En esta Trinidad santa
no hay preferencia de estados,
no hay prïor ni posterior,
no hay menor ni mayorazgo.   80
    Porque todas tres personas
coeternas en sí y en grado
siendo una misma sustancia,
iguales siempre se hallaron.
    Conque en aqueste misterio,   85
por todo lo ya expresado,
la unidad en trinidad
trina y una veneramos.
    Y así todo aquél que quiere
ser eternamente salvo,   90
debe creer de eternidad
el misterio sacrosanto.
    Mas también para la eterna
salud es muy necesario
creer en la encarnación   95
del Verbo Dios humanado.
    Esta es la fe verdadera
que confesemos y creamos,
que Cristo Hijo de Dios es,
hombre y Dios en un ser sacro.   100
    Del Padre en sustancia es Dios
ante siglos engendrado,
de madre en sustancia, es hombre,
nacido en el siglo humano.
    Perfecto Dios, perfecto hombre,   105
de alma racional formado
y la humana carne siempre
subiste en su ser intacto.
    Según la divinidad
igual al Padre es en grado,   110
mas según la humanidad
ser menor que el Padre es llano.
    Verdaderamente es Dios
y es hombre en su propio estado,
mas no son dos los sujetos   115
sino un Cristo, santo y sacro.
    Uno es, no por conversión

de sustancia en el milagro,
si en la unidad de persona
del Verbo Dios encarnado;   120
    porque como de alma y carne
solo un hombre ha resultado,
así unidos Dios y hombre
un solo Cristo adoramos.

    El cual por nuestra salud   125
padeció y murió afrentado;
bajó al seno y, al tercero
día, fue resucitado;
    ascendió por virtud propia,
glorioso, al Cielo triunfando,   130
y en solio eterno a la diestra
de Dios Padre está sentado;
    de donde vendrá a juzgar
vivos y muertos y es claro
que a su venida los hombres   135
han de ser resucitados.
    A darle la estrecha cuenta
de todo cuanto han obrado,
irán los buenos al Cielo
y al fuego eterno los malos.   140
    La fe católica es ésta,
a la cual sin que creamos
fiel, firme y legalmente,
ninguno puede ser salvo.
    Gloria sea al Padre Eterno,   145
gloria al Hijo soberano
y eternamente se dé
gloria al Spiritu Santo,
    que como al principio fueron,
son y serán siempre sacros;   150
por los siglos de los siglos
sean los tres glorificados.

171. (MSS: ABCDE): 2 D, E: eternamente *sabio*. 20a C, D: *Mas en el Padre y el
Hijo;* E: [l.d.]. 20b C, D, E: *y en el Espíritu Santo.* 20c C, D, E: *como en Majestad
coeterna.* 20d C, D, E: *una es la gloria y el mando.* 27 E: eterno [—] inmenso. 28 A, B:
Spiritu *spirado*; D, E: el *Espíritu* inspirado. 29 E: tres [—] inmensos. 30 D: eternos [-]
iniciados; E: eternos [-] increados. 31 C: Dios *inmenso*; D, E: sino *solo un* Dios *inmenso.*
32 C, D, E: *eterno,* increado. 33 C, D, E: [_____]. 34 C, D, E: [_____
_____]. 35 B: majestad *eterna;* C, D, E: [_____]. 36 C, D, E: [____
_____]. 53 B: verdad *chrisiana.* 55 D, E: sí [-] cada. 64 C, D, E: ni *creado.*

71 D: [___] engendrado; E: [___] engendrado, *creado* ni. 78 C, D: de *estado*; E: [l.d.]. 87 D: *lo* unidad. 89 B: que *quiera.* 91 D, E: de *trinidad.* 98 B, D, E: que *creemos* y *confesamos.* 99 B, D, E: que Cristo *es* Hijo de Dios [___]. 108 D: *subsiste* en; E: [l.d.]. 116 D, E: Cristo, *sacro y santo.* 117 C: [___] Uno [___] es no por *confusión;* D, E: [___] Uno *no es* [___] por. 117a C: *del ser Divino en humano.* 117b C: *si porque la humanidad.* 117c C: *unidad en Dios se ha exaltado.* 121 D, E: alma y *cuerpo.* 122 D: ha *resucitado.* 131 D, E: y *el* solio. 132 C: está *asentado.* 150 D, E: *ser* y serán.

172

ADORACIÓN AL SANTÍSIMO SACRAMENTO, TRADUCIDA DEL RITMO DE SANTO TOMÁS DE AQUINO [116]

Adórote devoto, oh Dios oculto,
que te escondes debajo dos especies;
a Ti mi corazón se postra humilde,
porque de contemplarte desfallece.

La vista, el tacto y gusto en Ti se engaña,   5
más segura la fe al oído cree;
confieso cuanto dijo una palabra
que es verdad y en verdad a todo excede.

En la Cruz lo divino se ocultaba,
pero aquí ni lo humano se concede;   10
mas, creyendo uno y otro, ruego y pido
lo que pidió el ladrón ya penitente.

Como Tomás, las llagas no te veo,
pero por Dios te adoro santo y fuerte;
haz que el mérito avive a la fe ciega,   15
que el amor y esperanza en Ti se aumente.

¡Oh pan vivo que das la vida al hombre,
dulce memoria de sagrada muerte!
dáme, que de Ti viva y de Ti guste,
enamorada mi alma eternamente.   20

Pelícano divino, Jesús pío,
lava a este inmundo, a mí, en la limpia fuente
de tu sangre, de quien sola una gota
lavar de toda culpa a un mundo puede.

Jesús, a quien con velos hoy contemplo,   25
ruégote que me dés lo que apetece
el alma, que sin velos en la patria,
adorarte, alabarte, amarte y verte.

369

173

A CRISTO CRUCIFICADO

SONETO

Vos, para darme vida, Señor, muerto;
y yo mirándoos muerto tengo vida,
atrozmente parece endurecida
o el que la tengo no parece cierto.
Vos, clavado a una cruz, desnudo y yerto,   5
con el cruel rigor de tanta herida,
y viviendo el que fue vuestro homicida,
¡ingratitud notable y desacierto!
Y puesto el que en matarme os desagrado,
mis culpas mueran y locos apetitos,   10
muera el mundo y la carne en el pecado;
que homicida he de ser en mis delitos,
porque viva el que tanto os ha costado
de penas y dolores infinitos.

173. (MSS: ABFGH): 2 H: mirándoos [__] tengo. 4 H: [__] que el. 5 F, G, H: clavado *en* una. 9 F, G, H: puesto *en* que. 13 G: que *hoy* tanto [__] ha; H: que *hoy* tanto.

174

PIDIENDO PERDÓN A DIOS EL ALMA ARREPENTIDA

SONETO

Dueño del alma, en quien amante fío,
la gracia y el perdón de mi pecado,
que, aunque ingrato y traidor con vos he andado,
uno es vuestro, mi Bien, y lo otro es mío.
Si os ofendí con ciego desvarío,   5
ya la razón de aquesto me ha apartado;
no hagas de un miserable un condenado,
por vos lo habéis de hacer, si en vos confío.
Ya basta, vida mía, para enojos;
consoladme en la pena y el quebranto;   10
mirad como de un frágil mis antojos;

respondedme, mi Bien, mas entretanto,
salga el alma deshecha por los ojos,
porque lave mis culpas con el llanto.

174. (MSS: ABFG): 6 F, G: *y la razón.* 7 B, F, G: *no hagáis de.* 10 F, G: *consolarme en.* 12 F: *responderme,* mi.

175

OTRO

Tanto siento el haberos ofendido,
que no siento, Señor, el condenarme,
por vengaros de mí con abrasarme
de lo injusto e ingrato que os he sido.
Pero si al pecador arrepentido   5
sus culpas olvidáis, quiero alegrarme,
y no quiero vengaros, con quitarme
la gloria que os daré de agradecido.
Ya soy otro, Señor, en tal manera
que por mí me pregunto yo a mí mismo,   10
y razón no me doy del que antes era;
    pero, ¿cuándo la tuvo el barbarismo?
pues hallara razón, si la tuviera,
el que fue de pecados un abismo.

175. (MSS: AFG): 7 F, G: *quiero vengando con.* 12 F, G: *cuándo lo tuvo.* 14 F, G: *que fuere de.*

176

AL MISTERIO DE LA ENCARNACIÓN

SONETO

Hermano Dios, Señor y Padre amado,
que ensalzar has querido mi bajeza,
si a la humana, a la vil naturaleza
con la tuya divina la has mezclado.

Tal abatirse, cierto, que he pensado   5
que a caber yerro en quien todo es certeza,
dijera que fue obrada esta fineza
con ceguedad común de enamorado.
    Un rey con una esclava, ¿qué dijeran
si alguno con la suya se casara?   10
¿Qué desprecios y ultrajes no le hicieran?
    Pero también a Vos, si se repara,
tales os los hicieron que pudieran
decir que la consorte os costó cara.

177. (MSS: ABFG): 1 F, G: *Señor Dios* y Padre. 3 B: *pues* la humana [-] la. 6 F, G: que [-] caber. 7 F, G: fue *obra* esta. 8 F, G: de *enamorar*. 11 F: ¿Qué *desprecio* y; G: ¿Qué *desprecio* y *ultraje* no.

177

OTRO

Congojado mi espíritu cobarde,
vergonzoso y confuso, llega a veros,
que, aunque mucho he tardado en conoceros,
tengo un Dios como Vos, para que aguarde.
    El jornalero soy que, por la tarde,   5
llegó a la viña donde otros jornaleros
que madrugaron más, tantos dineros
les disteis como aquél que llegó tarde.
    Mi maldad, mi desgracia y mi pecado
de quien soy me ha tenido siempre ajeno,   10
teniéndoos con los vicios olvidado,
    ciego de torpezas, de miserias lleno,
mas, para pecador tan obstinado
hay un Dios que infinitamente es bueno.

177. (MSS: AFG): 1 G: Congojado *un* espíritu. 2 F, G: confuso, *llegó* a veros. 3 F, G: aunque [——] he tardado *tanto* en. 12 F, G: ciego *en* torpezas.

178

OTRO

Vos muerto en una cruz porque yo viva,
Vos herido y de injustos calumniado,
yo sano y con honores estimado,
no sé por Vos que de esto me conciba.

Con mi discurso humano a decir iba   5
lo que siento del uno y otro estado;
por Vos lo dejo, porque a Vos es dado
el juzgar lo del mundo y lo de arriba.

Aunque sé que trabajos y miseria
apetecisteis solo en este mundo,   10
y quien da lo que ama, aunque laceria,

da su tesoro, con que en razón fundo;
que al que de padecer no dais materia,
precito le tenéis para el profundo.

178. (MSS: AFG): 3 G: honores *lastimado*. 4 F, G: Vos *de que* esto. 9 F, G: y *miserias*.

179

CONSUELO DE PODEROSOS Y FELICES

Soneto

Rico me hicistes, noble y estimado,
por Vos aqueste bien tengo adquirido,
porque sin Vos nada hubiera sido
el que en abismo estaba de olvidado.

Por todo seáis bendito y alabado,   5
que me alegro, Señor, de haber nacido,
porque en mí vuestro gusto se ha cumplido,
aunque sea en eterno condenado.

Mas yo haré, pues me dais de los desprecios
de honores y riquezas, que no amasteis,   10
justos fines de pensamientos necios,

no apeteciendo yo lo que culpasteis,

pasando de este mundo los aprecios
sobre ganar aun más que me negasteis.

179. (MSS: ABFG): 1 B: me *hiciste,* noble. 2 G: por *noble* aqueste. 514 F, G:
[——————————].

180

A LA ASUMPCIÓN DE MARÍA SANTÍSIMA

SONETO

La Asumpción me parece impropio anhelo
por cosa que al discurso hace armonía,
pues si todo el imperio está en María,
ocioso lo procura su desvelo.
    Mejor fuera decir que bajó el Cielo   5
a ponerse a sus pies con alegría,
que es quien asciende a mucha jerarquía
si sus plantas le pisan como a suelo.
    La gloria sube, María baja a ella,
pues la gloria no lo es sin esta rosa,   10
ni cielo puede haber sin esta estrella,
    que es más clara, lucida y más hermosa
que no el cielo y los astros, pues por bella
envidia da a la esfera luminosa.

181

PRUEBA QUE SE VE A DIOS MÁS PATENTE,
QUE CUANDO AL HOMBRE LE PARECE QUE NO HAY DIOS

SONETO

El humano entender se opone en todo
al divino pensar incomprensible,
pues si entender aquesto no es posible
si Dios no fuera, siendo a nuestro modo;
    y si a otro como yo, hecho de lodo,   5
el que no le conozco es infalible,

¿qué hará en una deidad inaccesible,
si un enano pensar a ella acomodo?
    Repare el entendido que ocultarse
a entendimiento y vista es descubrirse,   10
porque es un concederse en el negarse;
    pues si a sus perfecciones ha de unirse,
su gobernar no es dado interpretarse,
luego es prueba que hay Dios el encubrirse.

181. (MSS: AB): 5 B: [——] si. 14 B: luego [——] prueba.

182

AL SENTIMIENTO QUE HIZO LA NATURALEZA
EN LA MUERTE DE CRISTO

Soneto

    Muere el Autor, sus obras se lamentan:
suspira el viento en recios aquilones;
gime la tierra, envía exhalaciones;
llora el agua por fuentes que revientan;
    lutos de humos el fuego macilentan;   5
borrascas brama el mar con los tritones;
párase el cielo, haciendo admiraciones;
cruje el eje, los polos se violentan;
    cambia su oro el sol en cobre aciago;
la plata de la luna se convierte   10
en el plomo que admira el areopago.
    La naturaleza toda se pervierte;
mas qué mucho, que todo tenga estrago,
si también para El todo ha habido muerte!

182. (MSS: AB): 6 B: borrascas *brota* el. 7 B: *parece* el.

183

CONVIDA A LOS DOCTOS TEÓLOGOS AL REPARO DE LAS MATERIAS DE DECRETO

SONETO

Todo desde *ab eterno* origen tiene,
si todo de *ab eterno* está pensado,
porque a la perfección de Dios no es dado
pensar ayer lo que hoy hacer conviene.
    A Dios y a su pensar se le previene   5
este tiempo sin tiempo limitado,
porque fue sin principio imaginado,
conque todo en un punto se contiene.
    Si el Hacedor primero hubiera sido
que su disposición y entendimiento   10
razón diera, porque es lo discurrido,
    pero no puede darla a lo que siento,
porque el que sin principio ha discurrido
es obra todo y nada pensamiento.

184

CÓMO DEBE ESTAR EL MORIBUNDO CATÓLICO, DIRÁ ÉSTE

SONETO

Cercado de temores y congojas
de la muerte que abrevia mi partida,
del libro injusto de mi mala vida
escribe el fin tremendo de sus hojas.
    Ya, Pastor, llegó el tiempo en que recojas   5
a tu aprisco la oveja que, perdida,
más cuidado te daba destruída
que las ciento que vienen a que acojas.
    Si yo no fuera ingrato que luciera
tanto amor con los hombres infinito,   10
cariño que se paga sólo fuera,
no amor circunstanciado ni exquisito,

que la fama de un Dios engrandeciera,
como lo hace el perdón de mi delito.

185

POR QUÉ RAZÓN NACE LA SABIDURÍA DEL TEMOR DE DIOS

SONETO

Rigoroso maestro es el temor
que la ciencia de Dios nos da a saber,
pues en pasando el arte del [temer],
estudiamos el arte del amor.
    Y como de las ciencias, el Señor,   5
el origen y fuente viene a ser;
a aquél que sabe amar, le da a entender,
lo que ignorado tiene el pecador.
    El temor estudiamos por latín,
porque es lengua que explica la verdad   10
del principio del hombre y de su fin,
    que es de filosofía facultad
con que pasa de hombre a serafín
la torpe, humana, vil capacidad.

185. (MSS: AB): 3 A: del *temor*. 7 B: [—] Aquél.

186

A LA CRUZ EN QUE MURIÓ CRISTO

SONETO

Árbol que a tan gran vida le dio muerte,
porque la muerte no tuviera vida,
en ti se ha restaurado la pérdida
del árbol que en mortales nos convierte.
    En él fue la desgracia, en ti la muerte,   5
en aquél fue la culpa contraída,
en ti estuvo la gracia prevenida,
aquél nos vicia, el tuyo nos convierte.

Redemptora del hombre te imagino,
porque fue tu trïaca en tal naufragio
recetada del médico divino,
con aquel aforismo del adagio,
que un clavo saca a otro, tres previno,
sacando en tu madero el del contagio.

10

186. (MSS: AB): 13 B: saca [——] otro.

187

A LO QUE EL ENTENDER HUMANO ALCANZA
DE LOS JUICIOS DIVINOS

Soneto

Muere Dión, el cual vivió impecable,
y por una soberbia se condena;
muere un ladrón cuya vida ajena
fue de virtud alguna, ni loable.
Este se salva, cosa investigable,
que parece en lo humano que disuena.
Yo diré de esta gloria y de esta pena,
del juicio de Dios, que es admirable.
Que el Señor dio a Dión, aquí imagina,
natural impecable, al otro fiero,
el primero al pecado nos inclina
ni al otro a la virtud su desafuero
este agrado con una peregrina
y del otro irritó un pecado mero.

5

10

187. (MSS: AB): 12 B: ni *el* otro.

188

A LA CONCEPCIÓN DE MARÍA SANTÍSIMA

Soneto

El cristal de María de *ab eterno*
tuvo Dios en su mente prevenido,

para ser sin pecado concebido,
a pesar de la envidia del Averno.
  Este cristal de espejo al Padre eterno   5
sirvió en la creación, donde en él vido
su humanidad y de ella prevenido
a su imagen al hombre formó tierno.
  De cristal y metal son los espejos
cuya opaca materia puesta a un lado   10
hace volver al rostro los reflejos;
  así este cristal puro fue arrimado
a la tierra de Adán que estaba lejos,
la cual sirvió de sombra y no pecado.

188. (MSS: AB): 8 B: imagen *el* hombre.

189

A SAN MIGUEL

Soneto

  Contraste de almas, fiel ejecutor,
si en tu toque y tu peso puntüal
el bien se premia, se castiga el mal,
sin que aquí valga el oro ni el favor.
  Soberano virrey de aquel Señor   5
que ni en tierra ni Cielo tiene igual;
tú que al dragón soberbio e infernal
del Cielo derribaste con valor.[117]
  Porque a un amago tuyo, Lucifer,
sin poderse un instante resistir,   10
de ángel de luz, demonio pasó a ser,
  sin que tantos pudieran impedir
la expulsión que tu espada a su placer
en dos palabras supo conclüir.

189. (MSS: AB): 2 B: *que* en tu.

190

PARA SABER EL ENOJO DE DIOS

SONETO

Para saber que a Dios tengo enojado
y tener de su ira cierta ciencia,
examen has de hacer de tu conciencia
y igual será su enojo a tu pecado.

Con aquesto tendrás averiguado   5
cómo estará, sin otra diligencia,
porque la culpa es signo de evidencia
que por aquésta a Dios tienes airado.

Esto es más cierto que el decirte un santo
lo apacible de Dios o lo severo;   10
pues no yerra la fe que a Él adelanto

porque aquesto es lo cierto y verdadero;
tanto peco pensar y temer tanto,
pero en vuestra pasión, Señor, espero.

190.   (MSS: AB): 3 B: examen *he* de hacer de *mi* conciencia. 4 B: a *mi* pecado. 5 B: aquesto *tendré* averiguado. 8 B: Dios *le tengo* airado. 9 B: el *decirme* un.

191

A DIOS SACRAMENTADO

SONETO

De amor arpón y blanco el más divino
que ha podido pensarse en los amores,
favor aun más allá de los favores,
de un Dios de cielo a tierra, peregrino.

Tan gran flecha de amor no la previno   5
la fragua de Vulcano[118] en sus ardores,
si es cariño que excede a los mayores
que en experiencias se halla de lo fino.

De los hombres muy grande es la torpeza,
por ilación lo saca este argumento,   10
si es tan débil su vil naturaleza

que el amor le previno este fomento;
pues para tan delgada y vil flaqueza,
todo un Dios se ha aplicado en alimento.

192

AL CONOCIMIENTO DE DIOS Y LA CRIATURA

Soneto

Yo, la más vil criatura de la tierra;
Vos, el grande, el señor, el poderoso;
yo, el inmundo, el soez, el asqueroso;
Vos, aquél en quien todo el bien se encierra.

Yo, el incapaz que ciego siempre yerra;   5
Vos, el sabio, el prudente, el portentoso;
yo, el pecador injusto, al Cielo odioso;
Vos, quien de él, por mis culpas me destierra.

Parece que en extremos competimos,
yo en lo malo, Señor, Vos en lo bueno;   10
títulos contrarios adquirimos;

pero Vos me excedéis, siendo más lleno
del bien que yo del mal que repartimos,
pues, ¿qué dirán de Vos, si me condeno?

193

RECONVINIENDO LA MISERICORDIA DE DIOS

Soneto

Vos muerto en una cruz para salvarme,
Vos herido por mí, Vos afrentado,
Vos de juncos marinos coronado,
¿y tengo de temer el condenarme?

No, mi Bien, de justicia has de ampararme,   5
pues la hicieron de ti tanto malvado,
que aunque mis obras son de condenado
las tuyas se dirigen a salvarme.

Clamaránte los clavos importunos,

mirando en mí perdidos sus rigores,　　　　　　　　　10
cargo te harán el huerto y los ayunos.
　　Responderás: no fueran pecadores;
replicarán: no somos todos unos,
el desprecio, el olvido y los amores.

193. (MSS: ABFGH): 1 H: *Dios* muerto. 3 H: juncos *máximos* coronado. 5 F: has de *amparme.* 10 F, G, H: perdidos *tus* rigores. 12 F, G, H: [_____]. 13 F, G, H: [_____]. 14 F, G, H: [_____].

194

POR QUÉ DEJÓ DIOS SU CREENCIA A LA FE Y NO A LA EVIDENCIA

Soneto

　　Como el saber del hombre es limitado
siempre vive creído de opiniones,
de lo cierto o incierto, confusiones
que le traen de continuo desvelado.
　　Lo que tiene más visto y más probado　　　　　5
es de lo que más duda en ocasiones,
con razón, porque toca admiraciones,
y luego ve que en ellas fue engañado.
　　Así el Sumo Saber, con providencia,
porque más su verdad fuese creída,　　　　　　　10
en la fe les ocultó de humana ciencia,
　　para no hacerla así controvertida;
porque si el hombre duda la evidencia,
la verdad que no ve tendrá admitida.

194. (MSS: ABFG): 2 G: vive *herido* de. 8 F, G: en *ella* fue. 11 B, F, G: fe *la* ocultó. 12 F, G: *pero* para.

195

SONETO

　　Vida en la muerte, triaca en el veneno,
halló Antonio,[119] varón esclarecido,

382

en Dios hallado, cuando más perdido,
de nuestra ley de gracia estaba ajeno.
    Del más malo al estado de más bueno   5
pasó su corazón, del Cielo herido,
que el arpón amante del mejor Cupido
no resisten las llamas del infierno.
    ¡Oh juicios del Cielo inescrutables,
donde el mayor saber es ignorancia,   10
tan extraños, tan raros y admirables
    que está más cerca la mayor distancia!
Alentáos, pecadores miserables,
que muchos pierden para más ganancia.

196

DEFINICIÓN A LA MUERTE

Soneto

    La muerte viene a ser cumplirse un plazo,
un saber lo que el hombre en vida ignora,
un instante postrero de la hora,
susurro que al tocarla deja el mazo,
    último aprieto con que estrecha el lazo,   5
la ejecución mortal por pecadora,
un pesar que el ajeno siente y llora,
un descuido que al vivo da embarazo.
    Eterno enigma es, pues nadie sabe
cómo es la muerte cuando está viviendo,   10
ni en finando, si queda luego iluso;
    y así tan sólo el punto en que se acabe
nuestra vida, se sabe a lo que entiendo,
conque el temerla no es razón, sino uso.

196. (MSS: ABFGH): 1 H: viene [—] *hacer* cumplirse. 3 H: *un saber lo que el hombre en vida ignora.* 7 F, G, H: ajeno *siempre* llora. 8 F, G, H: *o* un descuido.

197

EL MAYOR ENEMIGO QUE UN HOMBRE TIENE ES A SÍ MISMO

Soneto

Mi contrario mayor soy y enemigo,
si con propios agravios no me afrento;
y me agravia el más leve atrevimiento
ajeno, que no sufro y le castigo.
  Con la venganza la razón desdigo,   5
que tengo de mi propio sufrimiento,
mereciendo castigo más sangriento
lo que me agravio yo, por ser mi amigo.
  Si esclavo vengo a ser de mis pasiones
y el ser esclavo es último desprecio,   10
¿qué nobleza hay en mí, ni qué blasones?
  pues para ser más vil, también soy necio;
pero yo mataré mis sinrazones
y el vengarme de mí me dará aprecio.

197. (MSS: ABFG): 2 G: con *propio agravio* no.

198

PASABA UN CHIVATO CAPITANEANDO UNOS CORDEROS

Soneto

Siguen los [corderitos] inocentes
al cabrón que los lleva al matadero;
de éste fían feliz su paradero,
y dan con mil verdugos inclementes;
  así los hombres, brutos incipientes,   5
que teólogos son su derrotero;
rinden sus almas, como aquí el carnero,
con falsas opiniones aparentes.
  Tres linajes de hombres he notado
que guían al suplicio a la criatura,   10
que al rastro de su vida va abreviado,
  el que a médicos sigue en sepultura;

y el que su hacienda fía del letrado,
al matadero va de desventura.

198.   (MSS: ABFG): 1 A: los *corderos* inocentes; F, G: los *corderillos* inocentes.
12 B: a *médico* sigue. 13 F, G: fía *de letrados*.

199

LO QUE SON RIQUEZAS DEL PERÚ

S<small>ONETO</small>

La plata de estos reinos anhelada,
adquirida con logros y con daños,
a polvo se reduce en pocos años,
en seda rota y lana apolillada.
    Ya tan grande tesoro paró en nada,   5
los cambrayes, las telas y los paños,
anzuelos de enemigos y de extraños,
muladares aumentan, que son nada.
    En muladar pararon los desvelos
de los logros, insultos y avaricias,   10
¿qué habrá en ellos de infamias y de anhelos
    de robos, tiranías y injusticias,
de que claman los pobres a los cielos,
mártires de miserias y codicias?

199.   (MSS: AB): 11 B: ¿qué *había* en.

200

CONTENTOS FALSOS DE ESTA VIDA

S<small>ONETO</small>

No hay bien en esta vida que no sea
una oculta pensión disimulada;
si el mundo y la riqueza tan buscada,
no hay cabal gusto, que esto lo posea.
    Todo el mundo quitárselo desea   5
—la dama, el superior, el camarada;

de continuo la idea desvelada
en haber de guardar lo que granjea.
   Temiendo siempre, siempre recelando,
sufriendo al tonto, oyendo al lisonjero,   10
mintiendo a todas horas y engañando
   por librar de los chascos el dinero,
con ladrones, si duerme, está soñando,
y hasta el alma hay quien dé por mal tan fiero.

201

LA RIQUEZA ES MÁS DESGRACIA QUE DICHA

Soneto

   De la vida enemiga es la riqueza,
porque es centro del vicio la abundancia;
y así es muerte del hombre, si en sustancia
facilita la gula y la torpeza.
   Con cualquier leve achaque se tropieza,   5
mil peligros que en él le hacen instancia,
de médicos que van a la ganancia
y originan la muerte a su dolencia; [120]
   lo que no tiene el pobre, que adietado,
vive siempre, sin darle cumplimiento   10
al apetito, que ha de ser comprado.
   Ni hay médicos que maten por su aumento,
ni accidentes le dan por delicado,
y muere el rico de tocar el viento.

202

DEFINICIÓN DE LO QUE ES CIENCIA

Soneto

   Esta voz letras dice entendimiento,
no el tener muchos libros de memoria,
que esta locuaz, inútil vanagloria,

386

afectada hermosura de talento.

Papagayos de imprenta, hombres de cuento,   5
atados a la letra y a la historia;
pregoneros de otros, cuya gloria
charlatanes usurpan en su aumento.

El discurso es principio de la ciencia,
a quien muchos inhábiles injurian,   10
porque todos son voz sin suficiencia;

y así digo porque estos se concluyan,
que unos hacen las letras en esencia,
y otros simples como ellos las estudian.

203

NO HAY COSA CIERTA EN ESTA VIDA

Soneto

Todo el mundo se funda en opiniones,
y en realidades no, porque juzgamos
contrarios en aquello que tocamos,
en parecer, en obras y en acciones.

Todas son conjeturas e ilusiones,   5
porque siempre lo cierto adivinamos;
todos en duda la verdad hallamos,
envuelta con mentiras y ficciones.

Certeza alguna en nada nos tenemos,
si todo es conjetura, todo indicio   10
de un saber presumir, si no sabemos,

de lo que hay que saber ni aun un resquicio,
pues a juzgar de cierto lo que vemos
nada habrá que admirar en el jüicio.

203.   (MSS: AB): 10 B: *que* todo es.

387

204

DEFINE LA VIDA DE LOS HOMBRES

Soneto

Es la vida del hombre una comedia
en que los años son representantes;
los primeros de jóvenes amantes
empiezan dicha, acaban en tragedia.
Media la edad y la alegría media,   5
si los años pueriles comediantes
papel hacen de barba, ya farsantes
de la edad que al juicio lo remedia.
Predicador de mozos se reviste
acotando experiencias de sucesos,   10
y el tiempo que ha perdido llora triste;
    ríense de ellos, jóvenes traviesos,
para hacer mojiganga en que consiste
del fin de la comedia los progresos.

204.   (MSS: AB): 14 B: *el* fin de la comedia *en* los.

205

REMEDIO CONTRA PENSAMIENTOS LASCIVOS

Soneto

Por tus mismas miserias, las ajenas,
coteja de las damas más hermosas,
pues de las mismas tuyas, asquerosas,
y aun de mucho peores están llenas.
Contémplalas esfinges o sirenas,   5
que engañan con el arte cautelosas,
pues si a los ojos les parecen rosas,
a la razón espinas que dan penas.
Saca lo que serán por ilaciones
del ser de que te formas tan inmundo,   10
de huesos, carne, venas y tendones,
    asco de anatomía sin segundo,

y si hay de aborrecer estas razones
¿en qué razón de amar lo mismo fundo?

205. (MSS: AB): 9 B: que *se dan* por.

206

COMO DEBE SER EL JUEZ PARA SER BUENO

Soneto

Para juzgar, el hombre rectamente
será propio juez de sus pasiones
y fiscal que acrimine sus acciones,
sin odio y sin amor que le violente.
    Nada que bien le esté tendrá presente;   5
la razón sólo oirá, no las razones,
que la mentira se arma de ficciones,
que es verdad afectada en lo aparente.
    Quien del oro y favor más se valiere,
presuma que presente la injusticia,   10
pues la verdad vestido alguno adquiere,
    que es desnuda y galana la mentira;
y si la gracia alguno la pidiere,
responda que no hay gracia si hay justicia.

207

RAZÓN POR QUÉ LOS POBRES SON CAPACES
Y LOS RICOS TORPES

Soneto

De cuerpo y alma unidos se compone
un racional, y alguna cosa priva
de estas dos; y el que al cuerpo se deriva
feliz y gran fortuna se dispone;
    porque como el conato bruto pone   5
en una inteligencia sucesiva,
mirando siempre al suelo, nunca arriba,

389

con la suerte se encuentra qué propone.

Al contrario, el que usa del talento,
que anda elevado en cosas superiores   10
y el oro y plata no andan en el viento,

discursos halla, coplas y aun amores,
de esto enriquece el pobre entendimiento,
vestido y sustentado de primores.

208

OTRO AL MISMO ASUNTO. JOCOSO

Soneto

La mucha tierra lleva mucho fruto
y así aquestos camuesos gordiflones,
zapallos o retortas con calzones,
cogen grande cosecha con lo bruto.

Es el trato de aquéstos disoluto,   5
porque tienen razón de sinrazones,
conque hacen lëales las traiciones
por simplezas, vendiéndonos lo bruto.

Y es como el punto toca al alma
y aquéstos con la fama traen de [bocio]   10
tan bruto que pudiera traer enjalma;

bárbaros fénix renacen sin consorcio,
pues son sus propios padres en tal calma,
sin hijos vienen a ser de su negocio.

208. (MS: A): 10 A: traen de *bordo*. [Aunque reza «bordo» en el verso 10, nos parece que es error del copista, y que debe leerse «bocio» tanto por el contenido como por el patrón de rima.]

CUATRO CONTRAS QUE HA DE TENER EL ENTENDIDO PARA SERLO

Soneto

Contra médicos es todo entendido,
contra vulgo y sus falsas opiniones,
contra hipócritas, viles santulones,
y contra la astrología si ha mentido.
Porque el médico en nada es advertido,   5
el vulgo se compone de ficciones,
el santulón de engaños e ilusiones,
y el prognóstico es yerro conocido.
Cuando el médico alguno desahuciare,
di tú que vive; y cuando la bëata   10
las cosas por venir te revelare,
   entiende que al presente quiere plata,
que el astro luego miente en cuanto hablare
y que la voz del vulgo es patarata.

209. (MSS: AB): 2 B: contra *el* vulgo. 3 B: viles *santurrones*. 7 B: el *santurrón* de.

A UN MARIDO SUFRIDO QUE SU MUJER VESTÍA Y SUSTENTABA

Soneto

Si sábado, marido de grosura,
de tu cabeza comes de ordinario,
en cada sien te nace un campanario,
que le da que reír a la censura.
El honor has cambiado, por ventura,   5
en paciencia lo atroz y temerario,
si tu frente de testas es osario
de Medellín, baquera sepultura.
Mejor es andar harto que no honrado,
que la honra jamás harta el deseo;   10

y el matrimonio significa arado,
  si es yugo de los bueyes de Himeneo; [121]
[y por eso te obstentas tan callado],
que un galán necesita Cirineo.

210. (MSS: AB): 13 A: [————————]. 14 B: *viendo que necesitas* Cirineo.

211

A UNA DAMA JUBILADA POR VIEJA

Soneto

Tu juvenil edad, Anarda hermosa,
de quien flores copiosas copió el mayo,
hoy las borra la edad con el desmayo
del jazmín, del clavel y de la rosa.
  Cual Clisi, tu hermosura milagrosa,   5
que el sol se va bebiendo rayo a rayo,
pareció tu beldad en tal ensayo,
si al ocaso llegaste de preciosa.
  Mucho ejemplo has quedado de hermosura,
si marchitada en ti tanta belleza,   10
espanto viene a ser tu contextura,
  que antes asombro fue de gentileza,
porque nada en lo humano se asegura
de los dones que da naturaleza.

212

REMEDIO PARA SER RICO

Soneto

Introducción tendrás y inteligencia
de mentiroso, y préciate de honrado,
liberal de palabra y desdichado
sumamente con todos por esencia.
  Huye de la poesía y ve la ciencia,   5
porque al hombre ruín estás elevado;
no te fíes de hijo ni criado

y, sobre todo, no tendrás conciencia.
Mal letrado tendrás, que te aconseje,
escribano falsario por amigo;   10
que el ardid y la trampa así se teje,
    de las damas serás fiero enemigo;
tu vestido más que se moteje,
y muy rico serás con lo que digo.

212. (MSS: AB): 5 B: y *bella* ciencia. 6 B: porque *a* hombre ruin *te has* elevado.

213

QUE LOS TEMBLORES NO SON CASTIGO DE DIOS

Soneto

Del poder la materia efecto ha sido
de toda creación, si ésta es su esencia,
después de la materia entra la [ciencia],[122]
dándole forma a todo en su sentido.
Todo el elemento junto asiste unido,   5
aunque lugar separe en su asistencia;
y si otro con él pugna, hay resistencia
del que en su centro está favorecido
    Y si el mundo con ciencia está crïado,
por lo cual los temblores le convienen,   10
naturales los miro, en tanto grado,
    que nada de castigo en sí contienen;
pues si fueran los hombres sin pecado,
terremotos tuvieran como hoy tienen.

213. (MSS: AB): 3 A, B: entra la *esencia*.

214

QUE NO HAY MÁS FELICIDAD EN ESTA VIDA
QUE EL ENTENDIMIENTO

Soneto

Todas las cosas que hay para gozarse
necesitan, de más de apetecerse,

393

del trabajo y afán que ha de ponerse
en los medios precisos de buscarse.

El puesto cuesta plata y desvelarse,   5
y si es dama, lo propio y el perderse;
si es hacienda, trabajos y molerse,
y todo en pretensiones ultrajarse.

Sin aquestas pensiones, el talento
se consigue perdón que ofrezco al Cielo;   10
con su luz entretiene y da contento,
   si poesías y ciencias dan consuelo;
conque así el que tuviere entendimiento
el más feliz será que hay en el suelo.

214.   (MSS: ABFG): 5 G: puesto *que esta plaza* y. 10 F, G: consigue *por don* que *ofrece el* Cielo. 12 F: si *poesía* y ciencias. 13 B: [_____] así el.

215

A UN CABALLERO INGENIOSO A QUIEN EL AUTOR VISITÓ, QUERIÉNDOLE PAGAR LA VISITA; LO REPUGNÓ Y APURÁNDOLE, RESPONDIÓ ESTE

SONETO

Aquél que me da gusto, le desea
mi cariño y le busco en su posada;
y al necio que no quiero y que me enfada,
ni quiero verle yo ni que me vea.

Visitas no permito, aunque el tal sea   5
entendido, pues si éste no me agrada,
despedirle no puedo y precisada
mi atención ha de estar en tal tarea.

Si yo visito, queda a mi albedrío
dejar cuando quisiere al que he buscado;   10
le grabo en dulce, chocolate y frío,
   en aseo del cuarto y en cuidado,
y si el ser visita es tanto logro mío,
siempre lo quiero ser, no visitado.

216

GLOSA

¡Ay loca esperanza vana!
¿cuántos días ha que estoy
engañando el día de hoy
y aguardando el de mañana?
En una cárcel cautivo   5
donde es acreedor el Rey,
sufriendo estoy de la ley
el rigor más excesivo.
Ya el sepulcro, ensayo vivo,
por ser muer[te] muy cercana   10
la de una prisión tirana
que en su centro ni aun ligera
recreación hay ni aun siquiera,
¡ay loca esperanza vana!
El bien muy ligero viene,   15
el mal camina muy lento;
aquél alegra violento,
éste a matar se detiene.
Así a mí me lo previene
el mal que experimento hoy,   20
que de muerto señal doy
aunque vivo, porque es cierto
que en lo lento, oliendo a muerto,
cuántos días ha que estoy.
Un día y otro procedo;   25
un mes y otro mes me paso;
todos andan, yo me atraso;
todos pasan, yo me quedo;
En vez de andar, retrocedo
a la miseria en que estoy;   30
otro Sísifo ya soy
en no acabar mi tormento;
y de momento en momento,
engañando el día de hoy.
Aquí entra ya mi cordura   35
en que es temporal congoja,
que este fin tiene y afloja
y la eterna siempre dura.

De esta santa conjetura
a la suerte apelo humana,
que un día pierde, otro gana,
porque es varia y así quedo,
pasándolo hoy como puedo
y aguardando el de mañana.

POEMAS AMOROSOS

217

DA EL AUTOR CATORCE DEFINICIONES AL AMOR

Soneto

Amor es nombre sin deidad alguna,
un agente del ser de cuantos nacen,
un abreviar la vida a los que yacen,
un oculto querer a otra criatura,
una fantasma, asombro de hermosura,   5
una falsa opinión que al mundo esparcen,
un destino de errar en cuanto hacen,
un delirio que el gusto hace cordura.
    Fuego es de pedernal si está encubierto;
aire es si a todos baña sin ser visto;   10
agua es por ser nieto de la espuma;
    una verdad, mentira de lo cierto,
un traidor que, adulando, está bien quisto;
él es enigma y laberinto es suma.

217. (MSS: ABFG): 1 G: sin *duda* alguna. 3 F, G: abreviar *de* vida *cuantos* yacen.
5 F, G: fantasma *o sombra* de. 14 G: enigma [___] laberinto.

218

A UNA DAMA PASEANDO UN JARDÍN

Soneto

Las flores de un jardín plantas llevaban,
por ser las plantas de muchos más primores,
si adquirían, pisadas, más verdores
que los mayos y abriles les bordaban.
    Pues tantas primaveras ostentaban   5
que, creciendo la pompa a sus colores,
tan cierta fue la dicha de las flores
que de pies se nacían y criaban.
    Vióla el amor y con notable empeño,
porque el arco jamás errase flecha,   10
puso por punto de él su pie pequeño

y el grande que traía lo desecha,
diciendo a todos con valiente ceño:
«No hay pecho que se escape de esta hecha.»

218. (MSS: AB): 3 B: *se* adquirían. 6 B: pompa [__] sus.

219

A UNA DAMA EN UN BAÑO

Soneto

El cristal de una fuente, Anarda bella,
en sus ondas, bañándose, aumentaba,
al paso mismo que también lavaba
sus corrientes, por ser más blanca ella.
Roca de plata o condensada pella   5
de nieve, entre las aguas se ostentaba,
con tal candor que al hielo deslustraba
y el cielo se paró sólo por vella.
Venus, que de la espuma fue congelo,
viendo beldad en ella más hermosa,   10
su hermosura envidiando, desde el cielo,
bajó a la fuente, a competirla airosa.
Adonis llegó en esto y con anhelo
despreció por Anarda allí a la Diosa.

219. (MSS: ABFG): 8 G: por *verlla.* 11 F, G: envidiando, *don del* cielo. 12 F, G:
a *competirle* airosa. 14 F, G: por *andar* allí [-] la.

220

SONETO

Triaca que a mi vida le da muerte,
veneno que a mi muerte le da vida,
¿cómo me animas, si eres mi homicida?
¿cómo de mi desgracia haces mi suerte?
Si de quererte vivo y muero de quererte,   5
mi defensa a ser vienes y mi herida;
mátame de una vez, o agradecida,

permite el que consiga merecerte.
      Ya sé que indigno soy de tus favores,
mas nada, dueño hermoso, me debiera,   10
si incitaran mis prendas tus amores,
      pues no fuera merced, si deuda fuera,
porque aquél que no ama hace mayores
las finezas que hacer nunca quisiera.

221

ROMANCE A LOS SENTIMIENTOS DE UNA INGRATA

            Penas, sed más rigorosas
      para alivio del que os pasa,
      que el cuchillo que más corta
      menos aflige al que mata.
            No andéis conmigo piadosas,   5
      que os preciáis de más tiranas,
      si hace más cruel al verdugo
      la piedad de lo que tarda.
            Sucesivamente quiero
      tenerlo siempre en el alma,   10
      porque se engaña a sí propio
      el que las penas engaña.
            Y pues tú, Lisi crüel,
      eres la que me las causas,
      el dogal de tus desdenes   15
      apriétalo a mi garganta.
            No destinará a mi vida
      una muerte dilatada,
      que es ahorro de tormentos
      las desdichas abreviadas.   20
            Morir de una vez es suerte
      en el que muere de tantas,
      pues quien de gracia se excusa
      hace feliz la desgracia.
            Que amor de ti no me vengue   25
      le pido por mi venganza,
      que al que a revés lo hace todo
      se piden cosas contrarias.
            Con tu hermosura te goza,

401

Lisi bella, edades tantas,							30
que la senectud te acuerde
los principios de tu infancia.

221. (MSS: CDEFG): 5 F, G: conmigo *piadosa*. 6 F, G: más *tirana*. 7 D, E: *se* hace
más cruel *al* verdugo; F, G: *si es crueldad del* verdugo. 8 E: piedad *en* lo. 10 F, G:
teneros siempre. 12 F: penas *engañan*. 13 F: tú, *Lize* cruel; G: tú, *Lice* cruel. 14 F, G:
las *causa*. 16 D, E: *aplícalo* a. 23 D, E: *que* quien; F, G: quien *desgracias* [___] excusa.
24 D, E: hace *falta* la. 27 D, F, G: al que *al* revés; E: al que [___] revés. 28 D, E: *le*
piden. 30 F, G: *Lice* bella. 32 F: los *desprecios* de; G: los *desprecios* de tu *infamia*.

222

ROMANCE

En mis penas inmortales
sin esperanza padezco,
por ser un achaque amor
que se cura con él mesmo.
Cuando sanar solicito,							5
procuro estar más enfermo,
porque los remedios matan
y me mato por Remedios.
Morir quiero de los males
de puro vivir con ellos,						10
que quien de la triaca enferma
se ha de curar con veneno.
Mueran de mal entendidos
mis cobardes pensamientos,
que quien sin conocer mata						15
hace su delito menos.
Disculpa, bella homicida,
a tus crueldades prevengo,
que hay rigores que se anuncian
aun antes de padecerlos.						20
De tu hermosura y mi suerte
me colijo mi desprecio,
porque en tu beldad peligra
el mayor merecimiento.
Cuando voy a declararme						25
mudo me hace tu respeto;
¡oh quién hallara unas voces

que hablaran con el silencio!
      Mas si hay ecos en los ojos
que mirándote hablan tiernos,
¿por qué no tienen oídos
para escucharlos tu pecho?

      Mucho más que no la queja
sentir sabe el sufrimiento,
que las penas que son dichas
dichas son o quieren serlo.

      Porque callar un dolor
y disimular sintiendo
es hacer en tu martirio
generosos los tormentos.

      Querer y decirlo es
pedir recompensa al dueño,
y yo no quiero hacer duda
lo que en mi cariño es feudo.

30

35

40

222. (MSS: CDEFG): 11 D, E: de *tristeza* enferma; F, G: de [___] triaca. 13 G:
mal *entendido*. 29 F, G: si *hay lenguas* en. 31 D: ¿por qué, *dí,* no tiene oídos. 37 F, G:
pero callar. 39 F, G: hacer *de su* martirio. 43 D, E, F, G: hacer *deuda.*

223

ROMANCE

      En el regazo de un olmo,
verde gigante del prado,
estaba un triste pastor,
pensativo y sollozando.

      Con la mano en la mejilla
y el pañuelo en la otra mano,
así decía a las flores,
las lágrimas enjugando:

      «Flores, si sabéis de amor,
sentid mi desprecio, en tanto
que con el agua que vierten
vuestro tronco riego en pago.

      ¿Qué razón habrá que Filis
me está aborreciendo al paso,
que yo adoro su belleza,
mi dicha y su mal trato?

5

10

15

403

Si el ser bella y ser ingrata
es de amor razón de estado,
tirana ley es, que sólo
pueden derogar los astros.   20

¡Que hay en el áspid veneno
y antídoto disfrazado,
y que sólo hay en las lindas
desdenes y no agasajos!

No maten sino dén vida,   25
porque es proceder tirano
causar el daño, y que no
quieran remediar el daño.

En fin, yo muero de fino;
y tú vives al contrario   30
de falsa, dándome dos
consuelos en mi fracaso.»

223. (MSS: CDEFG): 10 D, E: *sentir* mi desprecio, *si* tanto. 11 D, E, F, G: que *vierto*. 12 F, G: *vuestros troncos* riego. 14 D, E, F, G: me *esté* aborreciendo. 15 F, G: adoro *en* su. 17 G: y *el* ser. 23 F, G: sólo *haya* en. 25 F: sino *dan* vida. 27 F, G: *causa del* daño. 28 F, G: quieran *redimir* el. 32 G: en *mis fracasos*.

224

ROMANCE

A llorar, selvas, mis males
alegre y contento vengo,
pues el remedio es llorar;
no hay tristeza si hay remedio.

Fuego es amor, y aunque sale   5
el agua, se queda el fuego;
sin oposición la llama
luce más y quema menos.

Suspiro por apagar
de amor el activo fuego,   10
aunque el mucho aire lo apaga
si el poco le da fomento.

Del desaliento animado
procuro sacar aliento,
que quien [tiene] cierto el daño   15
saca el valor de lo cierto.

Enfermedades sin cura
las suele sanar el tiempo,
que la salud no esperada
a veces llega más presto.   20
    Hiprocondría es amor
que se causa aprendïendo
y se cura no pensando
la razón por qué está enfermo.
    Yo amo con extremo y   25
me aborrecen con extremo,
y ha de volverse al contrario
porque llegó a lo postrero.
    Porque de infelice mucho
el ser venturoso espero,   30
que en desgraciados comunes
jamás se vendió lo adverso.
    Yo espero verme querido
cuando no haga caso de esto,
que es niño, Amor, y así tira   35
lo que llora por cogerlo.
    Pero véngate, Lisarda,
en lo que estás poseyendo,
que porque el cordel se quiebre
que más le aprietes te ruego.

224. (MSS: CDEFG): 1 F: *Al* llorar. 6 F, G: agua *y* se. 10 E: el *atractivo* fuego; F, G: activo *incendio*. 11 D: aunque [——] mucho aire *le* apaga; E: aunque [——] mucho aire *la* apaga; G: [——] *que* el mucho. 12 E: si *es* poco. 15 C, D, E: quien [——] cierto. 16 F, G: saca [——] valor. 18 D: *la* suele. 21 F: *Hipocondría* es. 27 D: volverse *a* contrario; E, F: y *da* de. 29 F, G: *por ser* infelice. 32 F, G: se *enmendó* lo. 33 D, E: *Y* espero.

225

ROMANCE

En un laurel convertida
vio Apolo a su Dafne [123] amada
¿quién pensara que en lo verde
murieran sus esperanzas?
    Abrazado con el tronco   5
y cubierto con las ramas,

pegó la boca a los nudos
y a la corteza la cara.
    Con mil almas le decía
a la que sin ella estaba: 10
«Para ti y no para mí,
Dafne, ha sido la mudanza;
    pues tanto monta el ser tronco
como el ser ninfa tirana
porque tanto favorece   15
un leño como una ingrata.
    Sólo la forma echo menos
en tus perfecciones raras;
pero en la materia toco
que la de un tronco es más blanda.   20
    Primero piedad espero
en quien no escuche mis ansias,
moción es el que está yerto,
que en ti, estando como estaba.
    Por lo menos grabaré   25
en tu tronco mis palabras
y en ti, ninfa, jamás pude
que quisieses escucharlas.
    Desesperación ha sido
tu belleza [malograda],   30
pues por agraviarme esquiva
hasta a ti misma te agravias.
    Si hubiera sabido, ninfa,
tu venganza, en mi venganza
por quererte más te hubiera   35
querido con menos ansia.»

225. (MSS: CDEFG): 1 D, E: laurel *convertido*. 2 F, G: su *Dagne* amada. 12 F, G: *Dagne,* ha. 14 D, E, F, G: como *el* ser. 17 D, E: forma *ha perdido*. 18 F, G: *de* tus; D, E: en *sus* perfecciones. 23 D, E: moción *en el* que está *muerto*; F, G: moción [—] el. 25 F: menos *agravaré*. 28 E, G: que *quisieres* escucharlas. 30 C, F: belleza *malogrado*.

226

ENDECHAS

Ausente dueño mío,
que presente en la idea

estoy sintiendo siempre
los males de tu ausencia.
　　Si está la causa lejos,　　　　　　　5
¿cómo siento tan cerca
el efecto? ¿Quién vio
en distancia violencia?
　　Si amor es fuego y éste
no abrasa a quien se aleja,　　　　　10
¿por qué en mayor retiro
su incendio más me quema?
　　La mariposa vive
mientras la llama deja,
y yo, dejando el fuego,　　　　　　15
hago mayor la hoguera.
　　No la ausencia de olvido
memorias sí, que acuerdan
las ausencias ausentes
que olvidan las presencias.　　　　20
　　No hiere el arpón tanto
que se dispara cerca,
como aquél que de lejos
el aire lo fomenta.
　　El que doy en suspiros　　　　　25
avivan las saetas
que con memorias tira
el arco de la pena.
　　¿Cómo es posible viva
quien del vivir se ausenta?　　　　30
¿Cómo pierdo la vida
que tantas muertes cuesta?
　　Parece que, por vidas,
la Parca macilenta
en la mía que aguarda,　　　　　35
tiranos, se nos echa.
　　Que ejecute pido
si ejecución más fiera
que la falsa cobranza
son tiranas esperas.　　　　　　40
　　No habrá quien crea
que estoy vivo y no muero
de que no muera.

226. (MSS: CDE): 2 D, E: en *mi* idea. 6 D, E: ¿cómo *siente* tan. 10 D, E: abrasa, *aunque* se. 11 D, E: ¿Por qué [__] mayor. 18 D: *memoria* si; E: que *acuerda.* 21 D, E: no *llegue* el. 26 D: *avivarán la* saetas; E: *avivarán* las. 29 D, E: posible *vivir.* 36 D, E: *tirana,* se.

227

ROMANCE

Catalina de mis ojos,
yo no sé cómo te diga
que eres mi muerte, y te quiero
como si fueras mi vida.
    El más seguro arpón eres   5
de cuantos el amor tira,
pues no hay peto de valor
que tu violencia resista.
    Con las saetas de tus ojos
flechas con tal puntería,   10
que mi corazón penetran
más que las puntas tus niñas.
    Porque me mates, te mato,
sin temor de esta desdicha,
porque aunque es la muerte amarga,   15
son muy dulces las heridas.
    No tengas piedad de mí,
pues yo no pienso pedirla,
que al que piedades no busca,
se contenta con sus iras.   20
    Trofeo tuyo me ofrezco
en mi voluntad rendida,
porque quiero hacer victoria
lo que es desgracia precisa.
          ESTRIBILLO
Dame la vida   25
por que yo te presente
lo que me quitas.

227. (MSS: CDEFG): 1 F, G: *Catalinilla* de. 2 G: sé [__] te. 9 F, G: saetas [__] los. 12 F: que *tus* puntas; G: que *tus puntos,* tus. 13 E: me *matas,* te; F, G: mates, *me* mato. 18 F, G: pues *si es ocioso el* pedirla. 19 F, G: *al que* piedades *le faltan.*

ROMANCE

Muriendo estoy por morir,
si contraria me persigue
una voluntad alegre
con una memoria triste.
Ni con mis penas acabo   5
ni acabo de persuadirme,
que lo propio que me alienta
es lo mismo que me aflige.
La lámpara y el amor
pende[n] de una suerte firme,   10
y al oro y plata con plomo
el contrapeso le miden.

228.   (MSS: CDEFG): 5 G: penas *acaba*. 10 C: *pende* de; G: suerte *firmes*. 11 F, G:
si al. 12 F, G: peso *se* miden.

229

ROMANCE

Una mañana de mayo,
al tiempo que el Sol salía,
como el mismo Sol al prado
se salió a pasear Marica.
Un jazmín brotaba donde   5
la breve planta ponía,
naciendo milagro el ver
floreciente lo que pisa.
Las rosas se deshojaban
para tener mayor vida,   10
pues morían luego al punto
las que en el rosal no pisan.
Las fuentes que la miraban
falsamente se reían,
que risa de quien murmura   15
siempre ha de ser falsa risa.
Acercóse a los cristales
a castigar su osadía,
y les dio una linda mano

más clara que su agua misma. 20

En Marica se lavaba
el cristal, porque Marica
sacó más turbias las manos
cuando las entró más limpias.

Yo, que la estaba mirando, 25
a mí mismo me decía
lo que a su beldad callaba
sólo por no desabrirla.

Mas, con palabras turbadas
a hablarle fue mi osadía 30
y enmudeciendo la lengua,
empecé a hablar con la vista.

Miróme y volvióme el rostro
con tanto ceño de esquiva,
que la menor atención 35
no le debí a sus caricias.

229. (MSS: CDE): 4 D: se *salía* a. 5 D, E: brotaba *adonde*. 6 D, E: *para tener mejor vida*. 7 D, E: milagro *al* ver. 12 D, E: *los* que. 21 D, E: Marica *celebraba*. 32 D: *empezó a hablarle* por [—] vista; E: [l.d.]. 36 D: sus *cariños*; E: le *debía* a sus *cariños*.

230

ROMANCE

Sentado en la verde margen
de un cristalino arroyuelo,
llorando y cantando estaba
sus desventuras Aurelio.

El agua mira y le ciega 5
la que dan sus ojos tiernos,
que halla oposición un triste
hasta en un mismo elemento.

El ruido de los cristales
estaba escuchando atento; 10
mas, como en penas lo hacía,
se acordaba de su dueño.

«Lo mismo, ¡ay de mí!» decía,
«sucede a mis pensamientos,
pues con suavidades de agua 15
ablandar peñas pretendo.

Pero tu corriente pasa
el que el mal le da escarmiento,
porque es acertado errar,
escarmentar en el yerro.   20

Yo no quisiera querer
y, cuando en no querer pienso,
el no querer quiero tanto
por querer lo que no quiero.

Díme, Amor, cómo siendo uno,   25
¿por qué, en contrarios afectos,
eres dios de los cariños
y deidad de los desprecios?

¿Cuánto más poder ostentas
concertando los deseos,   30
que no con flechas discordes
herir los humanos pechos!

Querer es fuerza de amor,
y no querer es desprecio
a tu deidad, pues le niegan   35
el feudo amante a tu imperio.

Cupido, a Lisi castiga,
que de ella a ti me querello,
y si no al fiel tribunal
de la razón sabia apelo.»   40

230. (MSS: CDE): 16 D, E: ablandar *penas* pretendo. 20 D, E: *y* escarmentar *con* el.
23 D, E: quiero *entonces*. 35 E: a *la* deidad.

231

ROMANCE

Marcia, ¿por qué me dijiste
que te viese el otro día,
sabiendo no puede ser
porque ciega el que te mira?

A verte yo y no mirarme   5
para mi muerte me citas,
pues ya veo que me matas
y el que me muero no miras.

Verte yo y no verme tú

es dar materia a tus iras,   10
que cuando no ves el blanco
tus arpones más me atinan.

Tirana eres sin más ver,
pues sin más ver solicitas
que muera de no mirado   15
al que matas de bien vista.

Siquiera un leve descuido
no te merecí por dicha,
porque en el no descuidarte
mis cuidados solicitas.   20

El no verme es porque no
te tengan por mi homicida,
que a vista del agresor
brotan sangre las heridas.

231. (MSS: CDE): 1 D, E: Lucinda, ¿por qué me *has dicho*. 13 D, E: sin [—] ver.

232

ROMANCE

Un arroyo fugitivo,
de la cárcel del diciembre,
cadenas de cristal rompe
y lima grillos de nieve.

Indultos del sol que nace   5
goza en su prisión alegre,
que no hay embargos de hielo
cuando nace Febo ardiente.

En perlas paga a las flores
el censo oriental que debe,   10
que por causa del invierno
no le tenía corriente.

Los pájaros con clarines
dolor y envidia me ofrecen,
porque el hielo de un desdén   15
preso en su esquivez me tiene.

De libertad clara goza,
pues más dicha te concede

menos sol, que no el de Marcia
si uno suelta y otro prende.   20

232. (MSS: CDE): 3 D, E: cadenas *del* cristal. 4 D: grillos *de* nieve. 17 D, E: *Por* libertad. 20 D, E: *que* uno suelta.

233

ROMANCE

Selvas, a quejarme vengo
de los rigores de Marcia,
si cuanto tengo de fino
tiene su beldad de ingrata.

Troncos, escuchad mis penas,   5
y no os parezca ignorancia
sin oídos el obligaros
si oye menos quien me agravia.

Consuelo os pido a vosotros
como si con ella hablara,   10
si con silencio y dureza
siempre responde a mis ansias.

Andar quiero por los troncos
contándoles mis desgracias,
si contárselas a ellos   15
es andarse por las ramas.

Mis penas son para dichas
pero no para aliviadas;
y así las digo por uso
de quejas sin esperanzas.   20

Yo me quejo y yo me escucho,
que es mi pena tan tirana
que me atormenta en las voces
y en el sentir me maltratan.

233. (MSS: CDE): 7 D: *el obligaros a oírme.* 10 D, E: con *vos* hablara. 12 D, E: *respondáis siempre* a mis. 15 D, E: *como* si *contarlas* a. 16 D, E: *fuera* andarse. 22 D, E: *y es.* 24 D, E: me *maltrata.*

ROMANCE

Tórtola, no cantes triste,
déjame a mí las tristezas,
porque de darme a pesares
soy avariento de penas.
    A todas las quiero alegres   5
por tener alivio en ellas,
que ser único en desdichas
es suerte de las miserias.
    Canten alegres, y yo
en tristes correspondencias   10
haré en contrapuesto llanto,
capilla infausta de quejas.
    Nada encuentro, nada miro
que mis pesares divierta
sino el sentirlos, y así   15
siento que haya quien los sienta.
    Tan hecho estoy a los males
que cualquiera bien me hiciera
mucho mal, que los alivios
nunca usados son violencias.   20
    Cualquier trïaca es veneno
para quien de él se alimenta,
porque halla muerte en lo blando
quien vive de la dureza.

234. (MSS: CDE): 12 D, E: infausta de *penas*. 16 C: siento *el* que.

235

A UNA BELDAD INGRATA

Atended, ingrata Dafne,
mis quejas, si escucharlas
te merecen mis penas,
siquiera por ser tú quien me las causas.
    Bien sé que son al viento   5

decirlas a una ingrata;
pero yo las publico
tan sólo porque sepas lo que agravias.

Escucha mis suspiros,
que no porque mis ansias   10
con sentimiento explique,
te han de obligar mis voces a pagarlas.

Pues no tan fácilmente
se mueve una tirana,
y así puedes sin riesgo   15
de serme fina el atenderme, ingrata.

Si bien te pareciera
que mucho que me amaras,
advierte que el favor
se hace más fino cuanto más se ama.   20

Merecer tus cariños
y dármelos es paga,
y el que paga no deja
la voluntad afecta ni obligada.

Finge que amor me tienes   25
y aunque me engañes, falsa,
haz siquiera de vidrio
una esmeralda para mi esperanza.

No me dés desengaños
con claridades tantas,   30
que el infelice vive
el tiempo que se engaña o que le engañan.

Solo un triunfo consigues
si de una vez me matas:
darme una vez la vida   35
para que muchas tengas que quitarla.

---

235. (MSS: CDE): 1 D, E: *Atiende,* ingrata. 8 D: [__] porque sepas *solo a quien* agravias; E: [__] *para que* sepas *solo a quien* agravias. 14 D, E: mueve *a* una. 16 D, E: [__] serme. 20 D, E: fino *cuando* más. 22 D: *dármelo* es; E: *dármelo no* es. 36 D, E: *porque* muchas tengas que *quitarme.*

ROMANCE

En lo ingrato y en lo esquivo
hallas famosos afeites;
pues te miro más hermosa
cuanto más ingrata eres.

Que el ser hermosas y esquivas   5
en las lindas se ve siempre
tan natural, que estas cosas
nacieron ambas de un vientre.

Si hermanos mellizos son
la hermosura y los desdenes,   10
¿cómo con caras distintas,
discordes no se parecen?

¿Que sea razón de estado
el nacer con altiveces
la hermosura, como si   15
fueran cuerpos diferentes?

¿Qué ceguedad es aquésta
en que la razón más fuerte
tropieza con el sentido
en la flaqueza del débil?   20

Pues causa de querer hago
el saber que no me quieren,
sin que de mi amor resulten
efectos correspondientes.

A más no poder te adoro,   25
y puesto que a ti te debes
este pesar, en ti propia
castigar mi culpa puedes.

Y pues el mayor castigo
que tu rigor dar se puede   30
es quererme; por vengarte,
castígame con quererme.

Por odio puedes amarme,
que hay afectos tan crueles
en el amor, que por tema   35
adoran lo que aborrecen.

Si en no servirte te sirvo,
no privándome de verte

no haré otra cosa por ti
que estarte adorando siempre.   40

   Por darte gusto, y tenerlo,
me holgara de aborrecerte;
y así te tengo un querer
que no quisiera quererte.

   Tanto siento el que te enfades   45
que vivo irritado siempre
contra mí; pues hasta en esto
tan de tu parte me tienes.

   Muera a tus iras la vida
que en sacrificio te ofrece   50
el albedrío, si alcanza
ser fuego y parecer nieve.

   Y un epitafio pondrás,
entre mariposa y fénix,
a mis cenizas, si nunca   55
renacen y siempre mueren.

236. (MSS: AA¹BB¹CDEFG): 1 D: *y el* le; F: lo *de ingrata* y [-] lo *esquiva*; G: lo *de ingrata* y [-] *esquiva*. 2 A¹: *haces hermosos* afeites; B¹: hallas *hermosos* afeites; D: *halláis forzosos afectos*; E: *halláis* famosos. 4 G: *cuando* más. 5 B: [——] el; B¹, C, D, E, F, G: ser *hermosa* y *esquiva*. 6 A¹, B¹, F, G: lindas *sea* siempre. 11 F: con *cosas* distintas; G: como *son cosas* distintas. 13 E: Que *será* razón. 19 A¹, F, G: tropieza *y cae de suceso*; B¹: tropieza *y cae de su estado*. 20 A¹, B¹, F, G: *aun más que la flaca y* débil. 21 A¹, B¹, F, G: *que de incentivo al querer*. 22 A¹, B¹, F, G: el *decir* que. 23 A¹, B¹, F, G: *y que no aprenda mi amor;* B: *si* que. 24 F: *afectos* correspondientes; G: *afectos correspondidos*. 28 E: castigar *mis culpas* puedes. 30 D, E: que *a* tu. 32 A¹, F, G: *castígate* con. 33 G: puedes *amarte*. 43 F, G: *así pues* tengo. 44 G: quisiera *quererlo*. 51 A¹, F, G: albedrío *a tus aras;* B¹: albedrío *en tus aras*. 52 A¹, B¹: *tibias, si abrasan con* nieve; F, G: *tibias se abrasan con* nieve.

237

A LOS OJOS DE UNA DAMA

   Puse en tus ojos los ojos,
y tanto costó el ponerlos,
que los ojos me han llevado
    sólo por bellos.
   Ojos que llevan los ojos   5
es ceguedad el quererlos,
si me cuesta lo que miro,

417

lo que veo.
En no mirar por mis ojos
consiste en mirar por ellos,   10
pues estoy viendo en los tuyos
   lo que ciego.
Por tus ojos, que a mis ojos
trates con más miramiento,
que por pardos son mal vistos   15
   de los negros.
En ojos me dan los tuyos,
porque son grandes traviesos,
que he de decirte en tu cara
   lo que quiero.   20
Ojos me hago por mirarlos,
Argos de tus dos luceros,
y cuando son tan bien vistos,
   ciego al verlos.

238

ROMANCE

El fin de anhelar tan sólo
el corazón siempre anhela,
que las deidades la paga,
del amor hacen la deuda.
Cuando a lo hermoso acompaña   5
lo entendido, el amor flecha
como arcabuz de dos tiros,
con arco de dos saetas.
La discreción viene a ser
una hermosura compuesta   10
de voces que los oídos
la ven con ojos de idea.
¿Con quiénes no es ciego amor?
que hermosuras tan perfectas
cautivan los albedríos   15
más con vista que con venda.
Quédense las ceguedades
para quien ama por tema,
que amor de conocimiento

más alumbra que no ciega,   20
    con decorosos cariños
la atención, las reverencias,
porque al pensamiento mismo
se le oculta lo que piensa.
    Quien lo discreto no ama   25
de irracional ser se precia,
si es feudo que la razón
le paga a la razón mesma.
    No es delito amor, sino
intentar correspondencias,   30
si es lo segundo, osadía,
y lo primero, es estrella.

238.   (MSS: ACDE): 1 D, E: *En* fin. 4 C, D, E: hacen *las deudas*. 5 D, E: a *la hermosa* acompaña. 22 C, D, E: las *reverencia*. 24 D: *sólo* oculta. 27 D, E: que *a* la. 28 D, E: paga [—] la. 30 C: intentar *correspondencia*; D, E: *intenta correspondencia*. 32 D: *si lo primero es estrecha*; E: [l.d.].

239

A UNA DAMA QUE LO ERA DEL INTERÉS

    Ingrato dueño esquivo,
escucha de mis ansias
mis quejas, que en tu oído
no bien son dichas cuando son desgracias.
    Si el adorarte es culpa   5
y el adorarte es causa,
castiga tu hermosura,
porque en mí no hay delito en adorarla.
    A el Norte el imán quiere
ya por oculta causa,   10
y el Norte, siendo estrella,
favorece a una piedra que le ama.
    Aprende de los astros
a ser verdad hidalga,
y de atención siquiera   15
no desprecies mi amor que te idolatra.
    Mas nada aprendas de ellos,
que es mi suerte tan mala,

que encontrarás mi estrella
y aprenderás a ser mayor ingrata.   20

   Mas responderme puedes
que, crueldad extraña,
cuando en mis iras pienso
que desprecio ninguno ya me falta.

   Si el ser pobre es defecto,   25
poco en amor reparas,
si desnudo le pintan,
mas tú de tal pintura te retratas.

   Si amor no es más que es uno
¿por qué su verdad sacra   30
en mí ha de estar desnuda
y en ti ha de estar vestida y adornada?

   Mas dirás que Cupido
es voz ambigua, falsa,
que amores y codicias   35
significa en amantes y en tiranas.

   La que es deidad admite
cualquiera que a sus aras
sacrificios ofrece
sin distinguir pobrezas de abundancias.   40

   Y poco a sí se debe
la deidad que repara
que el valor de la ofrenda
a excederla se atreva o igualarla.

   Una alma sólo tengo   45
y aquésta te consagra
mi afecto y aunque una,
mi sacrificio lleva muchas almas.

   No aprecies mi fortuna
que quien huye la mala   50
da a entender que a un acaso
su valor y belleza se avasalla.

   Amar al que es dichoso,
más parece ganancia
de amor que se da a logro   55
que de afecto de otro fiel se paga.

   Si espíritu es Amor
en ti no está, pues amas
los materiales premios
que son carbones, pero no son llamas.   60

Mi amor en sus incendios
no espero que renazca
fénix, pues ni aun cenizas
en tu memoria quedan del que abrasas.
A los años apelo,   65
que me darán venganza,
y aún ahora la logro,
que la edad aun ofende en amenazas.
Mas venganza no quiero,
porque haré oír villana   70
mis finezas, y tú,
si no soy fino, quedas disculpada.
Ruego al Cielo te traten
del modo que me tratas,
porque viviendo muera   75
la que vive muriendo, si no mata.
Diablo es Amor, no es Dios,
si con los hombres anda,
mintiendo en las bellezas
hermosuras gentiles en estatuas.   80
La que mejor parece
es siempre la más falsa,
y que Amor, viendo aquesto,
piedras no tenga en que el valor tocarlas.
Yo pienso que las tiene   85
en la belleza y gracias,
si los mismos quilates
en ti tocó en lo lindo y que la ingrata.
Mira que el ser deidades
continuas empalaga;   90
repara en el almíbar,
que es hastío del que siempre lo trata.
Ni tanto ni tan poco
que de despeños causa
cualquier extremo, aprende   95
de Ícaro y su padre a medir distancias.
Con tantos desengaños
de la razón se valga
Amor, que aunque éste es loco,
cuerdo le harán las penas que en ti pasa.   100
Yo pondré mis desprecios
encima de tu cara,

y de facciones bellas
haré rostro que incite mis venganzas.

239. (MSS: AFG): 6 F, G: el *amarte* es. 7 F, G: castiga *a* tu. 9 F, G: [___] El Norte. 10 F, G: [___] por oculta *amante* causa. 22 F, G: crueldad *extrañas*. 29 F, G: más que [-] uno. 30 F, G: su *deidad* sacra. 36 G: en *amores* y en. 40 F, G: pobrezas *o* abundancias. 44 F, G: o *a* igualarla. 47 F, G: aunque *es* una. 51 F, G: que [-] un. 56 F, G: afecto *que* de. 57 F, G: Si *es Espíritu* amor. 62 F, G: que *renazga*. 75 F, G: porque *así haré* [___] *villanas*. 84 F, G: valor *tocarla*. 88 F: lindo, [-] que *en lo* ingrata; G: lindo, [-] que *lo* ingrata. 90 G: *continuadas en palaga*. 91 F, G: en *la* almíbar. 92 F, G: siempre *la* trata. 93 F: ni *tampoco*. 94 F, G: que *es* de. 96 F, G: medir *distancia*. 97 F, G: *En* tantos.

240

A DOS AMIGAS QUE SE EDUCABAN EN UN MONASTERIO

Equívocos son mis versos
puesto que a dos luces miran,
si van a las de los soles
de Tomiris y Amarinda.
   A una por dos, mis señoras,   5
he de aplaudirlas de lindas,
que a dos por tres lo hago yo
a la primera visita.
   Quince y falta pueden darle
vuestras bellezas al día,   10
pues una aurora con dos
no es posible se compita.
   Tan hermosas sois, señoritas,
que el alma a primera vista,
a la primer ceguedad   15
fui a decir, y erré en decirla,
   quedó tan fuera de sí
que buscándola perdida,
no la encontré por hallada
en esta perdición misma.   20
   Volvédmela por quien sois,
y no permitáis se diga
que dos beldades de bien,
sin alma el alma me quitan.
   Es muy bueno que en mi pecho   25

hidalgo os diese acogida,
y sea el premio llevarme
la alhaja más noble y rica.

    Mirad que he de querellarme
al tribunal de injusticias,   30
de aquel Juez que hace arco
la injusta vara torcida.

    Y aunque temo que en mi pleito,
porque hay razón que me asista,
que su sinrazón sentencia   35
mi ceguedad en revista.

    Volvédmela que os daré
la tercera parte rendida,
y perpetua esclava vuestra,
que es mi voluntad cautiva.   40

    Pero entendimiento y la
memoria es grave desdicha,
que no me la volváis cuando
no sé cierto de que os sirvan.

    No hagáis el triunfo tan grande   45
si ha de ser a costa mía;
partamos los tres de una alma
que os ferió con alma y vida.

    Recibidla por presente
porque en algo en esto os sirva,   50
que el que da es para retorno,
que no se da al que le quitan.

    Si es por no corresponderme,
robarme con tiranía
el alma, yo la haré logro,   55
siendo las dos almas mías.

    Dos almas por una es
más que robo, mercancía,
pues gano un ciento por ciento
en géneros de delicias.   60

    Si por piratas hermosas
hacéis las almas conquistas,
diré con razón que entrambas
sois las Charpes de las Indias.

    Urcas inglesas de amor   65
parecéis, en cuya lidia
disparáis rayos de ojos;

flecháis dardos de mejillas.
No cautiva con razón
quien imposible se mira
de dar libertad, porque esto
es sobra de tiranía.

Porque quien es imposible
de alcanzar, no es bien que rinda,
que culpa el matar no fuera
en quien pudiera dar vida.

Pero condenar una alma
a las penas excesivas
del *nulla redemptio* amante,
de una clausura continua

es el infierno de amor,
donde tizones se tiran
y arde el turco de Cupido
en esperanzas perdidas.

El que vive deseando
lo que es posible se alivia,
mas quien desea imposibles
aún más espira que aspira.

Que sea de amor razón
la sinrazón, pues la herida
permita el arpón y que
se niegue a la medicina.

No basta enfermar, sino
morir, también, suerte impía,
adonde el penar no encuentra
ni una esperanza perdida.

Apolo a su ingrata Dafne,
verde laurel acaricia,
porque en lo verde no estaban
sus esperanzas marchitas.

Y que yo siquiera un árbol
ni un color de la divisa
de la esperanza en mis penas
me dé la suerte enemiga.

Que de raíz los alivios
arranque la tiranía
de mi pecho adonde sólo
los rigores se cultivan.

Para un arpón ¿qué defensa

es un «ay» que lo resista, 110
ni de que mallas guarnece
el corazón quien suspira?

No apaga el llanto el incendio
de amor, antes más se irrita,
porque enciende más su fuego 115
aquél que más lo mitiga.

Con agua y aire la fragua
su llama hace más activa,
y así el que suspira y llora,
más se enciende que se entibia. 120

¿Qué achaque incurable es éste,
a quien, si el remedio aplican,
está en el mismo remedio
la enfermedad escondida?

Si es remedio el olvidar 125
y al olvidar se dedica,
el cuidado de olvidar
le acuerda de lo que olvida.

Finalmente, el que pensare
que amor no es oculto enigma, 130
adonde menos alcanza
aquél que más le investiga,

no sabe lo que es amor
y el que sabe, que no atina
con lo que es, un no saberle, 135
su laberinto descifra.

Y así yo estoy padeciendo,
discretas y hermosas ninfas,
sin saber lo que padezco,
sabiendo lo que lastima. 140

Yo muero, si es por vosotras,
preguntadlo allá a vos mismas;
consultad vuestras bellezas,
que yo sé bien que os lo digan.

Que el que hiere, aunque no sepa 145
si mató o no con la herida,
con lo que el puñal entró,
el suceso pronostica.

Y así por vuestras beldades
conoceréis mi desdicha, 150
pues tanto me dáis de muerte,

cuanto tenéis de ser lindas.
Perdonad de este romance
las largas penas que intima;
oíd despacio los males
del que matáis tan de prisa.

155

240. (MSS: ABCDE): 1 C, D, E: *Equívocas* son mis *voces.* 3 C: a *las* de *los* soles; D, E: a *la* de *dos* soles. 5 D, E: dos *mil señores.* 6 E: aplaudirlas *por* lindas. 12 C, D, E: posible *que* compita. 14 C, D, E: a *la primer* vista. 16 D, E: *fue* a decir. 17 C, D, E: de *mí.* 18 C, D: que *buscándole* perdida; E: que *buscándote* perdida. 21 D, E: *volvérmela* por. 23 C, D, E: beldades *en una.* 24 C, D, E: *a un tiempo* el. 27 B: y *que* el premio *sea* llevarme. 28 D, E: y *fija.* 31 C: aquel *gran* juez que hace *alarco*; D, E: hace *en el* arco. 33 B: [-] aunque. 34 A: porque *que* hay. 35 B: *tendrá* sinrazón; C, E: sinrazón *sentencie.* 37 C: Volvédmela *si os adora*; D, E: os *adoro.* 38 B: la *tercer* parte; C, D, E: *aun cuando está más* rendida. 39 C, D, E: *una voluntad sin alma.* 40 C, D, E: que *está viviendo* cautiva. 41 B, C, D, E: *el* entendimiento. 42 D, E: *grave* dicha. 43 C: me *le* volváis. 44 C, D, E: no *es* cierto. 47 B: tres [—] *un* alma. 50 B: porque *de* algo. 51 C, D, E: da *espera* retorno. 52 D, E: da *a quien* le. 55 C: yo *lo* haré. 56 C, D, E: almas *mismas.* 60 D, E: en *género* de *desdichas.* 62 C: almas *conquista.* 63 D, E: que *entre ambas.* 64 B: las *Chaypes* de. 68 C, D, E: *flechas,* dardos. 69 D, E: cautiva *mi* razón. 72 B: es *obra* de. 73 D, E: *Para* quien. 77 C: condenar *un* alma. 79 C, E: del *nula* redemptio; D: nulla *redempcio* amante. 80 D, E: una *cláusula* continua. 83 C, D, E: arde *de Cupido el fuego.* 86 D, E: es *imposible* [-] alivia. 91 B: *permite al* arpón. 94 C: morir *de una* suerte *esquiva*; D, E: morir *de una muerte esquiva.* 96 D: esperanza *mentida.* 101 B: que *a mí* siquiera; C: que *a mí como aquel* árbol; D, E: [——————————]. 102 D, E: [——————————]. 103 B, C: *de* la; D, E: [——————————]. 104 D, E: [——————————]. 105 C: de *raíces las piedades*; D, E: [——————————]. 106 C: *no arranquen* la; D, E: [——————————]. 107 C: de *esos pechos donde* sólo; D, E: [——————————]. 108 D, E: [——————————]. 109 D, E: [——————————]. 110 D, E: [——————————]. 111 D, E: [——————————]. 112 D, E: [——————————]. 113 D, E: [——————————]. 114 D, E: [——————————]. 115 D, E: [——————————]. 116 C: más *le* mitiga; D, E: [——————————]. 117 C: con *aire y agua la fruta*; D, E: [——————————]. 118 D, E: [——————————]. 119 D, E: [——————————]. 120 D, E: [——————————]. 124 C, D: enfermedad *que conciba*; E: enfermedad *que convida.* 126 C, D, E: al *olvido* se. 127 C, D, E: *tire* el cuidado de *estrecho.* 128 C, D, E: *la cuerda* de. 129 C, D: y *por fin* el; E: [l.d.]. 130 C: que *el* amor; D: amor [-] es; E: [l.d.]. 132 B: más [—] investiga. 135 D, E: es *el* no. 141 D, E: [——————————]. 142 D, E: [——————————]. 143 D, E: [——————————]. 144 D, E: [——————————]. 145 D, E: [——————————]. 146 D, E: [——————————]. 147 C: *verá* que el puñal *en otro*; D, E: [——————————]. 148 D, E: [——————————]. 149 D, E: [——————————]. 150 D, E: [——————————]. 151 D, E: [——————————]. 152 C: *como* tenéis; D, E: [——————————]. 153 B: perdonad [-] este.

A LA AUSENCIA DE UNA DAMA

Hermoso dueño mío,
oye en tristes endechas
de tu ausencia los males,
no digo bien, las muertes de tu ausencia.
El aire me es testigo 5
que le agotan mis quejas,
y para mis suspiros
son más que un elemento mis tristezas.
Es tu memoria fiero
torcedor que me aprieta, 10
que es siempre la memoria
la que en la voluntad más atormenta.
Destreza es del amor
que hieran más sus flechas
cuanto más de su arco 15
el blanco a quien le tiran se le ausenta.
Mi mal es sin remedio,
si en complicadas penas,
cuando por verte muero,
por no verte me mata mi fineza. 20
Yo lloro y no descanso,
suspiro y no me alienta,
que es tormento dos veces
llorarlo muchas sin que alivio tenga.
Voluntad y memoria 25
te miran y te acuerdan,
y penan los sentidos
la gloria que se tiene en las potencias.
Fuentes, que veis mi llanto,
para lágrimas tiernas 30
prestadme vuestras aguas,
pagaré en ríos cristalinas hebras.
Rocas, si las paredes
tienen para oír quejas,
también tendrán los riscos 35
oídos que prestar a mis ternezas.
Que el mal comunicado
si no falta, consuela,

al revés de las dichas,
que nadie comunica lo que alegra.   40
   Será sin duda alguna
por no dar nada de ella,
que es franca la desgracia,
cuanto tiene la dicha de avarienta.
   ¿Oh quién del pensamiento   45
formar alas pudiera,
que de plumas calzara
quien calza grillos de pesada ausencia?
   De mi centro me apartan
influjos de mi estrella,   50
que en mi infelice suerte
tiene infaustos resabios de cometa.

241.   (MSS: AB): 16 B: quien *se* tiran.

242

A LOS OJOS DE OTRA DAMA

   Alcaldes de corte son
esos tus ojos, Belisa,
porque a cuantos miran dan
sentencia de muerte en vista.
   Yo no sé en qué ley hallaron   5
esa dulce tiranía;
mas dirás que en la desgracia
que no tienen otra escrita.
   En nada son ignorantes,
antes su ciencia es divina,   10
que unos tan grandes rasgados
de estudiantes se acreditan.
   El rey tienen en el cuerpo
y con razón se imagina
que en unos tan bellos pardos   15
no es mucho que el rey asista.
   Que son letrados tus ojos
lo dicen cuantos los miran,
pues les enseña tu barba
las leyes de la partida.   20

Dicen que sin causa matan,
mas esto del quitar vidas
juro a tus divinos soles
que buen parecer tendrían.

Muchos agraviados tienen;   25
teme alguna alevosía;
y pues Dios te los dio hermosos,
mira por ellos, Belisa.

243

A UNA DAMA EN EL PRADO

Riñó con la primavera
Amarinda, y salió al prado
en un jardín que las flores
le señalaron por campo.

El Sol salió por padrino   5
y al repartirse los rayos,
le dio Amarinda sus luces
porque no anduviese escaso.

Hízole rostro la rosa,
mientras fue desenvainando   10
una azucena, que enfrente
se estaba con mucho espacio.

Buscóle el clavel la boca
y al afrentarle su labio,
un jazmín, vecino suyo,   15
llegó con ella a las manos.

Al ruido abrió el capullo
un carmín desvergonzado,
que al rostro le hizo salir
sus colores nacarados.   20

La margarita que vio
la pendencia metió mano
a la blanca, mas quedó
todo su valor en blanco.

Valiéronse de los pies   25
muchas que se retiraron,
pero Amarinda en los suyos
las cogía a cada paso.

A UN PINTOR QUE RETRATABA A UNA DAMA
Y LA MIRABA CON ANTOJOS

ROMANCE

Por antojos de cristal
al sol un pintor retrata,
quemándose sin saber
la razón por qué se abrasa.
Y es que como los ardientes   5
rayos el cristal traspasan,
los claros de Celia hermosa
le abrasaban las pestañas.
Con lo mesmo que elegía
para verla, le cegaba,   10
que son unos los antojos
de quien quiere y quien retrata.
Mil agravios el pincel
hace a su beldad, por causa
que lo mismo que le alumbra   15
la vista, le deslumbraba.
Por lo que imagina, copia,
viendo la vista turbada,
y era más la perfección
que su idea imaginaria.   20

244. (MSS: ABCFG): 1 B, F, G: Por *anteojos* de. 10 B: verla, *se* cegaba; C: verla, *les* cegaba. 11 B: los *anteojos*. 14 C, F, G: *hizo* a. 16 G: vista, *la* deslumbraba. 17 C: que *alumbra la* copia.

PINTURA DE UNA DAMA EN SEGUIDILLAS

A pintar tu hermosura,
Lisi, me atrevo
para ver con tu copia
lo que me quiero.
Tu pelo está muy hueco,   5
porque acredita

que es de oro, formando
dos mil sortijas.
　　Nueve faltas ostenta
tu frente linda, 10
pues sabe tan preñada
que ya está en cinta.
　　Víboras de azabache
son arqueadas
las cejas, que parece 15
que a todos saltan.
　　En tus ojos admiro,
cuando los veo,
tengan tantos esclavos,
siendo unos negros. 20
　　Tu nariz ni en lo grande
ni corto peca,
porque siempre está en gracia
de la belleza.
　　Las mejillas al nácar 25
más fino afrentan,
y ellas tienen de esto
mucha vergüenza.
　　El rubí con tus labios
juega lo fino 30
y le ganan con darle
los dos partido.
　　De la nieve del cuello
que el sol desata,
en tu pecho condensas 35
dos pollas blancas.
　　El jazmín tu blancura
la invidia tanto
que sus ampos tomara
de ti a dos manos. 40
　　Tan delgado es el talle
que el pensamiento
más sutil tiene talle
de ser más grueso.
　　Lo que el recato oculta 45
no he de pintarlo,
para ver si en aquesto
doy algún salto.

431

En tu pie miro el centro
de todo el mundo,
mas que mucho lo sea
si es sólo un punto.

50

245. (MSS: AB): 36 B: dos *pellas* blancas.

246

OTRA PINTURA EN METÁFORA DE LOS NAIPES

Tu retrato con juego
copio de naipes,
para ver si mi dicha
puede ganarte;
por si así puedo,
pues te pierdo de veras
ganar con juego.
    Con el pelo te juegas
al tenderete,
porque coges mil almas
cuando lo tiendes,
ganando en esto
porque coges la suerte
por los cabellos.
    A los cientos tu frente
se está jugando,
si éste es juego en que gastan
muy grande espacio;
y das capotes
de tu ceño que abrasan
los jugadores.
    Al contentillo juegan
tus cejas de arcos,
si son puentes hermosas
que atajan cambios;
y así las guardas,
que es el iris muy poco
para cambiarlas.
    Son los ojos el juego
del rey dormido,

5

10

15

20

25

30

432

que de las vidas triunfan
a juego visto;
si matadores
te descartas de muchas
para que roben.   35

Tu nariz es el quince
y en él no pasa,
porque ni bien es corta
ni bien es larga;
y a la más bella   40
quince y falta da en todo
por más perfecta.

El jazmín tus mejillas
hace primera,
de un carmín una rosa   45
y una azucena;
y no se esconde
de que a todos los ganan
con lindas flores.

Es el juego tu boca   50
del sacanete,
con tal dicha que dobles
las gana siempre;
si al doble gana
quien con billetes pide   55
también con cartas.

Del quinqueño tus manos
son siempre el juego
si son cinco jazmines
los de sus dedos;   60
jugando sola
porque triunfos de vidas
tienen de sobras.

Quínolas son tu cuello
de gran ventaja   65
por tener mucho punto
de carta blanca;
de albor tan sumo
que a la nieve más tersa
gana por puntos.   70

Es tu talle delgado
la pechigonga,

porque todo lo abarca
la carta sola;
y está envidando   75
porque aunque es tan estrecho
juega muy largo.

   Lo que el amor anhela
no tiene juego,
porque tú no me dejas   80
jugar con ello;
y así lo guardas,
que no es juego tendido
lo que recatas.

   A tu pie son las pintas   85
bien apropiadas,
porque con juego breve
millones ganan;
y en pintas cortas
como quieras, bien puedes   90
hacer que corran.

   246. (MSS: AB): 5 B: *Pero* [___] *no* puedo. 6 B: pues *no puedo* de. 53 B: las *ganas* siempre. 57 B: Del *cinquillo* tus. 63 B: de *sobra*.

247

PINTURA DE UNA DAMA EN METÁFORA DE ASTROLOGÍA

   Astrólogo de pinturas,
copiar a Eufemia pretendo,
por ser cielo su hermosura
en metáfora de cielo.

   Eclipses padece el mundo   5
cuando se mira al espejo,
porque la luna delante
del sol causa estos efectos.

   Fatalidad anuncia
suelta la trenza del pelo,   10
cometa que por cabeza
tiene un precioso lucero;

   pero su frente espaciosa,
pedazo de firmamento
con los iris de las cejas,   15

sale derogando agüeros.
Sus dos luceros mezclaron
en los ojos Marte y Venus,
si vida dan apacibles
y saben matar severos.   20
La línea es su nariz bella
por donde el planeta Febo
para iluminar mejillas
la está pasando y volviendo.
Su boca es sol que en la mar   25
se contempla medio puesta,
si es un rubí a quien las perlas
del agua parten por medio.
Dos partes son de la esfera
las manos, porque naciendo   30
en el signo de ser lindas
son dos pedazos de cielo.
El Crucero del Sur forma
en garganta, talle y pecho,
si éste en luceros se esparce   35
y el talle abrevia un lucero.
El signo hermoso de Virgo,
astrólogo considero
que sigue, pero aquí sombras
pinta el pincel del respeto.   40
Las piernas son las columnas
imaginarias que el peso
del cielo tienen, y adonde
pone el *non plus* amor ciego.
Sus breves pies son los polos   45
donde estriba el hemisferio
por puntos que se imaginan
si no se ven por pequeños.

247.   (MSS: AB): 19 B: *pues* vida. 26 B: medio *puesto*. 27 B: *que* es. 35 B: *que* éste.
41 B: piernas *sol* las.

248

EN METÁFORA DE UN RUISEÑOR EXPLICA SUS PESARES

Canta ruiseñor alegre,
que de tus tristes endechas

se sienten tanto mis males
que tienen celos mis penas.
    Tan hecho estoy a pesares,   5
que avariento de tristezas
no quisiera verte triste,
porque el ver tristes alegra.
    Ríete de mis congojas
para que menos las sientas,   10
que las desdichas burladas
es suerte del padecerlas.
    Otro mal es el remedio,
cuando al dolor no aprovecha,
porque es desesperación   15
que los remedios se pierdan.

248. (MSS: FG): 2 G: *pues* de.

249

ROMANCE LÍRICO A UN PENSAMIENTO ATREVIDO

    Oh cuántas veces, oh cuántas
le dije a mi pensamiento
¿para qué fuiste osadía?
bastábate ser deseo.
    Que bien merecen castigos   5
tus locos atrevimientos;
mejor te estaba lo humilde
de adorar en el silencio.
    Por declarar tus ardores
en la llama de tu incendio   10
apresurastes a tus ansias
las cenizas del desprecio.
    Vuélvele al amor las alas
que le usurpaste grosero,
pues sólo le has informado   15
la dicha al atrevimiento.
    Ya conozco tu osadía
(que tarde te alumbra el suceso)
que la [a]leja los imposibles
quien solicita vencerlos.   20

Pues galanteaste el peligro,
alégrate en el tormento;
dala el suspiro al desaire,
pues diste al aire el requiebro.

Mal presumido, engañado,   25
que apresuraste a tu riesgo
hallar sólo claridades
donde imaginaste el fuego.

O nunca hubieras nacido
para ser vano elemento   30
de aquel resplandor que ingrato
te dio una muerte por premio.

O tú fuiste de ti mismo
el malogro y el intento,
o ya en tu vida llevabas   35
la indignación del veneno.

Siempre tuve tus arrojos
(no fue lisonja) por cuerdos,
que en amor lo bien mirado
está lo más en lo ciego.   40

Presumiste ¡ay vanidades!
que de maña, que de presto
cayó la noche, aun no pudo
ser aurora tu desvelo.

Si la razón te guïara,   45
que mal discurso, que imperio
tiene la razón adonde
fuera locura lo cuerdo.

Ya tuviste el desengaño
y ahora los escarmientos   50
hablarán cuando no importa
ni al alivio, ni al remedio.

Mientras que cobarde hacías
de tu esperanza alimento,
al fin fue vida aunque engaño   55
que no es todo muerte el sueño.

Llevaste contigo el alma
sin reparar que en tu empeño
fuera bien dejarme vida
para este vivir muriendo.   60

Ya te perdistes; no aguardes
de mi advertencia consejo;

allá saben las desdichas
hacerse merecimientos.
     Lo discreto hubiera sido   65
arder más y velar menos,
y entonces también lo e[r]raras
que es infeliz lo descrédito.
     Y así, pensamiento mío,
vuelve al retiro del pecho   70
a morir siempre humillado
donde nacistes soberbio.

ESTRIBILLO

     ¡Ay loco pensamiento,
altamente perdido!
recoge el vuelo   75
porque en tu llanto, y en tu intento
tienes el mar cielo, y precipicio miro.

250

GLOSA EN CUARTETA

     Los pajarillos y yo
a un tiempo nos levantamos:
ellos a cantar la aurora
y yo a llorar mis trabajos.
     Rendido a una dura peña   5
entre flores descansaba
cuando advertí se quejaba
en el huerto una azucena.
Víla de amarguras llena;
víla que el blanco perdió;   10
y en fin la vi que exaló
entre fragancias la vida,
que hoy la lloramos perdida
los pajarillos y yo.
     Ellos en trinado canto,   15
ya en endechas lacrimosa[s];
ellos en voces melosas,

438

yo entre gemidos y llanto.
Ellos y yo con espanto
a la azucena miramos
y si a recoger nos vamos
por entrar la noche fría
sin que esperemos al día
a un tiempo nos levantamos.

20

Mas hay una diferencia
entre su llanto y el mío,
que yo lloro río a río
y ellos pausan la dolencia.
Ellos tal vez con cadencia
ríen coronando a Flora,
mas yo dobles pulso cada hora;
y así con noble porfía
salgo yo a llorar el día
y ellos a cantar la aurora.

25

30

Esta es mi noble pasión
día, hora, noche y tarde,
ayer de llorar alarde
por flor de tanta atención.
Ellos en suave canción
llevan sus altos y bajos,
mas mi solfa sin atados
suelta la rienda al gemido;
ellos se van a su nido
y yo a llorar mis trabajos.

35

40

251

GLOSA

Corazón, pues que quisiste
amar a quien no te amó,
que vivas o mueras triste
¿qué culpa me tengo yo?
    Corazón entre los dos
distinciones ha de haber,
que yo no quiero querer
lo mismo que queréis vos.
Si arpones del Ciego Dios

5

en mi pecho introdujiste,   10
si tú la llama encendiste
que yo no puedo apagar,
sufrir, arder y penar,
corazón, ¿pues qué quisiste?

   Querer por sólo afición   15
es tributo, es cobardía
y no está de parte mía,
· que yo no soy corazón.
Si fue tu errada elección
de algún astro que inclinó   20
tu albedrío ¿por qué no
va en tu dolor a la parte?
pues fue quien pudo inclinarte
a amar a quien no te amó.

   Distinto o no, has de advertir   25
tu pena considerada,
si uno, no te alivió en nada,
si dos, no quiero partir,
corazón, que en mi morir
tu vida no se resiste;   30
y puesto que no consiste
tu remedio en mi aflicción,
¿qué te he de hacer, corazón,
que vivas o mueras triste?

   En el dolor que te aqueja   35
hallamos los dos sin medio:
yo difícil el remedio,
y tú muy fácil la queja.
Deja de afligirme, deja
el pecho que no causó   40
la pena, porque se vio
que tú fuistes tu homicida
y si te quitas la vida
¿qué culpa me tengo yo?

---

251. (MSS: AFG): 1 G: que *quisistes*. 10 G: pecho *introducistes*. 11 G: llama *encendistes*. 14 F: [————————————]; G: qué *quisistes*. 24 F, G: [-] amar a. 27 F, G: te *alivia* en. 33 F, G: te *has* de. 36 F: *hallámonos* [————] sin; G: *llamamos* [————] sin *remedio*. 39 F, G: afligirme *o* deja. 41 F, G: *tu* pena.

PIDIENDO EL ALMA

Décimas

El alma que entre los dos
de guardada la perdí,
vos la tenéis, porque en mí
nadie ha entrado sino vos.
Alma tuve ¡vive Dios!   5
que es robo y no fantasía;
decid: burléme, que os vía,
y hacedla ya parecer,
o mi alma habéis de ser
si no parece la mía.   10
   Contraria os acreditáis
en el robo que me hacéis,
pues sin alma me tenéis
el alma que me usurpáis.
Si pido me la volváis,   15
señora, bien sabe Dios
que el alma que entre los dos
se ha perdido no os pidiera,
no es mía, que si lo fuera
más que se perdiera en vos.   20
   Que en vos se había de perder
no lo creo, aunque lo admiro,
si en vos todo cuanto miro
tiene muy buen parecer;
yo estoy ciego, sin más ver,   25
pero vos, ved advertida
que si la queréis perdida
os la presento en tal calma;
y con la vida y el alma
os doy el alma y la vida.   30
   Cautela ha sido el agravio
de vuestro trato no fiel,
si cariñosa y crüel
el alma me habéis quitado,
si es de Amor razón de estado   35
robar cuantas almas veis,

por la que a mí me debéis
tanto, os he de ejecutar,
que el alma os he de sacar
hasta que el alma me deis.   40

252. (MSS: ABFG): 4 F, G: entrado *si no es* vos. 6 G: no *fantesía*. 7 F, G: [_____
_____]. 8 F, G: [-] hacedla. 9 F, G: o *tú* mi. 13 B: pues *si mi* alma; G: alma
no tenéis. 15 B: *Os* pido. 21 F, G: se *haya* de. 23 B: *que* en. 29 B: *que* con. 31 B, F, G:
sido el *agrado*. 36 F: *roban* cuantas; G: *robad* cuantas.

253

COPLAS

De Menga a los ojos que
    quiso ver Blas,
pago a letra vista deudas
    del cegar.
Hoy de tu hermosura quiero   5
    darte en rostro;
escucha, que empiezo, Menga,
    por tus ojos.
A tus ojos quiero darles
    un apodo,   10
aunque digas que a tu cara
    doy enojos.
Como las mías tus niñas
    son, pues noto
que a tus niñas llamo niñas   15
    de mis ojos.
No extrañas sus perfecciones
    son, pues oigo
que, a los que las ven, se vienen
    a los ojos.   20
Ciego al mirarlas camino,
    de tal modo,
que de amor al primer paso
    ya di de ojos.

253. (MSS: CDE): 1 D, E: Menga [-] los. 5 D, E: hermosura [_____]. 6 D, E:
quiero darte. 7 D, E: empiezo [_____]. 8 D, E: *Menga,* por. 9 D, E: darles *un apodo*.
10 D, E: [_____].

PREGÓN

Atened, amadores del Rímac,
este nuevo y raro pregón,
que Cupido en las leyes del gusto
deroga en aquéste por legislador.   4

Estribillo

Porque sí, porque no,
porque quiere Cupido
que es rey del amor.
Manda que por cuanto es uno
no se le dé distinción,   5
si con quien no da es un Diablo
y con el da es un Dios.
Porque sí, porque no,
porque quiere Cupido
que es rey del amor.   10
En las mujeres deroga
la dura ley de ambición,
poniendo tasa al pedir
el arancel de mi voz.
Porque sí, por que no,   15
porque quiere Cupido
que es rey del amor.
Manda que las españolas,
del más hermoso primor,
vendan a real la esperanza   20
y a cuatro la posesión.
Porque sí, porque no,
porque quiere Cupido
que es rey del amor.
Manda que las recién viejas   25
a medio dén el favor
del cumplimiento a lo sumo
a real y medio dén dos.
Porque sí, porque no,
porque quiere Cupido   30

que es rey del amor.
Manda, pues, que las mestizas
nombre de pan bazo son,
de sus ocho onzas con maíz
el peso de un real de amor. 35

Porque sí, porque no,
porque quiere Cupido
que es rey del amor.
Manda que cualquiera fea,
pues trae sin lustre la flor, 40
no use de ella, y que antes pague
el galán a patacón.

Porque sí, porque no,
porque quiere Cupido
que es rey del amor. 45
Manda que toda discreta
y linda pida un millón,
que en la discreción no puede
ser un ciego un tasador.

Porque sí, porque no, 50
porque quiere Cupido
que es rey del amor.
Manda que las cuarteronas
tengan sin tasa el valor,
porque todo lo trigueño 55
anda muy caro el día de hoy.

Porque sí, porque no,
porque quiere Cupido
que es rey del amor.
Manda que toda mulata, 60
la del turbante mejor,
que al cielo suba el copete
para hacer pasas del Sol.

Porque sí, porque no,
porque quiere Cupido 65
que es rey del amor.
A cuartillo los cariños dén
porque una pobre afición
les pida una seña, vuelta
en un medio real de amor. 70

Porque sí, porque no,
porque quiere Cupido

que es rey del amor.
  Manda que se dé vendaje,
que es avariento rigor   75
que lo que es tan abundante
se compre de regatón.

    Porque sí, porque no,
    porque quiere Cupido
    que es rey del amor.   80

  Manda que negras e indias,
pues [harto bellacas] son,
valgan al precio que quieren
de palo, puñada y coz.

    Porque sí, porque no,   85
    porque quiere Cupido
    que es rey del amor.

  Manda que toda buscona,
así que dé la oración,
la mitad menos se venda   90
como fruta que sobró.

    Porque sí, porque no,
    porque quiere Cupido
    que es rey del amor.

  Manda que, en pasando un año,   95
que se goce del favor,
quiera de valde la dama
y él se llama a posesión.

    Porque sí, porque no,
    porque quiere Cupido   100
    que es rey del amor.

  Manda que no haiga terceras,
porque es segunda pensión
haber de comprar el gusto
con gastos de corredor.   105

    Porque sí, porque no,
    porque quiere Cupido
    que es rey del amor.

  Manda que a todos los lindos
se lleve precio mayor,   110
porque un lindo enfada más
que el amante más feroz.

    Porque sí, porque no,
    porque quiere Cupido

que es rey del amor.   115
Manda que a todo poeta
que, amante pobre, es mirón,
que lo que de ricos ganan
le dén barato de amor.
Porque sí, porque no,   120
porque quiere Cupido
que es rey del amor.
Manda que los monigotes
les fíen cualquier favor
hasta que hereden, si entonces   125
gastan sin cuenta y razón.
Porque sí, porque no,
porque quiere Cupido
que es rey del amor.
Manda que los viejos verdes,   130
porque huelen el arroz
y no lo comen, les lleven
cien pesos por el olor.
Porque sí, porque no,
porque quiere Cupido   135
que es rey del amor.
Manda que a nadie desprecien,
y que en materia de don
pues vuelven arrepentidos
como viene el pecador.   140
Porque sí, porque no,
porque quiere Cupido
que es rey del amor.
Esto manda desvendado
con vista de la razón,   145
que no hay compra si no hay venda
con que ciegue el comprador.
Porque sí, porque no,
porque quiere Cupido
que es rey del amor.   150

254. (MSS: CDEFG): 1 D, E, F, G: *Atended,* amadores. 2 G: *el* nuevo. 4 F, G: por *legisladón.* ESTRIBILLO: 3 D, E, F: es *ley* del. 27 F, G: *y el* cumplimiento. 28 F: medio *o a* dos; G: medio *u a* dos. 34 D, E: dén *sus* ocho onzas *con* maíz; F: *de a* ocho onzas *con* maíz; G: *de ascho* onzas *con* maíz. 35 D, E: *por* peso. 49 D, E, F, G: ciego *el* tasador. 56 D, E: anda [__] caro. 62 D, E: cielo *sube* el. 63 D, E: hacer *presas* del. 67 D, E: dén *los cariños a cuatro*; F, G: *De* a cuartillo. 69 D, E: les *pide* una. 74 F, G: [_____

_____]. 75 F, G: [_____]. 76 F, G: [_____]. 77 F, G:
[_____]. 82 C, D, E, F: pues *harta bellacos* son. 83 G: que *quieran.* 84 D, E:
palo, *patada, o* coz. 84a F, G: *manda que se vendaje.* 84b F, G: *que es avariento rigor.*
84c F, G: *que lo que es tan abundante.* 84d F, G: *se compre de regatón.* 98 D, E, F, G:
se *llame* a. 102 D, E, F: no *haya* terceras; G: no *hayan* terceras. 104 F: el *queto.* 105 G:
[_____]. 109 D, E: que [__] todos. 110 D, E: *paguen el* precio. 111 F, G:
porque [_____] enfada más *un lindo.* 118 D, E: que *de* lo que [__] *rico gastan;*
G: que *de* lo que *del rico* ganan. 123 D, E, F, G: que [__] los. 124 D: cualquier *facción.*
130 D, E, F, G: que *a* los. 131 F, G: por *sólo oler* el. 132 E: comen, *los* lleven; F, G:
no *le* comen. 137 F: a *naide* desprecien. 138 D, E: en *materias* de; F, G: materia *del* don.
146 D, E: hay *venta;* F, G: *pues* no hay compra si no hay *venta.* 147 G: el *amor.* 150 G:
que es Rey *de* amor.

447

POEMAS A DIVERSOS ASUNTOS

255

CARTA QUE ESCRIBIÓ EL AUTOR A LA MONJA DE MÉXICO,[124] HABIÉNDOLE ENVIADO A PEDIR ALGUNAS OBRAS DE SUS VERSOS, SIENDO ELLA EN ESTO Y EN TODO EL MAYOR INGENIO DE ESTOS SIGLOS

ROMANCE

Por vuestro ingenio divino,
sutil, la del oro llaman,
si a influjos los dos de Apolo
cultiváis venas de Arabia.
El aplauso vuestro es tal   5
que porque sabio sonara,
en docto clarín de letras
fundió de bronce la fama.
De su materia hizo imprenta
que en muchas sonoras planas   10
hablan con lo que se mira,
porque se ve lo que hablan.
De vuestras obras he visto
algunas, para admirarlas
no como merecen, sino   15
como mi entender alcanza.
Pésame de no tener
envidia para ensalzarlas,
que luce más la virtud
cuando este vicio la apaga.   20
También fuera ser soberbio
intentar vuestra alabanza,
que el ciego de entendimiento
por la fe del tacto alaba.
En el mar de vuestro ingenio   25
veo lo que el mío alcanza
y en lo poco que percibo
conozco lo que me falta.
Dícenme que sois hermosa,
para ser en todo rara,   30
pues así sois de las feas
discreta excepción gallarda.
Naturaleza, sin duda,

discurriendo que no hallaba
fealdades, que a tan grande   35
ingenio contrapesaran,
    se explicó por lo contrario
con su saber, e irritada,
dándoos de gracias hermosas
lo que no pudo en desgracias.   40
    Un lugar que está entre dos
volcanes de fuego y agua,
para ser notable en todo,
dicen que fue vuestra patria.
    Y por eso la memoria   45
y el entendimiento se hallan
iguales en vos, que es cosa
que en ningún sujeto igualan,
    porque la humedad y el frío
a la memoria adelantan;   50
y sequedad y color
al entendimiento inflaman.
    Mis obras pedís y es cierto
que a mí me haçéis muchas malas,
pues no es bueno el que sepáis,   55
por extenso, mi ignorancia.
    Ahí las envío y yo quedo
dando a la cinta lazadas,
como niño que temblando
llega a corregir la plana.   60
    Porque como en el ingenio
sois el Morante de España,
mas que no firmas por premios,
temo guarismo por tachas.
    Y porque vuestra sentencia   65
sea piadosa, en mi causa,
quiero dar de mis errores
disculpas anticipadas.
    De España pasé al Perú
tan pequeño, que la infancia,   70
no sabiendo de mis musas,
ignoraba mi desgracia.
    Héme crïado entre peñas
de minas, para mí avaras,
mas ¿cuándo no se complican   75

452

venas de ingenio y de plata?
Con este divertimiento
no aprendí ciencia estudiada,
ni a las puertas de la lengua
latina llegué a llamarla.   80

Y así doy frutos silvestres
de árbol de inculta montaña,
que la ciencia del cultivo
no aprendió en lengua la azada.

Sólo la razón ha sido   85
discursiva Salamanca,
que entró dentro de mi ingenio,
ya que él no ha entrado en sus aulas.

La inclinación del saber
viéndome sin letras, traza,   90
para haber de conseguirlas,
hacerlas, para estudiarlas.

En cada hombre tengo un libro
en quien reparo enseñanza,
estudiando la hoja buena   95
que en el más malo señalan.

En el ignorante aprendo
aguda y docta ignorancia,
que hay cosas donde es más ciencia
que saberlas, ignorarlas.   100

Pavezas de entendimiento
tengo de las luces claras
del vuestro, si en mí son humos
lo que en vos se ostenta llama.

Permitid, beldad discreta,   105
que os hable un rato de chanza,
porque es ser necio dos veces
el necio que en veras habla.

Vuestra fama, mi señora,
en el clarín de la fama   110
se suena en plausibles lienzos
en cambray, rüán y holanda.

De Apolo heredáis, siendo hembra,
su ilustre e ingeniosa casa,
que no hay varones en los   115
mayorazgos de las almas.

Alimentos dais de versos

453

a cuantos de hacerlos tratan
hermanos, si no por sangre,
por vena ingeniosa de arca.   120
Corridos tenéis los hombres
porque vencéis su arrogancia,
amazona de discretos,
con diestras agudas armas.
Y pues cualquiera hacer puede   125
sayo en verso de su capa;
haced, para honrar ingenios,
un calzón de vuestra saya.
Como hubo la Monja Alférez
para lustre de las armas,   130
para las letras en vos
hay la Monja Capitana.
Emparedaros en coplas
se puede por muchas causas,
porque en tratándose de ellas,   135
todos a la monja sacan.
Corréis con aqueste aplauso
la pelota de aclamada
y nadie os la vuelve, porque
todos quisieran hurtarla.   140
Y así os la vuelvo, porque
no llego a necesitarla,
pues en pelota está quien
desnudo de ingenio se halla.
Contagioso es vuestro aplauso,   145
si se pega al que os alaba,
pues crédito de entendidos
logran con vuestra alabanza.
Y así el discreto y el necio
os hacen plausible salva;   150
el capaz, a carga abierta
y el tonto, a carga cerrada;
siendo éste el trueno del tiro
y el entendido la bala,
pues si el ingenioso apunta,   155
también el necio dispara.
Guárdeos Dios con los aplausos
de hermosa, entendida y sabia,

y con las dichas de necia
por premio de vuestras gracias.   160

255. (MSS: AB): 48 B: sujeto *iguala*. 79 A: *estudiada* ni a las. 111 B: se *suenan*
[⸺] plausibles. 138 B: de *exclamada*.

256

EN LA MUERTE DE LA MUJER DEL AUTOR

¡Ay de mí! Solo quedo,
mas no, si me acompaño
con penas, que son siempre
compañía infeliz de desdichados.
    No me aneguéis, tormentos,   5
que no hacéis dos fracasos,
si le sobre una vida
muchos golfos que aneguen en un llanto.
    Con esperanzas muertas,
ni aún el morir aguardo,   10
porque los daños huyen
de quien busca remedios en los daños.
    No digan que suspiros
conducen al descanso,
que un usurpado aliento   15
tan sólo dará alientos usurpados.
    De mí aprendan las rocas
que no toleran tanto,
que en resistir los males
puede sufrirse pero no el llorarlos.   20
    Fallece Febo y queda
el mundo deslumbrado.
¡Mi sol! ¡Mi sol ha muerto!
Me falten luces y me sobren rayos.

256. (MSS: CDE): 1 D, E: mí! *Que* solo. 8 D: que *anegan* en *su* llanto; E: que
aniegan en *su* llanto. 10 D, E: el *mayor* aguardo. 13 D: que *su piros*. 18 D: *pue* no *tolera*
tanto; E: *pues* no. 20 D: *puedo suplirse* pero; E: *pueden suplirse* pero no *en* llorarlos.
24 D: me *faltan* rayos; E: me *faltan* luces y me *faltan* rayos.

257

A MI MUERTE PRÓXIMA [125]

Que no moriré de viejo,
que no llego a los cuarenta,
pronosticado me tiene
de físicos la caterva.

Que una entraña hecha gigote   5
al otro mundo me lleva,
y el día menos pensado
tronaré como harpa vieja.

Nada me dicen de nuevo;
sé que la muerte me espera,   10
y pronto; pero no piensen
que he de cambiar de bandera.

Odiando las melecinas
como viví, así perezca;
que siempre el buen artillero   15
al pie del cañón revienta.

Mátenme de sus palabras
pero no de sus recetas,
que así matarme es venganza
pero no muerte a derechas.   20

Para morirme a mi gusto
no recurriré a la ciencia
de matalotes idiotas
que por la ciudad pasean.

¿Yo a mi Diente del Parnaso   25
por miedo traición hiciera?
¡Cual rieran del coronista
las edades venideras!

Jesucristo unió el ejemplo
a la doctrina, y quien piensa   30
predicando ser apóstol,
de sus obras no reniega.

¡Me moriré! buen provecho.
¡Me moriré! enhorabuena,
pero sin médicos cuervos   35
junto de mi cabecera.

Un amigo, si esta *avis*
rara mi fortuna encuentra,

y un franciscano que me hable
de las verdades eternas.   40
   Y venga lo que viniere,
que apercibido me encuentra
para reventar lo mismo
que cargada camareta.

258

A LA MUERTE DEL MAESTRO BÁEZ [126]

ROMANCE

   Cielos, astros, mares, tierra,
¿cómo insensibles e inmobles
estáis, o no ha muerto Báez,
o sois sin duda de bronce?
   ¿Cómo no lloráis, estrellas,   5
pálidas exalaciones,
dando en fúnebres cometas
lágrimas de fuego al orbe?
   ¿Cómo no apagáis, luceros,
los diamantinos blandones   10
para que, ahumando pavesas,
capuz vistáis a los montes?
   ¿Cómo de Febo y Diana
no se eclipsan los faroles,
plata de plomo la luna,   15
y el sol el oro de cobre?
   ¿Cómo a la tierra no blanden
los terremotos veloces?
¿Cómo el precepto de arena
la mar soberbia no rompe?   20
   Batalle contra la luz
la lobreguez de la noche,
y en triste Noruega encienda
teas de estrellas Faetonte.
   El fuego y el aquilón   25
batallen jurisdicciones,
el uno esgrimiendo rayos,
el otro truenos feroces.

Vacilen las dos columnas,
polos eternos del móvil,   30
para que cimbrando el eje
la azul esfera displome.

Y aun todas se descuadernen,
se desquicien, y trastornen,
barajando los zafires   35
desde el primero hasta el once.

Todas las naturalezas,
viviente, errante e inmóvil,
al modo que sienten, hagan
funestas demostraciones.   40

Suspire el céfiro manso,
gima huracanes el norte,
y en densas nubes lo vago
se cubra tumba de horrores.

En exequias del ilustre   45
Báez, cuyo docto nombre
en el clarín de las letras,
todos de la fama le oyen.

Del archivo de las ciencias,
del doctor de los doctores,   50
del Salomón de estos siglos,
famoso en todas naciones.

Del Sansón de los discretos,
del Milón de los primores,
que hay fuerzas de entendimiento   55
como corpóreas deformes.

Del Aquiles de agudezas,
del Héctor de las cuestiones,
que es guerra la ciencia y esto
Minerva y Palas lo apoyen.   60

Del Apolo de ingeniosos,
Orfeo para los torpes,
si en lengua de necios supo
enseñar las discreciones.

En toda dificultad   65
de las ciencias era el norte,
hilo de los laberintos,
Teseo de indagaciones.

Monstruo fue de la elocuencia,
si en sus palabras acordes   70

cabía su entendimiento,
y en él cabían sus voces.

   ¿Qué teólogo cortó
en discursos, ni en sermones,
pluma más delgada? ¿Quién   75
dio a su patria más honores?

   ¿Qué docto no le arrió
las velas de erudiciones,
aferrando el estandarte
del saber al primer choque?   80

   A no ser de fe, que sólo
hubo un Adán, con razones
por Báez diera dos padres
al linaje de los hombres.

   Porque éste fue muy distinto   85
en su obrar del común orden
de los otros, que por uno
pueden regalar millones.

   Préciese la muerte en ésta
de triunfos que la coronen,   90
que matar hombres comunes
son muy plebeyos blasones.

   El *nemini parco* puso
por ingenios de este porte,
porque en los muertos no hay   95
que perdone o no perdone.

   No con segur ordinaria,
o guadaña común, corte
el estambre de la vida
de un entendimiento noble.   100

   Tengan para los discretos
[los] cadalsos sus rigores,
que para los necios basta
guadaña, horca o garrote.

   Porque en los hombres los más   105
entendidos son mejores,
y a quien tal nobleza falta
es plebe, aunque otra le sobre.

   Nobleza es entendimiento,
no sangre que se corrompe,   110
y el tenerla buena sólo
es hidalguía de humores.

Más triunfo fue de la muerte
Báez que el de emperadores,
que adonde hay más alma, hay menos   115
blanco para sus arpones.

Que no se estimaba en nada
le culpan y son errores,
que lo más que hay que estimar
es el no estimarse un hombre.   120

Nada innovó, si en los siglos
pasados y en el que corre,
el sabio ama los desprecios
y el incapaz los honores.

De conocerse o no, nacen   125
aquestas dos opiniones,
y siempre se estima más
el que menos se conoce.

Si el saber fuera fortuna,
como es ignorancia torpe,   130
ninguno hubiera tenido
más puestos, premios, ni dones.

Sus méritos no premiados
son sus aplausos mayores,
porque el ingenio y la dicha   135
siempre anduvieron discordes.

Sin la sal de la desgracia
los más ilustres varones
dejan dudas de si saben
sus primores a primores.   140

Sean estatuas de pluma
memorias de su renombre,
que en pesados simulacros
veneran héroes atroces.

No su fama esculpa el mármol,   145
el jaspe, el hierro, ni el bronce,
que lo dócil del ingenio
más bien se explica en lo dócil.

Pero de estatuas le erijan
de piedras, para que entonces,   150
viéndole mármol como ellos,
le premien algunos hombres.

Aquí el sentimiento mío
hace que en lágrimas borre

258. (MSS: AB): 28 B: *y* el otro. 35 B: los *zafiros*. 63 B: *pues supo* en lengua de necios [____]. 70 B: *que* en. 77 B: le *arrisó*. 102 A: [__] cadalsos. 121 B: innovó, *siendo* siglos.

259

A LA MUERTE DEL DUQUE DE LA PALATA A QUIEN MATÓ SU MÉDICO EN PORTOBELO CON SANGRÍA DE TOBILLO [127]

SONETO

De abundancias sobrado en Portobelo
murió el Duque, asombrando a los mortales,
pues otra estatua, hecha de metales,
cual fue la de Nabuco,[128] dio en el suelo.
De oro y plata se hizo con su anhelo,   5
agotando al Perú los minerales,
y el médico ignorándole los males,
quitándole la vida, lo echó al Cielo.
Aplicóle al tobillo una sangría
que sobre replección fue venenosa.   10
Fácil es de entender la alegría,
  si ésta fue aquella piedra misteriosa
que en los pies de la estatua dado había,
que máquina postró tan poderosa.

260

AL SEPULCRO DEL DUQUE DE LA PALATA

SONETO

Caminante, detén el veloz paso;
no pises el sepulcro, que por pira
le presumió el cadáver que hoy se mira,
por sólo Sol difunto, en el ocaso.
Tres victorias su aliento dio al acaso,   5
si riqueza y saber con ella expira,

¿quién a más vidas que perder aspira,
si muertes para todas da un ocaso?
　　Cual la nave tranquila el mar surcaba
del golfo de la dicha, sin recelo,　　　　　　　　　　10
y en el puerto el escollo le esperaba
　　que nunca vio, por remontar el vuelo;
si cual Ícaro fue en lo que anhela,
voló en el golfo y en el Puerto-belo.

261

AL TERREMOTO DE LIMA EL DÍA 20 DE OCTUBRE DE 1687 [129]

ROMANCE

Horrores copia la idea,
temores pinta la pluma,
lástimas dibuja el genio
a las edades futuras.
　　Atención les pido a cuantos　　　　　　　　　　5
de Dios en la mente augusta,
previsto para otros siglos,
el humano ser vinculan.
　　Era el año de seiscientos
y ochenta y siete, que suma　　　　　　　　　　10
en el guarismo de lustros
el tiempo en su edad caduca;
　　un lunes, veinte de octubre,
a quien los martes censuran
de más aciago, pues vieron　　　　　　　　　　15
más tragedias que las suyas;
　　hora que el alba en celajes
las luces del día anuncia
encendido Febo, cuanto
se va apagando en la luna;　　　　　　　　　　20
　　cuando, blandiéndose el orbe,
los montes se descoyuntan,
abriendo bocas que horrendas
bramaban por espeluncas.
　　Precipitadas las cumbres　　　　　　　　　　25
con ronco estruendo se asustan;

los valles en broncos ecos
trágicamente retumban.
　　El cable quebró del viento,
la tierra que en él fluctúa,　　　　　　　　　30
por los polos, donde aferra
la imaginaria coyunda.
　　Parecía Lima errante,
terrestre armada en quien sulcan,
si de los templos, las naves,　　　　　　　　35
de las casas, las chalupas.
　　Las más elevadas torres
hechas arcos se columpian,
como cuando al débil junco
blandea del Noto la furia.　　　　　　　　　40
　　Tres horas pasado había
cuando ¡oh infelice fortuna!
otro mayor terremoto
los corazones asusta.
　　Dio un vuelco el globo del mundo,　　　45
y tan lejos sitio muda
que hasta el mismo sol extraña
la nueva tierra que alumbra.
　　Pues, vacilando en los rumbos
no acertaba en la mensura,　　　　　　　　50
desde su oriente a su ocaso,
lo que [es] sepulcro o es cuna.
　　Cuanto al primero vaivén
demolió, la vez segunda
cayó desplomado en tierra　　　　　　　　　55
del sitio antiguo que ocupa.
　　No quedó templo que al suelo
no bajase, ni escultura
sagrada de quien no fuesen
los techos violentas urnas.　　　　　　　　60
　　Los edificios más firmes,
cuya fuerte arquitectura
pasó de barro a ser bronce,
unos con otros se juntan.
　　El agua y la tierra cambian　　　　　　　65
las naturalezas suyas,
si la tierra andaba en ondas
y el mar en montes de lluvias.

Salió de madre la arena
y el mar refrenó su fuga,
combatiéndose las playas
con el cristal con quien luchan.
    Azotaban las riberas
a las ondas que allí sulcan
porque se vengue la arena
de los azotes de espuma.
    Rompió el mar por el precepto
y las campañas inunda
como cuando en el diluvio
vengó de Dios las injurias.
    Sitió el puerto del Callao,
y sus escuadras cerúleas,
echando escalas de vidrio,
trepan del muro la altura.
    Rinden la plaza y a cuantos
buen cuartel les dio la furia
del terremoto, en sus ondas
hallaron salobres tumbas.
    Encarecer los lamentos,
las lástimas, las angustias
de los mortales, no cabe
en mi retórica muda.
    Consideren del temblor
el estruendo con que asusta
los ánimos y el clamor
de tanta triste voz junta.
    Los ladridos de los perros
que con [el] rumor se aúnan,
y en trágica voz de lobos
lo que está pasando anuncian.
    Los bramidos de la mar
que en promontorios se encumbra,
precipitando a montañas
olas que la tierra inundan.
    La luz del día, empañada
del polvo que el viento ocupa,
toda la región del aire
trágicamente se enluta.
    Predicaban por las plazas
ministros de Dios, con cuyas

70

75

80

85

90

95

100

105

110

horrendas voces de espanto
los cabellos se espeluzan.

Estruendos, ruina, clamores,
formaba en quien los escucha
fúnebre coro en tragedias,   115
capilla infausta de angustias.

La esposa busca al marido,
el padre al hijo procura,
cuando ni aun a sí se hallan
si por sí mismo preguntan.   120

Las voces en las gargantas
del susto secas se anudan,
y hablando en demostraciones
era retórica muda.

El plebeyo, el pobre, el noble,   125
sin excepción de ninguna
persona, se atropellaban
por adelantar la fuga.

Si en un viavén de la tierra
las calidades son unas   130
de los hombres, no veneren
ninguna humana criatura.

Detenga un temblor el grave
que mayor que otro se juzga,
y si no, piense que todos   135
tenemos igual fortuna.

¿Qué se hicieron, Lima ilustre,
tan fuertes arquitecturas
de templos, casas y torres,
como la fama divulga?   140

¿Dónde están los artezones
cincelados de molduras,
portadas, bóvedas, arcos,
pilastras, jaspes, columnas?

Mas responderás que todo   145
lo han derribado las culpas,
que en temblores disfrazados
contra el hombre se conjuran.

Si no enmendamos la vida,
es nuestra dureza mucha,   150
pues cuando los montes se abren
están las entrañas duras.

465

Asústenos los pecados
no la tierra que fluctúa
en movimientos, si aquestos   155
de los pecados redundan.
    Tanto como un edificio
ofende una calentura,
pues todo mata y no hay muerte
para conciencias seguras.   160
    No está en morir el fracaso
que teme la crïatura
porque sólo en morir mal
están nuestras desventuras.
    Dios, por quien es, nos perdone,   165
nos ampare, y nos acuda;
y su temor y amor santo
en nuestras almas infunda.

261. (MSS: ABCDE): 9 C, D, E: *En* el año. 17 C: *día* que. 18 D, E: las *horas* del. 19 D, E: *encendió* Febo. 20 D: va *propagando* en; E: [—] va *propagando* en. 23 C, D, E: que *horribles*. 24 D, E: *braman* por. 28 D, E: trágicamente *resultan*. 29 C, D, E: quebró *de* viento. 30 C: él *fluctúan*. 34 D, E: quien *surcan*. 38 C: *hechos* arcos. 39 C, D, E: cuando *el* débil. 40 D, E: noto *a* la. 46 B: lejos *estornuda*; E: [-] tan. 52 A: que [—] sepulcro. 53 D, E: cuanto *el* primero. 54 B: *que se vio* la. 59 D, E: no *fueron*. 67 B: *pues* la tierra. 70 D, E: refrenó *sus furias*. 74 D: que *la surcan*; E: que *los surcan*. 78 D, E: las *campiñas* inunda. 81 D, E: Sitió *al* puerto. 84 D, E: muro *a* la. 89 D, E: *Encarecen* los. 95 C: *lo* ánimos. 96 D: tanta *voz triste* junta; E: [l.d.   ]. 98 A: con [—] rumor; D: que *en* el rumor; E: [l.d.   ]. 99 B: [-] en. 102 D, E: se *encumbran*. 103 D, E: precipitando [-] montañas. 104 D, E: tierra *inunda*. 106 D, E: que [-] viento. 113 D, E: Estruendos, *ruidos,* clamores. 120 B: sí *mismos* preguntan. 121 D, E: en *los parientes*. 122 D, E: susto *suyo* se. 130 D: las *calamidades* son; E: *la calamidad es una*. 132 D, E: *humana ya* criatura. 133 B: temblor *al* grave. 141 E: los *edificios*. 147 B, C, D, E: temblores *disfrazadas*. 153 D, E: *asústennos* los. 162 C: que *ha de temer* la; D, E: que *tendrá* la. 165 E: nos *perdona*. 166 D, E: ampare, [-] nos *ayuda*.

262

AL TERREMOTO QUE ASOLÓ ESTA CIUDAD

Soneto

Cuando el alba, que es prólogo del día,
el blandón de los orbes atizaba
en doradas cenizas, que alentaba
del fénix de la luz que renacía,

466

segoviana ostentaba argentería   5
la luna que de plata se llenaba,
a cuyo cetro el aire se alteraba,
que la tierra en cavernas suprimía.
　　Exhalación rompió con tal aliento
los duros calabozos de los riscos,   10
que a pesar de montañas y collados
　　ligeras alas dio a la tierra el viento;
pues volaron los montes y obeliscos,
Ícaros a la mar precipitados.

262.　(MSS: ABFGH): 3 F, G, H: que *anunciaba*. 14 F, G, H: Ícaros *al* mar.

263

JUICIO DE UN COMETA QUE APARECIÓ HECHO POR EL AUTOR [130]

　　Del cometa hacen juicio
los astrólogos, pudiendo
cada cual hacer el suyo,
porque los tienen deshechos.
　　Con la cola vaticinan,   5
y discurren con acierto,
porque con cola se pueden
pegar los chascos al pueblo.
　　Del signo en que nació tratan
escribanos y estrelleros,   10
levantándole con uno
mil testimonios al cielo.
　　No son pecados veniales
lo que mienten en aquesto
si son pecados con rabo,   15
pues con cola están mintiendo.
　　Dicen que ésta apunta a España,
que está la cola sin riesgo,
la cual si apuntara a Italia
por detrás venía el cometo.   20
　　Que algunas cosas trae malas
la cola está previniendo
y es cierto, si andan los rabos
con cosas malas revueltos.

467

Ciento dan en la erradura 25
y una en el cometa que estos
discursos son de erradores,
que nunca tienen acierto.
   En Piscis dizque nació
y fue la parte hasta Venus, 30
porque en viernes fue su día
y fue en pescado el engendro.
   Por Piscis anuncia a todos
los de la pluma y provechos
que es cosa de pesquería 35
aqueste signo de anzuelo.
   Por Venus señala muchos
amores y casamientos;
esto anuncia con la cola
y con la mitad del cuerpo. 40
   Con el color, que es de plata,
pobres anuncia, pues vemos
que este metal no se alcanza
porque ya anda por los cielos.
   Con tener corva la espalda 45
anuncia que habrá estupendos
corcovados, aunque no
son vaticinios derechos.
   Con haber pobreza anuncia
peste de poetas, que éstos 50
de la miseria se engendran
como gusanos del queso.
   Anuncia muchas mentiras
de astrólogos y agoreros,
tan falsos en sus anuncios 55
como creídos de necios.
   El cometa más infausto
que peste le anuncia a un reino
es el médico, que es cierta
señal que ha de haber entierros. 60
   Para todos es cometa
el faltarles el dinero,
porque sin él, todo es hambres
y muerte de menos precio.
   Los astrólogos estudien 65
la ciencia, para tenerlos

buscando una buena estrella,
no los infaustos luceros.

263. (MSS: ABCDE): 10 C, D, E: escribanos [_____] estrelleros. 14 D: que *miente*
en; E: que *se miente* en. 15 B: *que* son pecados. 16 D, E: pues *en* cola. 18 B: *y* está.
20 B: el *acecho*; D, E: por *atrás vendrá* el. 22 C: está *presidiendo*; D, E: está *prediciendo*.
26 C, D, E: y *uno* en. 28 C, D, E: *pues* nunca. 31 C: porque *el* viernes *es* su; D, E:
porque *el* viernes *en* su. 33 D, E: Piscis *anunció* a. 41 E: el *de* color. 42 B: *pobreza*
anuncia. 43 D: se *alcalza*. 44 B: porque [_____] anda. 49 D, E: con *traer pobres* anuncia.
54 D: y *agogüeros*. 58 D, E: anuncia *al* reino. 60 D, E: de *hacer* entierros.

264

JÁCARA

Oigame, Bartolomé,[131]
que con llaneza le trato,
porque si hace por los libres
con libertad he de hablarlo.
Su casa arruinada labra   5
y de quien es no lo extraño,
porque el hacer buenas obras
es muy propio de los santos.
Mire por su mayordomo,
porque con celo cristiano   10
intenta hacerlo más rico
con intentar acabarlo.
Su virtud y ejemplo imita,
pues después que entró en el cargo
de mayordomo, le vemos   15
que está siempre edificando.
Portada admirable ha hecho
cuyos riscos cincelados
ser instrumento de Orfeo
lo están aplaudiendo en canto.   20
Puertas lucidas le ha puesto,
siendo el bronce de sus clavos
duras láminas que explican
piedades de un pecho blando.
Díganlo aquestas paredes,   25
que muy bien podrán contarlo,
porque las que orejas tienen
podrán tener lengua y labios.

Dígalo la calle a quien
allanó los embarazos,   30
y aunque el gasto ha echado en ella
no ha echado en la calle el gasto.

Dos mil reparos ha hecho
y en estos se ha reparado,
que de tantos en su hacienda   35
no ha hecho ningún reparo.

Cuando este pobre hospital
estaban para dejarlo,
y él, por dejado también,
se le caían los cuartos.   40

Envïó Dios el socorro
que ha recibido en su amparo,
siendo de los terremotos
alivio y remedio franco.

Con su favor la ruïna   45
de esta casa es ya un palacio,
y aún más, que si un Pardo es uno,
ésta incluye muchos pardos.

Que mucho palacio sea,
donde hay caballeros tantos,   50
que tan grandes que son todos
de lo más encopetado.

A Bartolomé le pagan
la caridad de curarlos,
conque su santo martirio   55
se ve en ellos imitado.

Para parroquia se tiene
mucho el Hospital andado,
pues además de que entierra,
tiene curas de ordinario.   60

Ya mi voz en tanta obra,
mucho la considero embarazo,
dando con mi canto ripio
adonde sobran los cantos.

Mas prosigan, no cesen,   65
que así fabrican
a la Iglesia mis voces
otra capilla.

264.   (MSS: AB): 37 B: Cuando *a* este.

AL MUELLE QUE HIZO EN EL CALLAO MONCLOVA [132]

Soneto

De arquitectura escollo, que valiente
a resistir el sur, entras errante,
si con pasos de risco caminante
las ondas vas pisando a su corriente.
    Precepto a las espumas eminente   5
le pones en tus piedras de diamante,
si Neptuno te encuentra tan constante
que en tu pie quiebra el centro del tridente.
    A la fama clarín das y a la historia,
mármol en que el cincel, lavando, escriba   10
del gran Portocarrero aquesta gloria,
    porque por mar y tierra eterno viva
quien la tierra hizo mar, para memoria,
y la mar hizo tierra sucesiva.

266

AL MUELLE ACABADO

Soneto

Promontorio que altivo al mar te atreves,
en la lengua del agua que le tocas,
dura mordaza de labradas rocas
que a sus fieros combates nunca mueves.
    El polvo el agua para el cielo llueves,   5
si el buque, muelle bruto, que provocas,
tasca, esguazando espuma que revocas,
menos la salpicada que te bebes.
    El brazo de Monclova en quien refrena
el orgullo del sur, que rompe undoso   10
del freno de las playas la cadena;
    y, porque el curso pare proceloso,
puso a la débil rienda de la arena
un bocado de riscos poderoso.

AL MISMO ASUNTO DEL MUELLE

SONETO

Recién nacido escollo, a quien veneran
las ondas que tu pie besan [errantes],
salpicándote el pecho de diamantes,
las que sin dar el choque vidrios eran.

En ascenso tan grande no se vieran   5
sus olas de zafiros inconstantes,
si tus piedras sus aguas incesantes
argentidas a golpes no volvieran.

Si de la espuma naces procelosa,
eres nevado y claro descendiente   10
de Venus bella, cristalina diosa.

Y siendo parto suyo, es consecuente
ser engendro tu fábrica famosa
de Monclova, que es Marte en lo valiente.

267. MS: A): 2 A: besan *errante*. [Parece equívoco del copista que escribiera «errante» en vez de «errantes» para rimar con «diamantes», «inconstantes» e «incesantes».]

PIEZAS DRAMÁTICAS

BAILE CANTADO DEL AMOR MÉDICO

Personas:

El Amor, Cinco Enfermos

(Sale el [Amor vestido de] médico cantando):

> A curar males de amor
> vengo por hacerles bien,
> que de enfermo acuchillado
> médico he venido a ser.   5
>   Venga quien
> queriendo quisiere
>   dejar de querer.
>   La enfermedad y la cura
> tan unas vienen a ser   10
> que la medicina sirve
> para que enfermen más bien.
>   Remedios para los ciegos
> traigo bien contrarios, pues
> en quitándose las niñas,   15
> sanan que es cosa de ver.

(Sale el primer Enfermo):

> Señor Doctor, yo adolezco
> de un rigoroso desdén,
> de una voluntad que helada,
> a la mía la hace arder.   20
>   Y no sé
> en dos albedríos
>   helar y encender.

Amor Médico cantando:

Esa es cuartana de amor,
dilatado mal, porque es   25
la causa del enfriar,
origen para el arder.
        Póngase
en su fuego la nieve
        de ese desdén.   30

Enfermo 2:

Señor Doctor, yo estoy ciego
tan contrario a estarlo, que
veo más cuando no miro,
y ciego en llegando a ver.
        Dígame   35
¿qué remedio no visto
        me aplicaré?

Amor Médico:

Al que el mirar del ver priva
el remedio viene a ser,
que al objeto de la vista   40
mire mal y verá bien.
        Porque el que
quiere ver cuanto quiere,
        ciego se ve.

Enfermo 3:   45

Yo adolezco de un alivio,
porque gozo un padecer
que con él no puedo estar
y no puedo estar sin él.
        Dígame,
¿cómo sin remediarle   50
        me curaré?

Amor Médico:

Complicaciones de amor
se han de curar al revés;
póngase el mal por remedio,
y estará con él sin él.   55
    Para que
si es su mal el alivio
    sane del bien.

Enfermo 4:

Yo adolezco de unos celos,
hipocondría cruel   60
de amor, si de imaginar
se origina el padecer.
    Dígame
¿si hay remedio en dos males
    que son sin ser?   65

Amor Médico:

Si está achacoso de celos,
morirá vuesamerced,
que son dos quereres juntos
el quererse a sí también.
    Porque se ve   70
que los celos son males
    de la altivez.

Enfermo 5:

Yo tengo un cómo se llama
después que vi un no sé qué,
que me dio tal como dicen,   75
que me cómo se llamé.
    Y si mi señor,
¿entiéndeme usted?
en fin, como digo,
¿déjome entender?   80

Amor Médico:

Ese mal, cómo se nombra,
se ha de llamar llámese;
en el pico de la lengua
le tenía y se me fue.
    ¿Está usted conmigo?   85
¿parécele a usted?
pues eso y es otro,
digo algo, ¿eh?

Enfermo 5:

Yo estoy lo se llamado
desde que a verle llegué   90
con un aquél que me hace
salir fuera de mí aquél.
    ¿Y si mi señor está?

Amor Médico:

Póngase usted unos aquéllos
con que a otro enfermo curé,   95
que adolecía no sé cómo
de haber visto a no sé quién.
    ¿Está usted conmigo? ¿Está?

Enfermo 5:

Perdóneme que le atajo,
mi cómo le llaman es;   100
como digo de mí, cuento
en qué iba y qué me olvidé.
    ¿Está usted conmigo? ¿Está?

Amor Médico:

Al amor nadie lo entiende,
porque su cautela es   105
no ser de nadie entendido
para dar más que entender.

Enfermo 1:

　　Que de su miel
　el sabor sólo sabe,
　que no el saber.　　　　　　　　　　　110

Enfermo 2:

　　No es sino almíbar.

Enfermo 3:

　　No es sino hiel.

Enfermo 4:

　　El que endulza y amarga,
　todo lo es.

Enfermo 5:　　　　　　　　　　　　　115

　　No es amor como dicen.

Amor Médico:

　　Diga, ¿cómo es?

Enfermo 5:

　　Es un cómo le llamare,
　que yo no lo sé.

Todos:

　　Pues, no quiero,
　no quiero, no quiero　　　　　　　　120
　su mal por su bien.

Baile cantado del amor médico. (MSS: ABH): 5 H: he *llegado* a. 12a H: *Venga quien está.* 16a H: *Venga quien está.* 17 H: yo *padezco*; H: Los versos 59 a 72 se intercalan en el texto del MS H en boca del Enfermo 2, o sea 30a a 30n: 30b (60) H: hipocondría *tan* cruel. 30d (62) H: el *placer.* 30f (64) H: en *los* males. 30h (66) H: está *tocado* de. 30k (69) H: quererse *así* también. 38 B: mirar *de* ver. 57 H: si *del bien sana mal.* 58 H:

sane *mal* bien; H: En boca del Enfermo 4 (versos 58a-58n) se intercalan los versos 31 a 44 correspondientes al Enfermo 2: 58a (31) H: *Yo soy ciego del amor.* 58b (32) H: a *ser lo que.* 58m (43) H: ver *lo que* quiere. 62 B: amor; *que* de. 81 H: *De* mal. 82 H: llamar *llámase.* 84 H: *lo* tenía. 89 B: estoy *cómo se llamando.* 90 H: a *verlo* llegué. 93 B: señor, está *usted?* 96 H: que *adoleció* no. 102 B: iba [-] qué. 103 B: conmigo? [_____]; H: *¿Y si mi señor está?* 104 H: nadie *le* entiende. 109 H: el *saber* sólo. 111 B: sino *admizcale.* 115 H: *Ninguno lo sabe.* 116 H: *Pues, ¿qué viene a ser?* 117 H: *Un* cómo *se llama.* 120 H: quiero, [_____]. 122 H: *Fin del baile.*

ENTREMÉS, EL AMOR ALCALDE

PERSONAS:

Cupido, Cinco Presos

(Sale Cupido con [un arco hecho de una] vara [larga], cantando):

Hoy de Alcalde sale Amor,
ya que dice el vulgo necio
que a trochemoche ejecuto,
y a roso y velloso prendo.   5
Salgan los presos
a juicio en la causa
de no tenerlo.

Cupido:

Desato al arco la cuerda
para que así quede hecho   10
vara recta de justicia
el que fue injusto instrumento.
Nuevas leyes al amor
he de dar desde hoy, supuesto
que en el imperio del gusto   15
soy legislador supremo.
Si no hallaren en mi cárcel
mujeres presas, prevengo
que el interés las cautiva,
y por eso no las prendo.   20

480

(Sale el Preso 1):

Por una fea y discreta
soltura y prisión padezco;
pues cuanto me suelta el rostro
me prende el entendimiento.
Y fuera o dentro,   25
o aborrecer del todo,
o amar pretendo.

Cupido:

Libre y sin costas, salid,
que no sois mi prisionero,
que yo prendo voluntades   30
y no los entendimientos.
Porque no es ciego
el que ama con luces
de amor discreto.

Preso 2:

Por una tonta y hermosa   35
neutral estoy padeciendo,
pues cuanto en el ver me agrado,
en el oír me atormento.
Y así pretendo
que mi amor sea sordo   40
mas que no ciego.

Cupido:

A los dos pondré en un grillo
porque en contrarios tormentos,
los males del uno al otro
puedan servir de consuelo.   45
Si en dos efectos
uno pena lo tonto
y otro lo feo.

Preso 3:

Yo por una tonta y fea
vuestras prisiones padezco   50
sin que la razón me quite
los grillos de estos dos yerros;
llamando a esto
que es fortuna de amores
de tal sujeto.   55

Cupido:

No hay en el amor fortuna,
ni es amor del mío el vuestro,
ni grillos son, que son trabas
del Cupido de jumentos;
que en vos ha hecho   60
un amor de dos causas
de deshacerlo.

Preso 4:

Yo por una interesada
aquí por pobre estoy preso,
porque me vende su cara   65
más cara que yo la quiero.
Y no es bien hecho
que el amor no se venda
por amor mesmo.

Cupido:

Razón tenéis; mas por pobre   70
y mentecato, os sentencio
a amor de viejas que son
mis azotes y mis remos.

Preso 4:

Apelo. Apelo.

Cupido:

Quered viejas, pobrete, 75
que pagan feudo.

Preso 5:

Yo estoy preso injustamente
porque he dado cumplimiento
a una petición amante
y han burlado mis deseos. 80

Cupido:

Siga, si es necio,
que yo al amar obligo
no al dar sin tiempo.

Preso 5:

Injusticia me hace;
viven los cielos. 85

Cupido:

¿Pues yo acaso le dije
que fuese necio?

Preso 5:

Por amor hice el gasto
de mi dinero.

Cupido:

Pues, amigo, contarlo 90
ya con los muertos,
el favor no lo alcanza
quien da primero;
porque el tal no da en ella,
ella da en ello. 95

483

Preso 4:

De su injusta sentencia
digo que apelo.

Cupido:

No hay a quien, que es Cupido
Juez Supremo;
a hacer arco la vara   100
otra vez vuelvo,
y con esto y un vítor
se acaba el pleito.

Entremés, El Amor Alcalde. (MSS: ABC): 1 A, B: con [_____] vara [_____],
cantando. 4 C: troche y moche. 5a C: *Estribillo.* 12a C: *(Desata la cuerda y el arco se
hace vara y prosigue).* 13 C: leyes *del* amor. 21a C: *Salgan los presos (estribillo canta).*
21b C: *a juicio en la causa.* 21c C: *de no tenerlo.* 32 C: Porque no es ciego *(canta).* 46 C:
Si en dos efectos *(canta).* 60 C: que en vos ha hecho *(canta).* 72 C: [___] amor. 75 C:
Quered viejas, pobrete *(canta).* 84 C: me *haces.* 100 C: [___] hacer.

BAILE DEL AMOR TAHÚR

Personas

El Amor, Dos Jugadores

(Sale el Amor cantando):
Jugadores de Venus,
a la Tartaria,
donde de amor los juegos
en veras paran;   5
y el que no la perdiere
pierda esperanzas.
Tahúr, fiel de bellezas,
hoy con el alba
juego el sol en mi rostro,   10
antes que salga.
Venga con plata
o con oro siquiera,
que todo pasa.

484

Pintaré mi hermosura,
porque mi cara
en concurso de amantes
puedo rifarla.
Mi pelo a jugar viene
suertes trocadas,
pues quien lo gana todo
ni un pelo gana.
Para envidar mi frente
restos de almas,
tiene de plata tersa
grandes entradas.
Mis cejas con Cupido
juegan la aljaba
y aunque ganan, se pican
porque disparan.
Son fulleros mis ojos
con tanta gracia
que al lucero le pegan
también del alba.
Mi nariz es aguda
tanto en pegarla
que al más discreto da una
linda enflautada.
Más lo son mis mejillas,
si con baraja
de azucenas y rosas
con flores gana.
Tan tahúr es mi labio
que hace ventaja
al clavel, si partido
le da de grana.
Resto de cristal terso
es mi garganta
con quien pierden tesoros
por una blanca.
De mano doy a aquéllos
que no dan plata,
y la mano doy de ella
al que la saca.
Aunque es justo mi talle
sus drogas arma,

15

20

25

30

35

40.

45

50

55

pues a lo que es cintura
pecho le pagan.
　　El que es pie de este juego
lleva ventajas,　　　　　　　　　　　　　　60
porque aquí punto menos
punto más gana.

(Sale Tahúr 1):

　　¿Hay quien quiera a las pintas
jugar mi capa,
contra un amor tan chulo　　　　　　　　65
que menos valga?

Amor:

Muy raída la tiene
para apreciada.

Tahúr 1:

　　Y estará más raída
si me la rapa.　　　　　　　　　　　　　70

(Sale el Tahúr 2):

　　Sobre la prenda juegue
de mi palabra.

Amor:

　　Jugaréle mi aire solo,
si en aire para

Tahúr 2:

　　Mi palabra es presea　　　　　　　　75
para apreciada.

Amor:

　　Para encarecida
que no hay palabras.

Tahúr 1:

A la taba conmigo
juegue sus gracias.   80

Amor:

No quiero, que echo siempre
con lo que él gana.

Tahúr 2:

Este bolsillo juego,
saque baraja.

Amor:

Aquí está y yo hago resto   85
de amantelada. *(Saca una baraja)*

Tahúr 2:

Dos, y dos, y segundas. *(Alza)*

Amor:

Muy corto para.

Tahúr 2:

Yo no quiero tercera,
para ganarla.   90

Amor:

Si no paga terceras,
no he de llevarla.

Tahúr 2:

Eso es hacer billetes
las que son cartas.

Tahúr 1:

Llévela, usted, conmigo   95
sin barajarla.

Amor:

Yo con todos me llevo,
como me traigan
haz y sota.

Tahúr 1:

Barajo.   100

Amor:

¿Por qué baraja?

Tahúr 1:

Porque haz y sota dicen:
mujer agarra.

Tahúr 2:

Mas al haz un escudo.

Amor:

Muy corto para.   105

Tahúr 2:

En perdiendo el escudo
irá la espada.

Amor:

Una, seis, siete, ocho. *(Cuenta)*

Tahúr 1:

Aquí llamo mi reina
por si se engaña. *(Coge el naipe y córrele)*   110

Amor:

Usted tendrá más juego
mientras más llama.

Tahúr 1:

Suerte que está a la puerta,
mi amor no paga.

Amor:

¿Cómo no, si en zaguanes   115
el mío gana?

Tahúr 1:

El encaje una pinta
se lo señala.

Amor:

Corra, Usted, del encaje
hasta la saya.   120

Tahúr 1:

De barato a mirones
de amor pues gana.

Amor:

Con amor no hay mirones,
si ciegos andan.

Tahúr 2:

Pues si ciegos la miran,   125
el baile acaba.

489

Amor:

Si quieren bailar otro,
traigan sonajas,
si es que andarse pretenden
a la que baila.   130

Baile del amor tahur. (MSS: ABCH): Ojo: Se termina el texto de los MSS A y B con la línea 62. El escribano del MS B dice lo siguiente al final del texto: «Esta obra precedente, aunque sin duda es del autor, y se conoce muy bien por el estilo, y arte, con que está compuesta, parece que no está finalizada; y cierto que es sensible.» (MS B: 343r). 5a C: *Estribillo.* 5b C: *Vengan con plata.* 6 H: [_____]. 7 H: [_____]. 8 H: [_____]. 9 H: [_____]. 10 H: [_____]. 11 H: [_____]. 11a C: *Estribillo.* 11b C: *Vengan con plata.* 15 C: Pintaré *su* hermosura. 18 H: *pueda* rifarla. 23 H: Para *envidiar* mi. 26 H: [_____]. 29 H: [____] aunque. 33 B, H: lucero *la* pagan. 37 B: al [____] discreto; C, H: más *diestro* da. 38 C: linda *inflautada.* 40 B: *pues* con. 41 H: de *azucena* y. 42 C, H: flores *ganan.* 45 H: *el* clavel. 47 B: *Fiesto* de. 51 H: doy [__] aquéllos. 54 H: la *gana.* 59 H: pie *en* este. 60 H: lleva *ventaja.* 73 H: aire [____]. 74 H: *pues* aire. 77 H: *Es* para. 84 H: baraja, *sácalo.* 85 H: y [__] hago. 89 H: quiero *terceras.* 93 H: *Esto* es. 105 H: corto *anda.* 108a H: *Tahur 1: En el seis para.* 108b H: *Amor: No que amor juega siempre.* 108c H: *cóndele y data.* 108d H: *Tahur 1: (quítale el naipe y llama).* 117 H: Tahur 2: El. 118 H: *sólo* señala. 119 H: *Corre,* Usted. 130a H: *(Todos bailando).* 130b H: *Vengan con plata.* 130c H: *y el que no la perdiere.* 130d H: *pierda esperanzas.*

NOTAS

1. *San Roque;* santo francés (1295-1327) a quien se invoca como abogado contra la peste. Era la costumbre en Lima sacar la efigie de San Roque o Santa Rosa para aplacar las epidemias o pestes (Juan B. Lastres, *Historia de la medicina peruana,* V: *La medicina en el Virreinato,* Lima, 1951, II, 135-138).

2. Hubo varias epidemias en la Ciudad de los Reyes en época de Caviedes, siendo la más notable la de sarampión de 1693, descrita por el doctor Francisco Vargas Machuca, *Discurso sobre el sarampión* (Lima, 1693) y por el doctor Francisco Bermejo y Roldán, *Discurso sobre la enfermedad del sarampión* (Lima, 1694).

3. Síntesis de ciertas ideas de San Agustín tomadas de *La ciudad de Dios,* libro XXII, capítulo XXII, donde el Santo dice lo siguiente sobre los sufrimientos corporales del ser humano:

«Iam vero de ipso corpore tot exsistunt morborum mala, ut nec libris medicorum cuncta comprehensa sint. In quorum pluribus ac pene omnibus etiam adiumenta et medicamenta tormenta sunt, ut homines a poenarum exitio poenali erantur auxilio...

Ad huius miserae quasi quibusdam inferis vitae, non liberat nisi gratia Salvatoris Christi, Dei ac Domini nostri. Hoc enim nomen est ipse Iesus; interpretatur quippe Salvator: maxime ne post hanc miserior ac sempiterna suscipiat, non vita, sed mors. Nam in ista quamvis sint per sancta ac sanctos curantionum magna solatia; tamen ideo non semper etiam ipsa beneficia tribuuntur pretendibus, ne propter hoc religio quaeratur, quae propter aliam magis vitam, ubi mala non erunt omnino ulla, quaerenda est: et ad hoc meliores quosque in his malis adiuvat gratia, ut quanto fideliore, tanto fortiore corde tolerentur.» (S. Aurelii Avgvstini, Hipponensis Episcopi, *De civitate Dei,* libri XXII, cap. XXII.)

4. Cita de *El Eclesiástico* o Libro de Ben Sirá:

> El que peca a los ojos de su Creador,
> ¡que caiga en poder del médico!
> (*Eclesiástico,* 38: 15)

> Qui delinquit in conspectu eius qui fecit
> eum incidet in manus medici.
> (*Ecclesiasticus,* 38: 15)

5. *mataliste* (también *matalí, matalís, mataliz*); planta comelinácea de cuyas hojas se prepara un cocimiento como remedio contra la disentería (Francisco J. Santamaría, *Diccionario general de americanismos,* México, 1942, II, 254).

6. *dotor Narciso;* apodo del doctor Bermejo y Roldán.

7. *Melchor;* doctor don Melchor Vásquez de Valenzuela.

8. *Ojo de Plata;* apodo del cirujano Leandro de Godoy.

9. *Corcovado;* apodo del cirujano Juan Martín Liseras.

10. *Crispín;* Crespín o Crispín Hernández, médico y flebotomista en Lima.

11. *mita;* Quechua para «vez» o «turno», sistema de trabajo obligatorio impuesto a los indios durante la época colonial.

12. *Barbero;* posible confusión de los copistas con «Bárbaro», o alusión al sultán turco en 1571, Selim II, llamado «el Borracho».

13. *Rastro;* sitio destinado para matar reses. En la época de Caviedes el más famoso era el de San Francisco, situado a espaldas de la iglesia de San Francisco en las riberas del río Rímac.

14. *Saturno;* en la mitología, hijo de Urano y de Vesta que, por una promesa hecha a Titán, se veía obligado a devorar a sus hijos apenas nacidos.

15. *Herodes;* rey de Judea del año 39 al año 4 a. de J.C., a quien se atribuye la degollación de los Inocentes.

16. *Coto;* apodo de algún médico que sufría de hipertrofia del cuerpo tiroides; en el v. 94 menciona «lo que tiene en la garganta».

17. *botado-guácharo;* significa «expósito» o sea niño recién nacido abandonado (Manuel de Odriozola, *Diente del Parnaso. Poesías serias y jocosas,* Lima, 1873, V, 47).

18. *cirujano tuerto;* alusión al cirujano Leandro de Godoy.

19. *morlés de morlés;* «modo adverbial, con que se da a entender que una cosa se diferencia poco u nada de otra» (*Diccionario de Autoridades,* Madrid, 1965, II, 609).

20. *la muralla;* alusión a la muralla que se construyó alrededor de Lima, terminándose la construcción en 1687, para protección contra ataques de piratas (*Memorias de los Virreyes que han gobernado el Perú,* Lima, 1859, II, 365-371).

21. *chunchanga;* variante de *chunchango,* nombre vulgar de una planta silvestre del Perú que los aborígenes utilizaban para pintar de verde y azul (Santamaría, *Diccionario general,* I, 547).

22. *cocobola;* variante de *cocobolo,* árbol de Centro y Sud América cuyo fruto se llama *coco de mono* y *olla de mono* (Santamaría, *Diccionario general,* I, 366).

23. *Cefas... Nefas;* juego sobre «Por fas o por nefas», o sea por el justo o injusto, empleando el nombre de Cefas, sobrenombre del jefe de los Apóstoles de Jesús.

24. *Duque;* don Melchor de Navarra y Rocafull, duque de la Palata, Virrey del Perú (1681-1689), mandó varias armadas contra los piratas y corsarios que infestaban la costa entre 1685 y 1687. Para mayor protección de la ciudad de Lima, mandó el Virrey construir una muralla alrededor de Lima en 1684, la cual fue terminada en 1687 (*Memorias de los Virreyes,* II, 365-375).

25. *Carlos;* Rey Carlos II de España (1665-1700).

26. *Hacienda Real;* se ocupaba de la recaudación del quinto real, alcabalas, y demás rentas del Virreinato.

27. *doncel;* alusión humorística a que el doctor Francisco Vargas Machuca era presbítero, egresado del Seminario de Santo Toribio.

28. *Juan de Espera en Dios;* nombre con que bautizaron las beatas en Lima al Judío Errante (Ricardo Palma, *Flor de Academias y Diente del Parnaso,* Lima, 1899, pág. 374).

29. El Virrey duque de la Palata, don Melchor de Navarra y Rocafull promulgó un bando contra los pepinos por ser nocivos a indios y españoles, de allí el apodo «Virrey de los Pepinos» (Lastres, *Historia de la medicina peruana,* II, 114). El pepino es conocido en el Perú con el nombre de «Mata Serrano», nombre de origen colonial (Hermilio Valdizán, *Diccionario de medicina peruana,* Lima, 1959, V, 176-177).

30. *Cerdán Monichaco;* variante de «monicaco», término despectivo por hominicaco u hombre de mala traza.

31. *diagridio;* «composición medicinal purgante, que se usa regularmente en las píldoras, y es la escamonea preparada con el zumo de membrillo u de orozúz» (*Dicc. de Aut.,* II, 261).

32. *Narcisillo;* apodo de algún practicante en medicina del doctor Vargas Machuca a quien llama Caviedes el «doctor Narciso».

33. *presidio de Valdivia;* guarnición y presidio en Chile adonde solían mandar reos y otros delincuentes del Virreinato.

34. *Calle Nueva;* calle de la antigua Lima por el lado oriental del Rímac, cerca del Cerro de San Cristóbal (José Gálvez, *Calles de Lima y meses del año,* Lima, 1943, pág. 169: «Plano de la ciudad de Lima»).

35. *muladar de San Francisco;* se encontraba cerca de la iglesia de San Francisco en las riberas del Rímac.

36. *Portugués y Piojito;* dos famosos borrachos de la época de Caviedes (Odriozola, *Diente del Parnaso,* V, 93).

37. *Lupidiana;* referente a *lupia,* «término de cirujía; tumor duro y glandoso» (*Dicc. de Aut.,* II, 440).

38. *corcuncho;* americanismo por *corcovado;* también *curcuncho, quirquincho.*

39. *Fuente Rabia;* juego verbal sobre Fuenterrabía, ciudad de la provincia de Guipúzcoa, sitio de famosas batallas entre los españoles y franceses.

40. *Presidente;* es decir, Presidente de la Audiencia de Quito, una de las cinco audiencias del Virreinato del Perú.

41. *Sala;* los señores Jueces de la Audiencia.

42. *chasqui;* voz quechua para indicar el correo incaico, empleando varios mozos que transmitían las nuevas de una parte del reino incaico a otra; sistema utilizado todavía en tiempos de Caviedes.

43. *Pasqual;* Pasqual Carrafa, cirujano italiano, residente en Lima.

44. *flor del muerto;* el *chuncho,* flor amarilla del Perú conocida con ese nombre.

45. *Cámaras;* apodo de algún médico o practicante de medicina; *cámara* «se llama también el excremento del hombre, cuyo nombre se le debió de dar porque siempre se exonera el vientre en lugar retirado, y secreto» (*Dicc. de Aut.,* I, 85).

46. *Benito;* don Benito Urdanivia, médico gallego, residente en Lima.

47. *Bernardo;* Bernardo del Carpio, héroe legendario español.

48. *Solimán;* el solimán (sublimado corrosivo) se usaba como cosmético en la tez. En Lima se mantenía un estanque de solimán durante el Virreinato.

49. *Hazañas de la Ignorancia;* cita Caviedes su propia obra.

50. *cometa;* notable cometa que apareció a principios del año de 1681; véase «Juicio de un cometa...» (263) de Caviedes.

51. *Machuca;* no se sabe la fecha exacta de su nombramiento, aunque es posible que fuera hacia 1680 cuando Machuca era médico del arzobispo Melchor Liñán y Cisneros, virrey interino desde 1678 hasta 1681.

52. *Pico de Oro;* apodo del doctor Melchor Vásquez de Valenzuela.

53. *usía... usiría* (vs. 2-5); voces que se usan en lugar de «vuestra Señoría» (*Dicc. de Aut.,* III, 399).

54. *Alcalde del Crimen;* nombre que se aplicaba a uno de los varios ministros de las Audiencias.

55. *Duque;* Virrey duque de la Palata en cuyo séquito llegó el doctor Francisco del Barco a Lima hacia 1681. Falleció el Duque en Portobelo durante su viaje de regreso a España; Caviedes le echa a Barco la culpa de su muerte.

56. *pera;* se refiere a la «barba de pera», corte de barba popular durante la época.

57. *Ungramantes;* referente a Garamantes, pueblo incivilizado del interior de África en el país de Fezan, conquistado por los romanos el año 19 a. de J.C.

58. *República... Venecia* (vs. 245-246); República véneta, referente a la región del NE de Italia, cuyo centro fue la ciudad de Venecia. La República duró desde la Edad Media hasta su caída en 1797.

59. *Ayas Telemonio;* es decir, Ayax el Telamonio o Ayax el Grande.

60. *Philipo Cuarto;* Felipe IV (1605-1665), rey de España.

61. *Protomedicato de Bermejo;* el doctor Francisco Bermejo y Roldán fue nombrado Presidente del Real Protomedicato el año 1692.

62. *Quevedo;* notará el lector semejanzas de concepto e imagen entre este poema y trozos del «Sueño del Infierno» y del «Sueño de la Muerte» de Francisco de Quevedo.

63. *Loaiza;* posible referencia a Juan Calderón y Loayza, licenciado en medicina de San Marcos.

64. *El Eclesiástico;* véase la cita de *El Eclesiástico* que sigue la copla «Del autor al asumpto».

65. *Herrera;* Diego de Herrera, médico de Lima, fue nombrado Protomédico de la Audiencia de Quito.

66. *casa de la Pila... Aguado* (vs. 2-3); casas comerciales de la calle del Arzobispo donde se vendían los paños de Quito (Rubén Vargas Ugarte, *Obras de don Juan del Valle y Caviedes,* Lima, 1947, pág. 298).

67. *Mata;* don Mateo de la Mata Ponce de León, Presidente de la Audiencia a partir del año 1689.

68. Sigue siendo la costumbre en apartados pueblos andinos colocar un palo con flores atadas a la puerta de una choza para indicar que se vende chicha u otro licor adentro.

69. *atril de San Marcos;* puede haber cruce con los versos de Quevedo: «También he venido a ser / regocijo de los santos, / pues siendo atril de San Lucas, / soy la fiesta de San Marcos» («Doctrina de marido paciente», núm. 715, *Obra poética,* ed. J. M. Blecua, Madrid, 1969); o fuente directa en *La vida y hechos de Estebanillo González:* «Y al tiempo que fui a asir de la ya venerada cornamenta, soltó el villano el atril de San Marcos y dejó en libertad el origen del velloncino de Colcos» (ed. Antonio Carreira y Jesús Antonio Cid, Madrid, 1971, págs. 101-102). En varios cuadros clásicos es común la representación de San Lucas sentado delante de un atril en el acto de composición del *Evangelio* y *Hechos Apostólicos.*

70. *libro del Becerro;* el *Becerro de las Behetrías,* libro en que se asentaron las behetrías de las merindades de Castilla y los derechos pertenecientes a la Corona. Se comenzó a formar de orden de Alfonso XI, terminándose en el reinado de Pedro I (1352).

71. *rey que rabió;* refrán «Acuérdese del rey que rabió», para decir que una cosa es muy vieja, principalmente si es pasada o muy antigua (Gonzalo Correas, *Vocabulario de refranes y frases proverbiales y otras fórmulas comunes de la lengua castellana,* Madrid, 1924, pág. 10).

72. *San Cristóbal;* alto cerro por el lado oriental de la antigua Lima, cruzando el río Rímac.

73. *caer para levantar;* título de una comedia de Juan de Matos Fragoso, Agustín Moreto y Jerónimo de Cáncer, representada en Lima en 1665 (Guillermo Lohmann Villena, *El arte dramático en Lima durante el Virreinato,* Madrid, 1945, págs. 125 y 257).

74. *Guaquilla (Huaquilla);* calle de Lima (Gálvez, *Calles de Lima,* pág. 130) y sitio en las afueras de la ciudad, rumbo a Pachacamac (Josephe y Manuel de Mugaburu, *Diario de Lima,* Lima, 1917, I, 69).

75. *cabe;* voz poco común para significar el sonido de las cuentas cuando se golpean. Véase a Quevedo, *El buscón,* «Llegamos a la falda del puerto, el ermitaño rezaba el rosario en una carga de leña hecha bolas, de manera que, a cada avemaría, sonaba un cabe...» (ed. Fernando Lázaro Carreter, Salamanca, 1965, libro II, cap. 3, líneas 181-183).

76. *Gran Capitán;* Gonzalo Fernández de Córdoba.

77. *Paredes;* Diego García de Paredes.

78. *Maestre... de Santiago;* orden militar española fundada en 1161; el maestrazgo fue incorporado a la Corona por los Reyes Católicos.

79. *Lope;* Lope Félix de Vega Carpio.

80. *Chauchillas;* peruanismo para designar a las mujeres de vida airada (Rubén Vargas Ugarte, *Glosario de peruanismos,* Lima, 195?, pág. 34).

81. El Virrey interino, arzobispo don Melchor de Liñán y Cisneros, se quejaba en la *Relación* de los años de su gobierno (1678-1681) de «Los escándalos y pecados públicos que suelen ocasionar algunas mujeres de licenciosa y desenvuelta vida...» (*Memorias de los Virreyes,* I, 194).

82. *Sábado de Ramos;* juego sobre «Domingo de Ramos» o sea el día de la entrada triunfal de Jesucristo en Jerusalén. Para los judíos y primeros cristianos el sábado era día de descanso.

83. *Caridad;* Hospital Real de Santa María de la Caridad.

84. *Conde de las Canillas;* alusión despectiva a los genitales tanto de mujer como de hombre; también, título nobiliario del general Pedro Luis Enríquez, conde de Canillas, corregidor de la Villa Imperial de Potosí (1680-1694), residente en Lima entre 1691 y 1692.

85. *Cámara de Indias;* alusión al «Consejo de Indias»; «cámara» se emplea aquí con el concepto de lugar de «excrementos», o sea por los cursos o flujos del vientre del poeta Vicente.

86. *caen... ruegan* (vs. 243-244); eco de los versos de sor Juana Inés de la Cruz («Redondillas»: Hombres necios que acusáis): «¿Cuál mayor culpa ha tenido / en una pasión errada: / la que cae de rogada, / o el que ruega de caído?» (vs. 49-52).

87. *San Martín;* Real Colegio de San Martín en Lima.

88. *la Compañía;* iglesia de la Compañía de Jesús en Lima.

89. *cera;* «Algunos escriben *Cera* sin la *A,* pero lo más frecuente es con ella» (*Dicc. de Aut.,* I, 45).

90. *Fuentidueñas;* José Antonio de Fuentidueñas y Carrillo se graduó de Licenciado en Medicina en 1696 y de Bachiller en las Universidades de San Ildefonso y de San Marcos en 1698 (Lastres, *Historia de la medicina peruana,* II, 192 y 304).

91. *sala de Minerva;* alusión al Olimpo, lugar donde residía Minerva en la asamblea de los dioses.

92. *torre de Sevilla;* la famosa Torre del Oro o la Giralda (torre de la Catedral) en Sevilla.

93. *Rey Pepino;* apodo del Virrey duque de la Palata, quien promulgó un bando contra los pepinos por nocivos.

94. *huevo de Juanelo;* cosa que tiene al parecer mucha dificultad, y es facilísima después de sabido en qué consiste.

95. *Comedia de Tetis y Peleo;* pieza dramática de Agustín de Salazar y Torres (1642-1675), dramaturgo mexicano.

96. *Monclova;* Melchor Portocarrero Lasso de la Vega, Virrey conde de la Monclova, entró en Lima el 15 de agosto de 1689, donde lo recibieron con grandes fiestas a pesar de encontrarse la ciudad en ruinas debido al terremoto de 1687.

97. *Santo Niño de Pisco;* nombre dado a Francisco de Soto, sobre cuya vida publicó fray Juan de Vargas Machuca *Prodigio Milagroso de Occidente. El Niño Crédito de Pisco y Admiración de Lima, Francisco en nombre, en el hábito y en la humildad* (Lima, 1667).

98. *médico rector;* el doctor don Francisco Bermejo y Roldán, catedrático de Prima de Medicina, fue nombrado rector de la Real Universidad de San Marcos el 30 de junio de 1690.

99. *Secretario del Crimen;* persona u oficio con quien el rey despachaba las consultas pertenecientes al ramo de la justicia durante el virreinato.

100. *Trapisonda;* juego sobre Trebisonda (ciudad de Turquía) para sugerir la idea de uno que comercia en trapos.

101. Faltan dos sílabas en este verso; es posible que rezara «zancadilla» o «zancajada» en el texto original.

102. Notará el lector semejanzas innegables de estructura e imágenes entre este poema y la conversación con la Dueña Quintañona en el «Sueño de la muerte» de Francisco de Quevedo.

103. *bobo de Coria;* «El bobo de Coria, que empreñó a su madre y a sus hermanas, y preguntaba si era pecado» (Correas, *Vocabulario de refranes,* pág. 173).

104. *Perico... palotes;* «Perico de los palotes: apodo de bobo y necio» (Correas, *Vocabulario de refranes,* pág. 629).

105. *casa de Apolo... Canis* (vs. 3-4); es decir, a la casa del dios del canto y de la poesía y no a «la de Canis» o sea la casa del *can* (perro) donde se aprende sólo a ladrar.

106. Ovidio, *Metamorfosis,* libro III.

107. Ovidio, *Metamorfosis,* libro I.

108. Ovidio, *Metamorfosis,* libros XIII y XIV, *La Odisea* de Homero, y *La fábula de Polifemo y Galatea* de Luis de Góngora y Argote.

109. *peñas de Francia y de Martos;* se refiere a la cresta divisoria en la Sierra de Francia de los montes de la provincia de Salamanca, y al despeñadero en las cercanías de la villa española de Martos (Jaén).

110. Se encuentra este soneto de Caviedes en el libro del doctor Francisco Bermejo y Roldán, *Discurso de la enfermedad del sarampión experimentado en la Ciudad de los Reyes del Perú* (Lima, 1964). Reproducimos el texto según lo edita Hermilio Valdizán, *Apuntes para la bibliografía médica peruana* (Lima, 1928), págs. 38-39.

111. Glosa de la «antiphona de Podio», llamada así por ser posiblemente obra de Aimar o Adhémar, obispo de Le Puy (m. 1098); antífona muy popular desde la Edad Media. Las palabras en latín desde el verso 20 hasta el 57 corresponden a la antífona latina.

112. *La más constante mujer;* pieza dramática sin designación de autor, atribuida a «tres ingenios» (Lohmann Villena, *Arte dramático en Lima,* pág. 328).

113. *El Burlador por su culpa;* si no se trata de *El Burlador de Sevilla* de Tirso de Molina, desconocemos el autor de esta obra.

114. El *Quicumque* o *Quicunque vult* de San Atanasio es un credo o exposición teológica sobre las doctrinas de la Trinidad y la Encarnación que se solía recitar o cantar en la misa de prima los domingos. La glosa de Caviedes consta de los primeros 144 versos del poema.

115. *Spiritu;* notará el lector el empleo del latín «Spiritu» en vez de «Espíritu» a través del poema.

116. Traducción al español del «Compunctio s. Thomae de Aquino ad s. eucharistiam», himno famoso desde la Edad Media (Franz Joseph Mone, *Lateinische Hymen des Mittelalters,* Darnstadt, 1964, I, 275).

117. *dragón;* en el Apocalipsis, San Miguel Arcángel, el principal de los ángeles, se representa capitaneando a los ángeles buenos en una gran batalla contra los ángeles malos cuyo caudillo es Satanás, llamado «dragón».

118. *fragua de Vulcano;* se creía que Vulcano, dios del fuego, alimentaba el fuego de los volcanes y que residía en la isla de Lípari, donde enseñaba el arte de trabajar los metales en su fragua.

119. *Antonio;* San Antonio Abad, «el Ermitaño».

120. Se notará que la palabra *dolencia* no está conforme con el patrón de rima del primer cuarteto ni con el anunciado con *tropieza* (v. 5), aunque así se transcribe en ambas fuentes manuscritas.

121. *bueyes de Himeneo;* el yugo de bueyes de Himeneo, dios grecolatino del matrimonio, simboliza el matrimonio o unión de los sexos.

122. *ciencia*; ambas fuentes manuscritas de este soneto (MSS A, B) rezan *esencia* que nos parece error del copista; hemos sustituido *ciencia,* conforme a lo que sugiere el contexto del verso.

123. *Apolo a Dafne;* Ovidio, *Metamorfosis,* libro I.

124. *monja de México;* sor Juana Inés de la Cruz (1651-1695), célebre poeta que mereció el nombre de la Décima Musa.

125. Dudamos que este poema sea de Caviedes. Lo publicó Odriozola en su edición de 1873, pero no aparece en los códices conocidos hoy de la obra del poeta. Lo más probable es que sea una composición añadida por algún copista o dueño posterior del manuscrito, pero no parece ser de Caviedes.

126. *Báez;* padre maestro Juan Báez, natural de Ica (Perú), de la orden de Nuestra Señora de la Merced.

127. Melchor de Navarra y Rocafull (Virrey, 1681-1689), Duque de la Palata y Príncipe de Massa, falleció en Portobelo (Panamá) el 13 de abril de 1691.

128. *Nabuco;* Nabucodonosor II, rey babilónico (604-562 a. de J.C.) que restauró los grandes templos de Babilonia.

129. Terremoto acaecido en Lima el 20 de octubre de 1687 en época del Virrey duque de la Palata; arruinó la mayoría de los edificios en Lima con pérdidas que ascendieron a 150.000.000 de pesos. Los estremecimientos en Lima y las inundaciones del mar en el Callao duraron hasta el 2 de diciembre (*Memorias de los virreyes,* II, 4-7).

130. *cometa;* apareció un famoso cometa sobre el Perú a principios del mes de enero de 1681; el cometa fue observado y comentado por Mugaburu en su *Diario de Lima.*

131. *Bartolomé;* Hospital de San Bartolomé, fundado en 1646 por gestión del agustino fray Bartolomé Vadillo y destinado principalmente para negros; entre 1661 y 1684 se construyó un nuevo edificio para el Hospital.

132. Melchor Portocarrero Lasso de la Vega, tercer conde de la Monclova, Virrey del Perú (1689-1700), mandó construir un muelle en el Callao, el cual fue empezado el 18 de julio de 1693 y quedó terminado el 26 de mayo de 1696 (Vargas Ugarte, *Historia general del Perú,* IV, 26-27).

APÉNDICE I: POEMAS ATRIBUIDOS A CAVIEDES

En este apéndice publicamos poemas que se hallan en algunos de los códices caviedanos y que no nos parecen ser obras auténticas del vate peruano por cuestiones de estilo o por atribuirse en otras fuentes a diferente autor.

1

LAMENTACIONES SOBRE LA VIDA EN PECADO [1]

¡Ay, mísero de mí! ¡Ay, desdichado!
que, sujeto al pecado,
vivido he tanto tiempo tan rendido,
si es que estando en pecado yo he vivido,
porque me causa horror tanto tormento,   5
sin dar velas al mar del sentimiento.
 Nace el ave ligera
en rizado plumaje de la esfera,
y viéndose veloz y enriquecida
a Dios está rendida,   10
y yo, con libertad, en tanta calma,
nunca, Señor, os he ofrecido el alma.
 Nace el bruto espantoso
la riza crin de cerdas, mar undoso,
y al mirarse de todos respetado   15
siempre venera al que lo ha crïado.
Sólo yo, con terrible desvarío,
nunca, Señor, os postro el albedrío.
 Nace la flor lucida,
ya rubí, ya esmeralda engrandecida,   20
y al ver su color roja,
por dar a su Autor gracias, se deshoja;
y yo, con libertad, en tanta calma,
nunca, Señor, os he ofrecido el alma.
 Nace el arroyo de cristal o plata   25
y apenas entre flores se desata
cuando en sonoro estilo jijas mueve
y a Dios alaba con su voz de nieve.
Sólo yo, con terrible desvarío,
nunca, Señor, os postro el albedrío.   30
 Nace el soberbio monte,
cuya alteza registra el horizonte
y, en su tosca belleza,
ensalza más a Dios con su belleza,
y yo, con libertad, en tanta calma,   35
nunca, Señor, os he ofrecido el alma.

Nace el pez adornado
de un vestido de conchas escamado,
y apenas gira centro tan profundo,
cuando respeta al Crïador del mundo.   40
Sólo yo, con terible desvarío,
nunca, Señor, os postro el albedrío.
    Al fin, mi Dios, os ama confidente
lo inanimado y lo que es viviente,
¿cómo no estoy de aquesto avergonzado,   45
viendo que os ha alabado,
al tiempo que es pecado disoluto,
arroyo, monte, pez, flor, ave y bruto?

1.   (MSS: ACDE): 3 D, E: tiempo [__] rendido. 4 D, E: pecado [__] he. 8 C, D,
E: de *esa* esfera. 14 C: riza *clin de cerzas* mar; D: *de* riza; E: [l.d.]. 18 C, D, E: os
postré el. 30 D, E: os *postré* el. 34 D, E: su *rudeza*. 40 C, D: al *Creador* del; E: [l.d.].
42 D, E: os *he postrado* el. 46 D, E: os *han* alabado. 47 D, E: que *he* pecado. 48 C, D, E:
pez, *ave, flor* y.

2

MANDA A UNO QUE ELIJA DE TRES COSAS LA QUE LE PARECE
MEJOR, ES A SABER: TÍTULO, COCHE O MUJER, Y DA LA RAZÓN
QUE TIENE PARA ELEGIR COCHE Y NO TÍTULO, NI MUJER[2]

    Título, coche en qué andar
o mujer puedo escoger,
si me quiero acomodar;
veamos lo que he de tomar:
coche, título o mujer.   5
    Pariente del Soberano
Rey puedo ser de repente;
mas también está en mi mano
ser de mi mujer pariente,
y pariente más cercano.   10
    Conde es dulce fantasía;
marido, graciosa sed;
y no sé lo que haga hoy día,
si al conde la señoría
o a la novia la merced.   15
    [Marido es nunca acabar;]
conde, continuo moler;

y vendré el tiempo a gastar,
si soy conde en preguntar,
si marido en responder.   20

Si soy marido cabal,
temeré cualquier run-run,
y cátate, por mi mal,
hecho enemigo especial,
y si soy conde, común.   25

Conde en pelo es un ruïdo,
marido y mujer son dos;
y lo que yo he conocido
es que no me llama Dios
ni por conde ni marido.   30

A coche es mi inclinación
desde mi natal primero;
y pues es mi vocación,
discurro en su posesión,
que no he de tener cochero.   35

¿Qué es coche? Una invención es,
conque va uno descansado
de la cabeza a los pies;
pues, Señor, ¿qué acomodado
no es conde, duque y marqués?   40

¿Qué hago en el coche? Desdeño
los cetros y las coronas;
y para cualquier empeño
las cuatro mulas y el dueño
ya somos cinco personas.   45

¿Qué puedo en el coche hacer?
Ver a todos sin apodos.
¿Y con [mi] mujer? Temer
lo que hay de mirar a todos
o todos a mi mujer.   50

¿Qué hace un conde? No repara,
habla mucho y nada pesa.
¿Y el coche? Cosa bien rara.
El coche, si quiero, para;
pero el conde nunca cesa.   55

¿Qué es coche? Firme mansión.
¿Y mujer? Veleta al viento.
Luego acierto en la elección,
si en mi mujer no hay asiento

503

y en el coche hay almohadón.   60
    ¿Qué hace el coche? No da penas,
las faltas del dueño encubre,
y a veces las torna en buenas.
Y ¿qué hace un conde? Descubre
las suyas y las ajenas.   65
    ¿Qué hace el coche? Vuelve en rosas
espinas de la fortuna
que sin él fueron penosas.
¿Para qué es? Para mil cosas.
¿Y la mujer? Para una.   70
    ¿Qué más hace? Me mantiene
con gente de humilde trato,
pues lo presto a quien conviene,
y el conde que no le tiene
ni presta, ni da barato.   75
    ¿Qué riesgo puede tener
emprestarle? No hay querella,
porque me le han de volver;
y si presto a mi mujer,
se pueden quedar con ella.   80
    Luego, en buena economía,
el coche escoger me manda
poltrona filosofía,
cohero que no tengo anda
y para en la Academia.   85
    Y habiendo mirado bien
mi conveniencia esta noche,
les suplico que me dén
aquí estufa y después coche,
por siempre jamás amén.   90

   2. (MSS: ACDE): 1 D, E: Título *o* coche. 12 C, E: marido, *sabrosa red*; D: marido, *sabrosa* sed. 13 D: [_____] no; E: [____] no sé lo que haga, *a fé mía.* 16 A: [_____ _____]. 18 D, E: y *vendrá* el. 19a A: *si soy conde en preguntar.* 32 D: mi *natural* primero; E: [l.d.]. 34 C: en *suposición.* 35 D: he [___] tener. 37 C, D: *en* que; E: [l.d.]. 40 D, E: duque *o* marqués. 43 D, E: para *cualquiera* empeño. 48 A: con [___] mujer. 53 D, E: [___] el coche. 54 C, D, E: coche, *en queriendo,* para. 56 D, E: es *conde?* Firme. 60 D: el *conde* hay; E: [l.d.]. 61 D: coche? *Nada a* penas; E: coche? *Nada* penas. 63 D, E: las *tiene* [___] buenas. 64 E: qué *se* hace. 68 C: que *si en él fueran* penosas; D, E: él *fueran* penosas. 71 D, E: más *hay?* Me. 73 C, D, E: pues *le* presto. 74 D, E: no *lo* tiene. 76 D, E: riesgo *puedo* tener. 77 D, E: *en* prestarle? No. 78 D, E: [_____ _____]. 79 D, E: presto [___] mi. 83 D, E: *por buena* filosofía. 85 D, E: para *él* la. 88 D: suplico [___] me.

3

LAMENTOS DE UNA POBRE MUJER Y CONSUELOS DE UN POBRE MARIDO POR LA DISTINTA NATURALEZA DE SUS CONSORTES [3]

Parecióle a un Cabrón acomodado [4]
para pasar la siesta recostado
un blando transportín, que estos verdores
descansan sólo cuando mullen flores;
y diciendo y haciendo mansamente,   5
las corvas inclinó, sumió la frente,
derribó sobre el hombro las dos puntas,
y haciendo de los brazos tornapuntas
para no maltratar el edificio,
socarrón se tendió con grande juicio.   10
De esta comodidad el tal gozaba
cuando ruido escuchó entre la ramada
a tiempo que la Zorra presurosa,
dejando de la caza la penosa
fatigada tarea,   15
el descanso desea,
y al retiro se acoge en el recinto
del verde enmarañado laberinto.
El pacífico bruto, viendo el caso,
a reñirla salió con grande paso;   20
mas ella como astuta, reparando
de su buen natural el genio blando,
se le humilló, diciendo
que del calor huyendo
con sus once de Zorra se venía   25
a besarle la mano en cortesía.
Templó la urbanidad el falso enojo,
perdonó la lisura y el arrojo,
al cuello de la Zorra echó los brazos,
y en recíprocos lazos,   30
por mostrar del amor fe verdadera,
le dio dos hisopadas con la pera.
Hechas las amistades, la promete
la soledad y el sitio dulce quiete;
empezó a ponderar la Zorra el fuerte   35
afán de su miseria de esta suerte:
«¡Oh qué infeliz mi nacimiento ha sido!

pues el cielo me ha dado por marido
y bruto compañero
un zorro aventurero,   40
tan flojo y descuidado,
que no le soy deudora de un bocado;
¿qué pollera me ha dado ni qué saya?
¡Oh malhaya mil veces, oh malhaya!
Desde que nace el Sol, hasta que muere   45
en ondas anegado, porque quiere
dorar otro horizonte,
desde la selva al monte,
desde la dura cima a la quebrada,
ando siempre corrida y arrastrada   50
por ver si incauta acecho
a la dormida liebre en blanco lecho,
al simple gazapillo en la ribera,
o al tierno recental en la ladera,
teniéndole a mi robo amenazado   55
del pastor el cayado,
la onda del vaquero,
el diente del mastín y el perdiguero;
siendo de tantos mi defensa sola
mover los pies y sacudir la cola.»   60
«¡Oh qué pena! ¡Oh qué mal! ¡Oh qué desdicha!»
iba a decir la zorra susodicha,
cuando salió al atajo el buen oyente,
diciéndola: «Detente,
que según exclamando el alma roes,   65
llevas la traza de llenarme de oes.
Yo no puedo quejarme de mi suerte
pues tan feliz se advierte,»
prosiguió, «que en la selva, o en la roca,
cuanto hay me viene a pedir de boca: 70
el manjar más sabroso y delicado,
que ameno y delicioso brota el prado;
el agua cristalina y transparente
que destila la fuente;
cuanto se encierra en monte o bosque umbrío,   75
se rinde a mi elección y a mi albedrío.
Si quiero mi recreo,
mi fatiga mayor es el paseo;
nada me da cuidado; duermo y como,

sin saber dónde viene, cuándo o cómo;   80
observando dos cosas solamente
que son como diré: primeramente
para entrar en la choza o la cabaña
y no encontrar en ella lo que daña,
debo desde la puerta   85
gritar que me abran aunque la halle abierta;
con cuya acción prudente y prevenida
aviso doy feliz de mi venida
para que el bienhechor que me la ronda
se me quite delante o se me esconda.   90
Luego si por acaso o negligencia,
ignorando esta ciencia,
se quedare del tal prenda olvidada,
no debo preguntar ni decir nada;
que en caso semejante   95
el que quiere saber es ignorante.»
    Esto mi buen Cabrón le dijo vano,
en estilo cerril, en metro llano,
y que todo aquel bien que refería
por parte de la hembra le venía;   100
pero la Zorra, airada
de escuchar una y otra cabronada,
mudó conversación con el intento
de gobernar el mundo, cuyo cuento
por muchos tontos pasa;   105
que no teniendo forma con su casa,
que es en pequeña planta albergue inmundo,
se le quieren poner a todo el mundo.
    Apenas tal especie hubo escuchado
el Dotor de la Selvas gradüado,   110
alabó el pensamiento,
tomando el parlamento
a su cargo con fin de hincar el diente,
que era el Cabrón de genio maldiciente.
    En fin, él comenzó y en las paradas   115
daba también la Zorra sus puntadas,
llevando en aquel punto
al superior gobierno por asunto,
que aun en hechos gloriosos las acciones
no están libres de Zorras y Cabrones.   120
Murmuraron los dos, largo y tendido,

y a todo le daban infernal sentido;
y porque la sed el aliento la privaba,
el mundo se quedó como se estaba.

3.   (MSS: ABCDE): 3 E: [l.d.]. 6 D, E: inclinó, *y* sumió. 12 C: escuchó *en* la; D, E: ruido *escuchando en* la. 13 D: *al* tiempo; E: [l.d.]. 16 D, E: el *discurso* desea. 17 B: y *el* retiro. 20 D, E: con *largo* paso. 25 E: con *su aire* de zorra [_] venía. 28 B: la *licencia* y. 32 D: dio [__] hisopadas con la pena; E: [l.d.]. 33 D, E: amistades *les permite*. 34 D: dulce *quieto*; E: [l.d.]. 35 D: empezó *la zorra a ponderar al* fuerte; E: empezó *la zorra a ponderar* el. 39 D, E: y *un* bruto. 43 B: que *cotilla* me; D: me [__] dado. 44 C, D, E: malhaya *él,* mil. 48 D, E: [_____]. 49 D, E: la *ruda* cima. 50 D, E: *anda* siempre. 61 D: Oh [_] pena; E: [l.d.]. 63 C: al *tajo* el. 64 D, E: *diciéndole,* «Detente. 72 D: y *delicado* brota; E: y *muy frondoso* brota. 75 D, E: se *encuentra* en monte [_____]. 75a D, E: *o bosque umbrío.* 76 D, E: y [__] mi. 80 D: saber *de* dónde [__], cuándo; E: [_____]. 90 B: se [__] quite *de* delante. 93 E: se *quedase de* tal. 98 B: estilo *zorral,* en. 99 C: que *le fería*; D, E: que *le decía.* 110 C, D, E: el *docto* de. 113 D: de *evitar* el; E: cargo *por evitar* el. 114 C, D, E: de *ingenio* maldiciente. 118 B: en *gloriosos hechos* las.

4

¿CUÁL SEA MEJOR PARA MUJER PROPRIA, LA HERMOSA BOBA O LA FEA DISCRETA? [5]

Preguntas ¿cuál será grata
para mujer, fea o boba?
Y a pregunta tan ingrata
todo el ingenio se arroba
y el ingenio se desata.   5
    Y pues lo ha de ser, elijo
la que fuere más hermosa,
porque con feas me aflijo
y lo lindo me remoza;
[es sentencia de Clavijo.]   10
    Mándanme que elija al punto
para mujer; ¿qué he de hacer?
Fea o boba, raro junto
si es horror aun para asumpto,
¿qué será para mujer?   15
    ¿Qué es la boba? Es un gran daño;
gusto elegirla no intentes,
pues verás y no es engaño
que aun sin pascua es todo el año

ella un día de inocentes.   20

Rica y hermosa me agrada,
pues soberbia sin dejar
que el ruego la persuada,
será difícil de amar
y fácil de ser amada.   25

La fea, aunque se declara
amante, menos me obliga,
pues contra mí se descara
la que anda que yo diga
puede hacerme buena cara.   30

Elegir boba no es justo
que a quien no sabe, no cabe
que se elija, que es disgusto
porque a nada sabrá el gusto
la boba porque no sabe.   35

Conque a fea aunque sea horror
me hace el empeño que embista
y así la elijo en rigor,
que, en fin, para mí es mejor
porque soy corto de vista.   40

El que a la hermosa por necia
deja y, llegándola a ver,
la fea entendida aprecia,
elegirá por mujer
a un filósofo de Grecia.   45

Y si no mira a la fea
en un cristal, ¡Santo Dios!
sustos aumenta el reflejo,
que una fea se hace dos
cuando se mira al espejo.   50

La fea es mortal horror
y pena horrible también,
pero a la boba no igual,
porque nadie para mal
habrá que la quiera bien.   55

Sin luz la fea y la hermosa
en la cara son iguales;
más la fea si es graciosa,
a oscuras es ventajosa
y el menor de los dos males.   60

La fea da en sus enojos,

más sensibles las heridas,
que la necia en sus arrojos,
que éste es defecto de oídas
y aquél, ciencia de los ojos.   65
    Y, en fin, más necia ha de ser
que la otra en su pasión
la fea, pues no ha de hacer,
aunque mude de opinión
que mude de parecer.   70
    La mujer hermosa y necia
es tan insulso animal
que los obsequios no aprecia,
que los halagos desprecia
y si los hace, es sin sal.   75
    ¿Quién de la necia podrá
tolerar las vaciedades?
La fea no las tendrá
y tal cual te servirá
para tus necesidades.   80
    Tiene la fea un atroz
semblante, donde a montones
están las imperfecciones;
si es el frontis tan feroz
¿qué tal serán los rincones?   85
    Amo a la tonta aunque sea
en su tosca condición
más puerca que un motilón,
que como no sea fea
más que parezca un dragón.   90
    La hermosa tonta es gran pena,
la fea discreta ama,
libre de codicia ajena,
que la hermosa necia es buena
cuando más para la cama.   95
    Y pues es preciso sea
cualquiera propria mujer,
una de dos, necia o fea,
[quien ha de casarse crea]
que fea la ha de escoger.   100
    ¿Yo he de ponerme un eterno
sinsabor y que mis ojos,
de un padecer sempiterno,

lloren amargos enojos?
¡Vaya la fea al infierno!

4. (MSS: ABCDE): 1 C, D, E: *Preguntan* cuál. 4 C, D, E: el *discurso* se. 6 C: y *puesto* ha; D, E: y *puesto a decir,* elijo. 9 E: [l.d.]. 10 A, B, C, D, E: [————————————]. 14 D, E: es *errar* aun. 17 D, E: gusto *decirla* no. 18 D, E: no *me* engaño. 19 B: aun *sin* pascua; D, E: aun *sin* pascua *en* todo. 20 D: ella, *el* día; E: ella, *es* día. 21-30 D, E: [————————————]. 33 D, E: [——] elija *lo* que. 36 D: conque [——] fea *aun con error*; E: conque [——] fea *aun con error.* 44 D, E: *elija para* mujer. 46 E: *y a la fea te aconseje.* 47 E: en *no ver* cristal, ¡*Por* Dios! 53 D: a *lo bobo* no. 64 D, E: de *todas.* 65 C, D, E: aquél *se viene a* los. 68 D, E: ha de *ser.* 70 D, E: que *muda* de. 77 D, E: las *necedades.* 81 C: fea *una* atroz. 86 D, E: *Como* a la. 94 E: es *fea.* 99 B: *quiero la fea escoger;* C: quien [——] casarse; A: [————————————]. 100 B: *que ninguno la desea.* 101-105 B: [————————————].

5

ROMANCE EN QUE FORZOSAMENTE ACABAN SUS VERSOS CON LETRAS QUE POR SÍ SOLAS HABLAN Y MUCHAS VECES EMPIEZA. ES UN ARRIERO QUE LLEGA A UN MESÓN Y PIDE DE COMER [6]

D. S. mesón donde K. E.
cuando al descanso C. D. B.
a la moza que es tu T. A.
le dice, «P. P., K. D. T.
   A. K. estamos todos Q. K.   5
porque en tus ojos C. C. B.
mi ardor sin que C. R. K. T.
cuando tu ley O. B. D. C.
   D. Y. K. con mi infame R. Q. A.
que en cóleras me R. Q. S.   10
Vengo pues de ella no A. Q. D.
bestia a correr que no C. G.
   D. Y. C. A. el que labra H. O. T.
no es razón que yo T. C. L.
pues solo que sea tu K. K.   15
C. T. M. D. S. B. G. T.
   A. Z. A. S. C. B. D. O.
que como un toro T. R. T.
que aun echando de la O. Z.
le harás tú que S. A. B. C. R.   20
   P. P. también K. B. C. A.

por ese precioso G. M.
y juzgo que si O. Y. lo A. C.
Q. T. P. S. Y. T. R. P. S.
   B. L. Argos celoso A. Y. O.   25
y amor sus lances K. V. T. L.
que honor, amor Y. K. K. O.
es bien que a ruínes C. D. B.
   P. S. al mundo como B. A.
que esta fiera hambre F. N. C.   30
con la piedad el R. B. K.
la tuya harás que A. C. M. G.
   E. L. B. el fogón su Y. D. A.
y cuando tu aliento B. B.
la leña verde y la C. K.   35
humos tenga de P. B. T.
   P. G. o rana es bien Q. Y. D. E.
de hallar sin que M. R. C. L.
pues sobre tu fe R. K. E.
que del hambre M. R. L. B.   40
   P. L. S. Y. A. C. S. una A. B.
porque a ella mi gana A. P. L.
y se salta el P. G. R. Y.
échalo a nado en A. C. Y. T.
   C. A. en él acción de R. Y.   45
que la edad no T. A. B. N. N.
que aunque el amor T. E. G. Q. T.
no es bien que el tiempo T. D. G.
   Y si al corral vas con migo
despúes que la cena G. E. L.   50
te haré olor en lo que K. B.
cuanto A. Q. S. O. G. T. P. C.
   Pero ante todo me Q. Y. D.
de que el frasco C. M. C. B.
que la boca siempre C. K.   55
tiene un hombre si no B. B.

5. (MSS: ACDE): 2 D, E: cuando *el* descanso. 3 D, E: la *mesa* que. 7 D: que *se re* K.; E: mi *amor* sin que *se re* K. 10 D, E: [_____]. 11 C: de *ya* no; E: no. A. Q. [__]. 13 C, D, E: [__] *D. Y. K.* el que. 14 D, E: yo *te* C. L. 20 C: que *C. A. B. C. R.*; D, E: le *haréis* tú que *C. A. B. C. R.* 22 C, D, E: ese *precioso* G. M. 23 D, E: que si [_____] lo. 24 D: Q. *E.* T. P. *C.* Y. T. R. P. *C.*; E: Q. *E.* T. P. *C.* Y. 27 D: que *hacer* amor; E: [l.d.]. 28 C: que *arruines* C. B. D.; D: que *arrienes* C. D. B.; E: [l.d.]. 31 C: piedad *D.* R. B. K.; D, E: piedad *de* R. B. K. 33 C: [__] L. B. el fogón; D, E: [__] L. B. el *fuego* su *idea.* 37 C: bien *que* G. V. D.; D, E: bien *que* Q. Y. D.

38 C: de *ayer* sin; D, E: de *ayer* sin que *me* R. C. L. 40 D, E: hambre *me* R. L. B. 41 D, E: P. L. S. Y. A. C. *C.* una A. B. 45 D: acción *del* R. Y. 46 D, E: la *idea* no T. A. B. *M. M.* 50 C: la *seña* G. E. L.; E: cena *Q.* E. L. 51 C: en *el* que; D, E: haré *oler* en. 52 C, D, E: cuanto A. Q. S. O. G. T. P. *E.*

6

COPLAS QUE ACABAN CON PUNTOS Y LETRAS POR SÍ SOLAS [7]

Me parece en conclusión
que un amante sin engaño
busque remedio a su daño,
no es !   punto de admiración
   Y si acaso *reprobatur*   5
su amor, porque no se encuentre
con su enojo, comprenderá entre
(,).   paréntesis claudatur
   Y si ella latín de en café
supiere, muy remilgada,   10
le responda: «Camarada,
B. B. B. T. C. D. A. G.»   bebe, vete, cede, age
Y monta luego en esa A. K.,   haca
sin pensar más en comida,
y sea luego sí advertida,   15
no quieres Q. E. T. D. K. K.   que te dé caca
   A Dios que llegará el día,
aunque la formula C. G.,   ceje
que si no quieres ser mi A. K.   haca
a ser mi mula T. E. L. B.   te eleve

6. (MSS: CDE). 6 D, E: se *encuentra*. 7 D, E: comprendrá [_____]. 8 D, E: *entre* (__) *claudatur*. 16 D, E: no *que* quieres *que* E.

513

A LO DIVINO EN ECOS DOBLES SOBRE LAS PALABRAS
MIÉRCOLES DE CENIZA. PULVIS ES DE CASTELL-DOS-RIUS [8]

Todo el natural consumo
del tiempo es polvo en rigor,
y la hermosura mayor
que es presumo, sumo, humo.
    Desde el centro hasta el cayado   5
imperio la Parca tiene,
que igual a todos previene
su prestado, estado, hado.
    El clavel que se deshoja
y majestad simboliza   10
nace para ser ceniza
cuando arroja, roja, hoja.
    Aunque domine imperiosa
a claveles y azucenas
reinar una aurora apenas   15
la olorosa, rosa, osa.
    La beldad que primavera
de las damas ayer fue
mañana verás que aunque
hoy la prefiera, fiera, era.   20
    Si el apetito que sabe
tu gusto duda el error,
esta verdad que tu amor
ciego reprueba, prueba, Eva.
    Si no hay fortuna en la tierra   25
libre de mortal desvelo,
el que por ganar un cielo
no destierra, tierra, yerra.
    La ambición y el interés
desengaños te darán,   30
que el mundo lo que en Adán
escrito, al revés, ves, es.
    Pues si nada es lo que aclama
ciego nuestro engaño inmundo,
despreciándole el que al mundo   35
más le infama, fama, ama.
    Teme mortal y retira

de la culpa el pie obstinado,
y en el juez que tu pecado
confianza admira, mira, ira.	40
    Si él te brinda con la paz
y el abismo con la guerra,
hombre con quien la destierra,
pues eres capaz, paz, haz.
    No le ofendas más crüel,	45
pues le consta a tu dolor,
que ha de ser aunque tu error
haya obrado infiel, fiel, él.

7. (MSS: ACDEG): 1 G: natural *consume*. 3 C, D, E: la *vanidad* mayor; G: *por* la *vanidad* mayor. 8 G: prestado, *citado,* ado. 14 D, E: y *a* azucenas. 19 D: mañana *veréis* que; G: mañana *veráis* que. 21 C, D, E, G: que *cabe*. 23 G: verdad *y* tu. 26 C, D, E, G: libre *del* mortal. 27 C: un *cierto*. 38 G: culpa *al* pie. 41 D, E: Si [——] te. 43 C, D, G: hombre *conque* la; E: [l.d.]. 45 C: le *ofendes* más. 46 G: consta [-] tu.

8

OTRO AL MESMO ASUMPTO [9]

    Aun más que en la frente ataja
la ceniza en la memoria,
que a cuánto por vanagloria
se trabaja, abaja, aja.
    Si eres polvo y te deshaces	5
con un soplo como osado
olfato, con tu pecado
incapaces, paces, haces.
    Déjate, hombre, de quimeras
y en este espejo te ve	10
adonde nada, si te
contuvieras, vieras, eras.
    Qué importa cuanto anhelares
si a tu vil ser no autorizas
que por traer, siendo ceniza,	15
alamares, mares, ares.
    Lo que hemos de ser mañana
hoy esta voz nos avisa,
tal afuer de profetiza
dio la arcana, cana, Ana.	20

Como si no hubieras sido
en humo te has de volver,
siendo a un tiempo con su ser
convenido, venido, ido.

Y aunque vivas, vives muerto   25
en lo frágil y inconstante,
quedando de uno a otro instante
bien que incierto, cierto, yerto.

Con esa alma al Cielo sube
por caudal, solo un peque,   30
sin que haya valga en lo que
no retuve, tuve, hube.

Que prefiera al interés
divino, gloria profana
tal la ceguedad humana   35
en mortales, tales, es.

Enmienda tu vida y ya
al alma que te gobierna,
pues Dios con la vida eterna
te convida, vida, da.   40

Teme al fuego del Infierno;
busca el Cielo donde está
nuestro Dios que fue y será
de *ab eterno*, eterno, terno.

Con mi llanto satisfago   45
lo que al mérito falto,
pues por el fuego con lo
que le apago, pago, hago.

Y aunque acción tan generosa
es vencer a Satanás,   50
en vencerse uno, así más
belicosa, cosa, osa.

Tú te haces la mayor guerra
que al irte desmoronando
en ti te vas enterrando   55
y se entierra, en tierra, tierra.

---

8. (MSS: ACDEG): 1 D: que *a* la; E: [l.d.]. 3 G: que [⎯] cuánto. 4 G: trabaja, *baja,* aja. 7 D, E, G: o *falto* con. 12 D, E: *convirtieras,* vieras. 14 G: vil [⎯] no *autoriza.* 15 C, D, E: siendo *cenizas.* 18 C, D, E: nos *anuncia.* 19 D, E: de *profecía.* 21 D, E: no *hubiera* sido. 26 C, D, E, G: frágil *e* inconstante. 29 C, D, E, G: Con *nuestra* alma. 31 D: que *allá* valga; E: [l.d.]; G: que *ella* valga. 34 D: *devino,* gloria. 42 D, E: busca *al* Cielo. 47 D, E: pues *con* el. 48 C, D, E, G: le *pago,* pago. 51 C, G: en *vencer se une* así; D, E: en *vencer* uno *a sí mismo.*

516

A UN SORDO [10]

Hoy me mandan desatar
la musa en acentos gordos;
atención, pues, y escuchar,
que sólo con empezar
he de hacer que oigan los sordos.   5
  Mas si alguna musa suda
para que el sordo distinga,
a mis versos luego acuda,
pues si ella fuere su ayuda
ellos serán su jeringa.   10
  Y viendo en tan definidos
temas, sin nigunas menguas,
los imposibles vencidos
el tal sordo será oidos
aún antes de hacerse lenguas.   15
  No admiren tales destinos
que el tiempo ofrece mayores
por impulsos peregrinos,
que aun viviendo entre pollinos,
muchos quieren ser oidores.   20
  Quien lo extrañe, en conclusión,
por quitar dudas y quejas,
repare con atención
en que muchos que hoy lo son
tienen largas las orejas.   25
  Ya tanto andado tenía
hacia el mérito que fragua
el sordo que bien confía,
pues para serlo valía,
sus orejas llenas de agua.   30

---

9. (MSS: ABCDE): 2 D, E: en *aciertos* gordos. 10 E: [1.d.   ]. 14 B: sordo *tendrá* oídos. 17 D, E: tiempo *ofreció* mayores. 26 D: tenía *hacia*. 27 D: [————] el mérito.

OBRA DEL MARQUÉS DE CASTELL-DOS-RIUS [11]

Soneto

Nace Cristo de noche, y en la esfera
no se descubre el Sol cuando [el] Sol nace.
Muere Cristo en la Cruz y luego se hace
noche funesta el día que antes lo era.
 Si en el ocaso el Sol no reverbera   5
luces, porque en ocaso triste yace,
¿por qué, en su oriente el Sol, no satisface,
luciendo natural su luz primera?
  ¡Oh, Misterio divino! ¡Oh, Dios amante!
¡Oh, de justicia Sol! Hoy cuán presente   10
quieres que tenga yo siempre [delante]
 el lienzo en que pintó mi son cadente
el nacer del morir tan semejante
tu acaso original copia tu oriente.

11

AL AUTOR [12]

Décima

Templó Caviedes la lira
tan uniforme en los puntos,
que en sonoros contrapuntos
acordes metros conspira.
Más allá los rasgos tira   5
del humano entendimiento,
pues su sonoro instrumento
tan singular fue en el canto
que fue un portento y por tanto
fue divino su talento.   10

12

EN ALABANZA DE ESTOS SONETOS

Al jardín de tus musas sin rodeos,
oh peregrino Apolo del Parnaso,
todo el gusto se fue, paso entre paso,
dando por tus sonetos mil paseos.
    Bella holgura tuvieron mis deseos   5
que llegaron ajenos bien acaso
en tus versos floridos que repaso,
porque no se me vayan los recreos.
    No tuvo que hacer nada la censura,
porque donde hay primores no hace nada,   10
y censurar aciertos no es cordura.
    Sólo advertí una cosa complicada
en tí, dulce la sal y la dulzura,
a fuerza de donaires muy salada.

AL MISMO ASUNTO, OTRO

SONETO

Luz o antorcha divina ya en ocaso,
pacto fecundo del Castalio coro,
ciñan tu frente con diadema de oro
las nueve, previniéndote regazo.
    Ceda Apolo a tus glorias, y no acaso,   5
la refulgente luz que en él adoro,
pues más debida le es a tu decoro
la ilustre presidencia del Parnaso.
    Fuiste en vida diamante del oriente,
oh Caviedes divino, y cuando mueres   10
influjo eres de ingenios refulgentes.
    Ahora en el Castalio antorcha eres
donde ya te venero refulgente
y a sus musas cargadas de placeres.

ROMANCE [13]

La piedra, aunque en lo muy alto
de las estrellas se asiente,
a su centro se despeña
sin que pare ni que C. C.
El fuego, aunque en vivas llamas   5
de olores suaves se queme,
en escalas las esferas
es imposible que D. G.
El río, aunque entre las flores
precipite su corirente,   10
al mar camina a pagar
el tributo que le D. B.
Cuando piedras y fuego
veloces sus centros inquieren
el alma racional sola   15
metida se está entre P. P. T. T.
Mi Dios ¿qué haré sin ti, y cómo
viviré, si no me atiendes?
Tú eres el mar, vida, centro
y esfera donde me L. B.   20

TODO LO COMPRENDE LA SIGUIENTE DÉCIMA

Si la piedra su centro ama,
aunque en los astros se asiente;
si el fuego hasta lo eminente
sube a colocar su llama;
si el río al mar se derrama   5
sólo al Alma desde luego;
veo estarse con sosiego
sin procurar su región,
conque es de peor condición
que la piedra, río y fuego.   10

DÉCIMA A UN CARRO QUE HIZO EL SEÑOR SERRADA, OBISPO DEL CUZCO, PARA NUESTRO AMO [14]

Del Rey Sabio emulación
un príncipe sin segundo
manifiesta hoy al mundo
su más alta devoción.
Al que es más que Salomón,   5
círculo le forma el celo;
la plata con gran desvelo,
asumpto de vanagloria,
guarda Serrada esta gloria
en custodia para el Cielo.   10

17

AL PASEO DE AGUAS; CONVITE AL CIEGO DE LA MERCED [15]

Vuestra curia diligente,
ilustres señores, fragua
un claro paseo de agua
que el ingenio hará corriente;
para obra tan eminente   5
convite logré tener
pero no paso a ofrecer,
porque es cosa irregular
que un ciego haya de pagar
lo que no es capaz de ver.   10

NOTAS AL APÉNDICE I

1.   Otra versión de este poema con ligeras variantes está incluido en el *Desengaño del hombre en el Tribunal de la Fortuna* (1663), obra del español Juan Martínez de Cuéllar. El poema parece haberse inspirado en el famoso soliloquio del Príncipe Segismundo de *La vida es sueño* de Calderón de la Barca. No sabemos si Caviedes la copió de Martínez de Cuéllar o si ambos poetas tuvieron otra fuente en común aún no conocida.

2.   En 1724 se publicó este poema con el título de «Respuesta del autor a una propuesta, para que eligiese de estas tres cosas: 1. Un Título de Conde sin renta. 2. Una Mujer hermosa sin dote. 3. O un Coche pagado» en las *Obras completas de Don Eugenio Gerardo Lobo* (1679-1750), 2.ª edición (Pamplona: Joseph Ezquerro, 1724). ¿Fue obra de Caviedes que luego se atribuyó a Lobo? Creemos que no. Lo más probable es que el poema sea de Lobo y con posterioridad alguien lo incluyera en los códices de Caviedes.

3.   Este poema y los siete que publicamos a continuación aparecen en forma completa o parcial en las Actas de la Academia del Marqués Castell-dos-Rius, cuyo velamen literario se celebró frecuentemente en el Palacio del Virrey en Lima desde el 23 de setiembre de 1709 hasta el 15 de mayo de 1710. Nos parece dudosa la afirmación de Ricardo Palma que éstos sean poemas de Caviedes plagiados por los contertulianos (Palma, *Flor de Academias y Diente del Parnaso,* Lima, 1899, pág. 253), porque en su mayoría son distintos en cuanto a tema y a estilo de la obra caviedana; aunque es posible que uno que otro sea glosa de Caviedes. Lo más probable es que algún copista los añadiera a los manuscritos de Caviedes en época posterior.

4.   Este poema se incluyó en el Acta Sexta de la Academia (28 octubre 1709) con título de «Fábula del cabrón y de la zorra», por don Jerónimo de Monforte (versos 70 a 209).

5.   Aparece este poema en el Acta Quinta (10 febrero 1710) que versaba sobre el tema «¿Cuál sería más tolerable defecto en la mujer propia, la necedad o la fealdad?» El poema contiene estrofas idénticas a las de los poemas del R. P. M. fray Agustín Sanz, del licenciado Miguel Cascante, del Marqués de Brenes, de don Pedro Joseph Bermúdez y de don Matías Angle.

6.   Los primeros 48 versos de este poema se encuentran en el romance de Pedro Joseph Bermúdez, Acta Décima Sexta de la Academia (17 febrero 1710).

7.   Los primeros 16 versos de este poema se incluyen en las redondillas del Marqués de Castell-dos-Rius, Acta Décima Sexta (17 febrero 1710).

8.   Este poema es casi idéntico al de don Jerónimo de Monforte, Acta Décima Nona (10 marzo 1710).

9.   En el Acta Décima Nona (10 marzo 1710) este poema, con ligeras diferencias, se atribuye a don Luis Antonio de Oviedo y Herrera, Conde de la Granja.

10. Otra versión más amplia (de 100 versos) de este poema se incluye en las Actas de la Academia como obra de don Juan Manuel de Rojas (Acta Vigésima, 17 marzo 1710).

11. Este poema aparece en las Actas de la Academia atribuido al Marqués Castell-dos-Rius, un mes antes de fallecer éste (Acta Vigésima Prima, 24 marzo 1710).

12. Esta décima y los dos sonetos siguientes son de autor desconocido, posiblemente obra del copista o de algún antiguo dueño del manuscrito.

13. Dudamos que Caviedes sea autor de este romance y la siguiente décima, ya que acusan rasgos estilísticos típicos de los logogrifos de los poetas de la Academia del Marqués Castell-dos-Rius. Lo más probable es que pertenezcan a uno de los contertulianos y no a Caviedes.

14. Esta décima no puede ser de Caviedes. El señor Serrada (Bernardo de Carrada), carmelita español, fue nombrado obispo del Cuzco en 1725 y tomó posesión de su sede en 1727. Mandó hacer un carro de plata para sacar al Santísimo en procesión (*Diccionario enciclopédico del Perú,* ed. Alberto Tauro, Lima, 1966, I, pág. 318).

15. Esta décima no es de Caviedes; pertenece al Ciego de la Merced, fray Francisco del Castillo, quien nació en Lima hacia 1716 y falleció en 1770. Sin duda fue añadida al códice por algún copista del siglo XVIII, época del famoso fraile poeta-dramaturgo.

APÉNDICE II: LISTA DE NOMBRES

En esta lista reunimos datos sobre: A) nombres y personas históricos y contemporáneos; B) nombres bíblicos y mitológicos; y C) nombres geográficos que se repiten en los textos y que no se explican en las notas.

A. NOMBRES Y PERSONAS HISTÓRICOS Y CONTEMPORÁNEOS

Agüero, Francisco de. Médico de Lima; Bachiller en Artes y Filosofía de la Real Universidad de San Marcos; Bachiller en Medicina (1682).

Águila, Antonio del. Natural de Lima; estudia medicina en la Universidad de San Marcos (1688-1690) de donde toma el grado de Bachiller en Medicina (1692).

Aguilar, Jerónimo de. Caudillo español del siglo XVI (m. 1526 o 1527), expedicionista y conquistador de territorios americanos; vivió ocho años entre los indios y lo rescató Hernán Cortés.

Agustín (San). Aurelius Augustinus (354 a 430), Padre de la Iglesia, autor de *La Ciudad de Dios,* las *Confesiones* y el *Tratado de la Gracia.*

Alarcón, Hernando de (1466-1540). General español que tomó parte en las operaciones del Milanesado y contribuyó a la victoria de Pavía contra el rey de Francia, Francisco I; nombrado Virrey de Sicilia.

Alba, duque de. Fernando Álvarez de Toledo (1508-1582), general de Carlos V y de Felipe II.

Alberto Magno (1193-1280). Filósofo cristiano que difundió la doctrina eclesiástica en las universidades europeas.

Aldana, Francisco de (1528-1575). Poeta español de la escuela salmantina.

Alfonso el Sabio. Alfonso X, rey de Castilla y León (1221-1284), reconocido por el código de las *Siete Partidas* y las poesías de las *Cantigas.*

Almanzor, Jacobo. Yacub ben Yusuf ben Abd-el-Mumen (1160-1199), príncipe almohade del Mogreb, último de los grandes monarcas árabes que figuran en la historia de España.

Almirante de Castilla. El primer Almirante fue Alonso Enríquez, nieto de Alfonso XI; en la época de Caviedes fue Juan Gaspar Alonso Enríquez de Cabrera (1623-1691), Almirante de Castilla y duque de Medina de Ríoseco, consejero de Estado y montero mayor del rey Carlos II.

Antonio Abad (San). Nacido hacia 250 y muerto en 356, llamado «Antonio el Ermitaño» por haber pasado casi toda su vida en el retiro.

Argolio (Argoli), Andrés (1570-1660). Matemático italiano y profesor de matemáticas en la Universidad de Padua; por su afición a la astrología sufrió muchas persecuciones.

Argumedo. Practicante de medicina en Lima, según Caviedes, que no figura en fuentes históricas conocidas.

Aristómenes (s. VII a. J.C.). Jefe de los mesenios, célebre por su lucha contra los espartanos durante la segunda guerra de Mesenia, y por su resistencia durante once años en el monte Ira.

Aristóteles (384 a 322 a. J.C.). Filósofo griego llamado el Estàgirita; autor enciclopédico de obras filosóficas, literarias, científicas: *Historia de los animales, Retórica, Política,* etc.

527

Armijo. Según Caviedes, practicante de medicina en Lima; no se encuentra en fuentes históricas conocidas.

Atanasio (San) (296 o 298-373). Padre de la iglesia griega y obispo de Alejandría; figura entre las más significativas en la historia del cristianismo de los primeros siglos.

Avendaño, José de. Médico limeño; en la Real Universidad de San Marcos ocupó la Cátedra de Vísperas de Medicina (1688) y luego la de Prima (1710); Protomédico General del Virreinato desde 1710.

Avicena. Abu Ali al Hosain Ibn Abdallah Ibnsina (980-1037), médico y filósofo árabe nacido en Persia; autor del famoso *Canon* de la ciencia médica.

Báez, padre Juan. Fraile de la Orden de Nuestra Señora de la Merced, famoso predicador; electo a la segunda Cátedra de Vísperas de Teología (1653); ocupó las Cátedras de Sagrada Escritura y de Nones (1661); ganó la Cátedra de Prima de Teología en 1665, la cual ocupó por espacio de 20 años.

Baldo, Pedro (m. 1490). Famoso jurisconsulto italiano de la familia Baldeschi Ubaldi.

Bamba. Véase «Wamba».

Barbanegra. Pirata inglés, Edward Teach o Thatch; no se le conoce gran fama de pirata hasta 1716; lo mataron en la Carolina del Norte en 1718.

Barbarroja. Célebre corsario que se apoderó de Argel en 1516 y murió en la batalla de Tremecén en 1518.

Barco, Francisco del. Natural de España, estudió medicina en la Universidad Complutense; llegó a Lima hacia 1681 en el séquito del Virrey duque de la Palata como Médico de Cámara; Licenciado (1682) y Doctor en Medicina de la Real Universidad de San Marcos (1684), fecha en que ocupaba la Cátedra de Prima de Medicina en San Marcos; desde 1687, Protomédico del Perú.

Bartolomé. Véase «Hospital de San Bartolomé».

Bártulo (1313-1357). Célebre jurisconsulto italiano.

Basarrato. Alguacil mulato de Lima en tiempos de Caviedes; no se encuentra en fuentes históricas conocidas.

Bermejo y Roldán, Francisco. Médico nacido en Lima hacia 1637; se gradúa en medicina de San Marcos hacia 1669 y de Doctor en Medicina (1673); Médico de Cámara del arzobispo Melchor Liñán y Cisneros, virrey interino; Catedrático de Prima de Medicina, Rector de la Real Universidad de San Marcos (1690-1691); Presidente del Real Protomedicato desde 1692; apodado «el doctor Narciso» por Caviedes; publicó un famoso *Discurso de la enfermedad del sarampión experimentada en la Ciudad de los Reyes* (Lima, 1694), el cual contiene un soneto de Caviedes (Créditos de Avicena, gran Bermejo).

Bernardo del Carpio. Héroe legendario español, hijo de doña Jimena, hermana de Alfonso el Casto; protagonista de varias obras del Romancero y de la epopeya *El Bernardo* de Bernardo de Balbuena (1624).

Blas (San). Obispo y mártir (m. 316); según la leyenda fue médico en Armenia y se hizo conocer por los milagros con que acompañaba sus curaciones, especialmente los males de la garganta.

Cáceres. Escribano de Lima, según R. Vargas Ugarte, *Obras de Juan del Valle y Caviedes*, página 255.

Calaínos. Personaje de un romance antiguo de caballerías; era un moro que se enamoró de la infanta de Sevilla.

Calderón de la Barca Henao de la Barrera y Riaño, Pedro (1600-1681). Célebre dramaturgo español, nacido y muerto en Madrid; autor de más de ciento veinte autos y otras obras dramáticas, entre ellas *La vida es sueño*.

Calderón y Loayza, Juan. Según Valdizán (*Diccionario de la medicina peruana*) fue licenciado en medicina y ejercía la profesión médica en Lima hacia 1695.

Cámaras. Apodo de algún médico o practicante de medicina en Lima; juego de palabras sobre «cámara», o sea flujos de vientre.

Cáncer y Velasco, Jerónimo de (m. 1655). Poeta y dramaturgo español, colaborador de Lope de Vega, Calderón de la Barca, Moreto, Vélez de Guevara y otros. Comedias suyas en colaboración solían estrenarse en Lima en tiempos de Caviedes.

Caridad. Véase «Hospital Real de Santa María de la Caridad».

Carlos II. Rey Carlos II de España (1661-1700), hijo de Felipe IV a quien sucedió en 1665 bajo la tutela de su madre.

Carrafa (Garrafa), Pascual. Cirujano de origen italiano residente en Lima; mencionado sólo en Caviedes.

Carranza. Licenciado en medicina, residente en Lima, según Caviedes.

Castro y Alzarilla, Pedro de. Natural de Bucalause en el Obispado de Córdoba donde nació en 1639; residente en Lima hacia 1680; Licenciado en Medicina egresado de la Real Universidad de San Marcos; Cirujano Latino del Hospital de San Andrés.

Cervantes Saavedra, Miguel de (1547-1616). Famoso autor español: dramaturgo, poeta, novelista; es el insigne autor de El ingenioso hidalgo don Quijote de la Mancha (1605, 1615).

César, Cayo Julio (102 a 44 a. J.C.). Insigne dictador y general romano; autor de los Comentarios sobre la guerra en las Galias que conquistó entre 59 y 51.

Céspedes, Pablo de (1538-1608). Pintor, escultor, arquitecto y escritor español nacido en Córdoba.

Cicerón, Marco Tulio (106 a 43 a. J.C.). Político, orador, filósofo y literato de la antigua Roma; reconocido por su elocuencia y sus famosos discursos políticos.

Cid Campeador. Rodrigo Ruy Díaz de Bivar (¿1030?-1099), famoso personaje histórico-literario español, nacido cerca de Burgos y muerto en Valencia.

Corcovado, Doctor. Apodo del cirujano Juan Martín Liseras.

Cortés, Hernán (1485-1547). Conquistador español que llevó a cabo la conquista de México; nombrado marqués del Valle de Oaxaca.

Coto, Doctor del. Apodo de algún médico limeño, llamado así por padecer de hipertrofia del cuerpo tiroides; posible apodo del doctor José de Rivilla.

Charpe (Sharp), Bartolomew. Teniente del célebre pirata sir Henry Morgan que atacaba las costas de Chile y del Perú hacia 1680.

Chichila (Chinchilla), Pedro. Cirujano residente en Lima quien se conoce sólo a través de Caviedes.

Delgadillo, Juan. Identificado sólo a través de la obra de Caviedes.

Demócrito (siglo v a. J.C.). Filósofo griego nacido, según unos, en Mileto o en Abdera de Tracia; compuso libros de ética, física, matemáticas, música, medicina, y otros temas.

Diógenes de Sínope (414-323 a. J.C.). Llamado el Cínico; figura preeminente de la escuela que lleva su nombre.

Dión Crisóstomo (siglo i d. J.C.). Tenía fama de orador en Roma, haciendo discursos sobre la filosofía moral y práctica, y de los ideales del hombre perfecto.

Dionisio Areopagita (San). Obispo y mártir ateniense del siglo i.

Dioscórides Pedanio. Médico y naturalista griego del siglo i; escribió De materia médica y otras numerosas obras.

Elvira, doña. Curandera limeña adiestrada en el manejo de la jeringa para purgas. En la antigua Lima existió una calle céntrica llamada de la «doña Elvira» (J. Gálvez, Calles de Lima...).

Elviro. Curandero, hijo de la jeringuera doña Elvira, conocido sólo a través de la obra de Caviedes.

Empédocles (siglo v a. J.C.). Filósofo y médico de Agrigento (Sicilia).

Epicteto (siglo i d. J.C.). Filósofo estoico nacido en Hierópolis, luego esclavo en Roma; sus máximas se reúnen en el Manual de Epicteto.

Erasmo, Desiderio (1467-1536). Sabio holandés, literato y filósofo, autor de *Coloquios* y del *Elogio de la locura*.

Esplana, doctor. Cirujano limeño, citado sólo en Caviedes.

Felipe IV (1605-1665). Rey de España desde 1621 hasta su muerte; dejó la monarquía en manos del conde-duque de Olivares hasta 1643.

Fernández de Córdoba, Gonzalo (1453-1515). Célebre general español, apellidado el Gran Capitán.

Fierabrás. Héroe de un cantar de gesta de fines del siglo XII.

Fontidueñas (Fuentedueñas) y Carrillo, José Antonio de. Presbítero, natural de Lima; Licenciado en Medicina (1696); Doctor en Medicina (1698); practicante de medicina del doctor Bermejo y Roldán; Cátedra de Vísperas de Medicina (1688); Protomédico General (1710); primer Catedrático de Anatomía (1711); Catedrático de Método de Galeno (1723).

Galeno, Claudio (131-201). Célebre médico romano, cuyas obras pasan de cien; *Manual de disección, Administraciones anatómicas, Sobre las facultades naturales,* etc.

García Jiménez, Antonio. Cirujano y licenciado en medicina de la Real Universidad de San Marcos, mencionado en fuentes históricas.

García de Paredes, Diego (1466-1530). Célebre capitán español; falleció en las primeras campañas de Bolonia en el séquito del rey Carlos V.

Garcilaso de la Vega, el Inca (1540-1616). Cronista peruano, hijo de español y de una india descendiente de los Incas; autor de la *Florida del Inca* y los *Comentarios reales del Perú.*

Gerineldos. Personaje de un romance antiguo español; tipo de enamorado atrevido.

Godoy, Leandro de. Cirujano latino de Lima, citado por Caviedes como «el Tuerto» u «Ojo de Plata» y en algunas fuentes históricas.

Gonzalo, Arias. Caballero zamorano que figura en los romances viejos sobre el cerco y reto de Zamora, y personaje principal en *Las mocedades del Cid* y *Las hazañas del Cid* de Guillén de Castro; se le representa como hombre viejo, valiente y venerable.

Guerrero. Véase «Hernández Guerrero».

Heras, Miguel de las. Catedrático en la Real Universidad de San Marcos.

Hernández, Crispín (Crespín). Ejercía la profesión médica en Lima a principios del siglo XVIII; antes había ejercido la flebotomía. En la Lima colonial existió la «cuadra de Crispín», hoy San Jerónimo.

Hernández Guerrero, Diego. Licenciado en Medicina, residente en Lima.

Herrera, Diego de. Médico de Lima, autor de estudios de medicina. Citado por Bermejo y Roldán en su *Discurso de la enfermedad del sarampión* (1694).

Hevia Bolaños, Juan de. Natural de Oviedo, vecino de Lima donde fue portero de la Real Audiencia. Se imprimió en Lima y en Madrid su obra en dos tomos titulada *Cura Philípica* (1615).

Hipócrates (n. hacia 460 a. J.C.). Padre de la medicina antigua; autor de numerosas obras sobre la medicina: *De la antigua medicina, Aforismos, Epidemias,* etc.

Hospital de San Andrés. Fundado antes de 1556 por el santo clérigo Francisco de Molina y patrocinado por el Virrey don Andrés Hurtado de Mendoza, marqués de Cañete, en cuya memoria se llamó Hospital de San Andrés.

Hospital de San Bartolomé. Terminado el 24 de agosto de 1684, día del Apóstol San Bartolomé, habiéndose empezado su construcción el año de 1661. Destinado principalmente para negros pobres.

Hospital Real de Santa María de la Caridad. Fundado en 1552 para mujeres españolas bajo el patrocinio de la Hermandad de la Caridad y la Misericordia, siendo el Rey el Patrono del Hospital.

Jerjes I. Hijo de Darío I; proclamado rey de Persia en 485 a. J.C.; famoso líder militar en una expedición contra Grecia.

Juan de Austria (1545-1578). Hijo natural de Carlos I de España; se distinguió en la carrera militar contra los moriscos, en Flandes y en la batalla de Lepanto.

Juvenal, Decio Junio (47-127). Poeta satírico latino; autor de 16 libros de *Sátiras* sobre los vicios de Roma.

Lactancio, Lucio Cecilio Firmiano (siglo IV a. J.C.). Apologista cristiano, llamado «El Cicerón Cristiano»; su obra monumental es *Divinarum Institutionum Libri VII*.

Larreño. Albañil de Lima, mencionado sólo en Caviedes.

Leiva, Antonio de (1480-1536). Príncipe de Ascoli y marqués de Stela; célebre general español. Su renombre como capitán de Carlos V se debe a su defensa de Pavía y su papel de general del ejército en la guerra de Carlos V contra Francisco I en 1536. El nombre de «Emperador de los Benditores» proviene posiblemente de que en las fiestas de coronación del papa Clemente (1529), en Bolonia, los soldados alemanes y españoles llevaban en hombros a Leiva mientras los prelados y cleros entonaban el *Te Deum*.

Liñán y Cisneros, Melchor de (1629-1708). Arzobispo de Lima y Virrey interino de 1678 a 1681.

Liseras, Juan Martín. Cirujano limeño, llamado «el Corcovado» por Caviedes. Un poema de Liseras se publicó en el *Lima triunfante* (1708) de Pedro de Peralta Barnuevo.

López de Prado, Miguel. Cirujano en Lima durante la época de Caviedes, conocido sólo a través de la obra de éste.

Lorenzo el Indio. Cirujano o médico indio procedente de la Villa Imperial de Potosí, mencionado sólo en Caviedes.

Llanos, Juan de. Natural de la Ciudad de los Reyes; Bachiller en Medicina; sustituto de la Cátedra de Prima de Medicina hacia 1684; Licenciado y Doctor en Medicina de San Marcos (1695).

Machuca. Véase «Vargas Machuca».

Marcial, Marco Valerio (38-43 a 103). Poeta latino nacido en Bílbilis; famoso por sus *Epigramas* licenciosos sobre la vida en Roma.

Mariana, Juan de (1536-1624). Historiador y jesuita español, autor de una *Historia general de España* (1601).

Maricastaña. Personaje proverbial, símbolo de antigüedad muy remota.

Marquillos. Personaje del antiguo romance *El traidor Marquillos y Blanca-Flor*; ésta lo degolló al descubrir que había asesinado a su esposo y señor de él.

Mata Ponce de León, Mateo de la. Caballero de la Orden de Calatrava, Oidor de Lima; Presidente de la Audiencia de Quito desde 1689; Consejero del Real y Supremo de Indias (1701); presidió la Audiencia de Lima (1716).

Mejía. Corcovado hojalatero, conocido sólo a través de la obra de Caviedes.

Milón. Atleta del siglo VI a. J.C., nacido en Crotona y vencedor varias veces en los Juegos Olímpicos; hombre de fuerza y gula extraordinarias.

Monclova. Véase «Portocarrero Lasso de la Vega».

Monja Alférez. Catalina de Erauso (1592-¿1635?). Dama española que se fugó del convento y recorrió gran parte de España vestida de hombre; pasó a América donde por su heroico valor ascendió al grado de Alférez.

Morante, Pedro Díaz de (¿1565?-1636). Famoso calígrafo y tratadista español, conocido por su dedicación a la enseñanza de la escritura y sus grabados.

Moreto y Cabaña, Agustín (1618-1669). Autor español de unas cincuenta comedias: *El desdén por el desdén, El lindo don Diego*, etc.

Muza, Hayyim Ibn (n. hacia 1390). Médico y apologista hebreo-español; tradujo del árabe al hebreo una obra de medicina de Al-Jazzar.

Navarra y Rocafull, Melchor de. Duque de la Palata, XXII Virrey del Perú (1681-1689), apodado el «Virrey de los Pepinos» por haber promulgado un bando contra los pepinos por ser nocivos a indios y españoles. Falleció en Portobelo (Panamá) el 13 de abril de 1691, durante su regreso a España.

Numa Pompilio. Segundo rey legendario de Roma, quien reinó, según los historiadores, de 714 a 671 a. J.C.

Ochandiano, Martín de. Cirujano o practicante de medicina en Lima, mencionado por Mugaburu en su *Diario de Lima.*

Ortíz de los Ríos y Landaeta, Bernabé. Natural de Lima, Doctor en Medicina de San Marcos (1695); Catedrático de Vísperas de Medicina (1719); Protomédico del Virreinato (1720).

Osera (Ossera) y Estella, José Miguel de. Natural de España, llegó a Lima como Médico de Cámara del Virrey, conde de la Monclova, hacia 1689; Doctor de Medicina y Cirugía de la Universidad de Zaragoza (1672); Limosnero Mayor de la Iglesia Catedral de Tarazona (1685-1686); Protomédico General del Perú y de la Armada del Mar del Sud; autor de *El Físico Cristiano* (Lima, 1690) y del *Sermón de la Visitación de Nuestra Señora la Virgen María a su Prima Santa Isabel* (1690).

Palata. Véase «Navarra y Rocafull».

Paredes. Véase «García de Paredes».

Pelayo. Noble visigodo, llamado el Restaurador de Castilla; vencedor de los musulmanes en Covadonga (718); proclamado rey de Asturias; murió en 737.

Perico. Personaje proverbial. *Rey Perico:* «Cuando queremos significar lo poco que estimamos alguna cosa, solemos decir que no lo estimo en el baile del rey don Perico, por no decir en el baile del rey Alfonso» (Covarrubias, *Tesoro de la lengua,* pág. 185); añade Correas (*Vocabulario de refranes,* pág. 190) que el refrán «En el tiempo del rey Perico» denota vejez de lo que fue y pasó.

Pescara, marqués de. Fernando Francisco de Avalos (1481-1525); general español, vencedor de Francisco I en Pavía.

Pico de Oro. Apodo con que bautizó Caviedes al doctor Melchor Vásquez, médico limeño; véase «Vásquez».

Pitágoras. Filósofo y matemático del siglo VI a. J.C. que fundó la secta de los pitagóricos. Se le atribuye la invención de la tabla de la multiplicación.

Plinio el Antiguo (23-79). Naturalista romano, autor de una *Historia Natural* en 37 libros sobre las ciencias en la Antigüedad.

Plutarco (n. entre 45 y 50, m. hacia 125 d. J.C.). Historiador y moralista griego; célebre autor de la *Vida de los hombres ilustres de Grecia y Roma.*

Ponce de León, Juan (¿1460?-1521). Conquistador español que exploró Puerto Rico y descubrió la Florida en 1512.

Portocarrero Lasso de la Vega, Melchor (1636-1705). Tercer conde de la Monclova y XXIII Virrey del Perú (1689-1700); llamado «Brazo de Plata» por haber perdido un brazo en la campaña de Flandes.

Pulgar, Hernando del (¿1430-1493?). Historiador español, autor de una *Crónica de los Reyes Católicos* y de *Claros varones de Castilla* (1486).

Quevedo y Villegas, Francisco Gómez de (1580-1645). Famoso autor de poesías, obras didácticas-morales y satíricas en prosa: los *Sueños,* el *Buscón,* etc.

Rada, Juan de la. Conquistador español, llegó al Perú en 1631. Pasó a Chile para ir en auxilio de Diego Almagro; figuró en la conspiración contra Francisco Pizarro y su muerte.

Ramírez Pacheco, Francisco. Natural de España donde nació hacia 1630; médico graduado de Doctor de Medicina en la Universidad de Maese Rodrigo donde desempeñó la Cátedra de Filosofía Mayor y la de Vísperas de Medicina; viajó a Lima como Médico de Cámara del Virrey Diego de la Cueva y Benavides, conde de Santiesteban; en Lima fue médico del Tribunal de la Inquisición, decano de la Facultad de Medicina de la Real Universidad de San Marcos; escribe un «Parecer» al libro de José de Rivilla sobre monstruos (1695).

Reyes y Rocha, Martín de los. Canónigo de Lima; catedrático de Código y de Decreto en San Marcos (1687); abogado de la Real Audiencia.

Reyna, Juan de. Bachiller en Medicina de San Marcos (1688) y practicante de medicina según fuentes históricas.

Ríos. Véase «Ortiz de los Ríos Landaeta».

Rivilla (Revilla) Bonet y Puello, José de. Natural de Zaragoza; Licenciado y Doctor en Medicina de la Real Universidad de San Marcos (1695); autor de *Desvíos de la Naturaleza, o tratado de el origen de los monstruos* (Lima, 1695); Catedrático del Arte Chyrúgico, Cirujano del Virrey, conde de la Monclova, y del Hospital de la Caridad.

Rodríguez, Alonso. Alguacil Mayor en Lima, según Caviedes.

Romero, Bartolomé. Natural de Lima, abogado de la Real Audiencia; Catedrático en San Marcos de Vísperas de Código (1687), de Leyes (1688), de Vísperas de Sagrados Cánones, de Prima de Leyes (1708); Rector de la Real Universidad de San Marcos (1702-1704).

Roque (San) (1295-1327). Santo francés a quien se invoca como abogado contra la peste. Era la costumbre en Lima sacar la efigie de San Roque o de Santa Rosa para aplacar las epidemias o pestes.

Sancho el Gordo. Don Sancho I, rey de León, llamado el Craso o el Gordo; tuvo que consultar los médicos árabes de Córdoba para curarse de la excesiva obesidad que padecía; reinó de 955 a 967.

Séneca, Lucius Anneo (2 a 65 d. J.C.). Nació en Córdoba; fue preceptor de Nerón que le dio la orden de abrirse las venas; autor de tratados de filosofía moral y de unas tragedias.

Sócrates (468 a 400 o 399 a. J.C.). Ilustre filósofo griego cuya filosofía se conoce a través de los *Diálogos* de Platón, su discípulo; creador de la ciencia moral.

Solimán I (1495-1566). Llamado el Magnífico, sultán de los turcos otomanos; también nombre del sublimado corrosivo.

Tertuliano, Quinto Septimio Florente (160-240). Apologista y doctor de la Iglesia; el más fecundo y original de los escritores eclesiásticos latinos antes de San Agustín.

Tito Livio (59 a. J.C.-17 d. J.C.). Historiador latino nacido en Padua; trabajó durante gran parte de su vida en una *Historia de Roma* de 142 libros, de los cuales se conservan 35.

Tomás de Aquino (1225-1274). Santo, teólogo católico italiano; doctor de la Iglesia y autor de obras fundamentales de la filosofía escolástica; su doctrina lleva el nombre de Tomismo; obra principal, *Summa Theologica*.

Torres, Nicolás de. Alguacil Mayor de Lima en 1686, mencionado en fuentes históricas.

Tren (Trens), conde de. Citado por Mugaburu (*Diario de Lima,* pág. 199) como comandante de una flota de treinta bajeles en 1687.

Urdanivia (Ordanivia), Benito. Cirujano gallego, llegado de Potosí a Lima, licenciado en Cirugía por el Real Tribunal del Protomedicato.

Urdemalas, Pedro. Personaje fabuloso cuyo nombre se aplica figuradamente al hombre pícaro y astuto.

Utrilla, Pedro de. Cirujano mulato de Lima, apodado «el Mozo», «el Cachorro» y «el Zambo» por Caviedes. Arzáns de Orsúa (*Historia de la Villa Imperial de Potosí*) lo menciona como residente de Potosí el año de 1715.

Utrilla, Pedro de. Apodado «el Viejo» por Caviedes; cirujano mulato de Lima y padre del anterior; no se encuentra en fuentes históricas.

Vargas Machuca, Francisco. Presbítero, colegial del Seminario de Santo Toribio; médico del arzobispo Liñán y Cisneros hacia 1680 y del Tribunal de la Inquisición; para ocupar la Cátedra de Método de Galeno en 1691 obtuvo dispensación del Sumo Pontífice Clemente XI; fue médico del Hospital de San Bartolomé; en San Marcos ocupó las Cátedras de Vísperas y Prima de Medicina (1714); nombrado Protomédico del

Virreinato en 1718; autor de una *Panegyrica oración... a la Patrona Peruana Rosa de Santa María* (Lima, 1691), *Discurso sobre el sarampión* (1693) y *Oración panegyrica al glorioso Apóstol S. Bartolomé* (1694).

Vásquez de Valenzuela, Melchor. Bachiller en Medicina de San Marcos (1700); Catedrático de Método de Galeno (1710); Catedrático Regente de la Cátedra de Vísperas de Medicina (1711) y Primario Protomédico.

Vasto (Guasto o Guast), marqués del (1502-1546). Alfonso de Avalos, famoso militar en el ejército de Carlos V, asiste a la batalla de Pavía. A la muerte de Antonio de Leiva asume el mando de las tropas del rey; gobernador del Milanesado (1537).

Velasco, Luis de (1534-1617). IX Virrey del Perú (1595), siendo dos veces Virrey de Nueva España, y nombrado luego presidente del Consejo de Indias.

Vélez de Guevara, Luis (1570-1644). Dramaturgo-novelista español, mayormente conocido por su novela *El diablo cojuelo.*

Villamediana, conde de (1582-1622). Juan de Tarsis y Peralta, poeta satírico, nacido en Lisboa, atacaba a personas destacadas en la política española; fue asesinado el 21 de agosto al salir de palacio en Madrid.

Villena, marqués de (1384-1434). Enrique de Aragón, escritor español, personaje pintoresco con ribetes de brujo.

Virgilio Marón, Publio (70-17 a. J.C.). Autor de *Las Bucólicas,* de *Las Geórgicas* y de la epopeya de *La Eneida.*

Virués Duarte, Cristóbal (n. 1634). Actor limeño, hijo del cómico Francisco Duarte; citado por G. Lohmann Villena en su *Arte dramático en Lima durante el virreinato* (Madrid, 1945).

Wamba (Bamba). Rey de España que reinó desde 672 a 680, cuya vida y hazañas se recuentan en la crónica titulada *Historia Rebellionis Pauli adversus Wambam.*

Yáñez, Luis Bernardo Pérez. Catedrático de Medicina en San Marcos (1688); Guardián Primario del Protomedicato (1701).

Fuentes principales sobre médicos y otros coetáneos de Caviedes

Luis A. Eguiguren, *Catálogo histórico del claustro de la Universidad de San Marcos (1576-1800)* (Lima, 1912). 2) *Diccionario histórico-cronológico de la Real y Pontificia Universidad de San Marcos y sus colegios,* I (Lima, 1940). 3) *La Universidad Nacional Mayor de San Marcos* (Lima, 1950).

José Gálvez, *Calles de Lima y meses del año* (Lima, 1943).

Emilio Harth-Terre, *Hospitales mayores, en Lima* (Buenos Aires, 1964).

Juan B. Lastres, *Historia de la medicina peruana, II: La medicina en el Virreinato* (Lima, 1951).

José Toribio Medina, *La imprenta en Lima (1584-1824),* 2 tomos (Santiago, 1904).

Memorias de los Virreyes que han gobernado el Perú, 2 tomos (Lima, 1859).

Manuel de Mendiburu, *Diccionario histórico-biográfico del Perú,* 8 tomos (Lima, 1874-1890).

Josephe y Francisco de Mugaburu, *Diario de Lima 1640-1694,* 2 tomos (Lima, 1917 y 1918).

David Rubio, *La Universidad de San Marcos de Lima durante la colonización española* (Madrid, 1933).

Hermilio Valdizán, *Apuntes para la bibliografía médica peruana* (Lima, 1928). 2) *Diccionario de medicina peruana,* 2 tomos (Lima, 1923 y 1928).

Rubén Vargas Ugarte, *Historia general del Perú,* tomos III-IV (Lima, 1966).

Virreyes españoles en América. Perú, ed. Lewis Hanke (Biblioteca de Autores Españoles, tomos 282, 284, 285, 286) (Madrid, 1978-1980).

B. NOMBRES BÍBLICOS Y MITOLÓGICOS

Abigail. Viuda de Nabal, con quien casó David, rey de Israel.

Acis. Pastor de Sicilia, amado de Galatea y rival del cíclope Polifemo quien lo estrelló contra una roca.

Adonis. Hermoso joven, arquetipo de la belleza masculina, inigualado cazador y amante de Astarté, diosa de la fecundidad. El arte clásico lo representa con frecuencia al lado de Venus.

Anás. Sumo sacerdote de los judíos que presidió el sanedrín, ante el cual fue presentado Jesús.

Apolo. Dios griego y romano llamado también a veces Febo, como dios del Sol.

Aquiles. El más famoso de los héroes griegos de *La Ilíada*; su nombre es la personificación del valor.

Argos. Príncipe argivo que tenía cien ojos de los que no cerraba jamás sino cincuenta; su nombre ha pasado a la lengua como símbolo de la vigilancia.

Ayax el Telamonio o Ayax el Grande. Según una tradición se sintió acometido de rabia y destruyó los ganados del ejército, que tomó por guerreros; luego, vuelto en sí, se hirió con una espada que le había regalado Héctor.

Baco. Dios griego del Vino, hijo de Zeus y Semele.

Barrabás. Judío sentenciado por asesinato y por sedición que pusieron en libertad ante el procurador Pilatos cuando condenaron a Jesús.

Belona. Diosa de la Guerra entre los romanos.

Benjamín. Último hijo de Jacob y Raquel y nombre de una de las doce tribus de Israel.

Briareo. Gigante mitológico, hijo del Cielo y de la Tierra, que tenía cincuenta cabezas y cien brazos.

Caifás. Sumo sacerdote de los judíos y yerno de Anás que hizo condenar a Jesucristo.

Cefas. Sobrenombre que Jesús dio a Simón Pedro, el jefe de los Apóstoles.

Cirineo, Simón. Hombre de Cirene que ayudó a Jesús a llevar su cruz hasta el Calvario.

Dafne. Ninfa mitológica metamorfoseada en laurel en el momento en que Apolo quiso poseerla.

David. Rey de Israel y vencedor de los filisteos; fundador de Jerusalén; poeta y profeta.

Diana. Diosa romana, hija de Júpiter y Latona; reina de los Bosques y diosa de la Caza.

Dimas (San). Nombre del Buen Ladrón a quien Jesús dijo estando en el tormento: «Hoy estarás conmigo en el Paraíso.»

Eco. Ninfa que fue metamorfoseada en roca y condenada a repetir las últimas palabras de los que la interrogaban.

Esculapio. Dios de la Medicina e hijo de Apolo. El gallo, como emblema de la vigilancia, y la serpiente, símbolo de la prudencia, le estaban consagrados.

Ester. Sobrina de Mardoqueo, esposa de Asuero; también libro del Antiguo Testamento.

Febo. Nombre dado a Apolo como dios del Sol.

Galatea. Ninfa amada por Polifemo, pero a quien ella abandonó por el pastor Acis.

Goliat. Gigante filisteo de la Biblia, muerto por David de una pedrada en la frente.

Héctor. El más valiente de los jefes troyanos, hijo mayor de Príamo; fue muerto por Aquiles.

Herodes (el Grande). Rey de Judea a quien se le atribuye la degollación de los inocentes. Su hijo, Herodes Antipas, juzgó a Jesucristo e hizo morir a San Juan Bautista.

Himeneo. Dios mitológico grecolatino del Matrimonio; se le asocia con las faenas del campo; el yugo de bueyes, con el cual suele pintársele, simboliza el matrimonio o unión de los sexos.

Ícaro. Hijo de Dédalo, que huyó con él del laberinto de Creta con unas alas pegadas con cera. Al acercarse demasiado al Sol se derritió la cera y cayó al mar.

Io. Hija de Inaco, transformada en vaca por Zeus y guardada por Argos.

Iris. Mensajera alada de los dioses.

Isaías. Consejero del rey de Israel y autor del Libro de Isaías.

Jacob. Patriarca hebreo, hijo de Isaac y Rebeca, padre de doce hijos que fundaron las doce tribus de Israel.

Jael (Jahel). Mujer del cineense Haber, la que mató a Sísara, opresor de los israelitas, aplicándole un clavo en la sien.

Jesé. Padre del rey David, nieto de Rut y Booz.

Judas Iscariote. Nombre del apóstol que vendió a Jesús por treinta monedas.

Judie (Judit). Heroína judía que cortó la cabeza a Holofernes.

Juno. Esposa de Júpiter, hija de Saturno, diosa del Matrimonio.

Júpiter. Padre de los dioses entre los romanos, correspondiente al Zeus griego; dios del Cielo, de la Luz diurna, del Tiempo y de los Rayos.

Lázaro (San). Hermano de Marta y María, resucitado por Jesús cuatro días después de muerto.

Leví. Tercer hijo de Jacob y Lía.

Magdalena (Santa María). Una de las mujeres que seguían a Jesús; principal de las mujeres que el domingo de la Resurrección fueron al sepulcro; fue la primera que vio a Jesús resucitado.

Malco. Judío a quien Pedro le cortó la oreja al prender a Jesús en el Huerto de los Olivos.

Marte. Hijo de Júpiter y Juno, dios de la Guerra.

Matusalén. Patriarca judío que vivió, según la Biblia, 969 años.

Mercurio. Dios latino identificado con el Hermes griego; hijo de Júpiter; mensajero divino.

Miguel (San). El Arcángel, jefe de la milicia celestial.

Minerva. Diosa latina, identificada con la Palas Atenea griega; diosa de la Sabiduría.

Nabuco. Nabucodonosor II, rey bíblico que restauró los grandes templos de Babilonia.

Narciso. Hijo del río Cefiso y de la ninfa Liriope. Se enamoró de su propia imagen mirándose en las aguas de una fuente, en el fondo de la cual se precipitó. Fue convertido en la flor que lleva su nombre.

Noé. Patriarca hebreo que construyó por consejo de Dios el arca; padre de las nuevas razas humanas.

Orfeo. Hijo de Eagro y de la musa Calíope, fue el músico más famoso de la antigüedad. Bajó a los infiernos en busca de su esposa Eurídice.

Pablo (San). El Apóstol de los Gentiles, martirizado en Roma en el año 67; sus *Epístolas* figuran en el Nuevo Testamento.

Palas Atenea. Hija de Zeus, diosa griega de la Sabiduría, de las Artes, de las Ciencias y de la Industria; es la Minerva de los romanos.

Parca. La muerte; en la mitología griega, cada una de las tres deidades hermanas: Cloto, Láquesis y Átropos; hilaba la primera, devanaba la segunda, y la tercera cortaba el hilo de la vida del hombre.

Parnaso. Monte de Grecia consagrado a Apolo y a las musas.

Pedro (San). El primero de los apóstoles y de los papas; martirizado en Roma hacia el año 67.

Peleo. Rey mitológico de los mirmidones, en Tesalia. Su boda con Tetis fue solemnemente festejada por los dioses. Padre de Aquiles.

Polifemo. El más célebre de los cíclopes, hijo de Poseidón, se enamoró de la ninfa Galatea que prefirió a un pastor, Acis, a quien aplastó el gigante con una roca. Ulises *(La Odisea)* le reventó su único ojo.

Salomón. Hijo y sucesor de David que reinó de 970 a 931 a. J.C. Hizo elevar el templo de Jerusalén y se hizo legendaria su sabiduría en todo Oriente. Se le atribuyen el *Libro de los Proverbios*, el *Cantar de los Cantares* y el *Eclesiastés*.

Sansón. Juez de los hebreos, célebre por su fuerza contra los filisteos; perdió su fuerza cuando Dalila le cortó la cabellera.

Sara. Esposa de Abraham y madre de Isaac.

Sísara. Jefe del ejército de Jabín, rey de Canaán y opresor de los israelitas, a quien mató Jahel con un clavo en el cerebro.

Sísifo. Hijo de Eolo y rey de Corinto; por varios delitos fue condenado en el infierno a subir una enorme piedra a la cima de una montaña de donde siempre volvía a caer.

Talía. Una de las tres musas, musa de la Comedia y del Idilio.

Teseo. Héroe griego, rey de Atenas; combatió y mató al Minotauro en el laberinto de Creta.

Tetis. Hija de Nereo y de Doris, madre de Aquiles; se casó con Peleo a instancias de Zeus y de Hera.

Ticio. Gigante, hijo de la Tierra. Por un ultraje fue condenado a que un buitre le devorara sin cesar las entrañas siempre renacientes.

Trismegisto. Sobrenombre que daban los griegos al Mercurio egipcio o Hermes, inventor de las letras y las artes, y para los alquimistas el descubridor del arte de transformar los metales. Se le atribuyen miles de obras como autor verdadero.

Ulises. Rey legendario de Ítaca, uno de los principales héroes del sitio de Troya; su historia está relatada en *La Odisea* y *La Ilíada*.

Venus. Diosa de la Belleza en la mitología latina, identificada con la Afrodita de los griegos; arquetipo de la belleza femenina.

Zareta. Apelativo de Sara (Sarai), esposa de Abraham, madre de Isaac en su vejez.

C. NOMBRES GEOGRÁFICOS

Averno. Lago en Italia, considerado como entrada del Infierno.

Babia. Territorio de las montañas de León, en España. «Estar en Babia» se usa familiarmente por «estar muy distraído».

Babilonia. Capital de la antigua Caldea, a orillas del Éufrates; considerada una de las siete maravillas del mundo.

Batuecas. Comarca de la provincia de Salamanca.

Calvario. Gólgata, montaña cerca de Jerusalén en la que fue crucificado Jesús.

Callao (El). Ciudad del Perú y principal puerto marítimo del país situado a corta distancia de Lima.

Capadocia. Antigua región de Asia Menor.

Cerro de Potosí. Véase «Potosí».

Coria. Villa de España (Cáceres).

Fuenterrabía. Ciudad de España en las provincias vascongadas.

Genil. Río de España, afluente del Guadalquivir.

Guadarrama (Sierra). Cadena de montañas del centro de España, entre Madrid y Segovia.

Guinea. Nombre dado antiguamente a la parte de África bañada por el golfo de Guinea.

Helicón. Lugar de donde viene la inspiración poética, por alusión al monte Helikón, consagrado a las musas.

Huancavelica. Región minera de los Andes, famosa por sus minas de azogue.

Indias (Las). Nombre dado a América porque Colón creía haber descubierto la costa oriental de la India.

Jarama. Río de España en las provincias de Guadalajara y Madrid, afluente del Tajo.

Late, Rinconada de. Pueblo cerca de Miraflores a corta distancia de la antigua Lima.

Lipes (Lípez). Páramo del altiplano de Bolivia y provincia perteneciente a la Real Audiencia de Charcas durante el virreinato.

Mala. Río y pueblo al sur de Lima en cuyo distrito se producen buenos vinos y aguardiente.

Medellín. Villa española de Badajoz.

Miraflores. Balneario a corta distancia de la Lima colonial.

Nazca. Ciudad y provincia del Perú en el departamento de Ica.

Noruega. Estado de Europa septentrional que forma el lado occidental de la península escandinava; en tiempos de Caviedes fue provincia danesa.

Pamplona. Ciudad de España, capital de la provincia de Navarra, situada en la falda de los Pirineos.

Pariacaca. Cordillera de la sierra de Jauja (Perú).

Peralvillo. Según Corominas, «un pago junto a Ciudad Real, adonde la Santa Hermandad hace justicia de los delincuentes que pertenecen a su jurisdicción...» (*Tesoro de la lengua,* pág. 862).

Picardía. Antigua provincia del norte de Francia que según la tradición popular fue el lugar de origen de la sífilis.

Pisco. Ciudad y puerto sobre el Pacífico (Perú); provincia del departamento de Ica, famosa por su aguardiente del mismo nombre.

Portobelo. Ciudad de Panamá en la costa del mar de las Antillas.

Potosí. Villa Imperial de Potosí del Alto Perú (Bolivia), situada a 3.960 m. de altitud; sitio del Cerro de Potosí, famoso por los yacimientos de plata, explotados durante el virreinato.

Quito. Ciudad del Ecuador y sede de la Audiencia de Quito que formaba parte del Virreinato del Perú.

Rímac. Río del Perú que corre por la ciudad de Lima y desemboca en el Pacífico.

Sevilla. Ciudad de España, capital de la provincia del mismo nombre, a orillas del Guadalquivir.

Simancas. Villa de España (Valladolid), célebre por su Archivo General del Reino.

Tafalla. Ciudad de España (Navarra).

Tajo. Río de España que pasa por Aranjuez y Toledo para desembocar en Lisboa.

Tartaria. Turkestán, región de Asia, entre Siberia, Afganistán, el mar Caspio y el mar Aral.

Tetuán. Ciudad de Marruecos septentrional.

Toledo. Ciudad de España, capital de la provincia del mismo nombre, a orillas del Tajo.

Trapisonda (Trebisonda, Trapezunt). Ciudad de Turquía a orillas del mar Negro.

Troya. Ciudad de Asia Menor que sostuvo un sitio de diez años contra los griegos, caso inmortalizado en *La Ilíada* de Homero.

Valdivia. Ciudad de Chile situada en la costa; sitio del presidio donde mandaban reos y otros delincuentes del Virreinato.

Veraguas. Nombre dado por Colón a la costa panameña entre la península Valiente y la punta Toro.

Vesuvio. Volcán cerca de Nápoles.

Vizcaya. Una de las provincias vascongadas de España.

CRONOLOGÍA *

* Dada la carencia de datos seguros acerca de Caviedes esta cronología es algo conjetural.

CRONOLOGÍA

1645   Juan del Valle y Caviedes nace durante la segunda mitad del cuarto decenio en la villa de Porcuna (Jaén), Andalucía, hijo del doctor don Pedro del Valle y Caviedes y de doña María de Caviedes, según consta en su testamento. No hay mención de fecha de nacimiento.

1660   Documentos en el Archivo Nacional del Perú corroboran que Caviedes se encontraba en la región andina del Virreinato trabajando en el campo minero durante el sexto decenio del siglo.

1671   El 15 de marzo Juan del Valle y Caviedes se casa en la Catedral de Lima con doña Beatriz de Godoy Ponce de León, pupila de la Recolección de Doncellas de la Caridad. Durante los primeros doce años al matrimonio le nacen cinco hijos: don Antonio, don Pedro, don Juan, doña María Josefa y don Alonso del Valle y Caviedes.

1680   Caviedes le escribe un romance satírico al doctor Vargas Machuca con motivo de su nombramiento como médico de la Inquisición: «Habiendo hecho al doctor Machuca médico de la Santa Inquisición» (40).

1681   El poeta escribe un romance, «Juicio de un cometa...» (263), sobre el famoso cometa que apareció sobre Lima a principios de enero.

1683   Estando muy enfermo, Caviedes redacta su testamento ante un notario el 26 de marzo. Lamenta su extremada pobreza, pide entierro en la bóveda para pobres de la Catedral o en el calvario del Hospital de San Andrés, y nombra a su mujer doña Beatriz Godoy Ponce de León como albacea.

1684   Caviedes escribe una «Jácara» (264) sobre el nuevo local del Hospital de San Bartolomé cuya construcción fue terminada ese mismo año.

1687   El romance «Al terremoto de Lima el día 20 de octubre de 1687» (261) y el soneto «Al terremoto que asoló esta ciudad» (262) describen la destrucción de la Ciudad de los Reyes el 20 de octubre.

1688   Se publica por primera vez uno de los poemas de Caviedes: *Romance en que se procura pintar y no se consigue la violencia de dos terremotos con que el poder de Dios asoló esta ciudad de Lima.*

1689   Para celebrar la ocasión de la entrada a Lima del nuevo Virrey, conde de la Monclova, el 15 de agosto, Caviedes escribe unas «Quintillas en el certamen que se dio por la Universidad a la entrada del Conde de la Monclova...» que se publican en una *Oración Panegyrica... al... Conde de la Monclova,* obra de Diego Montero del Águila (Lima).

1690   Caviedes compone el romance «Presentóse esta petición ante el señor don Juan de Caviedes, Juez Pesquisidor de los Errores Médicos, en Lima a 9 de marzo de 1690, contra un médico que a sustos quiso matar al doctor don Martín de los Reyes» (39).

        El nombramiento del doctor Francisco Bermejo y Roldán como rector de la Real Universidad de San Marcos el 30 de junio es celebrado por Caviedes en su soneto «Al doctor Bermejo por haberlo hecho rector» (90).

1691   El soneto «A la muerte del Duque de la Palata a quien mató su médico en Portobelo con sangría de tobillo» (259) recuerda la muerte del ex virrey del Perú, acaecida el 13 de abril durante su viaje de regreso a España. Dado que las noticias desde Panamá hasta Lima tardaban mucho es posible que el soneto no se escribiera hasta más tarde.

1692   En el romance «Los efectos del Protomedicato de Bermejo escripto por el alma de Quevedo» (44), Caviedes celebra el nombramiento del doctor Bermejo y Roldán como presidente del Real Protomedicato.

1693   En el *Discurso de la enfermedad del sarampión...* (Lima) por el doctor Bermejo y Roldán, Caviedes publica un soneto [«Créditos de Avicena, gran Bermejo» (117)].

1696   El soneto «Al muelle que hizo en el Callao Monclova» (265) elogia la iniciativa del Virrey conde de la Monclova que mandó hacer la construcción del muelle.

1697   Muerte de Juan del Valle y Caviedes entre 1697 y 1699. Una comunicación de don Jerónimo Monforte y Vera, contertuliano de la Academia del Marqués del Castell-dos-Rius, habla de los actos de locura de Caviedes antes de su muerte.

BIBLIOGRAFÍA

I. OBRAS DE JUAN DEL VALLE Y CAVIEDES

1688　*Romance, / en que se procura pintar, / y no se consigue: La violencia de dos terremo / tos, conque el Poder de Dios asoló esta Ciudad / de Lima. Emporeo de las Indias occiden / tales, y la mas rica del mundo. / Por Don Iuan del Valle / y Caviedes.* Lima, 1688.

1689　«Quintillas en el certamen que se dio por la Universidad a la entrada del Conde de la Monclova» en Diego Montero del Águila, *Oración / Panegyrica / Qve al primer feliz ingresso del / Excelentissimo Señor Don Melchior Portocarrero / Lasso de la Vega, Conde de la Monclova Comendador de / la Zarza, del Orden de Alcantara, del Consejo de Guerra, / y Iunta de Guerra de Indias, Virrey, Governador, y / Capitan General que fue del Reyno de Mexico, / actual que es destos Reynos del Peru, / Tierra-firme, y Chile, &c. / En la Real Vniversidad / de S. Marcos de la Ciudad de los / Reyes. Corte del Peru / El favsto dia 30 de Octvbre / del Año de 1689. / Dixo / El Doctor D. Diego Montero del / Aguila Abogado de la Real Audiencia, y del Fisco, y / presos del Santo Oficio de la Inquisicion de / este Reyno, Cathedratico de Prima de Leyes / en la mesma Vniversidad. / Y consagra reverente. / A la excelentissima Señora Doña / Antonio Ximenez de Vrrea, Clavero, y Sessé, Condesa, / de la Monclova, &c. Virreyna del Peru, / Tierra-firme, y Chile, &c.* Lima: Imprenta de Ioseph de Contreras, y Alvarado, 1689.

1694　«Créditos de Avicena, gran Bermejo», en Francisco Bermejo y Roldán, *Discvrso / de la enferme- / dad del sarampion expe- / rimentada en la civdad de los Reyes del Perú / Por / el Doc. D. Francisco Bermejo y Rol- / dan, Cathedratico de Prima en la facultad de Medi- / cina, Prothomedico general de estos Reynos, y Me- / dico de Camara del Excelentissimo, e / Ilustrissimo Señor Doctor Don Melchor / de Liñan y Cisneros Arçobispo de / Lima del Consejo de su / Magestad. / Por mandado del Excmo. Se- / ñor Conde de la Monclova Comendador de la / Zarza en el Orden, y Caulleria de Alcantara, del Consejo de / Guerra de su Magestad, y Iunta de Guerra de Indias, Virrey / Gouer-*

547

nador, y Capitan General de estos Reynos y / Prouincias del Peru, Tierra-firme, / Chile, &c. / Lima: Joseph de Contreras, y Alvarado, 1694.

1791 «Décima» (Tembló la tierra preñada), *Mercurio Peruano,* I, 34 (28 abril 1791), 313.
«A un doctor que trayendo anteojos pronosticó a una Señora preñada que pariría hija; y no parió sino hijo. Décimas», *Mercurio Peruano,* I, 47 (12 junio 1791), 111.

1791 «Conversación que tuvo con la Muerte un Médico estando enfermo de riesgo», *Mercurio Peruano,* V, 157 (5 julio 1792), 152-155.
«Respuesta de la Muerte al Médico con este romance», *Mercurio Peruano,* V, 157 (8 julio 1792), 156-160.

1814 *Defensa / que hace un pedo al ventoso: / por don Juan Caviedes, / mercader de Lima. / Dedicala / a los autores y consortes / de / cierto manifiesto / Un extranjero, layco, mercader de libros, que apenas los / conoce por el rótulo para venderlos.* Lima: D. Bernardino Ruiz, 1814.

1873 *Diente del Parnaso. Guerras físicas, proezas medicinales. Hazañas de la ignorancia,* en *Documentos literarios del Perú,* V, edición de Manuel de Odriozola. Lima: Imprenta del Estado, 1873.

1899 *Flor de Academias y Diente del Parnaso,* edición de Ricardo Palma. Lima: Editorial Oficial, Oficina Tipográfica de *El Tiempo* por L. H. Jiménez, 1899.

1925 *Diente del Parnaso,* edición de Luis Alberto Sánchez y Daniel Ruzo. Lima: Editorial Garcilaso, 1925.

1947 *Obras de don Juan del Valle y Caviedes.* Introducción y notas de Rubén Vargas Ugarte, S. J. Lima: Tipografía Peruana, 1947.

II. OBRAS SELECTAS SOBRE JUAN DEL VALLE Y CAVIEDES

BELLINI, GIUSEPPE: «Actualidad de Juan del Valle y Caviedes», Caravelle, 7 (1966), 153-164.
BUENO CHÁVEZ, RAÚL: «Algunas formas del lenguaje satírico de Juan del Valle Caviedes», en *Literatura de la Emancipación Hispanoamericana y*

otros ensayos. Lima: Universidad Nacional Mayor de San Marcos, 1972. Págs. 356-360.

CÁCERES, MARÍA LETICIA: *El Manuscrito de Ayacucho, fuente documental para el estudio de la obra literaria de don Juan del Valle Caviedes.* Lima: Biblioteca Nacional del Perú, 1972. (Separata de *Fénix,* núm. 22. Lima, 1972).

— *Voces y giros del habla colonial peruana registrados en los códices de la obra de Juan del Valle y Caviedes, (s. XVII),* Arequipa: Imprenta Editorial «El Sol», 1974.

— *La personalidad y obra de D. Juan del Valle y Caviedes.* Arequipa: Imprenta Editorial «El Sol», 1975.

GUITARTE, GUILLERMO: «Notas para la historia del yeísmo», en *Sprache und Geschichte: Festschrift für Harri Meier zum 65. Geburstag,* editado por E. Coseriu y W.-D. Stempel, Munchen: Fink, 1971. Págs. 179-198.

GUTIÉRREZ, JUAN MARÍA: «Juan Caviedes, Fragmento de unos estudios sobre la literatura poética del Perú», *El Comercio* (Lima, 1852); reimpreso, *Revista de Buenos Aires,* V (1864), 418-429; y en *Escritores coloniales americanos,* edición, prólogo y notas de Gregorio Weinberg, Buenos Aires: Editorial Raigal, 1957, Págs. 257-289.

KOLB, GLEN L.: *Juan del Valle y Caviedes. A Study of the Life, Times and Poetry of a Spanish Colonial Satirist.* New London, Conn.: Connecticut College, 1959.

LOHMANN VILLENA, GUILLERMO: «Dos documentos inéditos sobre don Juan del Valle Caviedes», *Revista Histórica,* XI, 2 (Lima 1937), 277-283.

— «Una poesía autobiográfica de Caviedes inédita», *Boletín Bibliográfico de la Universidad Nacional Mayor de San Marcos,* XIV, 1-2 (junio 1944), 100-102.

— «Un poeta virreinal del Perú: Juan del Valle Caviedes», *Revista de Indias,* núm. 33-34 (1948), 771-794.

PALMA, RICARDO: «Prólogo muy preciso», en *Documentos literarios del Perú,* V, edición Manuel de Odriozola. Lima: Imprenta del Estado, 1873. Págs. 5-8.

— «El poeta de la Ribera», en *Flor de Academias y Diente del Parnaso,* edición de R. Palma. Lima: Imprenta *El Tiempo,* 1899. Págs. 355-339.

REEDY, DANIEL R.: «Poesías inéditas de Juan del Valle y Caviedes», *Revista Iberoamericana* XXIX (1963), 157-190.

— *The Poetic Art of Juan del Valle Caviedes.* Chapel Hill, N. C.: University of Nort Carolina Press, 1964.

— «Signs and Simbols of Doctors in the *Diente del Parnaso*», *Hispania,* XLVII, 4 (1964), 705-710.

SÁNCHEZ, LUIS ALBERTO: *Los poetas de la colonia*. Lima: Imprenta Euforión, 1921; reimpreso, *Los poetas de la colonia y de la revolución*. Lima: Editorial Universo, 1974. Págs. 189-200.

— «Un Villón criollo», *Nosotros* X (Buenos Aires 1939), 219-226; reimpreso, *Revista Iberoamericana*, II, 3 (abril 1940), 79-86.

UNÁNUE, HIPÓLITO: «Rasgos inéditos de los escritores peruanos», *Mercurio Peruano*, I, 34 (28 abril 1791), 312-313.

— «Rasgo de nuestro anti-galeno Caviedes», *Mercurio Peruano*, II, 47 (12 junio 1791), 3.

XAMMAR, LUIS FABIO: «Un manuscrito de Juan del Valle Caviedes en la Biblioteca Nacional, I», *Boletín de la Biblioteca Nacional*, I, 4 (julio 1944), 373-374.

— «Un manuscrito de Juan del Valle Caviedes en la Biblioteca Nacional, II», *Boletín de la Biblioteca Nacional*, II, 5 (octubre 1944), 7.

— «Dos bayles de Juan del Valle y Caviedes», *Fénix, Revista de la Biblioteca Nacional*, núm. 2 (1945), 277-285.

— «Veintitrés sonetos inéditos de Juan del Valle Caviedes», *Fénix, Revista de la Biblioteca Nacional*, núm. 3 (1945), 632-641.

— «La poesía de Juan del Valle Caviedes en el Perú colonial», *Revista Iberoamericana*, XII, 23 (1947), 75-91.

ÍNDICE

TÍTULOS PUBLICADOS

Este volumen,
el CVII de la Biblioteca Ayacucho,
se terminó de imprimir
el día 25 de febrero de 1984
en los talleres de Bodoni, S. A.,
calle San Elías, 29-35,
Barcelona (España).
En su composición se utilizaron
tipos Garamond de 12, 10 y 8:8 puntos.